U0919103

HUMANITIES AND SOCIETY

文化的解释

Clifford Geertz

[美国] 克利福德 · 格尔茨 著 韩莉 译

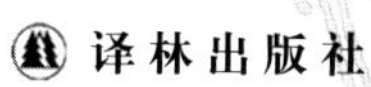

图书在版编目（CIP）数据

文化的解释/（美）格尔茨（Geertz, C.）著；韩莉译. —南京：译林出版社，2014.6（2019.4重印）

（人文与社会译丛/刘东主编）

书名原文：The Interpretation of Cultures

ISBN 978-7-5447-4226-9

I.①文… II.①格… ②韩… III.①文化人类学－文集 IV.①C912.4–53

中国版本图书馆 CIP 数据核字（2014）第 072320 号

著作权合同登记号　图字：10–2012–434 号

文化的解释 ［美国］克利福德·格尔茨 / 著　韩　莉 / 译

译　　校　林振义
责任编辑　刘　锋　陈　锐
特约编辑　陶泽慧
责任印制　单　莉

原文出版　Basic Books, Inc., Publishers, 1973
出版发行　译林出版社
地　　址　南京市湖南路 1 号 A 楼
邮　　箱　yilin@yilin.com
网　　址　www.yilin.com
市场热线　025–86633278
排　　版　南京展望文化发展有限公司
印　　刷　江苏凤凰通达印刷有限公司
开　　本　880 毫米 × 1230 毫米　1/32
印　　张　18.375
插　　页　2
版　　次　2014 年 6 月第 1 版　2019 年 4 月第 5 次印刷
书　　号　ISBN 978-7-5447-4226-9
定　　价　89.00 元

主编的话

刘东

总算不负几年来的苦心——该为这套书写篇短序了。

此项翻译工程的缘起,先要追溯到自己内心的某些变化。虽说越来越惯于乡间的生活,每天只打一两通电话,但这种离群索居并不意味着我已修炼到了出家遁世的地步。毋宁说,坚守沉默少语的状态,倒是为了咬定问题不放,而且在当下的世道中,若还有哪路学说能引我出神,就不能只是玄妙得叫人着魔,还要有助于思入所属的社群。如此嘈嘈切切鼓荡难平的心气,或不免受了世事的恶刺激,不过也恰是这道底线,帮我部分摆脱了中西"精神分裂症"——至少我可以倚仗着中国文化的本根,去参验外缘的社会学说了,既然儒学作为一种本真的心向,正是要从对现世生活的终极肯定出发,把人间问题当成全部灵感的源头。

不宁惟是,这种从人文思入社会的诉求,还同国际学界的发展不期相合。擅长把捉非确定性问题的哲学,看来有点走出自我囿闭的低潮,而这又跟它把焦点对准了社会不无关系。现行通则的加速崩解和相互证伪,使得就算今后仍有普适的基准可言,也要有待于更加透辟的思力,正是在文明的此一根基处,批判的事业又有了用武之地。由此就决定了,尽管同在关注世俗的事务与规则,但跟既定框架内的策论不同,真正体现出人文关怀的社会学说,决不会是医头医脚式的小修小补,而必须以激进亢奋的姿态,去怀疑、颠覆和重估全部的价值预设。有意思的是,也许再没有哪个时代,会有这么多书生想要焕发制度智慧，这既凸显了文明的深层危机，又表达了超越的不竭潜力。

于是自然就想到翻译——把这些制度智慧引进汉语世界来。需要说明的是，尽管此类翻译向称严肃的学业，无论编者、译者还是读者，都会因其理论色彩和语言风格而备尝艰涩，但该工程却绝非寻常意义上的“纯学术”。此中辩谈的话题和学理，将会贴近我们的伦常日用，渗入我们的表象世界，改铸我们的公民文化，根本不容任何学院人垄断。同样，尽管这些选题大多分量厚重，且多为国外学府指定的必读书，也不必将其标榜为“新经典”。此类方生方成的思想实验，仍要应付尖刻的批判围攻，保持着知识创化时的紧张度，尚没有资格被当成享受保护的“老残遗产”。所以说白了：除非来此对话者早已功力尽失，这里就只有激活思想的马刺。

主持此类工程之烦难，足以让任何聪明人望而却步，大约也惟有愚钝如我者，才会在十年苦熬之余再作冯妇。然则晨钟暮鼓黄卷青灯中，毕竟尚有历代的高僧暗中相伴，他们和我声应气求，不甘心被宿命贬低为人类的亚种，遂把迻译工作当成了日常功课，要以艰难的咀嚼咬穿文化的篱笆。师法着这些先烈，当初酝酿这套丛书时，我曾在哈佛费正清中心放胆讲道：“在作者、编者和读者间初步形成的这种‘良性循环’景象，作为整个社会多元分化进程的缩影，偏巧正跟我们的国运连在一起，如果我们至少眼下尚无理由否认，今后中国历史的主要变因之一，仍然在于大陆知识阶层的一念之中，那么我们就总还有权想象，在孔老夫子的故乡，中华民族其实就靠这么写着读着，而默默修持着自己的心念，而默默挑战着自身的极限！”惟愿认同此道者日众，则华夏一族虽历经劫难，终不致因我辈而沦为文化小国。

一九九九年六月于京郊溪翁庄

目　录

前　言 vii

当一位人类学家在殷切的出版商的催促下，着手收集他的某些论文，以便对他自离开研究生院后十五年中的工作作一个回顾性的展示时，面临着两个困难的抉择：收集哪些论文以及如何以诚实的态度来对待收集进来的论文。我们所有这些为社会科学杂志写文章的人都有一本自己想像中的非书之书（non-book），而越来越多的人也正在把它们出版出来。我们所有的人都设想过去自己写的东西现在会写得更好，而且准备好了要自己修改而决不让编辑改动。想要从自己的行文中发现精巧的构思可能会同想在自己的生活中有所发现一样让人失望；事后（post facto）编一个进去——"这就是我**过去想要**说的意思"——是一种强烈的诱惑。

面对第一个抉择，我决定只收入那些与文化概念有直接而明显关系的论文。事实上，这些论文的大多数不是理论探求而是经验研究，因为当我离社会生活的直接体验太远时，我就会感到不舒服。但是所有的论文基本上都是通过一个又一个的实例，来提出一个独特的——别人也许会认为是奇怪的观点来阐明什么是文化，它在社会生活中扮演了什么角色，以及应该如何恰当地研究它。虽然重新定义文化是我作为人类学家最持久的兴趣，但是我也在经济发展、社会组织、比较史学和文化生态学

领域里做了一些拓展——为了避免离题太远，本书就没有反映
viii 这些关注。因而，我希望，这一组论文看起来就像是一篇通过一系列具体分析而得来的论文，不要仅仅是一种“尔后我写道……”这样的对有些漂泊的职业生涯的回顾。这本书要进行论证。

第二个抉择不大容易处理。一般来说，我对发表过的文章采取一种 stare decisis(维持原样)的态度，即使仅仅是因为如果这些论文需要很大的修改，那就完全不应该重印它们，而应代之以能纠正错误的全新论文，也应这么做。况且，把改变了的观点写进早先的著作中来纠正自己的错误判断，在我看来不太光明磊落。这样做会模糊了选编自己的论文时首先想揭示的思想发展进程。

不过，即便如此，虽然争论的实质不受严重影响，但要是对原文一字不改，传达的就是过时的信息或因与现在已淡化的一系列事件联系过于紧密而削弱了现在还有效的讨论，在这种情况下，似乎还是有正当理由，回过头去做一些校订。

在后面选收的论文中，有两处与我上面的考虑有关，因而我就对原来写的东西做了些修改。第一处是第二编中的两篇关于文化与生物进化的论文，原文给出的化石年代已被确切地替代了。这些年代，一般说是向前推了，这一变化基本上未触动我的核心论证，我认为引入比较新的测算没有坏处。在考古学已经发现四百万或五百万年前的化石后，再说南方古猿(Australopithecines)可以追溯至一百万年前就没有多少意思了。第二处与第四编第十章《整合式革命》有关，自这篇论文在本世纪六十年代写作以来，新国家历史的潮流——如果它应该这么称呼的话——已使其中的一些内容读起来很古怪。既然纳赛尔已经去世，巴基斯坦已经分裂，尼日利亚已经非封建化，共产党已从印

度尼西亚的政治舞台上消失,如果写得仿佛这些事件没有发生过似的,会给讨论带来不真实的感觉,而且即使现在不是尼赫鲁而是尼赫鲁的女儿在领导印度,马来亚共和国已经扩大为马来西亚联邦,这个讨论我认为还有意义的。因此我在这篇论文中做了两类修改。第一,我变换了时态,引入了从句,添加了一两处脚注等等,从而在使论文的正文读起来不太像过去的十年没 ix
有出现过一样。但是我没有为了增强论证而改变任何实质性的东西。第二,我给每一个历史实例都增加了一段内容,概括自这篇论文写作以来与之有关的发展——而且清楚地与实例正文分开,以此来明确指出,假如有任何事件发生,它的发展显示出在这篇论文中以早先的事件为根据的讨论仍然与剔除过时事件(Rip Van Winkle)的影响有关。除了一些印刷和语法上的小更正(以及为索引风格一致所做的修改),本书的其他内容基本上没变。

不过,我增加了新的一章,即第一章,尽可能概括地表明我现在采取的立场。因为各章讨论的观点跨越十五个年头,在引论性的第一章中讨论某些事情的方式的确与出现在重印的某些其他章中的方式有些不同。我早先的一些关注——比如功能主义——现在在我的思想里已不太突出;而一些后来的关注——比如符号学——现在更突出了。但在我看来,这些论文中的思想走向是相对连贯的——它们的排列是按逻辑顺序而非年月顺序,而第一章代表的是一种努力,要更清楚、更系统地说明这一思想走向是什么:总之,努力说出我一直在说的东西。

我删掉了论文中原有的所有致谢,那些帮助过我的人知道他们帮助过我,并且也知道给我的帮助有多么大。我只能希望他们至今还知道我也知道这些帮助。而我不再忙乱地提及他们,代之以对三个出色的学术机构的真诚的感谢:哈佛大学社会关系系,我在那里受过训练;芝加哥大学人类学系,我在那里教了十年书;普林斯顿高等学术研究所,我现在在那里工作。在美国大学系统被抨击为不合潮流或日益恶化的时刻,我只能说,它一直是一份拯救我的礼物。

克利福德·格尔茨
一九七三年于普林斯顿

第　一　编

第一章　深描说：迈向文化的解释理论[*] 3

一

苏珊·兰格在其《哲学新解》一书中谈到，一些观念往往带着强大的冲击力突现在知识图景上。顷刻之间，这些观念解决了如此多的重大问题，似乎向人们允诺它们将解决所有的重大问题，澄清所有的模糊之处。于是，人们都争先恐后地把它们奉为开启新的实证科学大门的秘诀，当做以此便可建构起一个综括一切的分析体系的中心概念。苏珊·兰格指出，之所以会有这样一种大观念(grande idée)的突然流行，一时间几乎排斥了所有其他的观念，是由于“这样一个事实：所有敏感而活跃的头脑都转向对这个观念的探索和开发。我们将它试用于每一个方面，每一种意图，试验其严格意义的可能延伸范围，试验其一般原理，以及衍生原理”。

然而，当我们熟知了这一新观念之后，当这个观念成为我们的理论概念总库的一部分之后，我们对这个观念的期望便会与
它的实际用途趋于平衡，从而它风靡一时的过分状况也就结束 4
了。少数狂热的信奉者还会坚持认为这个观念是理解整个宇宙的钥匙；但是不那么易受支配的思想者们不久就会冷静下来思

* 本章系于晓译。

考这个观念产生的实际问题，他们努力在它适用的地方运用它，在它能够扩展的地方扩展它；而在它不适用或不能扩展的地方就停止运用它、扩展它。如果这样的话，这种观念实际上就会变成一种尚待发育成长的胚芽，变成我们的知识武库中永久而持续的一部分，而不再具有它曾经有过的那种貌似宏伟阔大、允诺一切的范围，不再具有那种似乎处处适用的无限多用性了。热力学第二原理、自然选择原则、无意识动机概念，或生产方式的组织说并没有说明所有的东西，甚至连人的事情都没有一一说清，但是它们毕竟解释了某些事物；认识到这一点，我们的注意力也就转向确定这些事物到底是什么，转向使我们摆脱这些观念在其最初盛极一时之际导致的大量伪科学的缠绕。

这是否是所有具有中心意义的重要科学概念的实际发展途径，我不得而知。但是，这种模式和文化这一概念的发展相吻合，却是肯定无疑的。整个人类学便是围绕这一中心概念而兴起的，并且一直以不断增强的关注去限定、细述、专研和包容这一概念的统属范围。下面的各篇论文，正是以不同的途径、从不同的方面，力求去枝打叶，复原文化概念的本来面目，从而实际上确保其重要地位的连续性，而非往其上添枝加叶，以致削弱了它的基础。这些论文有时直言不讳地论争，但更多的时候是通过具体的分析而论证，以求得出一种狭义的、专门化的，从而也是——我这样想像——理论上更为有力的文化概念，以取代E. B.泰勒著名的"最复杂的整体"的概念；因为，尽管他的概念的创新力不容否认，但在我看来，似乎是模糊之处大大多于它所昭示的东西。

这种泰勒式大杂烩(pot-au-feu)理论方法会将文化概念带入一种困境。这在克莱德·克拉克洪的《人类之镜》一书中甚为明显，尽管这本书至今仍是一部比较好的人类学的一般导论。

在论述文化概念的一章里,克拉克洪用了将近二十七页的篇幅
设法将文化依次界定为:(1)“一个民族的生活方式的总和”;(2)
“个人从群体那里得到的社会遗产”;(3)“一种思维、情感和信仰
的方式”;(4)“一种对行为的抽象”;(5)就人类学家而言,是一种
关于一群人的实际行为方式的理论;(6)“一个汇集了学识的宝 5
库”;(7)“一组对反复出现的问题的标准化认知取向”;(8)“习得
行为”;(9)“一种对行为进行规范性调控的机制”;(10)“一套调
整与外界环境及他人的关系的技术”;(11)“一种历史的积淀
物”;最后,或许是出于绝望,他转而求助于比喻手法,把文化直
接比做一幅地图、一张滤网和一个矩阵。面对这样一种理论传
播的情况,即便是一个不完全规范但只要多少紧凑集中一些的
文化概念也可算是一种改进了,因为它至少内在连贯,而且更重
要的是,它提出可以界定的论据(公平地说,克拉克洪自己也敏
锐地意识到这一点)。折衷的方法之所以自拆台脚,不攻自破,
倒不是因为它只在一个方面有所用途,而是因为可派用场的地
方太多:因此,必须加以选择。

我主张的文化概念(下列各文将试图论证这种概念的效用)实质上是一个符号学(semiotic)的概念。马克斯·韦伯提出,人是悬在由他自己所编织的意义之网中的动物,我本人也持相同的观点。于是,我以为所谓文化就是这样一些由人自己编织的意义之网,因此,对文化的分析不是一种寻求规律的实验科学,而是一种探求意义的解释科学。我所追求的是析解(explication),即分析解释表面上神秘莫测的社会表达。但是,这种见解,这种只用了一句话就说出来的学说,其本身就需要做一些解释。

二

操作主义作为一种方法论的教条，过去从未在社会科学领域内起过很大的作用，今天，除去少数几个业已被它完全统治的角落——斯金纳行为主义，智力测验，等等——以外，它在很大程度上已经死去了。尽管如此，它确曾提出过一个重要的观点，今天，无论我们感到多么不情愿以操作来界定卡里斯马（Charisma）①或异化，这一点仍然保有某种力量：如果你想理解一门学科是什么，你首先应该观察的，不是这门学科的理论或发现，当然更不是它的辩护士们说了些什么；你应该观察这门学科的实践者们在做些什么。

在人类学或至少社会人类学领域内，实践者们所做的是民族志（ethnography）。正是通过理解什么是民族志——或者更准确地说，理解**什么是从事民族志**——才可能迈出第一步，以理解人类学分析作为知识的一种形式到底是什么。必须立即申
6 明，这并不是方法的问题。从一种观点，即教科书的观点看，所谓从事民族志就是建立联系、选择调查合作人、作笔录、记录系谱、绘制田野地图、记日记等等。但是，这些东西，即技术以及公认的程序，并不能界说这项事业。可以界说它的是它所隶属的理性努力的种类，借用吉尔伯特·赖尔的一个概念，就是详尽的“深描”（thick description）的尝试。

赖尔对“深描”的讨论见于他最近的两篇文章《思考与反思》

---

① 原为宗教社会学用语，指一种特殊的魅力或超人的天赋之类的特殊品质。意译“感召力”或“超凡魅力”，可引申为“领袖气质”等义。下文中凡译为“领袖气质（魅力）”、“个人魅力”等，原文均为此词，不再一一注明。——编注

和《对思想之思考》(两文已收在他的《文集》第二卷)。两篇文章所探讨的,用他自己的话说,是关于"思想家"(Le Penseur)在做些什么的一般问题。他说,让我们细察一下两个正在快速地张合右眼眼睑的孩子。一个是不随意的眨眼,另一个则是挤眉弄眼向一个朋友发信号。这两个动作,作为动作,是完全相同的。如果把自己只当做一台照相机,只是"现象主义"式地观察它们,就不可能辨识出哪一个是眨眼,哪一个是挤眼。但是,眨眼和挤眼间的差别,无论多么不可拍摄入相 ,却仍然是非常巨大的;对于这一点,任何一个曾不幸被人误解,其眨眼被错认做挤眼的人都是深有体会的,因为挤眼的人是在交流,并且确实是在以一种准确而特殊的方式在交流:(1)有意地;(2)向着特定的某人;(3)传达特殊的信息;(4)按照社会通行的信号密码,以及(5)没有受到其他在场者的察觉。正如赖尔所指出的,眨眼者固然只做了一件事,张合其眼睑,但挤眼者也并没有做两件事,张合其眼睑和挤眼示意。当存在着一种公众约定的信号密码,按照这个密码有意地张合眼睑就意味着发出某个当事人理会的信号时,有意的张合眼睑**就是**挤眼了。如此而已,别无其他:行为的一点一滴,文化的一个细部,正是这样(voilà)!——一个眼势。

然而,这才只是开了个头。赖尔接下去说,假设还有另外一个男孩子,为了给他的伙伴开个恶作剧式的玩笑,故意歪曲地模仿第二个男孩挤眼的不当之处,譬如不熟练、太笨拙、太明显等等,当然,他做这个的方式和第一个男孩眨眼与第二个男孩挤眼的方式还是一样的:张合右眼的眼睑,只不过他既不是在眨眼也不是在挤眼,他是在模仿他人挤眼时的可笑之处(这可笑之处也只是在他看来如此)。这里,也存在着一个社会通行的信号密码(他做作地、过于明显地"挤眼",或许还会添上一个鬼脸——小丑所惯用的做作);同时也传递了一个信息。只不过现在弥漫于

7 空气中的不是当事人的心领神会，而是嘲弄罢了，假如其他两个孩子以为他真是在挤眼的话，他的整个努力就完全付之东流了，但也可能会有不同的效果，比如别人以为他真的在眨眼。还可以进一步设想：一个想要模仿以嘲笑他人的人，如果对自己的模仿能力没有把握，也许会在家里对镜练习，那么，他既不是在眨眼或挤眼，也不是在模仿，而是在排演；然而，就一台相机、一个激进的行为主义者，或一个把外交辞令当真的人所记录下来的东西而言，这个排演者和其他所有人一样，只是在迅速地张合他的右眼眼睑而已。可是会出现任何复杂的情况，这种可能性虽然在实际上不是无止境的，至少在逻辑上是如此的。例如，上文所说的挤眼者或许实际上是在假挤眼，比如说吧，是想把旁人引入歧途，以为存在着实际上并不存在的当事人之间的心领神会。在这种情况下，我们对于模仿者所模仿之物，以及排演者所排演之事的描述相应地要做改变了。但是，关键在于，在赖尔称之为对排演者（模仿者、挤眼者、眨眼者……）正在做的事的“浅描”（thin description）（“迅速地张合他的右眼眼睑”）与对他正在做的事的“深描”（“练习对一个朋友的模仿，因为这个朋友假作挤眼以欺骗局外人误以为有什么只是当事人才能领会的事”）之间存在着民族志的对象：意义结构的分层等级；通过这些结构，眨眼、挤眼、假挤眼、模仿、模仿之练习才得以产生，才为人所知觉，为人所解释；而假如没有这些结构，则无论人们怎样挤巴眼睛，也不会存在这些事实（即便是零形态的眨眼也不会存在，因为，**作为一个文化范畴**，眨眼即是非挤眼，正如挤眼是非眨眼一样）。

如同牛津学派的哲学家们喜欢自己编造的许多小故事一样，所有这些挤眼，假挤眼、模仿假挤眼、练习模仿假挤眼，可能看上去有些人为。为了补充一个较具经验性的例注，还是让我从我本人的田野日志中抽取不无典型意义的一段（有意放在任何先验的解释性评述之前)，以此证明，无论赖尔怎样努力使之平衡以期服人，他所举出的例子还是过于精细地描绘了民族志学者孜孜以求地以此寻求出路的这种具有推论和示意意义的排列结构。

> 法国人〔调查合作人说〕刚到这里不久。从小镇这里一直到山里的玛穆什地区，他们修筑起大约二十个小城堡，这些城堡都建在山岬上，这样就可以居高临下，监视乡村。但是，尽管如此，他们还是不能确保安全，特别是在夜间。因此，虽说 mezrag(买卖契约)制度在法律上已被废除，但是实际上它还是一如既往地实行着。
>
> 一天晚上，犹太人科恩(他说一口流利的柏柏尔语)正 8
> 在玛穆什地区，来了另外两个与邻近一个部落做买卖的犹太人，想从他那里买些货。这时，一些另一个邻近部落的柏柏尔人企图闯进科恩的住处，于是他朝天开了枪，从而阻止了他们的企图(按照传统，犹太人是不许持枪的；但由于这一时期局势动荡不安，许多犹太人还是带了枪的)，这样一来，就引起了法国人的注意，抢劫者们也就逃走了。
>
> 然而，第二天晚上，他们又回来了。其中一人化装成妇女敲科恩的门，还说了一番动听的话。科恩很是怀疑，不想放“她”进来。可是其他两个犹太人却说：“算了吧，没有什么事，只不过是个女人。”于是他们就开了门，结果那伙强盗蜂拥而入。他们杀死了两个客人，而科恩却设法躲进隔壁房间。他听见这伙强盗打算把货物搬走后就把他活活烧死在铺子里。于是他打开房门，发疯似的抡着手里的木棒，夺窗而逃了。
>
> 然后，他跑上一座城堡去包扎伤口，并且向地方指挥

官，一个叫做杜马里的上尉，抱怨说他想要回他的ar(阿尔)——也就是说，是被抢走货物的价值的四至五倍。那伙强盗来自一个尚未顺从法国当局，并且还公开与之作对的部落，因此，科恩请求当局允许他和他的mezrag持有人，玛穆什部落首领(sheikh)一起去收取按照传统规矩应该归他的损失补偿。杜马里上尉不能正式地允许他这么做，因为法国当局明令禁止mezrag关系，但他还是给了他口头许可，他说："如果你被人杀了，那是你自己的事。"

于是，部落首领，犹太人科恩，以及一小队手执武器的玛穆什人一起出发，走了十到十五公里的样子，来到叛乱地区，当然那里没有法国人，他们悄悄地溜过去，抓住那个盗贼部落的牧羊人，抢走了羊群。那个部落的人立即骑上马，手执步枪追赶他们，随时准备与他们交手。可当他们看到"盗羊贼"是什么人后，他们火气消了，说道："好吧，我们愿意谈判。"因为他们不能矢口否认已经发生的事——他们中的一些人抢劫了科恩并杀死了两个客人——同时，他们也没有准备好与这伙侵犯者混战而和玛穆什人结下世仇。于是，就在平原上，在成千上万只羊中间，这两群人谈啊，谈啊，谈啊，直到最后定下来以五百只羊作为补偿。然后，两群手执武器的柏柏尔人骑上马，排列在平原的两端，羊群围扰在他们之间，科恩身着黑色长袍，头戴圆筒小帽，脚踏拖鞋，独自走出人群，走进羊群，以最快的速度，一只接一只地挑出最好的羊，作为对他的赔偿。

就这样，科恩得到了他的羊，赶着它们回到玛穆什。在山上城堡内的法国人远远地听到它们走来(科恩眉飞色舞地回忆当时的情景："我们'咩、咩、咩'地回来了")，不免感到奇怪："到底是什么？"科恩回答说："这就是我的'ar'呀。"

> 法国人不能相信他真的做了他说他做的事，于是就指控他 9
> 是叛乱的柏柏尔人的奸细，把他投入监狱，没收了他的羊。居住在镇上的他的家人，由于很长时间没有听到他的消息，还以为他已经死了。可是过了不久，法国人又放了他。他回到家中，可是没了羊。于是他找到上校，一个负责整个地区事务的法国人，诉说他的遭遇。但是上校却说："关于此事我无能为力，这不是我的事。"

这段原封不动的、不加注解的引文，如同任何一段以同样的方式引述的同类文字一样，公正地告诉我们，即便是最为基本的民族志描述，也塞进了多少东西，——是多么异乎寻常地"深"。在写就的人类学著述中，包括这里选收的论文，这一事实——即我们称之为资料的东西，实际上是我们自己对于其他人对他们以及他们的同胞正在做的事的解释之解释——之所以被弄得含混不清，是因为大部分我们借以理解某一特定事件、仪式、习俗、观念或任何其他事情的东西，在研究对象本身受到直接研究以前，就已经作为背景知识被巧妙地融进去了。（即便是要阐明，这一小小的戏剧性事件于一九一二年发生在摩洛哥中部的高原地区，并且在一九六八年得以详细地叙述给我，也在很大程度上决定了我们对此事件的理解。）这样做并没有什么特别的过错，并且无论如何都是不可避免的。但它的确导致了把人类学研究看成是一种多于观察、少于解释的活动的观点，而实际情况并非如此。在全部人类学事业的事实基础或基石上——如果真有这块基石的话——我们已经在进行析解：而且更为不妙的是，我们在对析解进行析解。以此挤眼析解彼挤眼，再以另一挤眼析解此挤眼。

因此，所谓分析即是分类甄别意指结构（structures of signification)——也就是赖尔称之为通行密码的，但这一说法容易使人误解，因为它使这项事业听起来太像破译人员所为之事，而实际上它更像文学批评家所从事的活动——以及确定这些结构的社会基础和涵义。这里，在我们的引文中，分类可以从区分构成上面那种情形的三种不同的——犹太人的、柏柏尔人的和法国人的——解释框架开始，继而说明，它们三者如何(以及为何)在那个时候、那个地区共同产生出一种情形，在其中，系统间的误解使传统形式沦为社会闹剧。使科恩栽了跟斗，由他而使整个由来以久的、他在其中发挥作用的社会和经济关系的模式出了差错的，实际上是一场语言混乱。

以后我还会回到这句过于凝炼而费解的话，以及那段文本本身的细节上来。现在的论点只是民族志是深描。实际上面临
10 的是——只有当他按照更为自动化的常规收集资料时，当然他也必定要这样做，才是例外——大量复杂的概念结构，其中许多结构是相互层叠在一起，或者是相互交织在一起的；这些结构既是陌生的、无规则的，也是含混不清的，而民族志学者首先必须努力把握它们，然后加以翻译。这一点在民族志学者活动之最为基础的丛林田野工作层面上有真切的表现：访问调查合作者、观察仪式、查证亲族称谓、追溯财产继承的路线、调查统计家庭人口……写日记。从事民族志好似试图阅读(在“建构起一种读法”的意义上)一部手稿——陌生的、字迹消褪的，以及充满省略、前后不一致、令人生疑的校正和带有倾向性的评点的——只不过这部手稿不是以约定俗成的语音拼写符号书就，而是用模式化行为的倏然而过的例子写成的。

三

文化这部行为化的文献，好似一个模仿的挤眼，或一次模仿的抢羊袭击，就是这样为公众所有的。尽管是观念化的产物，但它却不存在于某个人的头脑中；尽管是非物质的，但它却不是一个超自然的实体。人类学内部关于文化是“主观的”还是“客观的”的无休止的争论——因为这种争论本来就是不可休止的——以及与之相伴随的相互间知识分子式的侮辱(“唯心主义者!”——“唯物主义者!”;“心灵主义者”——“行为主义者!”;“印象主义者!”——“实证主义者!”)整个是由误解而引起的。一旦人类行为被视为符号行动(大部分时间，因为确有真正的眨眼)——有所意指的行动，像说话时的发音、绘画中的着色、书写时的笔划，或者音乐中的声调——关于文化是一种行为模式，还是心智结构，或是二者的某种混合物的问题，便失去了意义。关于一个模仿的挤眼，或是一次模仿的抢羊袭击，所应发问的，不是它们的本体论地位如何(因为它们的本体论地位一方面和岩石的地位一样，另一方面又和梦幻的地位一样——它们都是这个世界的事物)，所应发问的是，它们的涵义是什么：在它们发生之时，通过它们的媒介作用，所要说的是什么，是嘲笑还是挑战，是讽刺还是愤怒，是献媚还是自豪。

这看起来是显而易见的真理，但是却有许多方法把事情搅混，其中一种方法是把文化想像成是一种独立自足的、有着自身的力量和目的的“超有机体”的实在，即把它实体化(reify)。另 11
一种方法是声称文化存在于行为事件的无意识模式——我们可以在这个或那个可识别的群体中观察到这种模式；这就是对文化进行还原。但是，尽管这两种混乱今天仍然存在着，并且毫无疑问地将永远存在于我们中间，当代人类学中最主要的理论混乱根源却是由反对这两种观点而发展、现在正得到广泛赞同的一种观点——借用瓦尔德·古迪纳夫的一句话，因为他或许是这种观点的主要拥护者——即“文化[存在]于人的头脑与心灵中”。

虽则这一学派有着各种各样的称呼：民族学、成分分析、认识人类学(术语上的动摇不定反映出更为深刻的不确定性)，但总的说来，该学派认为文化是由个体或人群借以指导其行为的心理结构所组成的。“一个社会的文化”，——让我们再次引述古迪纳夫的话，这次出现在已成为整个运动最有权威性的经典(locus classicus)的一段文字中——“是由个人必须知道或相信以便能够按照该社会成员可以接受的方式操作的一切所组成的”。从这种关于文化是什么的观点，引伸出一种同样确定的、关于文化描述是什么的观点——即写出系统化的规则，作为民族志的规则，如果遵守这些规则，就可能对本地人进行操作，得到公众的认可(身体外貌例外)。这样，极端主观主义便与极端形式主义相结合，带来可以想见的后果：大吵大嚷地争论具体的分析(这些分析用的是分类、范例、图表、世系图或其他种种独创物的形式)所反映的，“真”是本地人所想的呢，还是仅仅是对于他们所想的一些逻辑上等同而实质上不同的、聪明的模拟物而已。

由于这种方法乍看起来与我们在这里正提出来的方法非常接近，容易发生误解，因此，说明二者间的分界将是大有裨益的。假如我们暂且不论挤眼或抢羊袭击，而把贝多芬的一部四重奏作为文化的样本——当然我们要承认它过于专门，但是为着这些目的，它仍不失为很有说明意义的——我相信，没有一个人会把它同它的总谱等同起来，同演奏它所需要的技巧和知识等同

起来，同它的演奏者或听众所具有的对它的理解等同起来，也不
会——顺便照顾一下(en passant)还原主义者和物化论者——
同其某一次具体的演奏，或是同某种超越物质存在的神秘实体
等同起来。“没有一个人”或许说得过于重了一些，因为总是有
那么一些不可救药的固执己见的人。但是，贝多芬的四重奏是
一个时间上发展了的音调结构，是模式化的声音的连贯序
列——一句话，是音乐——而不是某个人对任何东西的知识或 12
信仰(包括怎样演奏它的知识)，对于这样一个命题，大多数人经
过反思大概是会赞同的。

要演奏小提琴，就必须养成一些习惯，拥有某些技巧、知识以及天份，要进入表演的情绪状态，而且(如同那个老生常谈的笑话所说)也要有把小提琴才行。但是，小提琴演奏既不是习惯、技巧、知识等等，不是情绪，也不是(相信“物质文化”的人显然欢迎这种概念)小提琴。在摩洛哥缔结一个买卖契约，你必须按照一定的方式做一些事情(其中包括，一边吟唱阿拉伯语《古兰经》，一边当着聚在一起的、部落中肢体健全的成年男子之面割断一只羊羔的喉咙)，并且要具备某些心理特征(例如，获得遥远的事物的欲望)，但是，一个买卖契约既不是割断喉咙，也不是欲望，但它却是真实的，如同玛穆什酋长的七位亲戚由于从科恩那里偷了一张污秽不堪、实际上分文不值的羊皮而被酋长处死时所发现的一样。

文化是公众所有的，因为意义是公众所有的。如果不知道挤眼是什么意思，或者不知道身体上怎样张合眼睑，你就不可能挤眼(或模仿挤眼)；如果不知道偷羊是什么，或者实际上该怎样去偷，你就不可能实行一次抢羊偷袭(或者模仿抢羊)。但是从这样的实情中得出结论，认为知道怎样挤眼就是挤眼，知道怎样偷羊就是抢羊偷袭，其混乱之深，如同错把浅描当做深描，把挤

眼与眼睑的张合混同起来,或者是把抢羊偷袭与把毛茸茸的动物从草场上赶出去混同起来一样。认知主义的谬误——即文化是由(引用这个运动的另一位代言人斯蒂芬·泰勒的话)“可以[他指的是‘应该’]用类似数学和逻辑的那些形式方法加以分析的心理现象所组成的”——对于文化概念的有效性的破坏程度与行为主义的和唯心主义的谬误是同样的,而它却是对后两种谬误的一种错误的纠正。或许,由于它的错误更为复杂,它的歪曲更为微妙,它的破坏程度也因此更为深重。

早自胡塞尔,晚自维特根斯坦以来,对于意义的私有理论的一般化攻击已成为现代思想中重要的一部分,因此,没有必要在这里重新将其叙述一遍。有必要做的是,要保证这种攻击的消息传达到人类学领域;特别是要说清,说文化是由社会通行的意义结构所组成,人们通过这些结构构成信号领会并相互联系,或
13 者通过这些结构察觉侮辱性从而加以反驳,就等于说文化是一种心理现象,是某人的心智、人格、认知结构,或随便什么的一个特征,但是这种说法比起说印度教神秘论、遗传学、动词的进行式、酒的分类、习惯法或“一种条件诅咒”的概念就是文化来,并没有说出更多的东西(如同韦斯特马克界定科恩据此而力争其补偿损失的权利的“阿尔”一样)。在一个像摩洛哥那样的地方,最阻碍我们这些生来就以另一种方式挤眼,或以另一种方式牧羊的人去理解那里的人在做什么的,并不是由于不熟悉他们那个行为符号化了的想像的世界而造成的对认知力如何起作用的无知(然而,特别是当人们假定,认知力在他们中间和在我们中间一样地作用时,少有一些这样的知识也许会帮我们一个大忙)。既然已经求到了维特根斯坦,或许也可以引用他的话:

> 我们……说某些人在我们看来一眼便可看穿。然而,关于

> 这一观察还须补上，一个人对另一个人还可能是一个完全的谜。当我们来到一个有着完全陌生的传统的陌生国度时，我们便可得知这一点，不仅如此，即便是精通那个国度的语言，也会如此。我们不**理解**那里的人们(并且不是因为不知道他们彼此间说些什么)。没有他们的帮助，我们就无法独自行动。

四

力图独自行动，这桩从未真正取得成功的事情，正是作为个人经验的民族志研究的内容；试图构造人们想像——总是过度地想像——的基础，正是作为科学努力的人类学著述的内容。我们，至少我自己，既不求成为一个本地人(这个字眼无论在什么情况下都是个折衷的词)，也不想模仿本地人。只有浪漫的人或间谍才会觉得这样做有意义。我们所寻求的是与他们交谈(是在比原义广得多的意义上运用这个字眼，当指比“谈话”广泛得多、深刻得多的意义)并且不只是与陌生人交谈，这件事比起普遍认为的那样要困难得多。斯坦利·卡韦尔曾说过，“如果说**替**某人说话似乎是个神秘的过程，那也许是因为**同**某人说话似乎还不够神秘”。

从这个角度看待人类学，其宗旨便是扩大人类话语(dis- 14
course)的范围。当然，这不是它的惟一宗旨——教学、娱乐、实际建议、道德进步、发现人类行为的自然秩序等等则是它的其他宗旨；而且人类学也不是追求这一宗旨的惟一学科。但是，这却是一个符号学的文化概念特别适合的宗旨。作为由可以解释的记号构成的交叉作用的系统(如果忽略狭义的用法，我本可以称之为符号)制度，文化不是一种引致社会事件、行为、制度或过程的力量(power);它是一种风俗的情景,在其中社会事件、行为、制度或过程得到可被人理解的——也就是说,深的——描述。

众所周知,人类学对异己东西(对我们来说而已)的吸收——柏柏尔牧人、犹太商贩、法国外籍军团等等——本质上是一种用以排除令人模糊的熟悉感的手段,因为这种熟悉感掩盖了我们自身知觉地相互联系的能力的神秘性。在陌生之处观察日常生活,并没有像通常所宣称的那样揭示出人类行为的专断性(在摩洛哥把偷羊视为一种侮辱性行为并没有什么特别专断之处),而只是揭示出人类行为的意义按照提供其信息的生活模式而发生变化的程度。理解一个民族的文化,即是在不削弱其特殊性的情况下,昭示出其常态。(我越是努力地仿效摩洛哥人所做之事,他们就越发显得合逻辑,富有独特性。)把他们置于他们自己的日常系统中,就会使他们变得可以理解。他们的难于理解之处就会消释了。

正是这种方法或程序——通常被过于随意地称做"从'行为者'的观点看事物",过于书卷气地称做"理解(verstehen)方法",或者过于技术性地称做"主位分析"——常常让人认为人类学涵盖广泛,不是远距离心智阅读,就是关于食人岛的狂想,因此,对于急于绕过众多的哲学沉船残骸的人来说,必须极其小心地处理它。对于理解人类学解释是什么,以及在什么程度上它是解释,最为要紧的莫过于准确地理解"我们对其他民族的符号系统的构建必须以行为者为取向"这句话意味着什么——以及它不意味着什么。②

② 不仅仅是其他民族的:人类学**可以**探讨其本身也是组成部分的文化,并且,它日益朝这个方向发展;这是一个具有深远意义的事实,但是,由于它引起一些复杂而特殊的第二等级问题,我将暂且将其放置一旁。

这句话意味着，对柏柏尔、犹太或法国文化的描述必须以我 15
们想像的柏柏尔人、犹太人或法国人对于他们的经历的解释的语词来表达，必须以他们用来界说发生在他们身上的那些事的习惯语句来表达。这句话不意味着，这样的描述本身是柏柏尔人的、犹太人的或法国人的——也即是说，这些描述是它们表面上在描述的现实的一部分；也不意味着，这些描述是人类学的——也即是说，是正在发展着的科学分析体系的一部分。这些描述必须以特别指定的一类人对他们经验的解释来表达，因为那才是他们宣称所描述的东西；这些描述是人类学的，因为实际上是人类学家宣称它们是人类学的。一般地说，没有必要花费这么大的气力指出，研究对象是一回事，对对象的研究则是另一回事。物理世界并非物理学，《理解〈为芬尼根守灵〉的万能钥匙》并非《为芬尼根守灵》，这些本是非常清楚的。但是，由于在文化研究中，分析渗透入对象的体内——也即是说，**我们从我们自己对调查合作人正在做什么或我们认为他们正在做什么的解释开始，继而将之系统化**——因此，作为自然事实的（摩洛哥）文化与作为理论实体的（摩洛哥）文化之间的分界线趋于模糊不清。并且，由于后者是以一种从行为者的眼光描述（摩洛哥人的）全部概念——从暴力、荣誉、神性、正义到部落、财产、保护制、酋长制——的形式而表达的，二者之间的界线因之变得更加模糊不清。

简而言之，人类学著述本身即是解释，并且是第二和第三等级的解释。（按照定义，只有“本地人”才做出第一等级的解释：因为这是**他的**文化。）③因此，它们是“虚构”的产物；虚构的产

③ 等级问题也非常复杂。以其他人类学著作为基础的人类学著作（例如，莱

物,是说它们是“某种制造出来的事物”,是“某种被捏成形的东西”——即 fictiō 一词的原意——而不是说它们是假的、非真实的,或者仅仅是“仿佛式的”思想实验。对一个柏柏尔酋长、一个犹太商人和一个法国军人在一九一二年的摩洛哥相互间的错综关系,建构行为者取向的描述,显然是一种想像活动,与建构有
16 关一个法国外省医生、他愚蠢并与人通奸的妻子和她不负责任的情人在十九世纪的法国彼此间错综关系的描述并没有很大区别。在后一种情况,行为者和事件都是作为虚构的再现的,而在前一种情况它们是作为真实的或者那时是如此的人和事得到再现的。这是一个非同小可的差别;的确,恰恰就是包法利夫人难以理解的那类差别。但是,重要之处并非在于这样一个事实:包法利夫人的故事是创造出来的,而科恩的故事则只是记录下来的。创造这两个故事的条件,以及创造的要点(更别说创造方式和质量)是不同的。但是前者和后者一样是 fictiō——是“造物”。

人类学家们并没有像他们本来可以的那样总是意识到这个事实:尽管文化存在于贸易点、山岬上的城堡或是牧羊场,而人类学则存在于书本、文章、讲演、展览之中,或者有时也在今天的电影之中。意识到这一事实就是认识到在文化分析中,不可能在再现方式和实在内容之间划出一条界线,如同在绘画中不可能划出一条这样的线一样;并且,这一事实反过来又威胁着人类

维—斯特劳斯的著作)当然可能是第四等级的,并且,提供情况的人经常地,甚至习惯地,做出第二等级的解释——也即是那些逐渐见知为“本地人模式”的东西。在有文字的文化中,那里“本地人”的解释可以上升到较高的层次,这些问题的确变得非常复杂——就马格里布[北非一地区]而言,只要想想伊本·赫勒敦;就美国而言,只消想想玛格丽特·米德就可以明白了。

学知识的客观地位,它暗示着人类学知识的源泉不是社会实在而是学者式的构造之物。

它的确威胁着人类学知识的客观地位,但是,这种威胁是空洞虚假的。一部具体的民族志描述是否应该引起注意,并非取决于它的作者能否捕捉住遥远的地方的原始事实,并且把它们像一只面具或一座雕塑那样带回家来,而是取决于它的作者能否说清在那些地方发生了什么,能否减少对在鲜为人知的背景中的陌生行为自然要产生那种困惑——这是些什么样的人?这就引出一系列严重的证实问题,如果"证实"一词对于如此温和的一门学科来说过于重了(我本人偏好"评价"一词),那么好吧,引出了一系列关于怎样才能辨别出哪个记载更好一些,哪个更差一些的问题。但是,那恰恰正是其长处。如果说民族志是深描,民族志学者是从事这种描述的人,那么,对于任何一个给出的例子,无论是一小段田野日记,还是马林诺夫斯基那样的长篇专著,决定其好坏的问题则是它是否将挤眼与眨眼区分开来,是否将真挤眼与模仿的挤眼区分开来。我们不是在一大批未经解释的资料,在极浅的描述上,而是在能使我们与陌生的人们建立起联系的科学的想像力上,衡量我们的解释是否具有说服力。正如梭罗曾经说过的那样,为着数清桑给巴尔的猫而走遍世界是不值得的。

五 17

这种见解——仅仅为着那些我们开始观察就感兴趣的属性而考察全部行为不是我们的旨趣所在——常常被夸大为更大的一种主张:也即是说,既然只是那些属性使我们发生兴趣,那么,我们完全没有必要去关注行为,至多只是粗略地关注一下。其论据是:只有把文化当做纯粹的符号系统(其口号是:“按它自己的说法”)来对待,通过区分其要素,确定各要素间的内在联系,然后,按照某种一般的方式,如整个系统围绕其而组织起来的核心符号,整个系统只是其表层表现的内在结构,或作为整个系统基础的意识形态原则等等,描述整个系统的特征,只有这样,文化才能受到最为有效的处理。尽管这种观点较之于那种认为文化是“习得行为”和“心理现象”的观念来说是一个明显的进步,并且是当代人类学中某些最为有力的理论观念的根源,但这种解释方法在我看来仍然是冒着使文化分析与其本来对象——实际生活的通俗逻辑——相分离的危险(并且日益为这种危险所笼罩)。如果把一个概念从心理主义的缺陷中解救出来,只是为了立即把它推入图式主义的缺陷之中,那是不会收到什么好结果的。

行为必须受到关注,并且必须带有某种程度的准确性,因为正是通过行为之流——或者,更准确地说,通过社会性行为——文化的形式才得以连贯为一体。当然,文化形式还可以通过各种各样的人造物,通过意识的各种状态而得以连贯为一体;但是,这些只是因它们在一个连贯的生活模式中所扮演的角色或所起的作用(若是维特根斯坦,则会说“它们的用途”)获得其意义,而不是从它们彼此之间的内在联系获得其意义。正是科恩、酋长以及“杜马里上尉”在为着各自的目的——做成买卖、维护荣誉和建立统治——而相互弄出差错的时候所做的那些事情,创造出那个牧场上的戏剧性事件,因此,这出戏也正是“关于”他们所做的事情。无论符号体系“按它自己的说法”是什么,或者在什么地方,我们都可以通过考察事件,而不是通过把抽象的实体安排为统一的模式,而对它们做出经验的理解。

进而,这样说意味着,融贯性不能作为确定文化描述的有效

性的主要依据。文化体系必须具有最低限度的融贯性，否则我们不会称之为系统；并且，观察告诉我们，它们通常具有很大的 18
融贯性。但是，没有什么能比偏执狂的妄想或骗子口中的故事更为融贯的了。解释的力量不能取决于使它们连在一起的严密性，也不能取决于论证这些解释时的信心，像它们今天常常被迫所做的那样。我以为，最使文化分析丧失信誉的莫过于建构具有形式次序的、无懈可击的描述，因为没有人会完全相信其实际存在。

如果说人类学解释即是建构对于所发生之事的一种理解，那么，把人类学解释与所发生之事分割开来——与特定的人们在此时，或在彼地，所说、所做，或所遭遇的话与事分割开来，与世界的整个庞大的事情分离开来——就是把它与它的应用分割开来，从而使它变成一具空洞的外壳。对于任何事物——一首诗、一个人、一部历史、一项仪式、一种制度、一个社会——一种好的解释总会把我们带入它所解释的事物的本质深处。如果它没有做到这一点，而是把我们带到别的地方，譬如，使我们对其文字的优雅赞叹不已，对它的作者的聪明才智赞不绝口，或者对欧几里得式的条理次序钦佩之至，那么，它确实具有内在的魅力；然而它不是目前的任务所要求的那种东西——弄清楚全部那些关于羊的冗长而杂乱的言语是什么意思——它是别的什么东西。

关于羊的那些冗长而杂乱的言语——假作的偷盗、赔偿性移交、政治性没收——本质上是（或曾经是）一次社会性对话，即便这次对话，如同我在前面所暗示的那样，是一次用多种语言，不仅用言语而且也用行动进行的对话。

为了要求其对“阿尔”的权利，科恩求助于买卖契约；为了认可这一要求，酋长向肇事者部落发出了挑战；为了承担责任，肇事者部落赔偿了损失；急于向酋长们以及商贩们表明谁是这里的主宰，法国人亮出了帝国的手腕。如同在任何对话中一样，规则并不决定行为，过去曾经实际说过的并没有必要非说不可。科恩或许会因考虑到这在保护国当局眼中是非法之举而不去要求他的权利。酋长或许会为了同样的原因而拒绝这一要求。肇事者部落，此时仍在抵抗法国当局，或许会决定把这次袭击视为“真的”，从而去决斗而不是谈判。如果法国人少一点生硬(dur)，多一点灵活(habile)(如同后来在立奥蒂元帅保护下，他们真的变成的那样)，或许会允许科恩保留他的羊，对于那种贸易模式的继续和他们权威的局限，挤挤眼(像这个词在我们的用法中所表示的)假装没有看见算了。还有其他的可能性：玛穆什人也可能认为法国人的作为是一种太大的侮辱，实在不可容忍，从而自己也走上反叛的道路；法国人也可能不仅仅制服住科恩，
19 而且还可能试图让酋长本人俯首贴耳；科恩也可能会得出结论，夹在叛乱的柏柏尔人和举止优雅的士兵中间，在阿特拉斯高原地区做买卖已经不值得再费神了，从而退回到管理得好一些的小镇内做他的生意去了。确实，随着保护国当局进一步加强统治，所有这些都或多或少地发生了，有些还走得更远。但是，这里所要做的，不是描述在摩洛哥发生了什么，没有发生什么(从这件简单的事件，可以扩展为极其复杂的社会经验)。我们是要说明，人类学解释是什么：追溯社会性对话的曲线，把它固定在一种可供考察的形式里。

民族志学者“登记”社会性对话；**他把它记下来**。这样做，他就把社会性对话从一件只存在于它发生的那个时刻、转瞬即逝的事件转变为一部存在于刻画它的可供反复查阅的记载。酋长早就死了，在存在的进程中被杀死了，用法国人的话说，被“镇压”了；“杜马里上尉”，镇压了酋长的人，还活着，在法国南部守

着那堆纪念品打发退休的时光；而科恩在去年已经回“家”，到以色列去了，一则是避难，一则是朝圣，再者他也是一个将死的年高德劭的人了。但是，六十年前，在阿特拉斯高原，他们彼此所“说过”（在我的扩展了的意义上）的那些却被保存下来，以供研究之用——尽管远不是完美无瑕的。“是什么”，保尔·里克尔[④]问道（整个行为刻画的观念就是从他那里借用来的，并且多少改变了一些），“写作固定下来的是什么？”

> 不是说话这个事件，而是说话时“所说过的”，在其中，我们借助说话时所说过的，得以理解构成对话目的与意向的具相化过程；通过这个过程 sagen——说——想要成为 Aussage——表述和被述。简言之，我们所写的是说话的 noema（“思想”、“内容”、“要旨”），是说话这个事件的意义，而不是事件本身。

如果说牛津学派哲学家们过于喜欢编些小故事，现象学哲学家们偏好大而长的句子，那么，上引那段话本身“所说”过的也并不那么透彻；但是它毕竟给了我们一个较为准确的答案，以回答我们那个意味深长的问题：“民族志学者是干什么的？”——他写作；[⑤] 这看起来也并不是什么惊人的发现，并且，对于熟悉目前流行的“文献”的人来说，也许还难以置信。但是，既然对于我

---

④ 国内知识界多译做“利科”或“利科尔”，今从《简明不列颠百科全书》等有关词书改做现译。——编注

⑤ 或者，更为准确地说，“登记”。大部分人种描述实际上是在书本和文章中，而不是在电影、记录、展览，或其他什么中；但是，即使是在书本和文章中，当然也还有照片、图画、图表、表格等等，关于再现方式的自我意识（更别提这种方式的试验了）在人类学中是很缺乏的。

20 们的问题的标准答案一直是："他观察，他记录，他分析"——一种对这个问题的"veni，vidi，vici"[6]式的概念，这句话，较之那种初看上去似乎很清晰的回答，或许还会引出更为深入的推论，至少可以推论，区分追求知识的这三个阶段也许实际上并不可能；并且，作为自动的"操作"，这三个阶段可能实际上根本不存在。

情形甚至更为棘手，因为，如同我们已经提到的，我们所登记的（或试图登记的）并非是未经加工过的社会性会话；由于我们自己并不是行为者（除非在很勉强、很特殊的情况下），所以，我们无法直接接触这种会话，我们直接接触到的只是调查合作人所能让我们理解的那一小部分。[7] 当然这不像听起来那么骇人，因为，实际上并非所有的克里特人都是说谎的人，并且，也没有必要为了理解某一件事而去了解所有的事。但是，它确实使这种观点，即认为人类学分析是对已发现的事实进行概念化处理，对纯粹现实进行逻辑重建的观点，显得似乎有些站不住脚。要确定匀称的意义结晶，清除曾经缠绕其身的物质复杂性，然后将它们的存在归因于自生的秩序原则、人类心智的普遍属性，或者说大些，归因于先验的世界观，实际上就是伪称一门并不存在的科学，想像一个无法发现的现实。所谓文化分析是（或者应该是）对意义的推测，估价这些推测，而后从较好的推测之中得出解释性结论，而非发现意义的大陆，然后标画出没有实体的景观。

---

[6] 拉丁语。语出恺撒，意为"我来了，我看见，我征服"。——译注

[7] 就它强化了人类学家想要让给他提供情况的人作为人而不是对象与他合作的冲动而言，"参与性观察"的观点一直是很有价值的。但是，又由于这种观点导致人类学家看不见他自己的角色的那种极其特殊、文化上限定的性质，且将他自己想像为某种不仅是一个既感兴趣又有利害关系的逗留者的东西，就此程度而言，这种观点也一直是我们的不诚实的最主要根源。

六

所以,民族志描述有三个特点:它是解释性的;它所解释的是社会性会话流(the flow of social discourse);所涉及的解释在于将这种会话"所说过的"从即将逝去的时间中解救出来,并以可供阅读的术语固定下来。Kula(库拉)[8]已经消失了或改变了;但是,不管怎样,《西太平洋的淘金者》却留存下来了。此外,这类描述还有第四个特点,至少,我是这么做的:它是微观的。

这并不是说没有对整个的社会、文明、世界性事件等等所作 21
的大规模的人类学解释。恰恰相反,正是因为我们把分析以及这些分析的理论含义扩展到更大的情景中,才使它们受到普遍的注意,从而证明了我们对它们的建构。没有人还会真正地关心那些羊,甚至科恩也不会(不过……也许,科恩会)。历史上也许有那么一些不惹人注意的转折点,"小房间内的大吵闹";但这个小小的插曲肯定不是这类转折点。

这仅仅是说,典型的人类学家的方法是从以极其扩展的方式摸透极端细小的事情这样一种角度出发,最后达到那种更为广泛的解释和更为抽象的分析。他面临的是和其他人——历史学家、经济学家、政治学家、社会学家等等——在更为重要的背景下所面临的同样宏大的实在:**权力、变革、信仰、压迫、劳动、激情、权威、优美、暴力、爱情、名望**;但是,他是在默默无闻的情景中面对它们的——像玛穆什那样的地方,像科恩那样的生活——这样的情景渺小得足以把地名和人名开头的大写字母去

⑧ 土著语,指美拉尼西亚群岛东南部特罗布里恩德岛民的交易制度。——编注

掉。这些十足地属于人类的永恒事物,“那些令人不寒而栗的大字眼儿”,在这种朴素平凡的情景中采取了平易可亲的形式。然而,这恰恰是优越之处。世界上深奥的东西已经够多的了。

然而,怎样才能从民族志描述所收集的诸如我们的羊的故事这些微观材料——杂乱无章的言谈和轶事——达于那些民族、时代、大陆或文明的巨大的文化景观呢?这个问题不能轻易从对具体性和脚踏实地的思维朦胧的幻想中滑过去。对于一门诞生于印第安部落、太平洋群岛以及非洲家族,后来又变得野心勃勃的学科来说,这已经成为一个重要的方法论问题,并且在很大程度上这个问题并没有得到很好的解决。实际上,人类学家们自己制造出来用以论证他们从局部真理向普遍图景发展的那些模式一直是在暗地里破坏着这种努力;在这点上,这些模式与那些批评者们——满脑袋样本规模的社会学家们、满脑袋心理测量的心理学家们,以及满脑袋统计数学的经济学家们——想方设法设计出来反对它们的玩艺儿负有同样不可推卸的责任。

在这些模式中,有两个一直占有主要地位:“琼斯村即美国”式的“微观”模式;“复活节岛即试验案例”式的“自然试验”模式。要么是一粒砂中的天堂,要么是遥远的可能性彼岸。

以小见大的“琼斯村即美国”(或以大见小的“美国即琼斯
22 村”)模式的错误非常明显,惟一需要解释的是人们怎样设法相信了它,以及他们又怎样期望别人也相信它。认为人们能够在所谓“典型”的小镇或村落中发现社会、文明、大的宗教或其他什么的本质(总结性的、简单化的)这样一种观点是明显的胡言谵语。人们在小镇或村落里所发现的只是小镇或村落的生活。如果局部的、微观的研究与更大的事物的关联真是依赖于这样的前提——即它们在小世界中捕捉住大世界——那么,这种研究也就不会有任何重要性了。

当然,它们并不依赖这样的前提。研究的地点并不是研究的对象。人类学家并非研究村落(部落、小镇、邻里……);他们只是**在**村落里研究。你可以在不同的地点研究不同的东西,但有的东西——例如,殖民统治对于已经确立的道德期望框架发生了什么样的影响——你最好是在一些限定的地区里研究。但是,这并没有使那个地点变成你正在研究的东西。我在摩洛哥的偏僻省份和印度尼西亚研究的问题,和其他社会科学家们在更为中心的地区所研究的问题是相同的——例如,为什么人们对于人性的最为紧迫的要求会以集体自豪感的形式表达出来?——并且得出大致相同的结论。当然可以加上另一个层次——这个层次在现今社会科学强调判断并解决的气氛中极为重要;但仅此而已。如果你曾看见过一个爪哇佃农在热带暴雨下翻地,或一个摩洛哥人在一盏二十瓦灯泡下绣制土耳其式长衫,那么,你关于民众受剥削的研究肯定会有些价值。但是,由此认为这样做你就知道了这个问题的全部(并且你也被抬高到某种道德的高处,从那里,你可以鄙视那些道德上没有如此受宠的人),这种观点恐怕只有长期离群索居的人才会乐于接受。

"自然实验室"的概念同样有害,不仅因为这一类比是错误的——一个**没有任何**可控制的参数的地方,称得上是什么实验室呢?——而且因为它会导致错误地认为出自民族志研究的资料,较之于那些出自其他类型的社会研究的资料,更为纯正,或更为基础,或更为实在,或更少受条件制约(最受宠的字眼儿是"基本的")。当然,各文化形态巨大的自然差异不仅仅是人类学巨大的(也是正在衰竭的)资源,而且也是其最深刻的理论困境的概况:这样的差异怎样才能与人类的生物统一性协调一致呢?即便是打个比方,它也不是试验。因为变量发生的情景要随之 23
发生变化,并且,不可能把 y 与 x 分离开而写出合适的函数(尽管总是有人做这样的尝试)。

旨在说明在特罗布里恩德群岛俄狄浦斯情结是落后的,在查布里性角色是颠倒的,普韦布洛印第安人缺乏攻击性(具有典型特征的是,它们都是否定性的——"但不是在南方")的那些著名研究,无论其经验效度如何,都不是"科学地试验和证实过"的假说。它们和其他任何假说一样,是解释或错误的解释,是以和其他任何假说相同的方式得出来的,并且也和其他任何假说一样,必定是不能令人确信无疑的;因此任何企图赋予它们以物理实验般权威性的尝试都只不过是在方法论上变了个戏法儿而已。民族志发现并没有什么特权,只不过特殊而已:异域见闻。过高地(**或过低地**)估计它们既歪曲它们,也歪曲它们的含义,对于社会科学,这一点比单独的原始性具有更加深远的意义。

异域见闻:对于发生在远方的偷羊行为的冗长描述(一个真正好的民族志学者还会深入考察是些什么样的羊),之所以具有普通意义,是因为它们以实实在在的材料滋养了社会学思想。人类学家的发现的重要之处,在于它们复杂的特殊性和它们的境况。正是因为具有这种由在限定情景中长期的、主要是(尽管并非无一例外)定性的、高度参与性的、几乎过于详尽的田野研究所产生的材料,那些使当代社会科学痛苦不堪的巨型概念——合法性、现代化、整合、冲突、卡里斯马、结构……意义等——才能得以具有可感觉的实在性,从而有可能不仅现实地和具体地**对**它们思考,而且,更重要的是,能**用**它们来进行创造性和想像性思考。

民族志的微观本质提出来的方法论问题真实而又关键。不过,把一个遥远地方看成是杯中的世界,或一个云室的社会学对等物,没法解决这个问题。要解决这个问题——或者说,穷途末路上的体面之举——应该认识到,社会行为是对除它们本身以外更多的东西的注解;认识到解释来自何方并不能决定它将被迫去往何处。小事实说明大问题,挤眼牵涉认识论,或偷羊袭击涉及革命,因为它们就是如此安排的。

七 24

终于,我们该谈到理论了。解释方法对于所有东西——文学、梦、病症、文化——容易犯下的错误是它们要拒斥,或被允许去拒斥概念性的阐明,由此也逃避了系统化的评价模式。要么你理解一个解释,要么你不理解;要么你明白它的要点,要么你不明白;要么你接受它,要么你不接受。禁锢在其自身细节的直接性中,它显得自圆其说,或者,更糟糕的是,由表述它的人那假定发达的感知来证实;任何企图以它以外的术语表达它所要说的尝试都被认为是一种曲解——用人类学家最严厉的道德攻击来说,是族群中心。

对于一个声称自己为一门科学(无论是多么扭扭捏捏,但是我自己对此丝毫不感到腼腆)的研究领域,这是绝对不行的。没有理由认为文化解释的概念结构,较之于生物观察或物理实验的概念结构,就该是不易形成的,从而不易受到明确的评价标准评价的——完全没有理由这样认为,除非表达这样的形成过程的术语,如果不是完全不存在,也是基本上不存在。我们被迫对理论进行暗示性的说明,是因为我们缺乏表述理论的能力。

同时,我们也必须承认,文化解释确实具有一些特点使其理论发展格外困难。首先它要求理论始终保持与其基础的紧密联系,而不是像在科学中那样,趋于全力以赴地、想像地抽象。在人类学中,惟有简短的推理才是有效的,繁长的推理总是趋于偏

离轨道，变成符合逻辑的梦想、形式对称的学术困境。文化的符
号学方法的全部要旨，如同我已说过的，在于帮助我们接近我们
的对象生活在其中的概念世界，从而使我们能够与他们（在某种
扩展的意义上）交谈。因此，深入一个陌生的符号行为世界的需
要与发展文化理论技术的要求之间，领会的需要和分析的需要
之间，必然存在着巨大而又本质上无法排除的张力。的确，理论
25 越发展，这种张力就越深。这就是文化理论的首要条件：它无法
掌握自己的命运。由于它不能摆脱深描所呈现的直接性，它以
内在逻辑形成自身的能力因此受到限制。它努力获得的普遍性
来自其区别方式的精细性，而非其抽象的范围。

由此，作为简单的经验事实，产生了我们对于文化……诸文化……某文化……的认识发展方式的特点：突发式的。文化分析不是沿循累积发现的上升曲线而发展，相反，它断裂为无体系的却又连贯的、一次比一次大胆的冲击。研究的确建立在其他研究的基础上；但这并不是说它们开始于其他研究的停止之处，而是说由于掌握更多的信息，由于概念更加深化，它们可以更加深入地研讨同样的问题。每一次认真的文化分析都是从无开始，都在其理智冲动耗尽前所能达到之处结束。先前发现的事实现在利用起来了，先前发展的概念现在得以运用，先前形成的假说现在受到验证；但是，运动不是从已经证明的定理向新的证明的定理发展，而是从笨拙地摸索最基本的理解发展为有根有据地宣布，已经获得了这种理解并且超越了过去。一项研究，如果比先于它的研究更加深刻——无论这意味着什么——这就是一种进步；但是，与其说它踩在它们的肩膀上，不如说它受到挑战且进行挑战，从它们身旁冲奔而过。

正因为这样（当然还有其他原因），该论文，无论它是三十页长还是三百页长，似乎是表述文化解释及支撑文化解释的

理论的自然样式；也正因为这样，任何在这一领域寻找成体系的论文的人，很快就会感到失望，并且如果找到了这样的论文，他会变得更加失望。这里，甚至是综述性的文章都是少见的，如果有，也几乎不超过目录学的范围。重要的理论贡献就不仅仅存在于专门的研究之中——几乎在所有领域内都是如此——但很难把它们从这样的研究中抽象出来，连结在一起，整合为人们可以称之为“文化理论”本身的东西。理论公式如此贴近它们所支配的解释，以至于一旦离开了解释，它们便不再有多少意义，或者说，不那么吸引人了。之所以如此，不是因为它们不具备普遍性（如果是这样，它们也就不具备理论性），而是因为，脱离它们的具体运用来表述它们，就会使它们显得不是平淡，就是空泛。人们尽可能（而且这实际上正是这一领域内概念发展的方式）选定民族志解释的一次具体实践
所发展的理论前进路线，把它运用到另一次具体实践中去，推 26
动它向着更高的精确度和更广的关联性发展；但是人们写不出一部《文化解释的普遍理论》，或者这样说，人们可以写，但这样做似乎没有什么裨益，因为在这里，理论建设的根本任务不是整理抽象的规律，而是使深描成为可能；不是越过个体进行概括，而是在个案中进行概括。

在个案中进行概括通常(至少在医学和深层心理学中)被称做临床推断。这种推断不是从一组观察结果开始,进而把它们置于某一支配规律之下;而是从一组(假定的)标记开始,进而试图把它们置于某一可理解的系统之中。医疗措施是按理论推断而设定的,但是症状(甚至是在以这些措施检测时)却要受到仔细的检查以求理论上的特殊之处——也就是说,做出诊断。在文化研究中,标记不是症状或一组症状,而是符号行为或一组符号行为,并且,其目的也不是治疗,而是分析社会话语。但是,理

论的运用方式——搜索以找出事物的隐晦的意义——却是相同的。

这样,我们得到了文化理论的第二个条件,它不是(至少在这个词的最严格的意义上)预言式的。一个下诊断的人并不预言麻疹;他只是断定某人染上了麻疹,或者至多只是**提前说出**某人很快就会出麻疹。然而,这种局限,尽管非常真实,却常常受到误解和夸大,因为它一直被认为意味着,文化解释只是事后解释;也即是说,像那个大家熟悉的故事中的农夫一样,我们先用枪在篱笆上打些洞,然后再围着这些洞画上牛的眼睛。几乎不容置否,我们周围有很多这类事情,有些还很显眼。然而,必须否认这是临床式理论运用的必然后果。

的确，以临床方式形成理论时，概念化的目的是产生出对眼下问题的解释，而不是显示出试验操作的结果或者演绎出某种已定体系的未来状态。然而，这并不意味着理论只能适应(或者，更慎重一些，只能有说服力地解释）过去的实际；理论还必须适应——理性地适应——未来的实际。尽管在一次挤
27 眼或一次偷羊之后，有时是很长一段时间之后，才做出对它的解释，但是，这个解释赖以产生的理论框架必须能够在新的社会现象进入眼界时继续产生能辩护的解释。尽管是从超越明显而表面的东西的深描开始，从对于“到底发生着什么”的一般困惑问题开始——即试图独自行动——我们也不是从思想上白手起家的。并非每一次研究都要全新地创制理论观念；如同我所说过的，理论观念是从其他相关研究那里吸取来的，在吸取过程中又得到订正，而后运用于解释新的问题。如果这些观念在解释这些问题时不再适用，那么人们便会停止使用它们，并且或多或少地把它们搁置起来。如果它们仍然有用，仍然会引出新的解释，那么，人们便会进一步发展它们、运用

它们。⑨

这样一种理论如何在一门解释科学中起作用的观点意味着，在试验或观察科学中出现的，“描述”与“解释”之间完全相对的差异，在这里则是“刻画”（“深描”）与“具体化”（“诊断”）之间更加相对的差异——是记载特殊的社会行为在这些行为的发出者眼中的意义，与尽可能清楚地表述如此获得的知识关于（在其中发现了它的）社会揭示了什么，以及关于社会生活本身揭示了什么之间的差异。我们的双重任务是，一方面揭示贯穿于我们的研究对象的活动的概念结构——即社会性话语中“所说过的”，另一方面建构一个分析系统，借此，对那些结构来说是类属性的东西，因本质上与它们是同一的而属于它们的东西，能够突显出来，与人类行为的其他决定因素形成对照。对民族志来说，理论的职能在于提供一套词汇，凭借这些词语，符号行为关于其自身——也即是说，关于文化在人类生活中的作用——所要说的得以表达出来。

除了少数几篇讨论较基础性问题的论文外，在收集于此的
论文中，理论都是以这种方式行使职能的。所有非常普遍的、在 28
学院内造就的概念和概念系统——“整合”、“理性化”、“符号”、“意识形态”、“民族精神”、“革命”、“本体”、“比喻”、“结构”、“宗

⑨ 无可否认的是，这是某种理想化的产物。因为理论在临床运用时极少受到致命的反对（即便真有这样的事），而只是逐渐变得笨拙，缺乏创造力、耗尽了能量，或者空泛，所以它们往往在除去少数人（尽管**这些人**常常是最热情的）以外所有的人都对它们失去兴趣以后很长一段时间内还存在着。的确，就人类学而言，要想把那些已耗尽能量的观念从其文献中剔出去几乎比融进具有创造力的观念更成问题，因此，大量的理论探讨是批判性而不是建设性的，整个的工作都用来加速垂死的概念的死亡。随着这一领域的发展，人们可以期望这种思想上的除草工作将在我们的活动中变成不那么重要的部分。但在目前，旧的理论往往不会死去，可能会以另一种版本出现。

教仪式”、“世界观”、“角色”、“功能”、“神圣”，当然，还有“文化”本身——都被编织进深描式民族志的主要部分之中，以期使单纯的事件具有科学般的雄辩性。[10] 其目的是要从细小的，但却非常紧凑编排的事实中得出大结论；是要把关于文化在集体生活结构中的作用的一般主张与复杂的具体情况联系在一起，通过这样的办法支持这些主张。

因此，不仅仅是解释要一直落实到最直接的观察层次上，解释在概念上所依赖的理论也要深入到这一层次。我对科恩的故事的兴趣，如同赖尔对挤眼的兴趣，实际上产生于再普通不过的观念。“语言混乱”的模式——即认为社会冲突不是由于文化形态出于软弱、不确定、过时或疏忽而停止作用之时才发生的，而是像模仿挤眼这种形态受到异常的情形或以异常方式作用的异常意图的压迫时才发生的——并不是我从科恩的故事中得出来的观点。它是我受我的同事、学生以及前辈的指点后运用到对科恩故事研究中的。

我们的那段看上去天真未凿的笔记实际上并非仅仅限于描述犹太商贩、柏柏尔人好斗之徒和法国总督的意义系统，甚至不仅限于描述他们之间相互牵扯的意义系统。它论证了这样一点：重新构造社会关系的模式即是重新排列经验过的世界的座标。社会的形态即是文化的实体。

---

⑩ 以下数章的浩繁内容将针对印度尼西亚，而非摩洛哥，因为我刚刚开始正视我的北非材料的需求，这些材料是最近才收集到的。田野调查在印度尼西亚是一九五二——九五四年、一九五七——九五八年和一九七一年进行的，在摩洛哥是在一九六四年、一九六五——一九六六年、一九六八至一九六九年和一九七二年进行的。

八

有那么一个印度故事——至少我是作为一个印度故事听到
的——说的是有一个英国人，当别人告诉他世界驮在一座平台
上，这座平台驮在一头大象的背上，这头象又驮在一只乌龟的背 29
上时，他问道（或许他是位民族志学者，因为民族志学者正是如
此做的），那只乌龟又驮在什么上面呢？另一只乌龟背上。那
么，那一只乌龟呢？“唉，阁下，在那以后就一直是乌龟呗。”

情况正是如此。我不知道在多长的一段时间内思考科恩、酋长和“杜马里”的遭遇才是值得的（或许这段时间早已经超过了）；但是我的确知道，无论我这样做多长时间，我也不会把它弄个明白。我也没有彻底搞清我所写过的一切，无论是在下面的论文中还是在其他的地方。文化分析本质上是不完全的。并且，更糟糕的是，它越是深入，就越是不完全，它是一门奇特的科学：它说的最多的论断恰是其基础最不牢靠的论断；在这门科学中，想在眼下问题上取得任何进展恰是在强化你自己和他人的怀疑：你恐怕并没有弄对。然而，那些事，加上用费解的难题折磨敏感的人们，正是一个民族志学者的所作所为。

有一些方法可用来逃避这种情况——譬如把文化变为民间传说来收集；把文化变为特性来列举；把文化变为制度来分类；把文化变为结构来把玩。但是，它们**毕竟是**逃避之举。事实是，坚定地相信一种符号学的文化概念和研究文化的解释方法，就是要坚定地相信民族志的论断（借用 W.B.加利的一个现今非常有名的短语）是“本质上可以反驳的”。人类学，或至少解释的人类学，是这样一门科学：其进步不以达于观点的一致为标志，而是以辩论的巧妙为标志。使我们在争论中彼此激怒对方的精

确性才是最上品的。

当某人的注意力为争论中的某一方完全独占时，是很难看到这一点的。这里，独白几乎没有价值，因为不会得出什么结论；只有探讨才保有价值。如果说收集在此的论文具有什么重要性，那不是在于它们所说的，而是在于它们所看到的：不仅是对人类学，而且是对一般意义上的社会研究，对符号形式在人类生活中的作用，兴趣在急剧上涨。意义，这个我们曾经兴高采烈地留给哲学家们和文学批评家们绞尽脑汁去探讨的、令人困惑而又拙劣地界定的虚构实体，现在又回到了我们这门学科的中心。即便是马克思主义者也在引用卡西尔的话；即便是实证主义者也在引用肯尼思·伯克的话。

30 置身于所有这一切之中，我的立场一直是试图一方面抑制主观主义，另一方面抑制神秘主义，试图使符号形式的分析尽可能紧密地与具体的社会事件和场合，即普通生活的公众世界联系在一起，以那样一种方式组织这种分析以使理论公式和描述性解释之间的关系不致被诉诸于尚未澄清的知识而弄得模糊不清。我对这样的观点从来不敢苟同：既然在这类问题上不可能(当然不可能)达到绝对客观性，那么，也就可以放纵情感了。正如罗伯特·索洛所言，那就好像在说，既然一个完全无菌的环境不可能，那么，也可以在臭水沟里做手术了。另一方面，我也从未为这样的宣称所打动：结构语言学、计算机工程或其他某种发达的思维方式将使我们能够不用了解人们便理解他们。败坏文化的符号学探讨方法的最快方式莫过于放任它变成一种直觉主义和炼金术的结合物，无论直觉是多么优雅地得以表达，炼金术被打扮得多么摩登。

文化分析，在追寻极其深藏的乌龟的过程中，会失去与生活的坚硬表层——人在其中无处不在的政治的和经济的分层实体——的联系，失去与这些实体存在于其上的生物的和物理的必然性的联系，这种危险始终存在。防止这种危险，从而也是防止把文化分析变成一种社会唯美主义的惟一措施，就是首先在这样的实在和这样的必然性上从事这样的分析。我正是以这样的方式来写民族主义、暴力、认同、人性、合法性、革命、族群性、城市化、地位、死亡、时间，特别是特定的民族怎样以特定的方式试图把这些事物放在某种可理解的、有意义的系统之中的。

正视社会行为的符号层次——艺术、宗教、意识形态、科学、法律、道德、常识——并非是逃避生命的存在难题以寻求某种清除了情感之形式的最高领域；相反，这正是要投身于难题之中。解释的人类学的根本使命并不是回答我们那些最深刻的问题，而是使我们得以接近别人——在别的山谷中守护别的羊群时——所给出的回答，从而把这些回答归于记载人类曾说过什么的记录中去。

第　二　编

第二章 文化概念对人的概念的影响 33

一

法国人类学家莱维—斯特劳斯在他最近的研究部落民族观念的著作——《野性的思维》——一书结尾部分指出，科学的解释并不总是像我们想像的那样化繁为简。相反，它总是以一种较为浅显易懂的繁杂取代不大容易让人明白的繁杂。就人的研究而言，我认为就可以进行更深一步的讨论，并坚持解释经常是以复杂的描述取代简单的描述，同时努力获得某种伴随简单描述的有说服力的明晰。

我想，优雅仍然只是一个普通的科学理想；但是在社会科学领域中，优雅却经常偏离发生创造性进展的理想。科学的进步通常是一个不断前进的复杂化：原来视为美妙简洁的一组概念现在看起来不过是一个令人难以忍受的简单化的概念。正因为发生了这种祛魅，可理解性亦即解释的力量来源于莱维—斯特劳斯提到的可能性：用复杂但可以理解的内容取代复杂但无法理解的内容。怀特海[①]曾经为自然科学提供了一条准则："寻找 34

① 怀特海(Alfred N. Whitehead, 1861—1947)，英国数学家、哲学家。——译注

简单并怀疑之”;对于社会科学他可能会提供另一条准则:“寻找复杂并使之有序”。

诚然,文化研究的发展仿佛遵循了这一准则。科学的文化概念的兴起导致——或者说至少是与之有联系——推翻了启蒙主义中占主导地位的人性观——无论赞成还是反对,这种观点既明确又简单——以及用一种不仅更复杂而且更不明确的观点来取代它。试图澄清这种观点,对人的本质重构一种可以理解的解释,从此构成了对文化进行科学思考的基础。已经寻找到了复杂,而且是以比他们想像的更大的规模发现的,人类学家卷入了使之有序的曲折努力。而且还看不到尽头。

当然启蒙主义观点认为人完全与自然的性质一样,而且与由培根提倡、由牛顿指引的自然科学已经发现的内容共享总体的一致。简而言之,有一种与牛顿的宇宙一样绝对永恒不变的、神奇般简单的人性。也许它的有些规律不同,但是**有**规律;也许它的不变性被本地形式的标志所模糊,但是它**是**不变的。

有一段洛夫乔伊(我正在这里追随着他的权威的分析)取自启蒙时期的历史学家马斯考的引文,以一种我们常在次要作家的作品中发现的有用的直率表达了这种立场:

> 舞台设置(在不同的时间和地点)的确变化了,演员改变了服装和外表;但是他们源自人的同样的欲望和激情的内心情感对人民和王国的兴衰产生了影响。②

现在,这种观点几乎不是一个被人藐视的观点;尽管我前面还轻易地引用“推翻”的说法,也不能说这种观点已从当代人类

---

② A.O.洛夫乔伊:《思想史论文集》(纽约,1960),第173页。

学家的思想中消失。这种无论什么装束,无论什么背景,人就是人的观点还没有被“其他习俗,其他蛮人”所取代。

但是,就如同事实本身所显示的那样,启蒙时代的人性本质的概念有某些不尽如人意的地方。主要的一个是,这次还是引
洛夫乔伊所说的,“任何一种事物,其可理解性、可验证性,或是 35
实际确定性,对于一个特殊的年龄、种族、气质、传统或条件下的人们都是有限的,对一个有理性的人来说,它(本身、自发地)就是不真实和没有价值的,或者在所有的事物中是不重要的。”③人们之间的,在信仰和价值观、习惯和习俗方面,因时间和地点不同而存在的巨大和广泛的差异在确定他的本性时基本上没有意义。它造就的仅仅是扩大、歪曲甚至掩盖和模糊人之中的一致的、总体的、普遍的、真正的人性。

在一段现在已是众所周知的评论中,约翰逊④ 博士看到莎士比亚的天才体现在这一事实中:“他的角色不会因为不同地区的习俗而被修改,不会因为在世界的其他地方而不可行;学习或专业的特殊性可能产生影响但程度很小;也不会因短暂时髦或当时偶然出现的观点而受到影响。”⑤ 而拉辛将他的古典题材的剧目的成功看成是证明“巴黎的口味……与雅典是一致的;我的观众被在另一时代曾使大多数希腊有教养的上层阶级人士流泪的相同情节所感动。”⑥

先把这一事实放在一边,即:这种观点来自像约翰逊这样渊博的英国人和像拉辛这样渊博的法国人听来有些可笑,这种观

---

③ 洛夫乔伊:《思想史论文集》,第 80 页。

④ 约翰逊(Samuel Johnson,1709—1784),英国诗人、评论家、散文家。——译注。

⑤ 《莎士比亚序言》,《约翰逊论莎士比亚》(伦敦,1931),第 11—12 页。

⑥ 引自《伊夫革涅亚》序。

点的麻烦在于想像永恒不变的人性独立于时间、地点和环境，独立于学业和职业，独立于时髦和暂时的观点，可能是一种幻想。这种观点的麻烦还在于人可能会深受他在哪里、他是谁和他信仰什么的影响，以至于不能与之分离。明显的是对这样一种可能性的思考会导致文化观念的兴起和人的一致性的观点的衰落。无论现代人类学坚称什么别的——它似乎坚称过此一时或彼一时的所有的观点——但它坚定地相信：不被特殊地区的习俗改变的人事实上是不存在的，也从来没有存在过，而最重要的是不可能在案例的本质中存在。没有，也不可能有后台让我们瞥见马斯考的演员作为“真正的人”懒洋洋地穿着时下的服装，脱离开他们的职业，以无艺术的直率表演他们自发的欲望和不
36 加修饰的感情。他们可能会改变他们的角色、他们的行为方式，甚至他们表演的剧情；但是——正如莎士比亚自己评论的——他们总是在演出。这种情势就在人的自然的、普遍的和不变的性质与常规的、本地的和可变的不同寻常的困难之间划了一条线。事实上，它显示出划这样一条线歪曲了，至少是严重错误地反映了人类的境况。

想一下巴厘人的降神术。巴厘人陷入极端分裂的状态，在这种状态下表演种种令人惊叹的行为——砍掉活鸡的头，将匕首插入自己身体，疯狂地将自己扔出去，用舌头说话，表演神奇的平衡绝技，模仿性交，吃粪便，等等——比我们中的大多数人更容易和更突然地进入睡眠状态。降神术是各种仪式最重要的部分。在有些情况下，五十或六十人倒下，一个接一个（如同一个目击者描述的，“就像一串爆竹逐渐熄灭”），任何地方的形式都是在从五分钟到几个小时的时间内他们完全不知道自己做了什么，并且尽管失去记忆，仍然相信自己有过一次人所能有的最非凡的让人深为满意的经历。人们从这类特别事件和从人类学

家发现、调查、描述的数以千计的特别事件中了解到有关人性的什么呢？巴厘人是特殊种类的生物，南海火星人吗？他们是和我们基本上一样，但却偶然地有着某种特别的，我们碰巧没有的习俗吗？他们是天生具有天赋或者甚至是本能地趋向与别的人不同的方向吗？或者人性并不存在，而由他们的文化所造就的人是纯粹而简单的吗？

就是在这样一些解释中，人类学一直在试图找到一种方式提出一个更可行的人的概念。在这个概念中，文化和文化的可变性能得到考虑而不是以怪诞和偏见被一笔勾销，在这个概念中，这个领域中占主导地位的“人类的基本统一性”不会变成一个空洞的字眼。就对人的研究而言，迈出远离人性的一致性观点的一大步，是离开伊甸园(the Garden)。接受穿越时间和超越空间的习俗有差异的观点不仅仅是服装和外表、设置舞台和喜剧的化妆的问题，而是也要接受这个观点：人性在其本质方面和表达方面都具有不同。伴随着这一看法，一些很牢固的哲学信 37
念动摇了，而且向着危险水域的困难的漂移开始了。

危险，是因为假如一个人无视这样的观点，即大写的人应该在他的习俗的“后面”、“下面”或者是“外面”去寻找，而是代之以这样的观点：人，不是大写的，应在人们“中间”寻找，他就会处于某种完全失去他的见解的危险之中。他还会不留残余地溶化进他的时间和地点之中，成为一个儿童和他的年龄的完美囚徒，或者成为托尔斯泰笔下大军招募的士兵，淹没在可怕的历史宿命论的这一派或那一派中，而我们曾经因历史宿命论而从黑格尔处传染了瘟疫。我们曾经，而且在某种程度上仍然有着社会科学中的这两种偏差——一种在文化相对主义的旗帜下进军，另一种在文化进化论的旗帜下进军。但是我们也一直在，并且更普遍地，试图避免它们，靠的是在文化模式自身寻找人存在的确定因素，这些因素虽然在表达上并不一致，但是在特征上却是鲜明的。

二

把人放入他的习俗(customs)整体中去的努力采取了不同的手法；但是所有的手法都是，或者最终都发展到，使用简单全面的理智的战略：我将如何称呼这个体现了人类生活中的生物学、心理学、社会和文化因素的“层累的”概念，以便抓住它的要害。在这个概念中，人是一个“多层面”的混合物，每一层都凌驾于下面各层，并支撑着上面各层。当人类学家分析人时，他是逐层剥开，每一层在自身中都是完整和不可分的，都显露出与其下面各层的不同。剥光五光十色的文化的形式，就会发现社会组织的结构性和功能性的规律。依次剥开就会发现基本的心理学因素——“基本需求”或者你要做什么——这些因素支持各层面并使之可能形成。剥开心理学因素就会留下人类生活全部大厦的生物学的基础——解剖学的、心理学的、神经学的因素。

38 这种概念化的做法的吸引力，抛开它能保证建立独立而又有权威的学术戒规这一事实而言，在于它似乎有可能同时兼顾两件事。不必为了宣布文化是人性中基本的、不可分割的，甚至是最主要的成分因而不得不宣称文化就是人的一切。解释文化的事实时可以立足于非文化事实的背景但不必将其溶入背景或将背景溶入其中。人是按等级分类的动物，是一种进化的产物，在它的定义中，每一层次——器官、心理、社会和文化——有着专门的和无可争辩的位置。为了搞清楚实际上人是什么，我们必须凭借各种相关学科的发现——人类学、社会学、心理学、生物学——这些学科互相重叠就像花纹(moiré)中的不同的图案；

当做到这一点时，文化层面上的最基本的要点，也是人独有的特征，就会像它必须要以其自身的原则告诉我们的一样，自然地显现出人实际上是什么。十八世纪的人在除掉文化习俗后，他的形象是赤裸裸的理性主义者，而十九世纪末二十世纪初的人类学却用变形动物加上文化习俗代替此前的人类形象。

在具体研究和专门分析的水平上，这种大战略首先会导致追逐文化的普遍特征和经验的一致性，在面对世界各地和不同时代的文化差异时，这些会在各地文化的相同形式中发现。其次是，它会导致一旦发现这种文化普遍特征时，就努力将其与已形成的人类生物学、心理学和社会组织的既有常量联系起来。假如能从世界文化的杂乱无章中搜寻出某些习俗是各种不同文化所共同的，假如这些习俗能以确定的方法与某些有关亚文化(subculture)层的固定观点联系在一起，那么就有可能取得进展，说明哪些文化特征对人类存在是必要的，哪些文化特征只是偶发的、边缘的或者装饰性的。以这种方式，人类学就能够确定人的概念的文化范围，这里的人与文化范围提供的人是一致的，生物学、心理学或社会学也能以同样的方式确定它的人的概念的范围。

这本质上不是全新观念。这种全人类一致性(consensus gentium)的观点——这种观点是指某些特征所有的人都同意它们是正确的、真实的、公正的，或有吸引力的，因而这些特征在事
实上是正确的、真实的、公正的，或有吸引力的——是启蒙运动 39
中提出的，而且可能以这种或那种形式在所有时代和形势下都提出过。这种观点是这些迟早总要出现的观点中的一个。它在现代人类学的发展中——始于克拉克·威斯勒在二十世纪二十年代称之为“普遍文化模式”的阐述，经过布洛尼斯洛·马林诺夫斯基四十年代提出的一系列“普遍制度类型”，到G.P.莫多克在

第二次世界大战之中及之后创造的一套“文化的共同标准”——还是加了一些新东西。这些新加的东西，引用克莱德·克拉克洪这位也许是最有说服力的持有全人类一致性观点的思想家的话说，就是：“文化的某些方面采取了特殊形式，仅仅是作为历史偶然事件的结果；其余方面被也许可以称之为普遍性的力量所裁制成的。”[7] 以此种形式，人类的文化生活分成两部分：一部分，像马斯考的角色的服装，是独立于人的牛顿式的“向心运动”；另一部分是那些运动自身的发散物。然后提出的问题是：这种在十八世纪与二十世纪之间折衷的方案真的还能成立吗？

这种观点能否成立要依赖于某种二重性能否确立和继续下去，这种二重性居于植根于亚文化真实的经验的文化普遍特征与非植根于亚文化真实的经验的文化可变特征之间。这依次要(1)提出的普遍特征应是实质性的而不是空洞的范畴；(2)普遍特征特别基于生物学的、心理学的、社会学方法的过程，而不是含糊地归之于“根本的实在”；以及(3)普遍特征能作为人的定义的核心因素得到可信的辩护，与之相比，更大量的文化特征明显是次重要的。考虑到这三点，在我看来，全人类一致性的观点几近失败；它不是在向人类境况的基本事实进展而是在远离它们。

这些要求中的第一个——提出的普遍特征应是实质性的而不是空洞的或几乎是空洞的范畴——达不到的理由是它不可能达到。宣称说“宗教”、“婚姻”或“财产”是依据经验的普遍特征，与给予它们大量特殊内容两者之间有逻辑冲突，因为说它们是依据经验的普遍特征就是说它们有相同的内容，而说它们有相同内容则是无视它们不具备相同的内容这样一个不可争辩的事实。假如一般地模糊地界定宗教——举例说，人对现实的最基 40

⑦ A.L.克罗伯编：《今日人类学》(芝加哥，1953)，第516页。

本的倾向性——就不能同时赋予这种倾向以全面详尽的内容;因为很明显,在激动的阿兹特克人中,他们从祭天的祭品盒子中将还在跳动的活人的心脏高高举起,与在表现迟钝的祖尼人(Zuni)[8]中,他们跳着大规模的群舞向雨神乞求慈悲,二者对现实的最基本倾向的内容是不会相同的。对什么是"真正的真实"这个命题,印度教徒(Hindus)的走火入魔的仪式和不受束缚的多神教,与逊尼派穆斯林(Sunni Islam)的不妥协的一神教和严格的教法表达了根本不同的观点。即使一个人类学家确实试图达到不太抽象的水平,像克拉克洪那样,宣称来世的概念是普遍的,或者像马林诺夫斯基那样,宣称天命的概念是普遍的,同样的矛盾还是困扰着他。要让来生的概念具有一般性,使孔教的信徒(Confucians)和加尔文派的信徒(Calvinists)的概念,使禅宗佛教徒(Zen Buddhists)和藏传佛教徒(Tibetan Buddhists)的概念都同样成立,就必须用最一般的术语来定义它,事实上的确是太一般了,以至于不管什么力量似乎最终都消失了。天命观点也是一样的,它可以将关于上帝与人的关系的纳瓦霍人(Navajo)[9]的观点与特罗布里恩德人[10]的观点都囊括进去。就像"宗教"概念一样,"婚姻"、"贸易"和其他所有被 A. L. 克罗伯贴切地称之为"伪造的普遍性"的概念也堕落成一个似乎可见的像"隐蔽所"一样的东西。各地的人们,结成伴侣并生下孩子,有某种我的或你的概念,以这种或那种方式保护自己免遭日晒雨淋,他们既不是虚假的,按照某种观点,也并非无足轻重;但是在描绘一幅人的真实而又忠实的画像,而不是那种程式化的凡夫俗

⑧ 位于美国新墨西哥州的印第安人的一个部落。——译注

⑨ 美国西南部的印第安人——译注

⑩ 位于西太平洋新几内亚岛东南特罗布里恩德群岛上的居民。——译注

子的卡通形象时,他们几乎没有多大的帮助。

依我之见,应该弄清楚的,我希望立刻弄得更清楚的,不是不存在人之所以为人的一般性,除非人是最多样性的动物,或者文化研究对揭示这种一般性概念一无贡献。我的看法是,这种一般性不会通过对文化的普遍特征进行培根式的调查来发现,这种研究是对世界各类的人进行一种寻求并不存在的一般性特征的民意测验,进而,这样做的努力明显将导致某种相对主义,而这正是整个探讨特别要避免的。"祖尼文化奖赏克制,"克拉
41 克洪写道,"夸扣特尔(Kwakuitl)[11]文化鼓励个人方面的表现欲,这是相反的价值,但是在坚持其文化时,祖尼人和夸扣特尔人都显示了他们对普遍价值观的忠诚,即对自己的文化的有特色的形式的奖赏。"[12] 这显然是推诿之辞,但是和讨论一般性的文化普遍特征相比,这种推诿不是回避了问题,而是使问题更明显了。总而言之,如果我们说,用赫斯科维茨的话说,"道德是普遍性的,同样普遍的还有欣赏美丽和真理的某些标准",假如我们被迫要像他那样,紧接着就加上"这些概念所采取的许多形式不过是表现它们的那些社会的特殊历史经验的产物"[13] 这样的句子,情况又怎么样呢?一旦放弃了一致性,即便是部分地、不确定地放弃,像全人类一致性这样的理论,相对主义就成了真正的危险;要避免相对主义只能直接地、完全地面对人类文化的差异、祖尼人的克制和夸扣特尔人的表现欲,将其都包括进人的概念的主体之中,而不是用含糊的重复和无力的陈词滥调来绕开它们。

---

⑪ 北美西太平洋沿岸印第安人。——编注

⑫ C. 克拉克洪:《文化与行为》(纽约,1962),第 280 页。

⑬ M. J. 赫斯科维茨:《文化人类学》(纽约,1955),第 364 页。

当然,陈述具有实质性内容的文化普遍性的困难也阻碍了完成第二个要求,即面对普遍特征的探讨,这种探讨建立在特别的生物学、心理学、社会学过程的基础之上。但是比这更严重的是,文化与非文化之间关系的"层累的"概念阻碍了这些基础性的探讨的效率。一旦文化、心理、社会都转化为个别的科学"层面",它们各自在自身都是完整和自洽的,就很难再将它重新组合在一起。

试图这样做的最一般的方法是对所谓的"恒定参照点"的利用。要找到这些点,可到这类战略最著名的声明之一——由塔尔科特·帕森斯、克拉克洪、O.H.泰勒和其他人类学家在四十年代初制订的备忘录《趋向社会科学领域的共同语言》——中去找:

> 在社会体系的本质中,在社会个体成员的生物和心理属性中,在他们生活和活动的外部环境中,在社会体系的必要协
> 作中。在(文化中)……这些结构的"焦点"(foci)从未被忽 42
> 视,必须以某种方式"适应"或"考虑"它们。

文化普遍性被认为是对那些无法回避的现实的一种具体化的反应,一种与之打交道的制度化方式。

分析的内容是使设想的普遍性与基础需要相匹配,目的是要显示二者能够互相适应。在社会层面上,参照点来自这样的不可违背的事实,即所有的社会,为了存在下去,必定要再生产它们的成员资格或者分配产品和服务,这就是普遍存在的某种家庭形式或某种贸易形式。在心理学层面上,求助的对象只能是像人的成长这类基本需求——普遍存在的教育机构——或者是人类的普遍问题,像俄底浦斯情结——因而就产生了惩罚之

神和养育之神。在生物学层面上,有新陈代谢与健康;在文化层面上,有进餐习惯与治疗程序,如此等等。方针在于要看到人的这种或那种基本需求,然后试图显示文化的那些具有普遍性的方面,再次借用克拉克洪的话说,是由这些需求所"裁制"(tailored)的。

问题并不完全在于这种一致性是否以普遍的方式存在,而是它是否比一个松散的和不确定的概念有更多的内容。将人的某些制度与科学(或常识)告诉我们的人类生存所需求的东西联系在一起并不困难,将这种联系以一种不含混的方式表达出来就困难得多了。不仅仅是几乎任何一项制度都为社会学、心理学和生物学的多种需求提供服务(因此,说婚姻仅仅是再生产的社会需求的反映,或者进餐习惯仅仅是新陈代谢必要性的反映,是一种可笑的重复),而且没有一种明确的和经得起检验的方式来表述那些确信存在的层次间的关系。不管有什么样的第一印象,此处不打算做出认真的努力去将生物学、心理学,甚至是社会学的概念和理论应用于对文化的分析(而且,也没有提出相反的建议),而仅仅是将一些取自文化层与亚文化层的事实并排罗列以便产生一个含糊的感觉,感觉获得了文化与亚文化之间的某种关系——一种模糊的"裁制"。这里没有理论的整合,只有共同关系,只有直觉和个别的发现。以这种层次的探讨,我即使
43 是引用"恒定的参照点",也决不可能在文化与非文化的因素之间建构真正功能性的相互关系,只能建构一些或多或少有些说服力的类比、比较、暗示和近似。

即使我宣布全人类一致性的研究在解释文化与非文化现象方面既不能得出有实质意义的普遍性,也不能找到它们之间的特殊联系的观点是错误的,但是无论如何,问题依然存在:在给人定义时是否要以这种普遍性作为中心因素,我们究竟是否需

要一个有关人的最低限度的共同定义的观点。当然现在这是一个哲学问题而不是一个科学问题;但是,那种认为使人之所以成其为人的本质因素最明显地存在于具有普遍性的人的文化特征中,而不是存在于使这个人与众不同的特征中的观点,或者这只是一种偏见,我们无须认同。是不是通过掌握了这些普遍的事实——人在任何地方都有某种"宗教"——或者通过掌握了丰富的宗教现象——巴厘人的降神术或印第安人的仪式,阿兹特克人的人祭或祖尼人的求雨舞——我们就抓住了人的定义?在我们得出婚姻是一种普遍的现象(假设它是)的结论时,我们涉及到这些事实:喜马拉雅山区的一妻多夫制,或澳大利亚神奇的婚姻制度,或非洲班图人(Bantu Africa)的完善的彩礼体制,这些婚姻事实还是普遍的吗?认为克伦威尔是他那个时代最典型的英国人明显地是因为他是一个奇特的人,这种评论可能也与这里的讨论有关:可能在人的文化特点中——在他们的奇特性中——会找到成为人的普遍性的最有益的启示;人类学这门科学对建构——或重构——人的概念的主要贡献可能就在于向我们显示了如何找到这些奇特性。

三

人类学家在提出定义人的问题并在苍白无力的普遍特征中找到避难所时,他们逃避了文化的独特性,这样做的主要原因是,他们被对历史主义的恐惧所困扰,被在文化相对主义的漩涡中迷失的恐惧所困绕,这个恐惧使人惊魂难定以至会将他们从 44
一个确定的方向上完全赶开。并非没有造成这种恐惧的机会:鲁思·本尼迪克特的《文化模式》,可能是在这个国家出版的最畅销的人类学著作,此书有一个奇怪的结论:任何一个群体所倾向的东西都应受到其他群体的尊敬。这个结论也许是这种拙劣立场的最突出的例子,一个人可以靠让自己相当完全地进入马克·布洛克所谓的“得知独一无二事物时的惊悚”状态而进入这种立场。但是这种恐惧是来路不明的妖怪。认为文化现象除非具备依据经验的普遍特征,它就不能反映人的本质的任何东西的观点,在逻辑上类似于这种观点:镰形细胞贫血症幸好不是普遍特征,所以它也不可能告诉我们任何关于人类遗传过程方面的情况。现象是否具备经验的普遍性,对科学并不关键——贝克勒耳[14] 为什么会对铀的特殊变化如此感兴趣?——而是它们能否被用来揭示在它们掩盖之下的持续的自然进程。在沙子里看到天堂不是一个只能由诗人完成的行为。

简而言之,我们需要的是在不同的现象中寻找系统的关系,而不是在类似的现象中寻找实质的认同。为了有效地做到这一点,我们需要用综合的概念来替代人类存在不同方面关系的“层累的”概念,也就是说,是一个生物学、心理学、社会学和文化的因素在其中都能作为一个统一的分析系统中的不同方面而加以处理的概念。在社会科学中建立共同语言不仅仅是协调各种术语,或者更糟,再创造一些新的术语;也不是将一套简单的分类赋予整个领域。这是一件整合不同类型的理论和概念的工作,以这样一种方式可以构造阐述发现的有意义的命题,而现在这些发现被隔绝在个别的研究领域中。

在试图从人类学方面实施这样一种整合工作,从而得到一个更精确的人的形象的努力中,我提出两个观点。第一个是,最好不要把文化看成是一个具体行为模式——习俗、惯例、传统、

---

[14] 贝克勒耳(Antoine Henri Becquerel, 1852—1908),法国物理学家,与居里夫人共同获得一九〇三年诺贝尔物理奖。——译注。

习惯——的复合体，直到现在大体上都是这样看待文化的，而要看成是一个总管行为的控制机制——计划、处方、规则、指令（计算机工程师将其称为“程序”）。第二个观点是，人明显地是这样一种动物，他极度依赖于超出遗传的、在其皮肤之外的控制机制和文化程序来控制自己的行为。

这两种观点都不完全是新思想，是人类学和其他科学（控制 45
论、信息理论、神经病学、分子遗传学）最近的一些发展使之能有更明确的表述，同时还使之得到了一定程度的、过去没有的经验的支持。除了重新形成文化的概念和文化在人类生活中的角色之外，随之而来的是，给人下定义不再那样强调不同地方、不同时间的人的行为的经验共性，而是这种机制依靠它的作用将人的内在能力的广泛和不确定化简到一个他实际行为的狭窄和特殊性。关于我们人类的最有意味的事实之一最终可能是，我们都从能供养一千种生活方式的自然条件开始，而最终只选择了一种生活方式。

文化的“控制机制”是以这样的前提开始的：人的思想基本上既是社会的又是公共的——它的自然栖息地是庭院、市场和城镇广场。思想不是由“头脑中发生的事”构成的（虽然发生的事在这里和其他地方对产生思想是必要的），而是由在被 G. H. 米德和其他人称之为有意义的象征性符号之中进行交流构成的，这些符号——绝大多数是词汇，但是也包括姿态、图形、音乐、钟表类的机械装置，或珠宝类的自然物等任何东西，它们与纯粹的现实脱离并用来将意义赋予经验。从任何特殊的个人观点的角度，此类符号大部分是后天赋予的。他发现这些符号在他出生时的社区中已经流行，并且以他可能或不可能干涉的增加、减少和部分修改，在他死后仍然流行。当他活着的时候，他使用它们或它们中的一部分，有的时候是刻意或小心的，绝大多数时候是下意识的和随意的，但是在思想中总保持同样的目的：要将结构赋予他在其中生活的事件，使自己适应“经历过的事情的正在进行的过程”，这是用的约翰·杜威的生动的短语。

人是如此需要这一类的符号源(symbolic sources)启示他去发现自己在世界上的位置，因为本来就渗透在他体内的非符号类的资源只能散射一种微弱的光。较低级的动物的行为模式，至少在较大的程度上，是由它们物质结构赋予的；遗传信息资源使他们的行动在一个变化的更为狭窄的范围内有序进行，越是
46 低级的动物这个范围越狭窄越彻底。对人来说，天生就有的是极普遍的反应能力，这种能力虽然有可能使人的行为更有可塑性，更具有复合性，在每一事情发生时的广泛的场合中更有效率，但是它却使人的行为很多得到准确的调节。这就是我们的讨论的第二方面：不受人的文化模式——有组织、有意义的符号象征体系——指引的人的行为最终会不可驾驭，成为一个纯粹的无意义的行动和突发性情感的混乱物，他的经验最终也会成为无形的。文化，这类模式的集大成者，不只是一个人存在的装饰品，而是——就其特性的主要基础而言——人存在的基本条件。

在人类学中，支持这种立场的最有说服力的一些证据都是来自最近我们在研究人类的先祖时取得的进展：智人(Homo sapiens)是从他的灵长目背景中产生的。在这些进展中有三点很重要：(1)放弃了原来关于人类的身体进化与文化进化之间关系的观点而倾向于互相重叠和互相作用的观点。(2)发现了主要出现在人的中枢神经系统特别是大脑中的，使现代人类区别于他的最近的祖先的大量的生物学变化。(3)认识到人，在身体方面，是不完全的、未完成的动物；使他最鲜明地区别于非人类的主要不是他的单纯的学习能力(可以说很强)，而更多的是他

必须在发挥社会作用之前学习多少和学习哪些特殊种类的事情。让我依次讨论这些问题。

关于人的生物进化与文化进化关系的传统观点是：前者即生物进化，在所有的意义和目标上都在后者即文化的进化开始之前完成。这就是说，它又是层累的：人的身体，通过基因变异和自然选择的普遍机制，进化到这样的点：他的解剖结构或多或少达到了我们今天看到的水平；然后文化发展开始进行。在人类种系发生学的某些阶段，某种类型的边缘性的遗传变异使他有能力创造和从事文化，因而他对环境压力的适应性的反应几乎完全是文化的而不是遗传的。因为人类遍布全球，他在寒冷的气候中穿皮毛，在温暖的气候中穿缠腰布(或者什么也不穿)；他没有改变对环境温度的天生的反应模式。他制造武器来扩展 47
他与生俱来的捕猎能力；他烹熟食物来扩大可消化食物的范围。故事还在继续，当人类穿过了某种智力上的界限后，他有能力向他的后代和邻居通过教导来传播“知识、信仰、法律、道德、习俗”(引用爱德华·泰勒爵士关于文化的经典定义中的词语)，以及通过学习从他的先辈和邻居处获得这些知识。在这种不可思议的时刻之后，人的发展几乎完全依赖于文化的积累，依赖于习俗的缓慢增长，而不是依赖于随着年龄的流逝身体器官的变化。

惟一的麻烦是这样的时刻似乎并不存在。据最新的估算，向生活的文化模式的过渡，人属动物(Homo)要经过几百万年才能完成，而且是以这样的形式延伸：它涉及的不是一个或一小点儿边缘性的遗传变异，而是长期的、复合的和紧密有序的一系列边缘性遗传变异。

在流行观点中，智人——现代人——的进化在将近四百万年前从他的直接前人(pre*sapiens*)的背景中，以现在著名的南方古猿——对东南非洲的猿人的称呼——的出现而明确地开始了，而以二十或三十万年前人类（*sapiens*）自己的出现达到顶点。因而，作为至少是文化的，或假如你希望，原始文化活动（简单的工具制造、狩猎，等等）的基本形式似乎已经表现在南方古猿的某些活动中，所以，在文化开始与我们所知道的人的出现之间的，如同我所说的有大大超过一百万年的时间重叠。准确的时间——这个时间是暂时的结论而且进一步的研究有可能从这个方向或那个方向对其做出更改——不是关键，关键是有这样一个重叠的时期而且这个重叠时期很长。人类种系发生史的最后阶段（无论如何，迄今为止是最后的）是与伟大的地质时代——即所谓的冰川期——相同的时期，这个最后阶段又是人类文化史的开始阶段。文化的人群有自己的生日，而动物的个人则没有。

这就意味着文化不是附加在已经完成进化或最后完成进化的动物身上，而是这种动物自身产生过程中的一部分，而且是中心的组成部分。这个缓慢的、持续的、几乎像冰河流动一样的、经过冰川时期的文化发展过程，以在其进化过程中发挥主要的指导性作用的方式改变了进化中的人类（Homo）所承受的选择
48 性压力的均衡。工具的完善、有组织的狩猎和采集活动、真正家庭组织的开始、火的发现，以及最重要的，虽然它还极难在细节上追溯，为了定向、交流和自我控制而日益增长的对有意义的符号象征体系（语言、艺术、神话、仪式）的依赖，所有这一切为人类创造了一个他必须适应的新的环境。当文化以无限小的进步积累和发展时，经过选择的优点被赋予种群中那些最有能力利用这些优点的人——能干的猎人、持之以恒的采集者、熟练的工具制造者、足智多谋的领导人——直到曾经是小脑量的原始人类——南方古猿——变成大脑量的完全的人类——智人。在文化模式和身体、大脑之间，产生了一个积极的反馈系统，其中每

一部分都制约了其他部分的进步,更多地使用工具,手的解剖变化和大拇指对于皮质不断扩大的指示作用,它们之间的交互作用不过是这些生动的例子中的一个。依靠自己服从于符号化的中介程序的管理,这个程序管理生产物品、组织社会生活或表达情感,人坚定地,也许是不知不觉地,在自己的生物学阶梯上攀登。从字面上可以非常明确地说,虽然是非常无意的,人类创造了自己。

虽然,像我提到过的,在人形成的过程中整个体质结构中有许多重要的变化——头盖骨的形状、牙齿、拇指的大小等等——远比这些变化重要和显著的,显然是在中枢神经系统中发生的那些变化,因为这是一个人的大脑,特别是前脑,激增至现在这样的比例失调的地步。技术性问题是复杂而又有争议的,但是要点在于虽然南方古猿有着和我们差别不大的躯干和胳膊,有着至少和我们近似的骨盆和腿,但是他们的脑容量却几乎不比现存的类人猿更大——也就是说,只有我们现在脑量的三分之一或者一半。使人真正最明显地区别于原始人的显然不是整个身体的形状,而是神经组织的复杂程度。这个文化与生物变化重叠的时期似乎集中发生在神经的发展上,也许涉及不同行为——手、双脚运动,等等——的精细化,主要的解剖学基础——灵活移动的肩膀和手腕、一个宽大的髋骨,等等——已经 49
为这些精细化牢固地奠定了基础。就其自身而言,这也许完全不让人震惊,但是结合我已经说过的那些情况,我认为它表明了有关人是何种动物的结论,而这些结论,我认为,不仅与十八世纪的结论大不相同,而且与仅仅十到十五年前的人类学的结论也大不相同。

最直截了当的是,它意味着没有独立于文化的人性这样一种东西。没有文化背景的人既不是戈尔丁的《蝇王》(Golding's

Lord of the Flies）中不得不依靠其动物本能的聪明的野蛮人，也不是启蒙运动时期尚古主义的自然的贵族，甚至不是古典人类学理论所暗示的那种怎么也不能充分发挥自己的天赋聪慧的类人猿。没有文化的人类会是没有多少有用本能的怪物，只有极少的可理解的情感，而且没有智力，是智力上的残疾人。我们的中枢神经系统——最重要的是大脑皮层——部分是在与文化的交互作用中成长起来的，因此没有有意义的符号体系提供的指导，它就不能指引我们的行为或组织我们的经验。冰川时期发生的与我们有关的事，是我们被迫放弃了对我们行为的有规律和精确的遗传控制而去接受更一般化的，但同样真实的、对我们行为的灵活而又有适应能力的遗传控制。为了对行动提供更多的信息，我们随之被迫越来越多地依赖文化资源——积累起来的有意义的符号储备。这类符号不仅仅是我们生物的、心理的、社会的存在的表达、工具或相关因素，而且是它们的前提条件。没有人类当然就没有文化，但是同样，更有意义的是，没有文化就没有人类。

总而言之，我们是通过文化来使自己完备或完善的那种不完备和不完善的动物——并且不是通过一般意义的文化而是通过文化高度特殊的形式：多布安人（Dobuan）和爪哇人的，霍皮人（Hopi）和意大利人的，上层阶级的或下层阶级的，学术界的和商业界的。人类巨大的学习能力和可塑性，经常被明确地指出，但是更具关键意义的是人对某种学习的极端依赖性：掌握概念，理解和运用特殊的符号意义系统。河狸修坝、鸟建巢、蜜蜂找到蜜源、狒狒组织社会性的团体、老鼠交配，这些都主要依靠被编码于它们的基因中并由适当的外部刺激激发出来的学习形
50 式，但是人修拦水坝或住所、找到食物、组织社会团体或者选择性伙伴都是在编码于作业流程图或蓝图、狩猎知识、道德体系和

美学判断之中的指令指引下进行的;概念性的结构形成无形的能力。

正像一位作家简明地指出的,我们生活在一个“信息的鸿沟”中。在我们的身体所告诉我们的东西和我们必须知道以便去应用的东西之间有一个真空区,我们必须自己去填充它,我们将要用我们的文化提供给我们的信息(或错误信息)去填充它。人类行为的本能控制和文化控制之间的界线难以定义并且飘忽不定。从一切意愿和目的的角度看,有些事情的控制完全是本能的:我们学习呼吸并不比鱼学习游水需要更多的文化指导。另外一些事情则确实大部分是由文化指导的;我们并不想以遗传来解释为什么有的人相信中央计划而有的人相信自由市场,虽然这可能是一种有趣的练习。当然几乎所有的人类的复杂行为都是二者互相作用的和非累积性的结果。我们说话的能力肯定是天生的;而我们说英语的能力肯定是文化的。我们在受到高兴的刺激时笑和在受到不高兴的刺激时皱眉肯定在某种程度上是由遗传基因决定的(甚至类人猿都会在闻到讨厌的气味时把脸皱起来),但是冷笑或嘲讽地皱起眉头同样地肯定是由文化确定的,就像巴厘人在认为一个人是疯子时所表现的那样,这和一个美国人在没有什么可笑的事时笑是一样的。在我们的遗传基因为我们的生活规定的基础计划——说话的能力或是笑的能力——与我们事实上实施的确切行为——以某种音调说英语,在微妙的社会环境中高深莫测地笑——之间有一套复杂的有意义的符号,在其指导下我们将第一种转化为第二种,将基础计划转化为行动。

我们的思想、我们价值、我们的行动,甚至我们的情感,像我们的神经系统自身一样,都是文化的产物——它们确实是由我们生来俱有的欲望、能力、气质制造出来的。沙特

(Chartres)[15]教堂是由石头和玻璃建成的,但是沙特教堂不仅仅是石头和玻璃;它是一个大教堂,而且不仅仅是一个大教堂,是一个由特殊的社会团体的某些成员在特殊的时期建筑的一个
51 特殊的大教堂。为了理解它的含义,你需要知道比石头和玻璃的一般属性和所有的教堂的共性更多的东西。你还需要理解——按我的观点更为关键——上帝、人和建筑之间关系的特殊概念,因为它们决定了教堂的产生,并最终形成了它。这与人类没有什么不同:他们中的每一个人毫无例外都是文化的作品。

四

启蒙主义和经典人类学在探讨人性的定义时,无论有多少不同,但有一点是共同的:它们都基本上采用类型学的(typological)方法。它们尽力造出一个人的形象作为模型、原型,柏拉图式的理念或阿里斯多德的形式,以此为准,真实的人——你、我、丘吉尔、希特勒和婆罗洲的猎头族(Bornean headhunter)——都不过是它的翻版、畸变和近似物。对于启蒙主义的情况来说,发现这种基本形式的因素,靠的是剥光真实的人的文化外表,再看留下来的是什么来揭示的——自然人。在经典人类学中,发现这些因素靠的是在文化中分析出共性,再看显露出来的是什么来揭示的——具有共同感知的人。在这两种情况中,结果是相同的,都是在对科学问题进行类型化的探讨中得出一般性的结论:个体和群体间的差异是第二位的。个性被看做是偏离的、特异的,是对真正科学家的正统研究目标——基础的、不变的、常

---

[15] 法国小镇,位于巴黎东南。它的教堂是著名的哥特式建筑风格的代表作。——译注

规的类型——的偶然偏离。在这一类的研究中，无论怎样刻意地规范和有力地辩护，生动的细节被窒息在死板的框架中：我们在寻求一个形而上的实体，一个大写的“人”，因为对此有兴趣，我们牺牲了实际遇到的经验实体，一个小写的“人”。

但是，这种牺牲既徒劳无益又没有必要。在一般的理论理解和依据情景所做的理解之间，在概括性的观点和对细节的精确眼光之间并没有对立。事实上，我们依靠其从特殊现象中概括出一般性成分的能力检验一种科学理论——甚至科学本身。52
假如我想要发现人的总和是什么，我们只能在人是什么中发现；而所有事情中最首要的是，人是什么这个问题的答案是多种多样的。我们正是通过理解这种多样性——它的范围、本质、基础和含义——才能建构一个人性的概念，这个概念要走出统计学的阴影，要脱离原始的梦想，既有实质内容又有真理性质。

到这里最终绕回我的题目：文化的概念对人的概念造成的影响。当文化被看做是控制行为的一套符号装置，看做是超越肉体的信息资源时，在人的天生的变化能力和人的实际上的逐步变化之间，文化提供了联接。变成人类就是变成个体的人，而我们是在文化模式指导下变成个体的人的；文化模式是历史地创立的有意义的系统，据此我们将形式、秩序、意义、方向赋予我们的生活。此处所指的文化模式不是普遍性的，而是特殊性的——不仅仅是“婚姻”，而是一套特殊概念，关于男人和女人是什么样的、夫妻应该如何相处或者谁应该与谁结婚，等等；不仅仅是“宗教”而且是对因果轮回的信仰、遵守斋月或是实行牛祭。定义人既不单靠他天生的能力，像启蒙运动所试图去做的那样，也不单靠他的实际行为，像当代的多数社会科学所试图去做的那样，而是靠将二者联接起来，靠将第一种转化成第二种，将他的遗传能力集中转变为他的具体活动的方式。正是在他的职业中，在他的特殊经历中，我们了解到了他的本性，不管多么模糊，虽然文化只是决定这个过程的一个因素，但是却不是最不重要的一个。因为文化将我们塑造成一个单一的物种——而且毫无疑问还在继续塑造成我们——从而使我们成为不同的个人。这一点才是我们真正共同具有的，既不是不可改变的亚文化自我也不是已确立的跨文化的一致性。

够奇怪的是——尽管回头一想也许不那么奇怪——我们的许多研究对象似乎比我们的人类学家更清楚地认识到这一点。在爪哇，举例说，当我完成我的大部分工作时，当地人非常坦率地说："做一个人就是做一个爪哇人。"小孩、乡巴佬、傻子、疯子、道德败坏者，都说成是 ndurung djawa——"还不是爪哇人"。一个有能力按照非常繁杂的礼仪系统行动的"正常"的成年人，具
53 备有关音乐、舞蹈、戏剧和纺织品图案的精妙的美感，能对居于每个人的内在意识中的神灵的微妙提示做出应答，就是 sampun djawa——"已经是一个爪哇人"，也就是说，已经是一个人。作为人并不仅仅是呼吸，还要学会用类似瑜珈的方法控制呼吸，在一吸一呼中听到神呼唤自己的名字的声音："hu Allah"；不仅仅是说话，而是要在适当的社交场合，用适当的语调和适当的含蓄间接的方式说出适当的词语；不仅仅是吃，而是要提供以特定的方法烹调的特定的食品，按照严格的饭桌上的规矩来吃掉食品。甚至不仅仅是感受，而是要感受特定的非常独特的爪哇人的（基本上是不能传译的）情绪——"耐心"、"超脱"、"顺从"、"尊敬"。

所以，这里说的成为人类不是指成为每一个人（Everyman），而是成为一种特殊种类的人，当然人各有不同：爪哇人说，"田地不同，蚂蚱也不一样。"在这个社会中差异也得到承认——一个稻民成为人和爪哇人的方式，不同于一个公务员。这不是一个宽容和伦理相对主义的问题，因为并非所有成为人

的方式都被认为是同样让人羡慕的。举例说，本地华人的方式就受到强烈谴责。要点是有不同的方式，现在转用人类学的眼光，对这些——平原印第安人的勇敢、印度教徒的固执、法国人的理性主义、柏柏尔人的无政府主义、美国人的乐观主义（我罗列了一系列的标签，但是并不想要为它们所表达的含义辩护）——进行系统的观察和分析后，我将发现成为一个人意味着或可能意味着什么。

简而言之，我们必须深入细节，越过误导的标签，越过形而上的类型，越过空洞的相似性，去紧紧把握住各种文化以及每种文化中不同种的个人的基本特征，假如我们希望直面人性的话。在这一领域中，通向一般性、显示科学的简明性的道路，横亘于对特殊的、详尽的、具体的事物的关切中，但是关切是以我已经提到的理论分析的术语组织和引导的——身体进化、神经系统的运行、社会组织、心理进程、文化模式，等等——特别重要的是要分析它们的相互作用。这就是说，道路通向，像任何真正的 54
“**探索**”一样，让人惊恐的复杂性。

“让他独自呆上一会儿，”罗伯特·洛威尔写道，不是像令人生疑的人类学家，而是像另一位怪异的人性探索者纳撒尼尔·霍桑一样。

让他独自呆上一会儿，
你会看到他低下头来
眼睛盯着细小的东西，
石头，普通树木，
最普通的东西，
仿佛它们很重要。
专心致志，沉思，沉思。

困扰的眼睛抬起来，
在思考真与些微中
感到慌乱、沮丧和不满。⑯

专注于自己的细小东西、石头和普通树木，人类学家也沉思那真实而无意义的东西，从中看到了，也许是他想像的，他自己的稍纵即逝的、不准确的、混乱的、充满变化的形象。

⑯ 得到法拉—斯特劳斯—吉鲁特公司及费伯—费伯公司的允许，引自《霍桑》，载《致联邦死难者》，第39页。一九六四年版版权归罗伯特·洛威尔所有。

第三章　文化的成长与心智的进化 55

理论家们可能会断言说："心智是它自己的场所。"这种说法不真实，因为心智甚至连比喻意义上的"场所"都不是。相反，棋盘、讲台、学者的书桌、法官的席位、车夫的座位、画室和足球场都在它的场所中。这些场所是人们工作和娱乐的地方，无论这些工作和娱乐是愚蠢的还是智慧的。"心智"不是另外一个在不可穿透的屏幕之后工作或游戏的人的名字；它不是另外一个工作或游戏的场所的名字；它也不是另外一个用来工作的工具的名字，或者是另外一个做游戏的玩具的名字。

吉尔伯特·赖尔

一

在行为科学的知识史中，"心智"（mind）①这一概念扮演了一个奇特的双重角色。那些视这门学科的发展为将物理科学的方法简单扩展到有机领域的人，将这个词用作贬义，指的是根本不能与"客观主义"的英雄理想相提并论的方法和理论。一些表达内心感受的词，诸如顿悟、理解、概念思维、想像、观念、感情、反思、幻想等等，都被贬斥为心灵主义的，"即，

① Mind一词词义复杂，根据不同上下文分别译作"心智"和"思维"。——译者

56 被意识的主观性所污染”，求助于它们就被贬斥为科学思考的可悲的失败。[2] 相反，那些把从物理学到有机体，特别是到人类的转向，视为对理论方法和研究程序作意义深远的修正的人，将“心智”用作一个谨慎的概念，更多地用来指出理解中的缺陷而不是补救缺陷，更多地强调实证科学的局限性而不是扩展局限性的概念。对这些思想家来说，这个概念的主要功能是给出虽然定义含糊但直观有效地表达他们的确信的方式，即人类的经验有着重要的秩序范围，这些范围是物理学理论（同时还有模仿物理学理论的心理学和社会学理论）所忽略考虑的。谢灵顿所想像的“赤裸裸的心态”——“生活中算记的一切。欲望、热情、真理、爱情、知识、价值”——“比幽灵更神秘地进入我们已有的世界”，可以作为这一立场的体现。据说，巴甫洛夫在实验室里对他的学生中任何过多地说出心灵主义词汇的人处以罚金，这正是其相反做法。[3]

事实上除了某些例外，“心智”这个词完全不具备科学概念的功能，而只是一个修辞手段，即使在它的使用被禁止时也一样。更准确地说，它的作用是交流——有时是利用——一种恐惧而不是定义一个过程；一方面是对主观主义的恐惧，另一方面是对机械主义的恐惧。“即使是在完全觉悟到拟人化主观主义的本质及其危险时，”克拉克·赫尔严正警告我们，“最谨慎、最有经验的思想家也可能发现自己成了它的诱惑力的牺牲品。”他还力主一种“预防”性的战略，将所有行为视为仿佛是由一只狗、一

② M. 希勒：《认知理论》，载《社会心理学手册》（里丁，马萨诸塞，1954）。

③ C. 谢灵顿：《本质上的人》，第 2 版（纽约，1953），第 161 页；L. S. 库比：《对意识问题的精神与精神分析的思考》，载《大脑的机制与意识》，E. 安德林等编（牛津，英格兰，1954），第 444—467 页。

只患白化病的老鼠、一个机器人的所为。[4] 而同时，正好相反，戈登·阿尔波特教授在这类探讨中看到了对人类尊严的威胁。他抱怨说："我们正在遵循的模式缺乏长远方向，而这是道德的基础……醉心于机器、老鼠或婴幼儿，导致我们过分注重人类行为的某些特征，而这些特征是边缘性、信号性或者遗传性的，并会因此轻视那些中心的、未来取向的或符号性的特征。"[5] 在面 57
临困扰着人类研究方面如此矛盾的描述时，让人略感惊讶的是一些新近的心理学家，他们在希望对人类行为的定向性方面做出令人信服的解释与遵守科学的客观性原则之间备受折磨，发现自己受到一种致人死命的策略的诱惑，就是将自己定义为"主观行为主义者"。[6]

就心智概念而言，事情极为不幸，因为一个极为有用的概念，而且也许除了"心理"(psyche)这个名词以外没有一个概念可以与之相提并论，现在成了一个不合时宜的词汇。更为不幸的原因是，严重损害这一词汇的恐惧大多缺乏根据，是由牛顿革命产生的唯物论和二元论之间进行的模拟内战的正在消逝的回声。机械论，如赖尔所言，是一个怪物，因为对它的恐惧依据于一个自相矛盾的假定；同样一个事物同时受到机械定律和道德原则的制约，就像一个高尔夫选手不能同时既要遵从弹道的定律，又要服从高尔夫比赛规则，并优雅地比赛。[7] 但是主观主义也是一个怪物，因为它依据的是同样奇特的假定，因为除非你愿

---

④ C. L. 赫尔：《行为原则》(纽约，1943)。

⑤ G. W. 阿尔波特：《人类道德的科学模式》，《心理周刊》，第 54 期(1947)，第 182—192 页。

⑥ G. A. 密勒，E. H. 加兰特和 K. H. 普里布拉姆：《行为的计划与结构》(纽约，1960)。

⑦ G. 赖尔：《心的概念》(纽约，1949)。

意告诉我,我不可能知道你昨夜梦见了什么,不可能知道你记忆一系列无意义音节时想到了什么,也不可能知道你对婴儿诅咒信条(the doctrine of infant damnation)的感觉如何,任何我所能做的关于此类心理事实在你的行为中的作用的理论化的做法,必须建立在虚假的"拟人化"的类比之上,依据是我所知的或我认为我所知的这些心理事实在我的行为中的作用。拉什利尖刻地评论说:"玄学家和神学家已耗费多年来编造关于心智的传奇,以至于他们已经互相相信了对方的幻象。"这一评论的不准确性仅在于忽略了许多行为科学家已经陷入了同类的集体我向思维(autism)。[8]

在如何将心智重新恢复为一个有用的概念所建议的方法中,最经常提出的一个办法是将其转变为一个动词或分词,"心智是正进行的心智活动(Mind is minding),作为一个整体的生
58 物体的反应是一个融贯的单位……(这一观点)将我们从枯燥无味的、缺乏活力的玄学的束缚中解脱出来,让我们能自由地在将会收获果实的田野上耕耘。"[9] 但是这种"药方"涉及小学课本式的说法——"名词是命名一个人、地方或事物的词",而这根本就不真实。将名词用作意向性的词汇,表示能力、个性,而不是实体或行动——在英语中是常见而又不可缺少的,是自自然然的,也是符合科学的。[10] 假如去掉"心智","信仰"、"希望"和"慈善"也必得随之去掉,一起去掉的还有"原因"、"力量"和"引力",以及"动机"、"角色"和"文化"。"心智是正进行的心智活动",可能是正确的,"科学是正在从事科学"(science is sciencing),至少

---

⑧ K. S. 拉什利:《大脑组织与行为》,载《大脑与人的行为》,H. 所罗门等编(巴尔的摩,1958)。

⑨ L. A. 怀特:《文化科学》(纽约,1949)。

⑩ 赖尔:《心的概念》。

也可以忍受。[11] 但是,“超我是正在超越自我”(superego is superegoing)就有点莫名其妙。更重要的是,虽然围绕着心智概念引起的混乱确实部分来自与名词的错误类推,这些名词是命名人、地方、事物的,但是它主要出自更深层的源头,而不仅仅是语言学的。结果,将其转换为动词并不真正能保证其不成为“一个枯燥无味、缺乏活力的玄学”。如同机械论者一样,主观主义者是有着无穷才华的人,一个神秘实体可能用来替代一个神秘的活动,例如,在“反省”这个例子中。

从科学的角度看,将心智与行为一致等同,“作为整体的生物体的反应”,就像将它与一个“比幽灵更像幽灵”的实体等同一致,是将它变成无用的赘语。认为更有说服力的是将一种现实转换为另一种现实而不是将其转换为非现实(unreality)的观点是不对的:一只兔子当它变成一匹马时与它变成一个半人半马的怪物一样会消失得无影无踪。“心智”是一个指称技能、爱好、能力、倾向和习惯的词;用杜威的话说,它所表示的是一种“伺机而动的积极、主动的背景,遇到条件就起作用。”[12] 它既不是一种行动也不是一种事物,而是有组织的倾向(disposition)体系,它在某些行动和事物中找到其表现形式。正如赖尔已经指出的,假如一个愚笨的人偶然摔倒,我们将这一行动描述为他的心智的作用就不恰当了,但是假如一个小丑故意摔倒,我们就可以认为这样说是恰当的:

> 小丑的机敏可能在他跌跌撞撞和摔倒中得到展示。他像笨 59
> 人一样跌跌撞撞和摔倒,不过他摔倒是有目的和经过了多

[11] 怀特:《文化科学》。

[12] J. 杜威:《作为经验的艺术》(纽约,1934)。

次排练的，在一个极佳的时刻，在孩子们看得见他的地方，而且没有使自己受伤。观众欢呼他看似笨拙的技能，但是他们欢呼的不是他“头脑中”进行的某种额外的神秘的表演。他们赞扬的是可以看得到的行动，但是他们赞扬它不是因为它是任何掩藏的内在原因的结果，而是因为它是操作技能。所以一种技能不是一个行动。既不是可见的也不是不可见的行动。换句话说，承认这一表现是技能的运用，是确实要依据一个不能被照相机单独记录的因素来评价它。但是，认为在行动中技能的运用不能被照相机单独记录的理由，不是因为这是一个神秘的或者像幽灵一样发生的因素，而是因为它根本就不是一个事件。它是一种倾向，或者是一种复合倾向，而且倾向是一个可见或不可见、被记录下来或没有被记录下来的错误的逻辑类型的一个因素。就像高声说话的习惯本身并不是高声的或者是安静的，因为它不是“高声”或“安静”这类词汇所能说明的。或者就像易犯头疼病出于同样的理由，其本身不是可以忍耐或不可以忍耐的。因为技能、口味和爱好，在公开的或内在的形式中操作不是它们本身是公开或内在的、可见的或不可见的。⑬

相似的证据适用于客体：除了在隐喻的方式中，我们不能将传说中古代中国人意外地点燃他的房子烤熟的猪认为是“烹饪”，即使他吃了它，因为它不是来自被称为“烹饪知识”的心理能力的应用。但是，我们可以认为第二只由现在受过教育的中

⑬ 赖尔：《心的概念》，第 33 页。引用得到巴恩斯—诺布尔书店及哈钦森出版公司允许。

国人特意再次烧掉他的房子烤熟的猪是烹饪，因为它是这类能力的结果，无论它如何粗糙。这类以经验为依据的判断，可能是错误的；一个人可能是真的跌倒了，而我们认为他仅仅是在表演小丑，一只猪可能是真的经过烹饪的，而我们认为它只是烤熟的。但是有意义的是当我们把心智赋予一个生物体的时候，我们正谈论着的既不是生物体的行动，也不是它自身的产物，而是它的能力和它的倾向性、它的气质、进行着的某些种类的活动和产生某类产品。这里并没有关于这个问题的超凡脱俗的观点，仅仅是指出：一种缺乏倾向性术语的语言使得对人类行为做出
科学的描述和分析极端困难。而且严重损害了它的概念的发 60
展。在同样的方式中，一种语言，例如阿拉派斯语（Arapesh），使用它你必须这样数数：“一，二，二和一，一狗（即‘四’），一狗和一，一狗和二，一狗和二和一，二狗……等等。”如此麻烦的计数方法限制了数学的发展，人们发觉要越过二狗和二狗和二狗（即“二十四”）是如此吃力，就索性将所有比这更大的数量称之为“许多”。[14]

借助这样一个概念框架，就有可能进一步对人的精神生活的定义进行生物学、心理学、社会学和文化的综合讨论而完全避免做出一个还原主义的假说。这是因为某一方面的能力或做某一事情的倾向不是一种实体或行为，不是轻易就可以还原的。在赖尔的丑角例子中，我可以说（显然是错误的），他摔倒可以简化为一系列条件反射，但是我不能说他的技能如此简化，因为对于他的技能我只能说他能够摔倒。因为，“丑角能够翻跟斗”，假如简单化，有可能写做：“（这个生物）能够（产生所描述的一系列

[14] M.米德：《评论》，载《儿童发展讨论》，J.塔纳与B.英赫尔德编（纽约，无日期），第1卷，第408—503页。

反应)”,但是只有在用“能够”、“是有能力去做的”、“拥有这种能力去做”等等代替“可以”(can)的时候,才能从句子中置换出“可以”来。这不是简化,而是一种从动词到形容词或名词形式的无实质内容的转换。一个人在分析人的技能时所能做的全部事情是展示一种方式,在这种方式中,人依赖(或不依赖)各种因素,诸如神经系统的复杂性,要表达的被压抑的欲望,现存的社会机构,诸如马戏表演,或展示以讽刺为目的的滑稽模仿表演的文化传统。一旦允许意向性的判断进入科学的描述,它们就不会被在使用的描述“层面”上的转换所消除。所以,由于承认这个事实,所有各种虚假的问题、错误的争论和不现实的恐惧都能完全被排除在外。

对研究领域来说也许避免人为的自相矛盾,远没有研究人类精神的进化更有用处。过去背负着几乎人类学所有的经典性的谬误——族群中心论、过分关注人类的独特性、用想像重构的历史、超机体的文化概念、进化演变的先验阶段,——对人类精
61 神起源的全部研究已经名誉扫地,或者至少是被忽视。但是种种合法的问题——人是如何有了自己的心智的是一个合法的问题——并没有由于错误想像的答案而失效。就人类学而言,至少,对“什么是心智?”这个问题提出有倾向性的回答的最重要的好处之一,乃是它允许我们重新开展经典性的讨论而不再复活经典性的论战。

二

在过去的半个世纪里,流行着两种关于人类心智进化的观点,均不恰当。第一种是这样的理论,被弗洛伊德称为“初始的”(primary)的人类思维过程——替换、逆反、凝缩等等的能力在

种系发生上先于他称为“继发性的”(secondary)的人类思维过程——定向的、按逻辑排列的、推理的等等。[15] 在人类学的领域内，这种理论是基于这一假设：文化方式与思想模式有可能简单地等同一致。[16] 基于这一假设，一些缺乏现代科学的文化资源的族群——由于现代科学在西方，至少在某些环境中，已经非常有效率地应用于定向推理中——被认为非常缺乏由这些文化资源所提供的智力能力；即如阿拉派斯人在将“一”、“二”和“狗”相加时的局限性就是缺乏这种能力的结果而不是原因。假如将这种论点添加上无效的经验概括，即认为部落族群无论应用什么贫乏的文化资源，他们拥有的智力比西方人的确更不经常、不固定、不完善，那么，对初始过程思维在种系发生上先于继发性过程思维的命题，只需要最后一个错误观点：认为部落人群是人类的原始形态，是“活化石”。[17]

正是在对这一系列错误的反应中，产生了第二种关于人类 62
心智进化的观点，这种观点认为，不仅在其基本的现代方式中存在的人类的心智是文化获取的先决条件，而且文化自身的成长也一直对心智进化无任何影响：

---

⑮ S. 弗洛伊德：《梦的解析》，译文见《弗洛伊德主要论文》，A. A. 布里尔编(纽约，1938)，第179—548页；弗洛伊德：《论精神功能的两个原则》，载《弗洛伊德文集》(伦敦，1946)，第4卷，第13—27页。

⑯ L. 莱维—布吕尔：《原始精神活动》(伦敦，1923)。

⑰ 除此之外，这种命题一直得到支持，如哈洛韦尔(A. I. 哈洛韦尔：《思想与文化的再现》，重印于A. I. 哈洛韦尔：《文化与经验》[费城，1939]，第14—31页)曾指出：依据未经批评就应用的希克尔的现在已遭摈弃的“再现法则”，在这一法则中，认为儿童、精神病患者和野蛮人的思维的假定的相似性被用作证据证明我向思维在发育上处于优先阶段。认为原始过程甚至在个体发生上也不先于继发的过程的意见，见H. 哈特曼：《自我心理与适应问题》，摘译文载《思想的组织与病态》，D. 拉帕洛特编(纽约，1951)，第362—396；H. 哈特曼，E. 克里斯和R. 洛文斯汀：《论心理结构的形成》，载《儿童心理研究》(纽约，1946)，第2卷，第11—38页。

> 鸟放弃了一双行走的肢体而获得翅膀。它靠转换部分旧有的官能而获得新官能……而飞机，正好相反，给了人新的能力而没有减少或损害任何他们以前已有的能力。它没有导致可见的身体方面的变化，没有改变心智能力。[18]

但是，反过来，这一论点含有两个推论，其中之一，人类心理一致的原则，已经找到了由人类学研究所提供的日益增长的经验材料的支持，但是另一个推论，文化现象的“临界点”理论，却变得越来越单薄无力。人类心理一致的原则，据我所知，当今没有受到过任何有声望的人类学家的认真的质询，但它却是与原始心智论直接矛盾的；它声称，在人类现存的不同人种中，在思维过程的根本性质上没有区别。假如认为心智的现代形式的存在是习得文化的前提条件，那么，说所有当代人类族群普遍拥有文化，当然就使心理一致的原则成了简单的同义反复；但是无论它是否是纯粹的同义反复，民族志和心理学的证据为该命题的经验有效性提供了压倒性的支持。[19]

作为文化现象的临界点理论，它假定：获得文化的能力的发展在灵长目生物的发育中是以突然的、全部或全无的方式发生
63 的。[20] 在新的不可逆转的人化历史中的某些特殊时刻，发生一个重大的但在遗传或解剖学方面也许是相当微小的变化——据推测是在大脑的皮层结构方面——在其中，一个动物，它的父母一直无意于“交流、学习、教导并对无数个分散的情感和态度进

---

⑱ A. L. 克罗伯：《人类学》（纽约，1948）。

⑲ C. 克拉克洪：《文化的普遍类型》，载《今日人类学》，A. L. 克罗伯编（芝加哥，1953），第 507—523 页。还可见克罗伯：《人类学》，第 573 页。

⑳ 克罗伯：《人类学》，第 71—72 页。

行概括”,而它会有意地这样做并“以此开始能够作为一个接受者和传授者而行动并开始积累文化。”[21] 与之相伴,文化诞生了,而且一旦诞生,依据自己所设定的过程,文化完全独立于人的进一步器质性进化而成长。现代人类生产和使用文化的能力的全部创造过程,也是他最显著的精神属性,被概念化为由边际量变促成根本的质的差异,如同水,随着温度不断下降,没有损失任何流动性,突然在摄氏零度结成冰,或者像一架正在滑行的飞机获得足够的速度便开始起飞。[22]

但是我们谈论的既不是水也不是飞机。问题在于能否按临界点理论暗示的那样,在文化了的人与没有被文化改变的人之间划出一条显著的界线。或者假如我们必须作一个类比,一个不太历史化的类比,例如从中世纪英格兰内部不中断地发展出一个现代英国,是否会更合适?在体质人类学中,当最初发现于非洲南部而现在被广泛发现的南方古猿化石越来越被归入人科后,日益强烈的疑问是:能否谈论人的出现就“仿佛谈论他突然从上校提升为准将,并有一个升迁的日期一样”。[23] 这些化石的年代约是三百万到四百万年前的上新世早期至更新世晚期,明显地混合了原始的和进化的形态特征,其中最显著的特征是骨盆和腿的形态与现代人惊人地相似,而颅骨的容量却几乎不比现代类人猿更大。[24] 虽然最初倾向于将这种“类人”的两足运动 64

㉑ 克罗伯:《人类学》。

㉒ 同上;怀特:《文化科学》,第 33 页。

㉓ W.W.霍维尔斯:《主席的结论性评论》,载《寒春港计量生物论坛》,第 15 期(1950),第 79—86 页。

㉔ 南方古猿的最早发现见 R.A.达特:《沿着消失的线索探索》,最近的情况见 P.V.托比阿斯:《南方古猿的分类与发育史》,载《灵长目的分类及发育与人类的起源》,B.奇阿莱里编(都灵,1968),第 277—315 页。

方式和“类猿”的大脑并存的现象看做是说明南方古猿所代表的是同时偏离人和猿(pongids)而走入歧途及不走运的发展,但是当今的共识是遵循霍维尔斯的结论:“最早的人科动物是大脑容量小,新式的两足直立行走的、原始的南方古猿,我们所说的‘人’常指的是这一类群的较后的形式,有着其后发生的适应性变化,大脑容量更大、同种形式的骨骼也发生了改变。㉕

现在或多或少地直立的、小容量大脑的人科动物,它们的双手因两足直立行走而自由,制造工具也许还捕猎小动物。但是它们还不可能发展出一种与今天的澳大利亚土著文化相当的文化,或者以五百立方厘米容量的大脑有了一种具有现代意义词汇的语言。㉖ 我们在南方古猿那里看到了一种奇特的“人”,他明显有能力获得某些文化的成分——制造简单的工具,偶尔“狩猎”,而且也许还有某些交流方式,比今天的类人猿的交流方式更先进,但比真正的语言要落后——但是再也没有别的什么东西了,这种现象产生了对“临界点”理论的相当严重的疑问。㉗ 事实上,既然智人的大脑容量大约是南方古猿的三倍,那么人的大部分脑皮层的扩展是跟随在,而不是先于文化的开始。假如

㉕ 灵长目(hominoid)是指一个现存及灭绝的动物总类,人和类人猿(大猩猩、猩猩、黑猩猩、长臂猿)都属于这一总类,而人科(hominid)是指一个现存或灭绝的动物科,人类属于这个科,而类人猿不属于。“走入歧途”说可见E.胡登:《从类人猿向前》(纽约,1949);共识的观点可见霍尔维斯:《主席的结论性的评论》。关于南方古猿是“最早的人科动物”的观点,我认为,现在应该修正了。

㉖ 一般性综述见A.I.哈洛韦尔:《以发展的眼光看自我、社会与文化》,载《人的进化》,S.泰克斯编(芝加哥,1960),第309—372页。在过去的十年中,整个讨论已经日益迅速和日益精确地向前推进了,系列参考可见R.L.霍洛维和伊丽莎白·津耶—莫斯的创新性文章:《人类生物:一个天主教的观点》,载《人类学双年刊,一九七一》,B.J.西格尔编(斯坦福,1972),第83—166页。

㉗ 以最近的人类学成就对“临界点”理论进行的一般性讨论见C.格尔茨:《向人类的转变》,载《人类学界》,S.泰克斯编(芝加哥,1964),第37—48页。

文化的能力被认为是一个水变成冰的这种量上很微小而质上发 65
生重大变化的整体结果的话，就很难释这一现象。[28] 不仅现在用授军衔形象说明人类的出现成了一种误导，而且“同样令人怀疑的是我们是否还应该用‘文化的出现’的语汇继续讨论，好像文化和‘人’一样，已经突然地存在了。”[29]

因为自相矛盾是前提错误的信号，以下事实自身也不正确：推论之一似乎正确而另一推论却不能说明心智进化与文化积累是两个完全分离的过程，在第二个推论开始之前，第一个已经基本完成了。假如情况确实如此，就有必要找到某种办法使我们能摆脱这一命题而不必同时破坏心理一致(psychic unity)的学说。没有心理一致学说，“我们就必须将历史学、人类学和社会学的大多数内容视为一堆废品而重新开始对人及其变种做出身心遗传方面的解释。”[30] 我们需要能够否定目前(集体)文化成就与天生的心智能力之间的联系，也要能够肯定过去存在过这样的联系。

依据上述方法完成这种奇特的双重任务的手段也许只是雕虫小技，但是实际上它却是重要的方法论上的转向，选择更精细的渐进的时间段，用来区别智人从始新世灵长目中分离出来的进化演变的不同阶段。无论将文化能力的出现看做或多或少是突然的、瞬间发生的，还是缓慢运动、逐渐发展的，都明显地，至少是部分的，取决于计量时段的大小；一个地质学家，是按亿万

㉘ S. L. 瓦什伯恩：《工具与生物性进化相互关系之思考》，载《人的文化能力的进化》，J. M. 斯普勒编(底特律，1959)，第21—31页。

㉙ A. I. 哈洛韦尔：《文化，人性和社会》，载《今日人类学》，A. L. 克罗伯编(芝加哥，1953)，第597—620页。参考A. I. 哈洛韦尔：《行为进化与自我的出现》，载《进化与人类学：百年评论》，B. J. 麦格斯编(华盛顿，1959)，第36—60页。

㉚ 克罗伯：《人类学》，第573页。

年来计算时间的,灵长目的整个进化过程可能被看做是一种没有什么变化的突发质变。事实上,反对临界点理论的论据可能应该更明确地概括为一种抱怨性说法,说它选择的计量时段不恰当,它的基本间隔太长,不适于对最近的进化史做精确分析,
66 同样,一个足够愚蠢的生物学家以十年作为计量单位研究人类成长的过程时,就会把成年看成是突然从童年转变而成而略过了青春期。

这种不严谨地提出权宜性考虑的一个明显例子,可能是最常见的引用科学数据支持“种类不同而不是程度不同”的人类文化观点;把人与他现存的最近的亲戚,猿类,特别是黑猩猩做比较。这种论点认为,人能说话,能使用符号,能获取文化,但是黑猩猩(而且,扩大而言,所有低能动物)不能。因而,人在这方面是独一无二的,在涉及心智的范围内,“我们面对的是一系列的飞跃,而不是持续提高。”[31] 这种观点忽略了以下事实:虽然猿类可能是人的最近的亲戚,但是“近”是一个弹性较大的词,而且,如果从进化的角度设定一个现实的时段,它们实际上没有那么近。他们最后一个共同祖先,最近的是上新世早期(最远是渐新世早期)的猿类,而且此后系统发育的区别不断增长。黑猩猩不说话这一事实既有趣又重要,但是从这一事实得出语言是一种全有或全无的现象的结论,在任何方面都站不住脚,而且因为将一百万年至四千万年划为一个瞬间,就会如同生物学家略过了青春期一样肯定略过了前智人的人科阶段。现有动物种群之间的比较,如果运用谨慎,是一种合理的,而且事实上是推论总体进化趋势必不可缺的方法。但是,正如光波的有限波长限制

㉛ L. A. 怀特:《心智进化的四个阶段》,载《人的进化》,S. 泰克斯编(芝加哥,1960),第239—253页;这种论据相当普遍。

了物理测量中可能的区分，当一个人全部依据在现存形式之间进行比较时，人的现存的最近的亲戚最好不过是遥远的表亲（不是祖先）这一事实，限制了对灵长目测量进化演变的精细程度。[32]

假如，相反，我们将人科种系发育按更恰当的时段延伸，把
我们的注意力集中在自人科动物开始衍射式进化以来，特别是 67
上新世结束时出现南方古猿以来，在“人”那一支发生了什么，就有可能做出心智进化发展的精确分析。最关键的是，变得明显的是：不仅文化的积累在生物进化结束前已经在正常地进行着，而文化积累很可能在生物进化最后阶段的塑造上扮演积极的角色。虽然飞机的发明没有导致人的可见的身体上的改变和心智能力的转变是非常明显的事实，但是这并不必然适合以下情况：石器或天然斧头似乎随之带来的不仅是更直立的姿态、弱化的牙齿和拇指更占主导地位的手，而且带来了人脑向现代人脑容量的发展。[33] 因为工具制造为手的技能和预见提供了前提条件，而它的出现一定起到了改变选择压力的作用，因而有利于前脑的迅速发展，同样，促进了社会组织、交流和道德规范的发展，有理由相信这种发展也出现在文化变迁和生物变化重叠的时期。这种神经系统的变化不仅是量方面的；神经元之间的互相联系和它们的功能方式的变化，可能比它们在数量上的简单变化要重要得多。暂不论细节——大量的细节尚待确定—— 但是无论如何，问题在于现代人内禀的遗传构造（在较纯朴的阶段，通常被称做“人性”）现在很明显既是文化的也是生物的产

[32] 关于不加批评的使用在现存形式中进行比较以产生历史性的假设的方法引起的危险的一般讨论，见 G. 辛普森：《关于人类的历史生物学的一些原理》，载《寒春港计量生物学论坛》，第 15 期（1950），第 55—56 页。

[33] 瓦什伯恩：《相互关系的思考》。

物,因而“可能更正确的观点是,认为我们的身体构造主要是文化的结果,而不是认为解剖特征与我们相似的人缓慢地发现了文化。”[34]

更新世时期,由于气候、地貌和植被迅速和剧烈的变化,一直被认为为人的迅速、有成效的进化提供了理想条件。现在看来,似乎也是在这个时期,文化环境在自然选择过程中日益补充了自然环境,从而将人科动物的进化推进到一个前所未有的速度。冰川期出现不仅仅是眉骨后倾和下腭收缩的时期,而且在
68 这一时期内,形成了人最典型的人类现有特征:完全脑化的神经系统、以乱伦禁忌为基础的社会结构,以及他的创造并使用象征性符号的能力。这些人类的显著特征是在相互影响的复杂交互作用中一起出现的,而不是像长期以来设想的那样是先后出现的,这一事实在解释人类的心智中超乎寻常地重要,因为它意味着,人的神经系统不仅使他有能力习得文化,而且假如它要发挥作用的话,就会要求他习得文化。与其说文化的作用仅仅在于补充、发展和扩大以生物体为基础的能力,这些能力在逻辑上和遗传上先于文化,不如说它更像是这些基本能力的组成部分。没有文化的人类不会发展成具有内在禀赋但未至完善的猿类,而是成为完全没有头脑因而最终是不中用的怪物。像与之非常相似的卷心菜,智人大脑是在人类文化的框架中发展起来的,在文化之外将完全无用。[35]

事实上,这种肉体与非肉体的现象之间的相生关系,似乎在灵长目进化的整个过程中有着重要意义。任何(现存或灭绝的)

---

[34] 瓦什伯恩:《相互关系的思考》。

[35] 如“狼孩”和其他未驯服的神奇动物,见K.洛伦兹:《评论》,载《儿童发育讨论》,J.塔纳与B.英赫尔德编(纽约,无年代),第1卷,第95—96页。

低于人科发展水平的灵长目都拥有真正的文化——狭义上的“意义的和符号的有秩序系统……据此个别人定义他们的世界,表达他们的感情并做出他们的判断”——这种说法,当然是极其令人怀疑的。[36] 但现在已经明确的是,猿类和猴类是一种彻底的社会性生物以至于不能在孤立状态中达到情感的成熟,不能通过模仿学习获取大量最重要的操作能力,不能去发展那些通过非生物性遗传而代代相传的、具有鲜明内在特征的各种集体的社会习俗,[37] 正像迪沃尔在归纳可用材料中所评论的:“灵长目在字面意义上有一个‘社会性的大脑’”[38],因而在未受此类文化力量的影响之前,那种最终发展为人类神经系统的进化已明 69
确地受到社会性因素的影响。[39]

但是另一方面,否认前智人有简单独立的社会文化和生物进化的过程,并不意味着拒绝心理一致的原则,因为人科内的种系发育差异,随着更新世晚期智人几乎扩展到全世界,随着当时可能存在过的其他人种的灭绝,实际上已经结束了。因而,虽然自现代人类兴起后,一些小的进化变化无疑还在发生,但是现存各种族构成单个多分类物的一部分,在解剖学和心理学方面只在很狭窄的范围内有差别。[40] 弱化的生殖隔离

---

[36] 见本书第六章第145页(指原书页码——译注)。

[37] 关于孤立状态,见H.哈洛:《灵长目的基本社会能力》,载《人的文化能力的进化》,J.斯普勒编(底特律,1959),第40—52页;关于模仿学习,见H.W.尼森:《灵长目的精神进化问题》,载《非人类灵长目和人类的进化》,J.戈文编(底特律,1955),第99—100页。

[38] B.J.迪沃尔:《原始行为与社会性进化》(未发表,无日期)。

[39] 有些发展低于哺乳类的动物也遵循着明显的社会生活模式,因此这整个发展过程有可能早于灵长目。有些鸟和昆虫的社会行为缺少直接联系,因为无论如何这类规律与人类发展的轨道离得太远了。

[40] M.F.A.蒙塔古:《种族概念的思考》,载《寒春港计量生物学论坛》,第15期(1950),第315—324页。

机制，个体性成熟时间的延长，文化的积累到达它作为适应性因素几乎完全超过了它作为选择性因素的作用，这些方面的共同作用极大地降低了什么向人科进化的速度，使得任何在人类亚群中天生的智能的有意义的变化都可能被排除了。随着智人无可匹敌的胜利和冰川期的终止，生物变异和文化变迁之间的联系，假如不是严重地，至少也是很大地被削弱了。自此之后，人类的生物进化减慢到一个极慢的速度，而文化的成长却继续快速向前。因而，既没有必要假定有一种人类进化的不连续的“种类不同”的模式，也没有必要假定文化在人科动物进化的所有阶段具有非选择性作用，目的是要维护那个以经验为基础而确立的判断，即“仅就他们（天生的）学习、保持、传授和改造文化的能力而言，不同群体的智人都必须被认为是同样有能力的。”[41] 心理一致原则可能不再是同义反复，但仍然是一个事实。

三

70

行为科学中令人鼓舞的进展之一——即使被奇怪地耽搁了,是生理心理学目前正在做的使自己从长期对反应弧(reflex arc)奇迹的迷恋中清醒过来的努力。感官神经冲动通过迷宫般的触突引起运动的常规形象,在它著名的辩护者指出其缺陷——它在解释一只麻雀或一只牧羊犬的综合性行为时并不恰当,更不要说解释人了——四分之一世纪之后,正在被修改。[42]

---

[41] M.米德:《行为的文化定义》,载《文化与行为》,A.罗和G.辛普森编(纽黑文,1958)。

[42] C.谢灵顿:《本质上的人》。

谢灵顿的解决办法是一个幽灵式的心智将所有的东西协调在一起(而赫尔的办法是一个神奇的自动交换台)。[43] 但是今天所强调的重点是一个更可证实的结构:有节奏的、自发的、中枢处理的神经活动模式——在它的上面是边缘刺激结构,在它的外面是有效性命令——的概念。打着“主动的机体”的旗号,并得到赛亚尔和迪·诺[44] 通过解剖发现的封闭系统所支持,这种新的理论流派强调的是这样一种方式,在其中大脑和附属的神经丛如何选择方案、确定经验和排列反应,从而产生了一个精密的行为调整模式:

> 中枢神经系统的工作是分层次的,较高层次上的功能不是直接与末端的结构单元,诸如神经细胞或运动单元,发生关系,而是激活较低层次的模式,这些较低层次的模式有着它们自己的相对独立的结构统一性。感觉的输入也是这样,它不是把信息通向运动神经细胞的最末端,而是通过影响先存的中枢神经协调模式,使之失真、发生某种变化来起作用,中枢神经协调模式反过来把失真的信息传送到较低层次的效应模式上,等等。最后输出的是这样一种结果,即传 71
> 递根本不能算做对输入进行复制的内在刺激模式的失真和改变。输入的结构不产生输出的构造,而是仅仅修改有着

[43] C.L.赫尔:《原则》。

[44] L.迪·诺:《大脑皮质构造》,载《神经系统心理学》,J.F.福顿编(纽约,1943);J.S.布鲁诺:《感觉神经的机制》,载《大脑与人的行为》,H.所罗门等人编,(巴尔的摩,1958),第118—143页;R.W.杰拉德:《形成:变化的残余》,载《人的进化》,S.泰克斯编(芝加哥,1960);K.S.拉什利:《行为中系列命令问题》,载《大脑机制与行为》,L.杰弗里斯编(纽约,1951),第112—136页。

它们自己的结构组织的内在神经活动。[45]

这种自主兴奋的、分层组织的中枢神经系统理论的进一步发展，不仅使谢灵顿的牧羊犬在山坡上追逐散群的羊时表现出来的灵活能力，不再保有生理上的神秘，而且它必将有价值地证明它能为构成人类的智力的技能和倾向的复合体提出神经学的证据；遵循逻辑证明的能力或者在被要求发言时表现的局促不安，需要的是比反射弧更多的、有条件的或者是无条件的生物学上的证据。而且正像赫伯所指出的，心智进化水平的"较高"和"较低"的概念本身就暗示了中枢神经系统自主性中的可比较的梯级程度：

> 我希望我没有因为下列说法而使生物学家感到吃惊：种系发展的特征是日益证明在某些范围内所知的自由意愿；在我的学生时代它也被称为哈佛法则，这个法则声称任何受到良好训练的动物都会在受到有控制的刺激时按他所愿去做。一个更有学术味的表述是：越高级的动物越少受刺激的制约。大脑的活动较少受神经输入的影响，因而行为也与动物所处的环境较少关连。概念活动的更重要的作用，可以通过动物对任何刺激在行为之前"把握"一段时间和目的性行为的现象表现出来。在较高级的大脑中有更多的自主活动，有更大的自由选择**哪一个**相关活动被整合进"思想的溪流"，成为在控制行为中占主导地位的、继续进行的活动。传统上，我们说这个受试对象(subject)对环境的这个

---

[45] P.威斯：《评拉什利的论文》，载《行为的大脑机制》，L.A.杰弗里斯编(纽约，1951)，第140—142页。

> 部分“感兴趣”，对那个部分不感兴趣。在这些情况下，较高级的动物兴趣较为广泛，即时的兴趣在行为中起到了更重要的作用，这就意味着更难预测什么样的刺激会引起反应和做出什么形式的反应。[46]

全部这些进化趋势——越来越能够集中注意力、拖延反应、
兴趣多样化、坚持目标，以及在总体上积极地处理现有的复杂的 72
刺激——在人那里达到顶点，使之成为主动生物中最主动的，也是最难以预测的。被克拉克洪和莫瑞恰如其分地称之为人脑中占主导地位的过程的极端复杂性、灵活性和广泛性——这个过程使这些能力在人体上成为可能——只不过是一种可以确定的种系发展的结果，这种发展至少可以追溯至腔肠动物阶段。[47]虽然它们缺少集中的中枢神经——大脑——因而也缺乏能够相对独立运作的不同的动物器官，但每一个都有自己一套感应器、神经和运动器。这些低级的水母、海葵，以及一些无神经的动物显示出达到令人吃惊水平的神经行为的内部调节现象：一个在白天收到的强刺激可能会带来随后的夜间的运动；某些受到强烈刺激的珊瑚，在随后几分钟里发出荧光并有自发的颤动，这是表示“beserking”；有规律的刺激可能通过某种仍然不太清楚的“记忆”形式经过一段时间可以导致不同肌肉中的协调动作，造成模式化的重复动作。[48] 在较高级的无脊椎动物（甲壳类等）

---

[46] D.O.赫伯：《知觉与内省问题》，载《大脑机制与知觉》，E.阿德林等人编（牛津，1954），第402—461页。得到允许引用。

[47] C.克拉克洪与H.莫瑞编：《自然、社会和文化中的人》（纽约，1948）；T.H.布洛克：《神经生理机制的进化》，载《行为与进化》，A.罗与G.辛普森编（纽黑文，1958），第165—177页。

[48] 布洛克：《进化》。

中，多方式的、分级突触潜能，以及激发性的反应都已经出现了，允许内部的功能得到精确控制，像在龙虾的心脏里，同时随着较低级的脊椎动物的出现，边缘感应器和效应器以及它们之间神经感应的波导，即反应弧，都基本上是完善的。[49] 而且最后，神经线路设计上的大量根本性变革——封闭的环线，较高水平的环线复盖在较低水平的环线上，等等——可能都因哺乳动物出现而完成，至少在此时前脑的不同也已经形成了。[50] 从功能方面看，整个过程似乎是一个内在神经活动相对稳定的扩展和多
73 样化的过程，也是一个以前较为孤立、独立产生作用的部分最终日益集中化的过程。

在哺乳类动物的种类特异性形成过程中——特别是在灵长目和人科动物的发展过程中——所发生的神经进化的类型，无论如何，明显是不太清晰又容易引起争论的。一方面，杰拉德在争论中认为变化几乎完全是数量上的，是神经元纯粹数量上的增长，正如脑的体积(size)迅速增大反映出来的那样：

> 脑容量进一步扩大，在灵长目中表现得最突出，在人类那里达到顶峰，这些都是由于数量上的简单增长而不是改进了单元或模式。脑容量的增加与更丰富的功能是平等发展的，甚至对特殊区域和功能(例如舌的运动区域与说话)来说，已是毫无疑问的；至于它如何运作，还不十分清楚。纯粹数量上的增长，没有继发性的具体变化(这也确实发生过)，似乎不能产生新的能力，而只能强化旧的能力。但是

---

[49] 布洛克：《进化》；杰拉德：《变化》。

[50] 布洛克：《进化》；K. H. 普里布拉姆：《比较神经学与行为的进化》，载《行为与进化》，A. 罗和 G. 辛普森编(纽黑文，1958)，第 140—164 页。

> 事实并非如此……在大脑中，解剖学神经群数量上的增加进一步限制了生理神经元的储备，因而允许在可调整的预见性行为中有更多种的选择和更丰富的分析与综合。[51]

然而，布洛克虽然赞同高等动物和人的神经系统显示出在已知的神经生理机制和构造方面没有重要的差别，但他却向这种观点提出尖锐的质询，而且认为迫切需要探求尚未发现的神经功能的参数，“用大量的神经元间的生理学关系中的突变水平”来说明高等动物行为中的细微差别：

> 虽然我们不能指明更高级的中枢神经机制的新的主要部
> 件，但是很难设想它们大大得到扩展的成就仅仅归于数量
> 上的增长和它们互相之间的联系的增加，除非它自己带来
> 了新的特性和机制。作为一种猜测，许多人显然认为，在进
> 化中不断增长的行为复合体中的主要因素是神经元的数
> 量——甚至造成了允许行为发展到新的水平的临界质量
> (the critical mass)……(但是)很清楚的是，神经元数量与
> 行为复杂性的联系如此微弱，以至于它无力做出任何解释，
> 除非我们增加真正关键的内容：某种现在尚未确定的神经
> 元，或者——同样的东西——某种重要的新特性或者神经
> 构造，是发展的重要基础……我不相信我们现在推断出来 74
> 的神经生理机能能够解释行为。进化发展中的主要因素不
> 仅只是细胞数量与联系……我们的希望在于发现神经系统

[51] 杰拉德：《变化》；也可见 R. W. 杰拉德：《大脑与行为》，载《人的文化能力的进化》，J. 斯普勒编(底特律，1959)，第 14—20 页。

的新参数。[52]

对于局外人来说,这场争论最引人注目的方面是,在某种程度上争论的双方都对自己的论据的完美性感到一种不安和模糊的不满,他们都觉得自己不是完全有理的。一方面承认脑容量与行为复杂性之间的关系的精确特性确实还不清楚,并且私下里(sotto voce)对"继发性的特异化"持保留态度;另一方面困惑于高级的神经系统中缺乏新的机制,但又含糊地希望出现"突变特性"。实际上也有某种共识,即哺乳动物的心智能力的实际增长仅仅简单地归之于神经细胞数量的增长不能轻易让人信服。不同的是,一方面由于强调无论如何大脑容量的增大与行为的复杂性之间的相关性确实存在这一事实而使怀疑平息;而另一方面,由于强调这一事实而使怀疑加剧:缺少某些东西来对这种相关性做出令人满意的解释。

这一争论可能最终会,如杰拉德所说,依靠计算机线路研究的进展而被澄清,在计算机线路中,相同部件的简单相加并不能提高其性能;或者像布洛克所说的,依靠进一步对神经细胞之间化学差异进行深入分析。[53] 但是,更有可能的主要解决方法是完全放弃在两种观点中都暗含着的有关高等哺乳动物的神经功能的完全天真的观念。在灵长目中同时出现的前脑扩展、发达的社会组织形式,以及至少是在南方古猿后出现的用手制造工具、制度化的文化模式都表明:依次对待生物、社会和文化因素的传统做法——第一个要先于第二个,第二个先于第三个——是错误的设想。相反,这些所谓的不同层次应当看做是相关的,

---

[52] 布洛克:《进化》。

[53] R.W.杰拉德:《大脑与行为》;布洛克:《进化》。

要结合起来考虑。而且假如这样做了,我们将在中枢神经系统 75
中寻找新的特性——以此作为灵长目中普遍拥有而且是人类中重复出现的神经兴奋的自主场出现的物质基础——与我们过去寻找的那种特性截然不同,我们过去将这些自主场看做“逻辑上和遗传上都先于”社会与文化,并因而只要求完全确定的内部生理因素。也许我们对神经元要求太多了;或者假如不是要求太多了,至少是要求了错误的东西。

事实上,仅就人类来说,中枢神经系统的最显著的特征是相对不完全性,依靠这种特性,在自发的参数限定下活动的中枢神经系统才能去确定具体行为。总的来说,越是低级的哺乳动物越是倾向于以内部联接的系列执行活动来回应“威胁性”的刺激,这些执行活动包括一个相对定型的——不能说是不学自会的——“逃跑”或“搏斗”的反应。[54] 无论如何,人对这类刺激的本能反应的发展趋势是包括一种分散的、可变的强烈的感情,“恐惧”或“愤怒”的兴奋,几乎不伴随着自动预设的、明确定义的行为序列。[55] 像一个吓坏了的动物那样,一个吓坏了的人可能会逃跑、躲藏、大叫、伪装、和解,或者因恐惧而绝望、进攻;但是

---

[54] K.洛伦兹:《所罗门王的戒指》(伦敦,1952)。

[55] D.O.赫伯和W.R.汤普森:《哺乳动物研究的社会意义》,载《心理学手册》(里丁,马萨诸塞,1954),第532—561页。未经批判地使用“本能的”这个词混淆了三个分离的(但不是毫无关联的)对照——依靠学习与不依靠学习的行为模式之间的对照,天生的(即遗传程序上的体质的进化的结果)与非天生的(即非遗传程序的体质进化的结果)行为模式之间的对照;非灵活性(固定模式的)与灵活性的(可变的)行为模式之间的对照——已经导致了一个错误的假设,即:行为模式是天生的,就是说它在表述上是不灵活的。(见K.H.普里布拉姆:《比较神经病学与进化》,以及F.A.比奇:《本能的遗传》,载《心理学杂志》,第62期(1955),第401—410页);此处的“内在”与“外部”的一词相对,是用来说明这一类行为的特征:在相应的范围,主要依靠,至少是偏重于,天生的气质,独立于经过学习的,或者是灵活性的问题,等等。

在他的行为中这类公开动作的精确模式是预先由他的文化模式而不是遗传模式指导的。在总是用于诊断的性区(area of sex),在种系发育方面对行为的控制从性腺转向垂体,转向中枢神经系统的习性。从固定的行为顺序转向普遍化的性欲激发,以及"日益增长的性模式的灵活性和可调性",这明显是类似的进化
76 趋势;人的性行为中的文化变异代表了这类趋势的逻辑延伸。[56]
因而明显矛盾的是,继续发展的中枢神经系统活动的不断增加的自主性、分层次的复杂性和统治地位,似乎与由它之中及自己拥有的,即内在的中枢神经系统的结构不完全确定的活动联接在一起。所有这些都表明发生在生物性的和文化社会性的变化重叠时期的某些神经进化中的重要发展可能造成出现一些性能,这些性能改进了中枢神经系统的活动能力,但是减少了它的功能性的自给自足。

从这一点出发,已被接受的观点看起来是很错误的,这种观点认为:心智活动基本上是大脑内部的加工过程,这个过程只能依靠各种人工手段继发性地得到辅助或被扩大,而这个过程能使人去发明这些人工手段。相反,因为用内在参数的术语,给占统治地位的神经加工过程一个完全特别的、有足够的适应性的

---

[56] F.A.比奇:《精神—内分泌学的进化问题》,载《文化与行为》,A.罗与G.辛普森编(纽黑文,1958),第81—102页;C.S.福特与F.A.比奇:《性行为的模式》(纽约,1951)。但是再一次,这种普遍的趋势已经在低于人类的灵长目中出现了:"有些(雄性)必须学习交配。人们注意到:将性成熟了但是没有经验的雄性黑猩猩和能接纳它的雌性黑猩猩放在一起,它们显示出性兴奋的迹象,但是完全交配的努力最终经常是不成功的。一个幼稚的黑猩猩表现出没有能力完成它这方面的交配行为,而且也表明在灵长目这个种类中大量的实践和学习对生物学上有成效的性交是必要的。在隔离状态中长大的雄性的啮齿动物第一次正常的交配是在向它提供了发情的雌性同类时。"(F.A.比奇:《哺乳动物交配行为在生理控制方面的变化》,载《心理学评论》,第54期(1947),第293—315页)关于黑猩猩的恐惧和愤怒的生动描述可见赫伯和汤普森:《社会意义》。

定义是不可能的，因此人的大脑的确是彻底地依靠文化资源来活动的；最终，这些文化资源不是心智活动的辅助物，而是它的组成部分。事实上，作为公开的、公众行为的思想，其有目的地使用了客观的材料，也许是人类基本的能力；作为隐蔽的私人行为的思想，不依赖于上述材料，是一种派生的(虽然不是无用的)能力。如同观察儿童如何学习计算所显示的，在你的头脑中加数字实际上要比用纸和笔，用摆木棍儿的方法，或者是笨拙地扳手指和脚趾计算更为复杂的心智活动。大声朗读是比默读更基 77
本的一种成果，而后一种能力，实际上是在中世纪才产生的，[57] 对言语的看法常常也是这样；除非在我们不那么幼稚的时刻，我们都像福雷斯特[58] 的小老太太一样——在明白自己说什么之前不知道自己在想什么。

对于最后一个观点有时会提出争论："比较的证据，还有有关失语症研究的文献，清楚地证明了思维先于言语活动而不是以它为条件。"[59] 但是，尽管它本身足够真实，却无损于这里的总的立场——即，人类的文化是人类的思维一个组成部分而不是其补充——有几个理由。第一，比人低等的动物有时以惊人的效果学习推理，而不必去学习说话，这个事实并不能证明人也能这样做；这些不比老鼠不需经过模仿或实践就会交配不能证明黑猩猩就会这样做这个事实更有意义。第二，失语症患者是一些已经学会了说话并把语言内在化，然后又失去了(或者，更经常的是，部分地失去了)原有的能力的人，而不是一些从来没有学会说话的人。第三，而且是最重要的，在发声说话的特殊意

---

[57] 赖尔：《心的概念》，第 27 页。

[58] 英国历史小说家和新闻记者，生于一八九九年，卒于一九六六年。

[59] 赫伯：《知觉与内省问题》。

义上，言语活动对一个被放在先在的文化背景中去的人来说远不是惟一的公众手段。海伦·凯勒通过将使用水杯和水龙头这样的文化物品与（通过苏利文小姐）有目的地将她的手上触感模式化相结合的方法学习思考，或者还不会说话的孩子通过将积木摆成平行的两行而学会序数词的概念，这类现象表明，最关键的是存在着一个任何类型的公开的符号体系。[60] 特别是人，将思维当作基本上是一个私人过程，就是差不多完全忽略了人在进行推理时实际上在做什么：

> 想像思维不多不少是在建构一个环境的形像，比环境更快地运用模型，而且预先判定环境的行为将会像模型一样……解决问题的第一步，在于建构一个（环境的）“相关特性”的模型或形像。这些模型的建构可能依据许多事物，包
> 78 括人体的器官组织，借助人、纸、铅笔或真正的人工制造的东西。一旦一个模型被建构出来，就可以在各种不同的假设条件和限制因素之中操作。于是，生物体就能够“观察”这些操作的结果，并且将它们投射到环境中去，使预测成为可能。根据这一观点，当一个飞行器工程师在风洞中操纵一个新飞机的模型时，他正在思维。一个汽车驾驶员用手指在地图的线上指点时，他正在思维，因为手指头是作为汽车的相关模型，地图是作为道路的模型的。这些外在的模型经常用来思考复杂的（环境）。在内隐思维中使用的意象，要依靠生物体的物理—化学因素的可行性，这些因素是

[60] 关于数字顺序，见 K.S.拉什利：《心智进化中的持续问题》，载《评论季刊》，第 24 期（1949），第 28—42 页。也许指出这一点也是可取的：认为人类学习正确地大声说话和与别人说话要先于默默地对自己说话的观点，并没有说明思维的运动理论也没有论证所有的掩盖的心理活动是用想像的语言进行的。

形成模型时必须用到的。[61]

把反思性的思维不是看成头脑中发生的事情，而看成符号模型的状态和过程与广泛的世界的进程和状态的匹配这个观点进一步意味着，刺激的缺乏启动了心智活动而刺激的“发现”结束这一活动。[62] 汽车驾驶员用手指指点道路图是因为缺少如何到达他要去的地方的信息，而且他一旦获得这一信息就会停止这样做。工程师在风洞中做试验是为了弄清模型飞机在人为的空气动力条件下如何动作，而且假如他真正了解了情况就会停止试验。一个人在口袋里寻找硬币是因为他手中缺少硬币，而且当他拿到一个硬币时他就会停止寻找——或者当他发现这样做毫无用途，因为恰巧口袋中没有硬币，或者这样做不经济，因为所做的努力与“所得不成比例”，他就会停止寻找。[63] 动机问题（这里涉及了另一种意义上的“因为”）撇开不谈，定向推理开始于疑问并结束于或者放弃探求或者解决疑问：“反思性思维的功能是……将有着某些经验方面的疑难的形势转化为清楚的、有内在联系的、明确的、和谐的形势。”[64]

总之，在定向推理的特殊意义上，人类的智力依赖于对某种 79
文化资源的把握，它使人创造（发现，选择）——无论出于何种目的——所需要的环境刺激，即寻找信息。这种寻找更为迫切，因为生物体来自遗传的内在可用的信息具有高度普遍性。一个动

[61] E.格兰特和 M.格斯滕哈伯：《关于思考：外在理论》，载《心理学评论》，第 63 期（1956），第 218—227 页。

[62] J.A.多伊彻：《新型思维理论》，载《英国心理学杂志》，第 44 期（1953），第 304—317 页。

[63] 同上。

[64] J.杜威：《智力与现代世界》，L.拉特纳编（纽约，1939），第 851 页。

物的进化水平越低，它在行动前从环境中发现信息的需要就越少；鸟在学习飞翔之前并不需要建立一个风洞检验飞行动力原则——这些原则它们已经“知道”了。而人的“独特性”经常被表述为他能学习多少和多少种类的事情。虽然猴类、鸽类甚至章鱼类都因为证明能学习做许多相当“人类”的事情而可能不时地使我们困惑，在一般情况下这是很真实的，但是可能更具有基本理论重要性的是强调人**不得不**学习多少和多少种事情。经常有人指出，“胎生的”、“适应家庭生活的”、总体上又是柔弱的人是一种脱离文化就不能在肉体上生存的动物。[65] 而一旦脱离文化他在心智上也不能生存却较少提及。[66]

所有这一切对人的思维智力方面来说成立，对感情方面也成立。在一系列的书及论文中，赫伯发展了一种新奇的理论，认为人的神经系统(以及在较小的限度中，低级动物的神经系统)要求一个最佳生存环境的相对连续的刺激流，以此作为有能力完成行为的前提条件。[67] 一方面，人脑“不像是一个由电动机驱动的计算器，没有输入就可能无限期地呆着不动；要有效地发挥作用，必须有持续变化的输入信息才能保持热身和工作状态，至少在开机状态下是这样。”[68] 另一方面，由于人的内在感情具有
80 惊人的灵敏性，这种输入不能太强、太杂、太烦，因为随后会出现感情崩溃和思维过程彻底破坏。厌倦与歇斯底里都是理性的敌

---

[65] 例如，W. 拉·巴尔：《人类动物》(芝加哥，1954)。

[66] 见 J. 杜威：《社会心理学的需要》，载《心理学评论》，第 24 期(1917)，第 266—277 页；A. L. 哈洛韦尔：《文化，个性与社会》。

[67] D. O. 赫伯：《人与动物的感情：对认知直观过程的分析》，载《心理学评论》，第 53 期(1946)，第 88—106 页；D. O. 赫伯：《行为的组合》(纽约，1949)；D. O. 赫伯：《知觉与内省的问题》；D. O. 赫伯和 W. R. 汤普森：《动物学习的社会意义》。

[68] D. O. 赫伯：《知觉与内省的问题》。

人。[69]

因为“人是最富于感情也是最富于理智的动物”，因而，对惊恐、愤怒、猥亵等等刺激的非常小心的文化控制——通过禁忌、行为规范化、用熟悉的概念迅速将奇怪的刺激“合理化”，诸如此类——对防止持续的感情不稳定，以及在感情的极端之间不断摇摆，是必要的。[70] 但是因为人在缺乏相当高程度的有理性的持续感情激活的情况下不能有效地行动，而文化机制能随时提供支持这类行动的不断变化的各种感性经验，因而也同样是必要的。反对将尸体暴露在严格限定的情景（例如葬礼等）之外的制度化规定，使那些神经特别过敏的动物免遭因死亡和尸体被毁而产生的恐惧的折磨；观看或参加汽车比赛（并不都是在赛车道上进行）时，激发起同样的恐惧。争夺奖项引起敌意，而严格制度化的和气可亲的人际关系能缓和这些敌意。性冲动因为一系列显然不会终止的歪门邪道的行为而引起，但是性冲动因为坚持明显的性行为应是隐私行为而不至成为放荡无度。

但是与这些相当简单化的例子所显示的相反，人获得一种可行的、有序的、有度的感情生活不是一个精巧工具可以控制的简单事物，不是一种高明的感情水利工程学。相反，它是给予普遍的、分散的、持续变化的肉体感觉一个特别的、明显的、确定的形式；对我们天生就服从于它的不断变化的感觉施加一种可认识的、有意义的秩序，因而我们可能不仅感觉到而且理解我们所感觉的并采取相应的行动：

---

[69] P.所罗门等：《感觉丧失：一个回顾》，载《美国心理学杂志》，第114期(1957)，第357—363页；L. F. 查普曼：《压力中的人的最大综合功能》，载《大脑与人的行为》，所罗门等编(巴尔的摩，1958)，第491—534页。

[70] D.O.赫伯和W.R.汤普森：《动物学习的社会意义》。

> (正是)心智活动……(它)主要地确定一个人面对他周围的
> 世界的方法。纯粹的感觉——一会儿疼、一会儿高兴——
> 不具有一贯性,而且只能以初级方式改变身体对未来的疼
> 与高兴的接受性。正是感觉,被记忆和期望的,受惊吓和被
> 追寻的,甚至想像出来的和要逃避的,在人类生活中才是重
> 81 要的。它是由想像力形成的感觉,它能给予我们所知道的
> 外部世界。正是思维的连续性,将我们的情感性的反应系
> 统化为有着明显感情色调的态度,并为个人感情提供一个
> 确定的范围。换言之:凭借我们的思维和想像,我们不仅有
> 了感情而且有了**感情生活**。[71]

在这种情景下,我们心智的任务从收集外部世界本身的事件模式信息转向确定感情的意义,即事件模式的情感输入。我们关注的不是解决问题,而是澄清感情。尽管如此,文化资源的存在,适当的公共符号系统的存在,对这一过程是必需的,就像它对定向推理过程是必需的一样。因而,“情绪”、“态度”、“感情”等等——它们是状态或条件意义上的“感情”而不是感觉或动机——的发展、维持和消除与定向“思维”一样基本上是人类的隐私行为。使用道路地图能使我们准确地找到从旧金山到纽约的路线;阅读卡夫卡的小说能让我们对现代官僚体制有一个鲜明准确的态度。我们在风洞中获得设计飞机的能力;我们在教堂发展感受对真正敬畏的能力。一个孩子在用“头脑”计数前用手指头计数;他在用“心”感受爱抚前用皮肤感受爱抚。不仅

---

[71] S. 兰格:《情感与形式》(纽约,1953),第372页;黑体字原为斜体。

思想,还有情感也是文化的造物。[72]

由于缺乏对人固有感情的详细描述,达到他的神经系统的
最理想的刺激流是一个比在“太多”和“太少”这两个极端之间进
行谨慎平衡要复杂得多的操作。它包含一个非常精确的质的控
制来确定通过感觉器官而进入的东西;它更多地是要积极寻求
需要的刺激而不仅仅是观望地等候这些刺激。从神经学角度
看,这些控制是靠从中枢神经系统输出的刺激获得的,它改变了 82
感受器的活动。[73] 从心理学角度看,同样的过程可能要用对感
觉的态度控制来描述。[74] 但是有意义的是:在人体中,在没有
来自情感符号模式的指导的情况下,不可能非常精确地形成支
配性的部分和心智方面的部件。为了下决心,我们必须知道我
们对事物是如何感受的;为了知道我们对事物是如何感受的,
我们需要感情的公开形式,这只有神话、仪式和艺术才能提
供。

四

“心智”这个词指的是生物体的某类倾向定势。计数的能力是一个心智特征;达观的性格和贪婪同样如此——虽然不可能在此讨论动机问题。因而心智进化问题既不是一个由充满误解

[72] 用于人的心智方面的文化符号的种类是不同的,——一类是:推理性语言,依据经验的常规、数学,等等;另一类是:神话,仪式,艺术。但是反差不能划分得太鲜明:数学也有情感方面的用处;诗歌也是充满智慧的;而且,在任何实例中的区别都是功能性的而不是实质性的。

[73] R.格拉尼特:《感受器官与感觉》(纽黑文,1955)。

[74] J.S.布鲁纳与L.波茨曼:《感觉与反应中的情感选择》,载《人性》,第16期(1947),第69—77页。

的玄学产生的虚假论题,也不是一个发现,据此可以将生命史中的一个无形的生物附加在有机材料上,而是这样一个问题,它追寻某种能力、智能、倾向和癖好的发展,并描述这类特性所依赖的因素或因素的类型。

流行的观点认为,人的心理气质在遗传上先于文化,实际能力所代表的是这种文化意义上的先在的气质的放大与扩展,人类学最近的研究显示这种观点是不正确的。[75] 人的生物进化的
83 最后阶段发生在文化成长的最初阶段之后这一明显的事实显示:"基本的"、"纯粹的"或者是"无条件的"人性,在人的内部构造的意义上,在功能上是如此不完全,以至于无用。工具、狩猎、家庭组织及后来的艺术、宗教和"科学"从肉体上塑造了人;它们不仅对人的存在是必要的,而且对存在的实现也是必要的。

应用这一修正性的人类进化观点导致了一个前提假设:文化资源不是人类思维的附属物而是一个组成部分。一种动物在种系发育上从低级向高级进化时,行为特征表现为相对于现有刺激日趋增加的主动的不可预料性,这种倾向明显在种系发育上得到越来越复杂和越来越占据优势的、处理神经活动的中枢模式的支持。发展到低等哺乳动物阶段,自主中心场的生长至少大部分可以看做是新的神经机制发展的结果。但是在较高等的哺乳动物中,却还没有发现这种新的神经机制。可以想像,虽

---

[75] 在使用"思维"和"文化"这类可以变化使用的词中,确定种系方面的阶梯在扩展它们时要放多远——即定义它们时宽泛到什么程度——在很大程度上是一个习惯、政策和品味问题。这里也许有些不连贯,但是在与普通用语相一致时,可能会对思维和文化做出相反的选择:思维会被宽泛地定义为包括猴子学习交流的能力和蚂蚁走出 T 型迷宫的能力;文化可以被狭义地定义为只是后工具制造期的符号模式。有一种论点,认为文化应该定义为"一种对信号和符号的学习模式",而且扩大到整个有机生物世界,见 T. 帕森斯:《行为理论方面心理学理论入门》,载《心理学:对一门科学的研究》,S. 科奇编(纽约,1959),第 3 期,第 612—711 页。

然仅仅是神经元数目上的增长可能也完全能解释人的心智能力的增长,但是人的大容量的脑和文化是同步出现的而不是顺序出现的,这一事实指明:神经结构进化的最近的发展在于出现这样的机制,它允许保持更为复杂的支配场同时用内在(内部)因素完全确定这些领域,越来越不可能了。不可避免地,人的神经系统越来越依赖于公众符号结构,以建立自己的相对独立的持续的行为模式。

反过来,这显示出人的思维主要是在共同文化的客观材料中进行的公开的行为,而且仅在次要意义上是个人事务。在定向推理和感情构成的意义上,以及在将二者整合为动机的意义上,人的心智过程的确发生在学者的书桌上或者是足球场上,在画室中或卡车驾驶员的坐椅上,在讲台上、棋盘上或是法官席上。孤立主义者宣称,文化、社会组织、个人行为或神经生理机能,具有封闭性体系的本质,对人的心智进行科学分析的进展,要求有来自所有行为科学的综合研究,每一种学科的发现,都将使其他学科进行理论上的重新评价。

第　三　编

第四章　作为文化体系的宗教 87

任何不用某种特殊的语言说话的企图都不会比想要信仰一种决不特殊的宗教的企图更为无望……因而每一种现存的有活力的宗教都有着显著的特质。它的力量存在于它的特别的和惊人的启示中,存在于由它的启示赋予生命的倾向中。它所开拓的远景和它所揭示的神秘是另一个生活世界;这另一个生活世界——无论我们是否希望完全进入其中——正是我们所说的"拥有一种宗教"。

桑塔亚纳:《宗教中的理性》

一

把二战以后人类学对于宗教的研究与一战前后的研究相比较,有两个特征让我感到难以理解。一个特征是没有在理论上取得重大进展。它靠以前的概念做老本,除了丰富一些经验之外,几乎没有增加任何内容。第二个是从范围非常有限的知识传统中抽取确实有用的概念,如涂尔干、韦伯、弗洛伊德或是马林诺夫斯基这些先驱人物的方法在任何一部著作中都得到贯彻,只有很少的边缘性的纠正,这些纠正或出于赶上先贤的本能,或出于可靠的描述性材料的扩展。但是,实际上甚至没有一个人像这些先贤一样想到要向别处——哲学、历史、法律、文学或者是"硬"科学——寻找分析性的观念。而我也想,这两个奇 88

怪的特征不是没有关联的。

如果说人类学对宗教的研究处于一种停滞状态的话，我怀疑它的重新启动能否靠经典理论主题的细微变化。但是，为这样一些已确立的命题提供准确恰当的实例，诸如祖先崇拜支持了老年人法律上的权威，成年仪式是确定性别和成年状态的手段，仪式上的群体反映了政治上的对立，或者是神话为社会制度和社会特权的合理化提供了特许的根据，可能最终使专业内外的人相信，人类学家像神学家一样，注定是去论证那些不容置疑的东西的。在艺术中，对公认大师的成就的严肃复制被称之为学究气；而我认为这也是对我们的弊病的恰当的称谓。只有我们放弃了，按利奥·施泰因伯格的说法，由展示习惯技巧而获得甜蜜的成就感，让自己关注尚未有效澄清的问题以便可能有所发现，我们才能希望获得成果，这些成果不是仅仅重复在本世纪前四分之一时间内一些伟人的成果，而是要能与之并驾齐驱。[①]

做到这一点的方法不是要放弃在这一领域中已确立的社会人类学的传统，而是去扩展它们。如我所说的，至少有四个人的贡献支配了我们的思想，并使之到了偏狭的地步——涂尔干对宗教本质的讨论，韦伯的"理解"方法论，弗洛伊德的个人仪式与社会仪式平行论，以及马林诺夫斯基对宗教与常识的差异的探讨——在我看来是人类学任何有意义的关于宗教的理论的不可回避的起点。但是它们仅仅是起点。要超越它们我们必须将它们放在一个较其自身及其所包容的思想更广阔的现代思想情景之中。这类过程的危险是显而易见的：武断的折衷主义，浅薄的理论贩卖，彻底的理智混乱。但是至少在我看来，还没有其他道

① L.施泰因伯格：《眼睛是心智的一部分》，载《党派评论》，第70期(1953)：第194—212页。

路可以逃离亚诺维兹在更广泛的意义上针对人类学所说的“能力的无力”。②

在努力扩展我们在其中进行研究的这种概念外壳的过程 89
中,我们当然可以从多个方面着手;也许最重要的初始问题是防止像斯蒂芬·里克科笔下的骑警一样,同时从所有的方向出击。在我的研究中,我将追随帕森斯和西尔斯,将我的努力限制在发展我所说的宗教分析的文化层面。③ “文化”这个术语因为它的多义性和模糊性,目前在社会人类学圈内名声不好(为什么它会因为这些原因而比“社会结构”或“人性”受更多的责难,这是我完全不懂的事情)。总之,我所坚持的文化概念既不是多重所指的,也不是含糊不清的:它表示的是从历史上留下来的存在于符号中的意义模式,是以符号形式表达的前后相袭的概念系统,借此人们交流、保存和发展对生命的知识和态度。当然,诸如“意义”、“象征”和“概念”等术语非常需要澄清,这恰恰是扩大、拓宽、扩展工作的着力点。假如兰格是正确的,“意义的概念,在其所有的变化中,是我们时代的支配性的哲学概念”,“指号、符号、所指涵义、交际……是我们常用的知识”,那么,社会人类学,特别是其中关于宗教的研究,是该意识到这个事实的时候了。④

二

既然我们要讨论“意义”,让我们从范式开始:例如,宗教符

② M.亚诺维兹:《人类学与社会科学》,载《当代人类学》,第 4 期(1963),第 139 页,第 146—154 页。

③ T.帕森斯及 E.希尔斯:《关于行为的总体理论》(剑桥,马萨诸塞,1951)。

④ S.兰格:《哲学结构》(巴尔的摩,1962)。

号用于综合民族的社会精神气质——格调、性格，以及他们的生活质量，它的道德及美学风格和模式——以及他们的世界观——他们所认为的事物真正存在方式的图景，他们最全面的
90 秩序观念。在宗教信仰和实际中，一个群体的气质被认为是合理的，因为它代表了一种生活方式，其在观念上适应了世界观所描述的事物的实际情况，而世界观具有情感上的说服力，因为它被看成是事情的实际情况的意象，它特别安排为适合这样一种生活方式。这种冲突和互相确认有两个基本影响。一方面它将道德与审美倾向描绘成隐含在一个有着特殊结构的世界中的强加的生活条件，仅仅是不可更改的现实形式提供的常识，以此来将道德与美学倾向客观化。另一方面，它通过激起对道德和审美情感的感受作为经验证据，来支持那些已得到的有关世界整体的信仰。宗教符号在一个特殊的生活方式和特殊的（假如存在，最经常是隐晦的）形而上学之间形成了基本对称，在这样做的同时，从一个借得权威来支持另一个。

撇开措辞问题不谈，这些也许是很有道理的。认为宗教将人的行为谐调进想像中的宇宙秩序并将宇宙秩序的意象投射进人类经验的层面，这种观点几乎不是新发明，但也几乎不是一个经过认真研究的观点，以致我们对这个特殊的奇迹在经验中是如何完成的，几乎一无所知。我们只是知道它就是这样逐渐完成的，每年，每星期，每天，对有些人来说几乎是每小时；而且，我们有大量的民族志文献来展示这一点。但是一个分析的理论框架却并不存在，这种理论应该能够使我们解释种系群裂变、政治更替、劳动交换，或者儿童社会化。

因而，让我们将范式简化为一个定义，虽然众所周知定义一无用处，但假如我们足够谨慎去下定义，定义本身会提供一个有用的思维方向，或者是将思维再定向，这样，扩展性地发挥这些

定义可能是一个发展和控制新颖的探求路线的有效办法。它们有着清晰有用的优点:它们以某种方式消除了散漫的文体,尤其在这个领域中,华丽的词藻往往被用来替代论证。因而无需多说,一种宗教是:

> **(1)一个象征符号体系,它所做的是(2)在人们中间建立强有力的、普遍的和持续长久的情绪及动机,依靠(3)形成有关存在的普遍秩序的概念并(4)给这些概念披上实在性的外衣,它(5)使这些情绪和动机看上去具有独特的真实性。**
>
> **一个象征符号系统,其作用是……** 91

“象征符号”这个术语受到如此重视,我们在此处的第一步应该是比较准确地决定它的含义。这不是一件轻松的任务,因为与“文化”颇为相似,“象征符号”一直用来指称不同的事情,而且经常是同时指称多种事情。

在某些情况下,它用来指明对某人而言意味着其他什么事情的任何事:乌云是预示即将来临的雨的象征。在另外一些情况下,它仅仅是用来作为一种或另一种事情的明确的习惯性指号:一面红旗是一个危险的信号,一面白旗是投降的信号。在另外一些情况下,它限定了一些事情,这些事情以一种曲折比喻的方式表达出来而不能直接按字面意思说明,因而诗有象征符号但科学没有,而符号逻辑是一个错误的命名。但是也有另外一些情况,它用来表示任何作为概念载体的物体、行动、事件、品质或关系,——这个概念是符号的“意义”——我在这里要遵循这个方法。[5] 数字 6,无论是被写下来、被想像、被摆成一排石头或

⑤ S. 兰格:《哲学新解》,第 4 版(剑桥,马萨诸塞,1960)。

者甚至被输入一个计算机的程序纸带中，它都是一个象征符号。同样的还有十字架，无论它是被谈论、变成可视的、让人忧虑地竖在空中，还是在颈间被充满偏爱地触摸，还有被称做“格尔尼卡”的巨幅油画，被称做 churinga[6]的着色石块，“实在”这个词，甚至还有词素“ing”。所有这些都是象征符号，至少是象征成分，因为它们都是概念的可感知的形式，是固化在可感觉的形式中的经验抽象，是思想、态度、判断、渴望或信仰的具体体现。要从事对文化行为的研究——在这些行为中符号形成了明确的内容——不是要放弃对柏拉图式洞穴幻象的社会学分析，由此进入一个内省心理学的唯灵论世界中，或者更糟，进入思辨哲学中，永远徘徊在“认识”、“情感”、“意动”和其他一些令人难以理解的实体的迷雾中。文化行为，即对符号形式的建构、理解和运用，都是和其他社会事件一样的社会事件；它们就像婚姻一样公开，就像农业一样可视。

但是无论如何，它们不是完全相同的；或者更精确地说，社会行为的符号维度，就像心理维度一样，自己可以从经验整体的
92 那些事件中抽象出来。用肯尼斯·伯克的话说，还有一种不同是建造一所房子与为建造一所房子画图纸之间的区别，而读一首关于由婚姻而有孩子的诗与自己结婚有孩子是完全不同的事情，[7] 即使建造一所房子可能要在图纸规划的指导下进行或者——发生的可能性要小一些——受所读诗篇的激发而生孩子，有些事必须说明，不能把我们用符号进行的交流与我们同客观物体或人类进行的交流混淆起来，因为后两者自己并不是象

---

⑥ 澳大利亚土著语，意为澳大利亚土著佩戴的石（木）质护身符。——编注

⑦ K. 伯克：《文学形式的哲学原理》（巴吞鲁日，路易斯安纳：路易斯安纳州立大学出版社，1941），第 9 页。

征符号,尽管他们可能常常有这种功能。[8] 在房屋、农场、诗歌和婚姻的日常生活中,无论文化的、社会的心理的活动可能互相融合得多么深,也要将它们从分析中区别出来,并通过这样做而使每一方面的个别特征从其他两个方面规范化的背景中突出出来。

就文化模式,即符号体系或符号复合体而言,它的类的特征对我们就是第一重要的,因为它们是外在的信息资源。关于“外在的”(extrinsic),我仅指——举例说,与基因不同——它们处于生物体范围之外,按此理解,所有的人类个体都诞生在一个主体间存在共识的世界中,在其中他们从事各自的事业,死后这个世界仍在延续。关于“信息源”(sources of information),我仅指——像基因一样——它们提供了蓝图或模型,据此,外在于它们的过程获得一个确定的形式。正如按照 DNA 链中的碱基次序形成一个密码程序、一套指令或处方,借以合成结构复杂的蛋白质,并决定了器官的功能。文化模式为社会的和心理的过程的制度提供了同样的程序,用来塑造公众行为。虽然在这两个例子中的信息的种类和它的转换模式非常不同,但是把符号比做基因要比类似的“社会遗传”的牵强类比强得多。它其实是一种实质性的类比关系,因为它明显是由于这一事实:与低等动物
比较,遗传程序的过程在人类中如此普遍,使文化程序的过程显 93
得非常重要;正是因为人类行为是由内在信息资源松散地确定的,外在信息源才变得如此至关重要。一只河狸要建造一个水坝只需要恰当的地点和合适的材料——它的行为模式是由它的生理功能决定的。但是一个人,他的基因对建筑工作毫无影响,

⑧ 相反的错误,特别是在新康德派中很普遍,如卡西尔,是将确定特征的象征与它们所涉及参照混淆或将它们作为参照物的一部分,同样是有害的。

他还需要一个建造水坝的概念,这个概念他只能从某些符号资源中获取——一张蓝图、一本教科书或者是某位已经知道如何建造水坝的人所作的一些讲话,当然还可以从图表或语言因素中获取,通过这样的方法他为自己获取了什么是水坝和如何建造水坝的概念。

这一点有时以这样一种论点的形式出现,即认为文化模式是一些"模型"(model),是象征符号集,这些模型与另一种"模型"的关系是"比照"、"模仿"或者"拟态";这些模型是对物理的、有机的、社会的或心理的体系中实体过程或其他关系的摹写。⑨但是"模型"这个词有两个意思——一个意思是"属于"(of),另一个是"为了"(for)——虽然这只不过是同一基本概念的不同方面,但是它们很值得为了分析的目的而加以区分。在第一个意思中,所强调的是操作象征结构,以期或多或少地接近于先在的非象征体系的比照,就像我们用发展水力理论或是构建一个水流图来获知水坝如何起作用时所做的那样。理论或图表以简要的形式表达它们的结构,用可理解的方式"摹写"物理关系,这就是**属于**"实物"的模型。在第二个意思中,所强调的是根据符号体系表达的关系操作非象征体系,就像我们根据水力理论和取自水流图的结论而得出的专门知识来建造一个水坝时所做的那样。在此,理论是一个模型,在它的指导下,物理关系被组织起来:它是一个**为了**"实物"的模型。对于心理的和社会的系统,以及对于我们通常不称"理论",而称"原则"、"旋律"或者是"仪式"的文化体系,情况没有什么不同。与基因和其他非象征信息源不同(它们只是**属于**而非**为了**模型),文化模式有着内在的双重性:它们既按照现实来塑造自身,也按照自身塑造现实,以此

---

⑨ K.克雷克:《解释的本质》(剑桥,1952)。

来用客观概念形式赋予社会的和心理的实体以意义。

事实上，正是这种双重性使真正的象征符号集区别于其他 94
类型的有意义的形式。正如基因例子所显示的，**为了**模型在整个自然界中都可发现；根据简单的逻辑，在任何有模式交流的地方，就需要这种程序。动物中的印记式的学习是最鲜明的例子，因为这种类型的学习所涉及的是恰当的行为序列的自发表现，这些行为序列是由一个在学习动物(learning animals)面前出现的模型动物提供的，它的作用是同样自动地唤醒并固化一套学习动物遗传来的反应。[10] 两个通过舞蹈交流的蜜蜂，其中的一个已经找到了花粉，而另一个正在寻找，这是另一个稍有不同，密码更为复杂的例子。[11] 克雷克甚至曾经提出：水的细流从山泉找到路线流向大海并为在它之后的更大的水流缓缓形成一个小航道，小航道成为一个**为了**功能的模型[12]。但是，**属于**模型——语言的、图形的、机械的、自然的等等过程——不是提供其他过程能够据其模仿的信息源，而是以这种方式表现这些模式化的过程，在另外一种媒介中表述它们的结构——比较稀少，在生物中只有人类才有。有两套过程，一套是过程、活动、关系、实体，以及诸如此类的内容，另一套是以此为程序的行动(程序可以看做表象或概念即符号)，对两者之间的一致和谐的感知是人类思维的本质。在符号系统的作用下，**为了**模型与**属于**模型之间的互相转换是我们的心智的突出特征。

通过……在人中建立强有力的、普遍的，以及长久持续

⑩ K.洛伦兹：《所罗门王的戒指》(伦敦，1952)。

⑪ K.冯·弗里希：《蜜蜂语言中的专用语》，载《科学美国人》1962年8月号。

⑫ 克雷克：《解释的本质》。

的情绪与动机……

就宗教符号和符号体系而言,这种互相转换能力是清楚的。平原印第安人追求幻象时的忍耐、勇气、独立性、坚定及热烈的
95 意愿,也是他们实践的品德:当他获得启示时他也就坚定了方向感。[13] 意识到没有履行责任、隐瞒了罪行或坦白时的当众羞辱,马努斯人[14]在降神会上反复演练,这种意识也同样是作为道德义务基础的情感,据此他的有财产意识的社会得以维持:获得赦免就造就了良心。[15] 同样的自律(self-discipline)奖赏给凝视火焰的爪哇神秘主义者,带来他所认为的与神的亲密。使他练习严格控制感情的表达,这是一个想要追随清静无为的生活方式的人所必须做到的。[16] 无论我们将个人的精神守护神、家庭的守护神,或者万物之主上帝看做是现实特征的宗教概括形式,还是用来产生这一特征的现实模型,似乎都太武断了。此时问题的焦点是,一个人是想要强调**属于**模型还是**为了**模型。所涉及的具体的符号——一个或另一个在荒野中显身的神话人物,依照严格规定挂在房梁上的已故家长的头骨,隐形人用"寂静中的声音"咏唱的神秘古诗,同时指向两个方向。两个模型既表达世界的氛围,又塑造世界的氛围。

两个模型塑造世界氛围的方式,是在礼拜者中产生某种显著的气质形式(兴趣,能力,嗜好,技能,习惯,义务感,趋向),它赋予他的行为和体验性质一个长期的特征。气质所描述的不是行为或事件,而是行为表现或事件在特定环境中发生的可能性:

---

⑬ R. H. 洛威:《原始宗教》,(纽约,1924)。

⑭ 巴布亚新几内亚北部马努斯岛上的居民。——编注

⑮ R. F. 弗图恩:《马努斯宗教》,(费城,1935)。

⑯ C. 格尔茨:《爪哇人的宗教》(格伦科,伊利诺,1960)。

“当一头牛被说成是反刍动物时，或一个人被说成是吸烟者时，不是说这头牛现在正在反刍或是这个人现在正在吸烟，而是一头反刍动物要一次又一次地反刍，一个吸烟者有抽烟的习惯。”[17] 同样，虔诚不是做了我们称之为虔诚的行为的事情，而是有这种行为的习惯倾向。因此，同样，平原印第安人的英勇，马努斯人的内省，或是爪哇人的清静无为，在他们各自的情景中
形成了虔诚的实质。这类我们通常称之为“心智特性”或者（假 96
如笛卡尔主义是不公开宣布的）“心理力量”（两种术语本身都是无懈可击的）的观点，长处是可以将它们带出含混的和无法接近的私人感觉领域，再进入同样的充满光明的可以观察的世界，在其中有着玻璃的易碎性，纸的可燃性，如果回到隐喻上来，还有英格兰的潮湿。

对宗教活动（背诵神话是宗教行为的可能性与从关节上分离手指是宗教行为的可能性是一样的）来说，它们引起两种不同类型的倾向：情绪与动机。

动机因素是一种持久的倾向，一种在某种类型的形势中进行某种类型的行为或体验某种类型的感觉的长期的倾向，这个“类型”在三种情况下通常有很高的异质性，是相当难以定义的种类：

> 在听说一个人狂妄自大（即被狂妄自大所驱使）时，我们预想他会以某种方式行动，即大量谈论他自己、依恋名流社会、拒绝批评、寻求喝彩、不喜欢谈论其他人的优点。我们预想他沉溺于他自己获得成功的美妙的白日梦中，避免回忆起过去的失败并计划着新的进展。狂妄自大是倾向于以

---

[17] G. 赖尔：《心的概念》（伦敦和纽约，1949）。

> 这种或无数种其他类似的方式行动。我们肯定也会预想狂妄自大的人会在某种形势下体会到某种焦虑与痛苦；我们预想在某个有地位的人忘记了他的名字时他会敏锐地感到失落，当听说他的对手倒霉时他会感到心花怒放幸灾乐祸。但是生气或高兴的感觉并不比公开吹嘘或私下做白日梦更直接地显示狂妄自大。⑱

任何动机都与此相似。作为一种动机，“非凡的勇气”指的是以这种持续的倾向在荒野中飞跑，对敌人的阵营发起勇猛的袭击，因想到给其致命一击而欣喜若狂。“道德谨慎”则指的是固守沉重的许诺，在严厉的公众非难面前坦白自己的秘密罪孽，在降神会做出含糊而普遍的指责时有罪恶感等这样一些根深蒂固的倾向。“心平气和”指的是以这种持久的倾向维持一个人的平静，无论是在倒霉的深渊还是在得意的顶峰，对即使最平和的情感外露表示厌恶，沉溺于无数次虚无的幻想。因而，动机既不
97 是行为(这是有意向的行为)也不是感觉，而是进行某类活动或产生某类感觉的倾向性。当我们说某人信仰宗教时，指的是因宗教所驱使，这至少是我所要说的意思的一部分——虽然仅仅是一部分。

我要说的另一部分是：当他受到恰当的刺激时，他有进入特定的情绪中去的能力，我们有时将这些情绪归纳为像“恭敬的”、“严肃的”、“崇敬的”这样一些修饰性的词汇。但是，这种一般化的词语实际上掩盖了大量的有关气质的经验上的多样性，而且，实际上，倾向于我们自己大多数宗教生活中并不寻常的庄严基

---

⑱ 赖尔：《心的概念》，第86页。引用得到巴恩斯—诺贝尔书店与哈钦森出版有限集团公司允许。

调同化它们。宗教象征引出的心境，在不同的时间和不同的地点，泛指从狂喜到忧郁，从自信到自卑，从不可救药的顽皮到令人乏味的平和，且不说任何与这个世界上如此众多的神话和宗教仪式有关的巨大(erogenous)力量。正如我们不能说存在惟一的动机可称为虔诚，我们同样不能说存在惟一的动机可称之为崇拜。

情绪与动机之间的主要不同在于，后者具有方向性质而前者没有。动机具有指向性质，它们所描述的是特定的全面过程，它们引向特定的、通常是暂时的结果。情绪仅仅是在强度上变化：它们不指向任何地方。它们来自特定的环境，但缺乏反应的目的性。像雾，它们只是沉下和升起；像气味，它们到处弥漫和消散。它们一旦呈现就是整体性的：假如一个人难受，每件事和每个人都让人不痛快；如果一个人高兴，每件事和每个人都让人振奋。因而，虽然一个人可能同时是虚荣的、勇敢的、任性的和独立的，但是他不可能同时是顽皮与平和的、狂喜与忧郁的。[19]进而，动机要坚持或多或少的一段延续的时间，而情绪仅仅是发生的频率或密或疏，经常由于难以解释的原因而来去。但是也许我们所关心的动机与情绪最重要的不同是：动机由于目的而“变成有意义的”，结果是由它们而产生的，而情绪与情景有关而“变成有意义的”，它们是由情景而产生的。我们根据动机的结果来解释动机，但是我们根据情绪的来源来解释情绪。我们说一个人是勤奋的，是因为他希望成功；我们说一个人充满忧虑， 98
是因为他意识到核屠杀的随时威胁。如果解释是终极性的，情况也一样。慈爱变成基督之爱，是在它被包容进上帝的目标这个概念中时；乐观主义成为基督的乐观主义，是在它成为上帝的

[19] 赖尔：《心的概念》，第 99 页。

本质的基础时。纳瓦霍人的勤奋,其原因在于这样一个信仰:既然"现实"是机械性运作的,它就是可强制的;他们持续的恐惧,其理由在于这样一个信念:无论"现实"如何运作,它都既是极为有力的又是非常危险的。[20]

……通过形成存在的普遍秩序的概念……

那些引发并定义气质的,我们认做是宗教符号或象征体系与那些将气质放置在宇宙的总框架中的符号或符号系统,属于相同的符号,这不应该引起惊讶。因为在我们说一种特别的敬畏感是宗教的而不是世俗的时,除了意味着它是来自像马那(mana)[21]这样普遍存在的力量的观念而不是来自对大峡谷的参观,还能有什么别的意思呢?或者一个特殊的禁欲主义的实例是一个宗教动机的例子,除了意味着它指向获得一个无条件的结果就像涅槃,而不是一个有条件的结果就像减肥,还能有什么别的意思呢?假如宗教符号不是同时在人类中产生气质并形成普遍的秩序思想(无论多么间接、模糊或不成体系),那么宗教行为或宗教体验的经验性差异就不会存在。一个人可能被说成是对高尔夫球怀有"宗教感情",但是不能仅仅是假设他充满热情地倡导这种运动并在星期天打高尔夫球;他必须同时将高尔夫球看做是某些超验性真理的象征。一个初通人事的男孩深情地盯着威廉·施泰格卡通片中那个情窦初开的女孩的眼睛并且喃喃地说:"艾西尔,你的有些事情给了我某种宗教感情,"就像绝

---

⑳ C.克拉克洪:《纳瓦霍人的哲学》,载《意识形态的不同与世界秩序》,F.S.C.诺思洛普编(纽黑文,1949),第356—384页。

㉑ 指南太平洋岛屿神话中的物、地、人所体现出的超自然力量。——编注

大多数青春期男女一样，是意乱神迷的。任何特殊的宗教所确
定的现实的基本性质可能是含糊的、肤浅的，或者经常也是荒谬
的；但是，假如它不是仅仅包括一堆公认的实践或者我们通常称 99
之为道德说教的传统情感，它必须要证实些什么。假如今天有
人想要给宗教下一个最低限度的定义，它也许不会是泰勒著名
的“对神灵的信仰”(古迪因为厌烦了那些理论上的玄妙，后来力
主我们回到泰勒)，而是萨尔瓦多·德·玛达里阿加所谓的“相对
和缓的信条：上帝不是狂热的。”[22]

当然，通常宗教要确认的远不止这些内容：正如詹姆斯所评论的，假如我们可能，我们信仰所有我们能够和应该信仰的每一件事。[23] 我们所难以容忍的是对我们的概念思维的威胁：认为我们创造、掌握、使用符号的能力可能会使我们失败，假如这种情况发生，正像我已经指出的，我们会变得比河狸还要更加孤立无助。人天生的(指的是由基因编码的)反应能力的极端笼统性、弥漫性和可变性，意味着如果没有文化模式的帮助，他在功能上是不完全的，不仅是聪明的类人猿，它们就像穷人家的孩子一样，不幸地没有看到自己潜在的能力，而且那种会像无法捉摸的怪物，既没有方向感也不能自我控制，充满痉挛性的冲动和模糊的情感。人对符号与符号体系的依赖性是如此巨大，以至于这对他的生存能力是决定性的。结果，他对即使最微弱的暗示——人类无法对付经验中的某些方面——都极为敏感并在他心中引起了严重的忧虑：

---

[22] J. 古迪：《宗教与仪式：定义问题》，载《英国心理学杂志》，第 12 期(1961)，第 143—164 页。

[23] W. 詹姆斯：《心理学的原则》，第 2 卷(纽约，1904)。

> （人）能够以某种方式使自己适应他的想像力能处理的任何东西，但是他不能对付混乱无序。因为他的具有特征性的功能，也是他的最高财富，是概念，他最大的恐惧就是面对不能解释的东西——即通常所谓的“神秘莫测”。神秘莫测的不必是新的事物。我们的确遇到了新的事物，只要我们的心智自由地发挥功能，我们很快就用最相近的类推法尝试性地理解它们；但是在精神压力下，甚至是再也熟悉不过的事物也可能突然变成无序的并让我们感到恐惧。因而，我们最重要的财富，永远是我们关于在自然中、在地球上、在我们的社会中、在我们正做的事情中的普遍**定位**的象征符号：即我们的**世界观**和**人生观**的符号。结果是，在原始社会中，每日的仪式被包括进了日常的活动中，如吃饭、洗涤、生火等等，以及纯粹的仪式中，因为他们经常体会到需要重新确定部落的道德规范和认识它
> 100 的宇宙定位。在基督教的欧洲，教会每天（在某些教派中甚至是每小时）迫使人们下跪，练习（如果不是沉思默想）他们对终极概念的赞同。㉔

无序(事情的混乱缺乏的不仅是解释而且是解释能力)对人造成威胁至少有三个方面:分析能力有限、忍耐能力有限和内心道德有限。挫折、痛苦和难以克服的伦理困惑,所有这些,假如已经变得足够剧烈或持续得足够持久,都是对下述命题的挑战:我们的生活是可以理解的,我们能够用思想来将自己有效定位——任何希望坚持存在下去的宗教,无论其多么“原始”,都必须要努力去迎击这些挑战。

㉔ 兰格:《哲学新解》,第287页。黑体原为斜体。

三方面中,第一个最少得到现代社会人类学调查(虽然伊文斯—普里恰德的经典讨论:为什么谷仓倒塌砸了阿赞德人而不是别的地方的人,是一个著名的例外)。[25] 甚至将人的信仰看做是将不正常的事件或经历——死亡、梦境、精神错乱、火山爆发或婚外恋——带入一个至少是潜在的可解释的范围内,这种看法似乎有泰勒主义(Tyloreanism)的味道,甚至更糟。但是它确实表现为一个事实:至少有些人——更可能是大多数人——不能让没有分析清楚的问题仍然是不清楚的,而只是木然地或是冷淡地看着世界风景的奇怪特征而不想试图形成某些见解,无论多么神奇、不协调或是头脑简单——来使这些特征可能与更普遍的经验相谐调。一个人的解释工具即人用它来规划经验世界的文化模式(常识、科学、哲学思考、神话)的复合体,一旦长期丧失这种解释功能会导致深刻的焦虑——自从伪科学的宗教信仰观点已被完全正当地摈弃以来,这是一种相当广泛的倾向和比我们有时设想的更深刻的焦虑。不管怎么说,甚至是那个作为无神论英雄泰斗的罗素勋爵也曾经说,虽然上帝存在这个问题从来没有困扰过他,但是某些数学原理的含糊不清却一直威胁着他的思维使之几近错乱。爱因斯坦对量子力学的深刻不满也是基于——显然是宗教性质的——不能相信,如他所说的,上 101
帝在宇宙中掷骰子。

但是当发现经验现象仍顽强地保持模糊不清时,在很低的智力层面上就会出现对明晰化的渴求和形而上的忧虑。当然,我在自己的研究中感到,比我原来想像的情况要严重得多,我的有泛神论倾向的调查合作人的举止就像真正的泰勒主义者(Tyloreans)一样。他们似乎一直在运用他们的信仰来“解释”现

[25] E.伊文斯—普里查德:《阿赞德部落中的巫术、神谕和魔幻》(牛津,1937)。

象,或者精确地说,他们使自己相信所有的现象都可以在公认的事物的图式之中得到解释,因为他们普遍极少地固执于他们提出的灵魂附体、情感失衡、违犯禁忌或巫术猜测,当他们意识到某种同样风格的其他解释更符合实际时,他们随时会放弃原来所持的猜测。他们不准备做的是,在没有任何其他行得通的猜测的情况下,完全放弃目前的猜测;他们准备让事件顺其自然。

另外,他们采取了这种与现象相关的积极的认知立场,而这些现象对他们自己或者其他任何人的生活没有直接的实际影响。当一个特殊形状的、巨大的毒菌在几天时间内(或者像有的人所说在几个小时内)在一间杠房里长出来时,人们从几英里之外来看它,每个人对此都有某种解释——有的是泛灵论的,有的是泛生论的,有的二者都不是。但是很难论证这个毒菌有任何拉德克利夫—布朗所说的社会价值,或者以任何方式与任何有社会价值的事物相联系(由此,它可能作为这类事物的代表),就像安达曼岛上(Andaman)的蝉一样。[26] 毒菌在爪哇人的生活中扮演了在我们的生活中同样的角色,而且在日常生活中,爪哇人对它们的兴趣也和我们一样大。这不过是一个"古怪"、"陌生"、"不可思议的"东西。对这种"古怪"、"陌生"、"不可思议"必须找到解释,或者必须相信,能够得到解释。一个人不能无视一只比正常毒菌生长速度快五倍的毒菌。在最广泛的意义上,这只"奇怪"的毒菌的确对那些听说它的人有着暗示,而且这暗示是关键性的。它威胁了他们理解这个世界的最一般的能力,它引起了一个不舒服的问题:它们对自然界的信仰是否可行,他们的真理标准是否有效。

㉖ A.拉德克利夫—布朗:《原始社会的结构与功能》(格伦科,伊利诺,1952)。

这也不是要论证:仅仅或者主要是非常事件的突然爆发,才 102
使人产生焦虑感,认为自己的认知源可能证明是不可行的或者这种直觉只出现于它的极端的形式中。更为常见的是,当我们力图掌握自然、自我和社会的某些方面时,当我们力图将某些不定的现象纳入在文化上已成体系的事实范围之内时,我们遇到了持续不变的、让人反复经历的困难。人们长期受到困扰,最终指引产生一个更平稳的分析象征流。正是这种超越相对固定的已证实的知识的东西,隐现为日常实际生活的持续不变的背景,将普通人类体验置于长久的玄学关注的情景中,使人隐约觉得自己可能在一个荒谬的世界里游荡。

> 与这种独特的理智探索相关的另一个主题(在雅特穆尔人[Iatmul][27]中)是水面上的涟漪与波浪的本质。根据一种隐秘的说法,人、猪、树、草——世界上的所有物体——都只不过是波的模式。确实似乎就此达成了某种一致,尽管这与灵魂再生理论发生冲突——根据这种观点,鬼魂就像被东风吹过河面上的雾一样吹进死者儿媳的子宫里。如果可能是这样,涟漪和波浪是如何形成的仍旧是一个问题。将东风作为图腾的氏族很清楚这一点:风用她的微型扇子吹起了波浪。但是别的氏族将波浪人格化并说它们是独立于风的人([康图—马力 Kontum-mali])。还有别的氏族有别的理论。有一次,我带雅特穆尔土著人到海边,其中有一个人自己坐下着迷地盯着大海。这一天无风,但是缓慢的浪潮在海岸边破碎。在他的氏族的图腾祖先中,他认为有一个人格化的音叉,流进通向大海的河,他认为是它造成了波

[27] 新几内亚土著民族。——编注

浪。他盯着没有风时的波浪升起又破碎，显示着他的氏族神话是真的。[28]

103 第二个经验挑战在于，它所面临的是特殊生活模式的意义的危险；要陷入一种没有事物的名称和没有名称的事物的混乱中去——受难问题——这个挑战已经得到了较为详瞻的考察，或者至少被描述过了，主要是因为对部落宗教的研究，有两个方面得到重视：疾病与悲伤。但是对于所有围绕着这些极端形势的情感预兆的狂热兴趣而言，除了少数像林哈德最近对丁卡人(Dinka)占卜的讨论外，很少有什么概念性进展超越由马林诺夫斯基提出的粗糙的信任类型理论，即：宗教帮助一个人忍受“情感压力的形势”，依靠的是“逃离这种形势和这种僵局，除非通过仪式和信仰进入超自然的领域，没有任何其他途径可以逃离。”[29] 纳德尔称呼的这种“乐观主义神学”，有严重的缺陷。[30]纵观它的历程，宗教可能是既让人烦乱也同样让人快乐；强迫人们直面这一事实：他们生来就有麻烦，宗教也经常使人们能避免面对这样的事实，办法是将人们抛入某种幼稚的虚幻世界，在那

㉘ G. 贝特森：《Naven》，第 2 版(斯坦福，1958)。这种认知关注的持久和敏锐的形式是相互密切关联的，而且，对更为不寻常的认知关注做出的反应是以在与更寻常的认知关注一致中建立的反应为模式的，这一点在贝特森的描述中已经很清楚了，但是正像他接着说的：“在另外一次机会中，我邀请我的一个信息提供人观看冲洗底片。我先使底片感光然后再在柔和的灯光下冲洗它们，这样我的信息提供人就能看到图像逐渐显现。他非常感兴趣，几天后他请我答应决不向其他氏族成员显示这个过程。康图—马力是他的一个祖先，而他在底片冲洗过程中看到了真实的水纹形成图像，他将此看做是显示了氏族的秘密。

㉙ G. 林哈德：《神与经验》(牛津，1961)，第 151 页；B. 马林诺夫斯基：《魔幻、科学与宗教》(波士顿，1948)，第 67 页。

㉚ S. F. 纳德尔：《马林诺夫斯基论魔幻与宗教》，载《人与文化》，R. 弗思编(伦敦，1957)，第 189—208 页。

里——还是马林诺夫斯基的话——“希望不会落空，渴望也不会受骗”。[31] 基督教科学可能是个例外，几乎没有什么宗教传统（无论是“伟大的”还是“渺小的”）极力确认“生活是痛苦的”这个观点，有些实际上还以此为荣：

> 她是一个来自有着长远世系家庭的老年（巴—拉［Ba-lla］）妇女。“不断侵袭者”莱沙将黑手伸向这个家庭。在她还是一个孩子时，他杀死了她的母亲和父亲，而且在以后的岁月里所有与她相关的人都死了。她对自己说：“我一定要让那些与我有关的人继续活下去。”但是没有人能活下来，甚至她的孙辈也都离她而去……在绝望中她决定去找上帝询问这一切都意味着什么……因此她开始旅行，走过一个又一个地方，心中永远只有一个想法：“我要走到世界的尽头，在那里我会找到通向上帝的路，我要问他：‘我对您做了什么事，您要用这样的方式折磨我？’”她始终没有找到世界的尽头，但是尽管充满绝望，她没有放弃寻求。在她经过的不同
> 地方，人们问她：“老太太，你来干什么？”回答是：“我找莱 104
> 沙。”“找莱沙干什么？”“我的兄弟，你问我干什么！在这个国家有谁遭受过像我这样的苦难？”他们总是再问：“你遭受什么苦难了？”“就是这个样子。我孤独。就像你看到的，我是一个无依无靠的老太太；这就是我遭受的苦难！”他们会说：“是的，我们看见了。这就是你受的苦难！失去了丈夫和朋友？你做了什么与其他人不同的事？侵袭者在我们每一个人的后背上，我们不能将他甩掉。”她没有实现她的愿

[31] 马林诺夫斯基：《魔幻、科学与宗教》（波士顿，1948），第 67 页。

望；她带着破碎的心死去了。[32]

作为一个宗教问题，受难问题自相矛盾地不是如何避免苦难而是如何承受苦难，如何使肉体痛苦、个人损失、舌战失败或者是无助地思考别人的痛苦，使之可以承受，——照我们的说法，使痛苦变得可以忍受。正是在这一点上，那个巴—拉老妇——也许是必然的，也许不是——失败了，她不知道如何去感受在她生活中发生的事，如何去承受苦难，最终在困惑与绝望中死去。韦伯所谓的"意义问题"的智力方面越是要确保体验最终是可以解释的，它的情感方面就越成为要确保经验的最终可忍受性。宗教一方面将我们的符号资源的力量固定在实在的整体形式的权威性概念中，以便形成分析性的思想，同时，它另一方面也将我们的符号资源的力量固定在普遍存在的宗教要旨、内在的格调和禀性的相似概念中，用来表达情感——心境、情绪、激情、感情、情感。对那些能够接受它们的人，并且只要他们能接受它们，宗教符号就提供普遍保证，不仅是保证他们有能力理解这个世界，而且在理解时，也使他们的感受获得精确性，即确定他们的情感，使他们，或郁闷或高兴，或阴沉或自在，去忍受苦难。

让我们用这种眼光来考察纳瓦霍人通常被称做"演唱"的治疗仪式。[33] 一次演唱是一种宗教心理剧，——纳瓦霍人有大约六十种为不同目的的不同的歌唱方式，但是所有的方式最终都是为消除某种肉体或精神疾病——其中有三类主要角色："歌

---

[32] C. W. 史密斯与 A. M. 达尔：《北罗得西亚说艾拉语的人》（伦敦，1920），第 197 页；引自 P. 雷丁：《作为哲学家的原始人类》（纽约，1957），第 100—101 页。

[33] C. 克拉克洪与 D. 莱顿：《纳瓦霍》（剑桥，马萨诸塞，1946）；C. 理查德：《纳瓦霍人的宗教》，共两卷（纽约，1950）。

手”或治疗者、病人、担任对唱的病人的家属或朋友。所有演唱
的结构,即心理剧的剧情,是非常相似的。主要有三幕戏:病人 105
与听众的净化;用反复的咏唱和仪式来表达让病人恢复正常(和
谐)的希望;病人与神灵的合一并最终“治愈”。净化仪式有强迫
性出汗、引起呕吐等等,迫使疾病从病人的肉体中出来。唱词的
数量无限,主要由祈祷短句组成(“病人可能要好转”,“我感觉完
全好了”等等)。最后,通过用沙子画出在这个或那个适用的神
话中的圣人的画像验明病人与神灵的合一,从而与整个宇宙合
一。歌手将病人放在画像上,触摸神话人物的脚、手、膝盖、肩
膀、胸、背和头,然后再触摸病人身体的相应部分,因而就基本上
形成人与神的合一。[34] 歌唱达到高潮:理查德说,整个治疗过程
可以比作神灵渗透,人的疾病和神的力量从两个方向穿过仪式
性体表,前者被后者中和。疾病从出汗、呕吐和净化仪式中渗
出;健康通过歌手这个媒介,接触神灵的沙画像而渗进纳瓦霍病
人之中。演唱的象征主义集中在人类受难这个问题上,并试图
用将其置于一个有意义的语境中来处理,提供一个行为模式,在
其中,受难这个问题能够被表达,在表达之后得到理解,在理解
之后变得可以忍耐。歌唱的支撑效果(而且既然最普通的疾病
是肺结核,在绝大多数情况下也只能支撑)最终依赖它给予受疾
病侵袭的人一套词汇的能力,根据这套词汇,病人可以理解自己
疾病的本质,并将其与广泛的世界联系在一起。就像耶稣受难,
像对佛祖从他父亲的王宫中出现的叙述,或者像在其他宗教传
统中上演《俄狄浦斯王》,演唱主要是表现一种特殊的、具体的、
真实的人的形象,有足够力量去抗击由存在的强烈和难以克服
的残酷引起的情感的无意义的挑战。

[34] 理查德:《纳瓦霍人的宗教》。

受难问题很容易就转换为罪恶问题，因为如果受的苦难严重到足够的程度，它一般(虽然不是总是)似乎在道德上也不配是好的，至少对受难的人是这样。但是，它们并不完全是一回
106 事——我认为韦伯太多地受到一神教传统偏见的影响，在一神教传统中，人类体验的不同方面必须被想像为来自一个单一的意志，人的痛苦直接反映上帝的善意；他在总结基督教神正论在东方遇到的困境时，没有充分认识这一事实。受难问题威胁到我们用某种军纪来约束“缺乏纪律的情感分队”的能力，相应地，罪恶问题威胁到我们做出健全的道德判断的能力。罪恶问题所涉及的不是我们的符号资源是否足以驾驭我们的感情生活的充分性，而是这些资源是否足以提供一套可行的伦理标准，规范地指导我们行为的充分性。假如我们的是非概念是合理的，这里让人伤脑筋的是它们是什么与它们应该是什么之间的差距，我们认为不同的个人应该得到的和我们看见他们实际上得到的之间的差距——这种现象可以概括进下面意味深长的四行诗中：

> 雨落在正直者身上
> 也落在不正直者身上，
> 遭淋的主要还是正直者，
> 因为不正直者有正直者的雨伞护着。

或者，假如这首诗似乎是一个赋予《约伯记》(Book of Job)和《薄伽梵歌》以生命力的问题的过于轻率的——以某种不同的形式——表达，那么，下面所引爪哇的古典诗歌则相当精彩。它被六岁以上的每一个爪哇人学习、咏唱、反复地引用，它说明了道德规范与实际所得之间的差异、“是”与“应该”的表面不一致：

我们活着看到一个无序的时代，
每个人活得心智迷乱，
人们不忍加入这疯狂，
但是他要是不想这么做，
就不要参加分赃，
最后他就会饿死。
是的，上帝；错的就是错的：
快乐的是那些忘记的人，
更快乐的是那些记住并深藏心底的人。

宗教自觉性并不就是宗教的复杂程度。对难以解决的伦理两难的关注，对道德觉悟不适合道德体验的不安感，在所谓的原始宗教水平上和所谓的文明宗教水平上是同样存在的。林哈德描述的丁卡人所提出的“划分世界”的一套概念是一个有用的实例。[35] 像许多民族一样，丁卡人相信：“神”所在的天和 107
人居住的地最初是相连的，天就在地的上面而且是用绳子联接在一起的，所以人可以根据意愿在两个世界走动。没有死亡，第一对男女每天只允许得到一粒谷子，当时是他们一天的全部所求。有一天，女人出于贪婪（当然会如此），决定种比允许的更多的谷物，在她忘我的勤劳中，无意间用锄头碰着了神。神受到冒犯，切断了绳子，退回到今天这样遥远的天空，留下人类为自己的食物而劳作，忍受疾病和死亡的折磨，还要体验与造物主（他们的生命之源）的分离。但是这个惊人熟悉的故事对丁卡人的意义，的确就像《创世记》之于犹太人和基督徒一样，不是说教而是描述：

[35] 理查德：《纳瓦霍人的宗教》，第28—55页。

> 那些评论这些故事的(丁卡)人有时明确表示他们同情人类的困境,并提请人们注意使神收回恩惠的过错,是微不足道的。用锄头打了神的图像……经常引起某种乐趣,把这个故事看成是太孩子气不足以解释这个事件的前因后果。但是,明显的是,这个神脱离人的故事的意义,不是要改进对人的行为的道德判断。它是要表达今天的丁卡人所知道的全部形势。现在的人——由第一对男女变来的——是积极的、自信的、好奇的和充满渴望的。但是,他们也容易受难和死亡,受到无知和贫穷的威胁。生活没有保障;人的算计常常证明是错误的,人必须经常从经验中学习,他们行为的后果与他们期望的或认为公平的相去甚远。神撤离人是因为一个(按照人类的标准)微不足道的冒犯的结果,这反映出人类公正判断与最终控制着丁卡人生活的力量之间的矛盾……对丁卡人来说,道德规范最终是根据一些常为人忽视的原则形成的,这些在经验和传统中得到部分表现的原则,是人的行为不可能改变的。……神撤离的神话反映的是丁卡人知道的生存的现实。丁卡人处在一个大大超过他们控制的宇宙中,在这里事件可能与人类最合理的期望冲突。[36]

因而罪恶问题,或者也许有人会说是**关于**罪恶的问题,基
108 本上是一个挫折或关于挫折的问题或是类同于受难问题的问题。某些经验事件的晦涩难解、对强烈而又不留情的痛疼的一无所知,以及谜一样不可思议的大量的不公平,这些都引起了

㊱ 理查德:《纳瓦霍人的宗教》。

令人不快的怀疑：这个世界，进而在这个世界中的人类生活，也许完全没有真正的秩序——没有经验规律、没有情感的形式、没有道德的约束。而所有的宗教回答这些怀疑的方法都是相同的：用符号手段系统表述一个秩序真正的世界的形象，它将解释甚至赞美人类体验中的含混、迷惑和模棱两可。所做的努力不是否认不可否认的东西——即一些不可解释的事件、生命的痛苦或者是厄运落在公正的地方——而是要否认有不可解释的事件，否认人生是不可承受的，否认公正只是一个幻想。形成道德规范的原则的确可能经常让人感到困惑，正如林哈德所说，就像对异常事件的满意解释或是有效表达情感的形式，也经常让人感到困惑一样。至少对一个有宗教信仰的人来说，重要的是这种困惑应该得到解释，它不应该导致这一事实：没有这样的原则、解释或形式，生活是荒谬的，试图离开经验去形成道德、智力或情感的观念是无益的。丁卡人可以承认，实际上他们也坚持，现实生活中的道德混乱而矛盾，因为这些混乱和矛盾不是被视为终极的，而是被视为现实的道德结构所带来的"合理的"、"自然的"、"逻辑的"（一个人可以选择他自己的形容词，因为这里的形容词没有一个是合适的）结果，而这种道德结构是"神"撤离的神话所描述的（或者像林哈德所说，"想像出来的"）。

意义问题在其互相融合的任何一个方面(这些方面事实上如何逐渐融合在每个具体事例中,在分析、情感与道德无能之间存在什么样的相互作用,在我看来除了韦伯没有触及之外,是整个领域比较研究中极为突出的问题之一)是要确认,或者至少是承认在人类这个层面上的无知、痛苦和不公正是不可逃脱的,同时否认这种不合理性是世界的整体特征。正是通过宗教符号系统,人们做出肯定或否定。它将人的生存空间与一个被认为是符号体系存在于其中的更广泛的空间联接起来。[37]

109 **……给这些概念披上实在性这样一种外衣……**

但是这里引出了一个更深层的问题:这种否定是如何让人信服的?有宗教信仰的人如何从体验无序时的忧虑转向或多或少对基本秩序的信仰?"信仰"在宗教语境中到底意味着什么?在试图对宗教做出人类学解释遇到的所有问题中,这也许是一个最麻烦因而也最经常回避的问题,通常将之归为心理学这样一个遭遗弃的趣味不高的学科,社会人类学家总是将他们在变形的涂尔干理论(Durkheimism)框架内无法解释的现象,托付给这一学科。但是问题并未解决,它也不"仅仅"是心理学问题(也不仅仅是社会学的问题)。而且任何一种宗教人类学理论如果不研究这个问题,它就不配这个名声。我们已经足够长久地在试图上演没有王子的《哈姆雷特》。

在我看来,接近这一例题的最好开端,是坦率地承认宗教信仰涉及的,不是一个来自日常经验中的培根式哲学归纳(因为若如此我们都会是不可知论者),而是预先接受一个能转换这些经验的权威。存在的挫折、痛苦和道德悖论——"意义问题"——

---

[37] 然而,这不是说在每一种社会中的每一个人都这样做,因为正如没有道德观念的唐·玛奎斯所言,你不必有灵魂,除非你想要一个。有一种经常重复的说法:宗教是人类普遍形成的两种观点的混淆,一种是可能真实(虽然现有证据不能证明)的观点,认为没有一个人类社会,在其中,完全缺少我们在现有的定义或类似的定义下能够称之为宗教的文化模式;另一种是肯定不真实的观点,认为所有社会中的所有人,在任何意义上,都是信仰宗教的。但是,假如人类学对宗教行为的研究尚未发展起来,那么对非宗教行为的研究则是不存在的。宗教人类学将带来一个时代,那时某个更敏锐的马林诺夫斯基将要写一题为"野蛮社会中的信仰与非信仰"甚至可以题为"虔诚与虚伪"的书。

是驱使人信仰上帝、魔鬼、精灵、图腾或食人族的精神功效的原因之一（追求美感与赞叹权力是另一回事），但是这不是信仰所依据的基础，而是信仰应用的最重要的领域：

> 我们将世界的状况作为教义的例证，但从不作为它的证据。因此贝尔森用实例说明了什么是原罪世界，但是原罪却不能作为发生类似贝尔森那些事件的前提。我们用展示一种宗教在总体宗教概念中的地位，来证明其合理性；我们借助权威来说明整个宗教信仰的合理性。我们接受权威，因为
> 我们在这个世界的某一点上发现了它，我们在这些地方礼 110
> 拜，接受与我们自己不同的某一事物为主宰。我们不是礼拜权威，而是接受权威作为礼拜的定义。因此某人可能在“新教教会”的生活中发现礼拜，并接受《圣经》为权威；或者是在罗马教会中发现礼拜，并接受教皇为权威。[38]

这当然是基督教的说法，但是它不能因此而被轻视。在氏族部落的宗教中，权威存在于传统意象（imagery）的劝诱性力量之中；在神秘主义宗教中，它存在于超感觉经验的绝对力量之中；在卡里斯马型宗教中，它存在于超凡人物的迷人的魅力之中。但是在宗教事务中，要优先接受一种权威标准，这一标准是高于启示的，启示被认为是来自对权威标准的接受。这种优先性在经书或是僧侣事务中同样彻底。作为我们可能称之为“宗教观”的基础，基本原理在各处都是相同的：要知必须先信。

提及“宗教观”就暗示着它是诸多观点之一。一个观点是一

---

[38] A. 马克恩提尔：《宗教信仰的逻辑地位》，载《形而上学的信仰》，A. 马克恩提尔编（伦敦，1957），第 167—211 页。

个看问题的模式。广义上“看”指的是“分辨”、“认识”、“理解”或“把握”。它是看待生活、建构世界的特殊方式,就像我们提及某种历史观、科学观、审美观、常识观,甚或一种在梦中或幻觉中形成的古怪观点时一样。[39] 问题随后而来,首先,什么是区别于其他观点的普遍意义上的“宗教观”? 其次,人们如何接受它?

111 假如我们将“宗教观”与其他三个人们赖以理解世界的观点——常识的、科学的、美学的——做比较,它的特殊性将显现得更突出。正如舒尔茨所指出的,作为通常意义上“看”的模式,特征在于简单地接受这个世界、它的事物和过程;在于其实用性的动机,希望对这个世界有所作为,使之服从于实际目标,从而掌握它;或者达不到目的就适应它。[40] 日常生活的世界自身当然是一种文化的产物,因为它是根据代代相传的“顽固事实”的象征概念的框架而形成的,它是我们行为的确定场景和既定目标。像珠穆朗玛峰一样,它就在那里,拿它所做的事,假如一个人感到需要拿它做点什么的话,就是攀登它。在科学观点中,恰恰是这种给定性(this givenness)消失了。[41] 刻意的怀疑和系统

㊴ “方式”这个词就像在“美学方式”“自然方式”中一样,是另一个,也许是更普通的代替我在此处称之为“观点”的词(首先见 C. 贝尔:《艺术》,伦敦,1914;其次见 A. 舒茨:《社会现实的问题》,《选集》,第 1 卷,海牙,1962。虽然也许最早使用这个词的是胡塞尔),但是我回避了这个词,因为它强烈的主观涵义,因为它倾向于强调一个角色的假想的内部态度而不是某种角色与环境的联系——一种象征的调解性联系。当然这是说,对宗教经历的现象学分析,假如它形成主观性的、非先验的、纯科学的术语(例如 W. 珀西:《象征、知觉与主观性》,载《哲学杂志》,第 15 期,1958,第 631—641 页),对完整理解宗教信仰就不是必要的,而仅仅是它不是我在此关心的焦点。“观点”、“参照形式”、“心智形式”、“方向”、“立场”、“精神方式”,诸如此类,是一些有时使用的其他术语,依据分析人在这一问题是否希望强调社会的、心理的或文化的方面而定。

㊵ 舒茨:《社会现实的问题》。

㊶ 同上。

的寻求,为了进行不带偏见的观察悬搁实用动机,用正统概念分析世界的企图,正统概念与常识中的非正统概念之间的关系越来越成为问题——这是科学地理解世界的意图的标志。至于审美观,它属于“美学方式”,这也许得到了最细致的研究。它涉及了不同种类的对朴素实在论和实际利益的悬搁,不再追问日常经验的可信性,完全忽视这种经验:倾向于愿意停留在现象,只注意表面,专注于我们所说的“它们自己之中”的事情:“艺术幻想的功能不是‘使之可信’……而是完全相反,在于摆脱信仰——冥思苦想感觉的性质而不考虑它们一般的意义:‘这里是那把椅子’,‘那是我的电话’……等等。认识到我们面前的事物在这个世界没有实际意义,能使我们注意这类事情的表面特征。”[42] 而且像常识观与科学观(或是历史观、哲学观和艺术观)一样,审美观,这种“看的方式”,不是神秘的笛卡尔变戏法的产物,而是由带有令人好奇的类似客观事物——诗歌、戏剧、雕塑、交响乐——产生、调解,事实上也是这样被创造出来的。这些事物自己脱离了常识的固定世界,得到了只有纯表面现象才能获 112
得的特别的雄辩能力。

宗教观与常识观的不同在于,如已指出的那样,它超越日常生活的现实转向更广泛的现实,这种更广泛的现实完善和纠正日常生活的现实。它明确关注的不是对那些更广泛的现实采取行动,而是接受它们,信仰它们。宗教观与科学观的不同在于,它对日常生活的探究不是出于习惯性的怀疑,这种怀疑把这个世界已有的东西转变成一堆可能性的假设,而是依据它所认为的更广泛的、非假设的真理。不是超然独立,它的格言是献身;不是分析,而是遭遇或交心。而它与艺术观的不同在于,不是脱

[42] S. 兰格:《情感与形式》(纽约,1953),第 49 页。

离对整个实在性的探究而去精心制造假象与幻觉的气氛，而是深化对事实的关切，并寻求创立彻底实在性的气氛。正是这种“真正的真实”感，成为宗教观的基础。宗教作为文化体系，以其符号活动通过揭示世俗经验的不和谐性，产生、加强以至神圣化的，也正是这种感觉。从分析的观点看，正是为某类特定的符号复合体——它们形成的超验性和推崇的生活方式——树立令人信服的权威，构成了宗教活动的本质。

最后，我们来讨论仪式。因为，正是在仪式中——就是使行为神圣化——认为“宗教概念是真实的”和“宗教指令是合理的”这类信念以某种方式产生出来。正是在某种仪式形式中——即使这个形式几乎不过是背诵神话，请教神谕或者是装饰坟墓——宗教符号在人们中引发的情绪和动机，与它们为人们形成的有关存在的秩序的一般概念相遇并互相加强。在仪式中，生存世界与想像世界借助一套单一的符号体系混合起来，变成相同的世界，从而在人的真实感中制造出独特的转化。我在前言中引用的桑塔亚那的话就是这个意思。无论神的干预在产生信仰过程中是不是起作用——在这一事务上发表这种或那种意见，这不是科学家的任务——至少可以说，宗教信念在人类生活
113 中的出现，是以宗教仪式的具体活动为背景的。

虽然任何宗教仪式，无论它多么明显地是自发的或是习惯的（假如它真的是自发的或仅仅是习惯的，它就不是宗教的），都要涉及生活准则及世界观的融合，它主要是某种更周密的、通常也是更公开的仪式，一方面是有情绪和动机，另一方面是形而上的概念，缠绕在一起。它们形成了一个民族的精神意识。借用一个由辛格提出的有用的词，我们可以称这种完全公开的仪式为“文化表演”，并强调，这些仪式所显示的不仅仅对信仰者来说，是宗教生活的气质和概念方面聚集的点，而且还是一个独立

的观察者最便捷地检验的它们之间的互动点：

> 马德拉斯的婆罗门(非婆罗门在这方面也是一样)无论何时想要向我展示印度教的某种特征时，他们总是指点或是邀请我去看一种生活圈子内的，在一个宗教节日里，或是在宗教的或是文化的表演的一般范围中的特殊的仪式。我在采访与观察的过程中思考这方面的现象时发现：关于印度教的更抽象的概括(我自己和其他我听说的人)可以用这些可观察的表演，直接或是间接，得到检验。[43]

当然，不是所有的文化表演都是宗教表演，那些宗教表演和艺术的，或甚至是政治的表演之间，实际上很难划出界线，因为，就像社会形式一样，象征形式能服务于多重目标。但是要点在于，稍加解释，印度人——“也许所有民族的人”——似乎认为他们的宗教“浓缩在他们(能够)向参观者和自己展示的这些相互间没有什么联系的表演中”[44]。但是，展示的样式对两种目击者是极为不同的，这似乎是那些认为“宗教是一种人类艺术形式”的人所忽略的。[45] 对“参观者”来说，宗教表演在这里，就案例的本质而言，仅仅是一种特殊宗教观点的展示，因而可以对其做出美学的分析或是科学的剖析。而对于参加者来说，宗教表演还 114
是宗教观点的规定、具体化和现实化——不仅是他们所信仰的东西的模型，而且是为对宗教观点的信仰建立的模型。在这些

---

[43] M.辛格：《印度文明的文化模式》，载《远东季刊》，第15期(1955)，第23—26页。

[44] M.辛格：《一个中心大都市中的传统：马德拉斯》，载《传统的印度》，M.辛格编(费城，1958)，第140—182页。

[45] R.弗思：《社会组织的因素》(伦敦和纽约，1951)，第250页。

具有可塑性的剧目中人们在刻画的同时也获得了信仰。

作为一个恰当的例子,让我们看一下巴厘人那里一个特别戏剧性的文化表演——在其中一个称为浪达的可怕的女巫与一个称为巴龙的可爱的妖怪在仪式斗争中作战。[46] 通常(但是不是不可缺少地)在死亡寺庙的庆典仪式上表演,这幕戏剧由假面舞蹈组成,在其中这个女巫被描绘成一个枯瘦的老寡妇,妓女或是食婴者,在土地上撒布瘟疫与死亡。反抗女巫的妖怪巴龙被描绘成一种笨熊和傻狗,或是神气的中国龙的混合物。由一位男性扮演的浪达是一个丑陋的角色。她的眼睛在前额上突出来,像肿了的疔疮;她的牙伸出来包住了面颊,犬牙伸到了下巴。她的缠作一团的乱七八糟的黄头发披下来环绕着她的身体。她的胸部干瘪,乳房上缠着头发,两个乳房之间,像许多野蛮人一样,悬挂着连成线的肠子,像很多香肠。她的长长的红舌头是一串火焰。跳舞时她挥动着没有血色的手,向前伸出爪子状的十英寸长的指甲,并发出金属声似的神经质的笑声。另一方是扮作变形的马的样子的巴龙,一前一后由两个男人扮演。他的毛茸茸的狗皮外套上挂满了金的和云母的饰物,在半明半暗的光线中闪闪发光。他装饰着鲜花、彩带、皮毛、镜子和用人的头发做成的化妆用的胡须。而且虽然也是一个妖怪,但是当浪达或其他人冒犯他时,他也会因为气愤而瞪大他的眼睛,快速伸出长着毒牙的下腭;在他的滑稽地弯着的尾巴上挂着的一串丁当作

㊻ 浪达—巴龙复合体已经被一批非同寻常的天才的人种学家广泛地描述和分析过,而我在这里只想提出它的纲要性的形式。(例如,可见J.贝娄:《巴厘:浪达与巴龙》,纽约,1949;J. 贝娄:《巴厘的招魂术》,纽约,1960;B.德若依特与W.斯拜:《巴厘的舞蹈与戏剧》,伦敦,1938;G.贝特森和M.米德:《巴厘人的性格》,纽约,1942;M.卡瓦拉比亚斯:《巴厘岛》,纽约,1937)。此处对这个复合体的解析中的绝大多数内容基于我本人一九五七——九五八年期间在巴厘的观察。

响的铃铛可能是用来减轻他的大部分恐惧的。如果说浪达是邪恶的,巴龙则是一个滑稽角色,两人之间的冲突是邪恶与滑稽之间的冲突(一个没有胜负的冲突)。

这种邪恶与低级滑稽的对照充斥着整个演出。浪达抓住她 115
神奇的白布,缓慢蹒跚地转着圈,一会儿停下来思考和犹豫,一会儿突然向前跳跃。她的出场(当她出现在石楼梯护栏上端的开口时,首先看到的是那双有着可怕的长指甲的手)是一种可怕的紧张,当时的情景至少对一个"参观者"来说似乎每一个人都会因为恐惧而吓跑。她自己好像由于恐惧和仇恨而变得疯狂,在木琴(gamelan)的疯狂的锵锵声中对着巴龙用尖叫表示轻蔑时她可能变得杀气腾腾。我自己就看到浪达头向前伸,向木琴乐队猛扑过去,或者是疯狂地变得完全神智迷乱,只有靠六个观众一起用力才能使她驯服和重新苏醒过来;能听到许多有关浪达让整个村庄处于恐怖之中和扮演者由于这种经历而永远成为神经错乱者的故事。但是巴龙,虽然被赋予了像浪达一样的类似超自然的神圣力量(巴厘语中叫 sakti),他的扮演者也同样出场,但是他好像很难严肃起来。他和他的小鬼随从嘻戏(他们用自己的粗鲁的恶作剧来增加快乐),他躺在一个金属木琴(metallaphone)上演奏木琴或者是用自己的脚敲打一面鼓,他半个身子向前移半个身子向后移或者是把他的部分身体扭曲成愚蠢的形状,从他的身上扫掉苍蝇,从空气中嗅气味,总之是以一种突发的自我陶醉的夸张跳来跳去。对比不是绝对的,因为浪达有时也会有片刻的滑稽,这是在她要去擦巴龙外套上的小镜子时,而巴龙也会在浪达出现后变得更严肃一些,他神经质地对着她喋喋不休,最后直接向她进攻。而且,幽默和恐怖也不是严格地分开。例如在一幕奇怪的场景中,有几个小女巫(浪达的信徒)对高兴得发疯的观众摇晃着一个流产婴儿的尸体;可在同样奇怪的另一个场景中，一位孕妇被一群掘墓人追着跑来跑去歇斯底里地一会儿哭一会儿笑，这似乎有某种理由让人非常开心。恐惧和欢乐的双重主题在两个主角之间，在他们无休止的、不分胜负的争夺霸权的斗争中，找到了最充分的表达，但是他们被以刻意的复杂编织进了戏剧的整体结构中。它们——或者应该是它们之间的关系——就是戏剧所要表达的东西。

116 没有必要在这里详细描述一个浪达—巴龙表演。这类表演在细节方面非常不同，由若干个不很密切相关的部分组成，而且任何一次表演在结构上是如此的不同，以至于不能轻易地做出一个概括。就我们的目的而言，强调的要点是这出戏剧，对巴厘人来说，不仅仅是一个供观看的场景，而且是一个可操演的仪式。这里没有一个将演员与观众分开的美学距离，也没有将所表演的剧情放入一个不可进入的虚幻世界，而且到一个全套的浪达—巴龙争斗结束时，多数，经常是几乎主办这一表演的所有部落都会投身其中。在贝娄的一个例子中我计算有男女老少七十五个人在这一处或另一处参加了这一活动，有三四十人参加表演并不少见。作为一个表演，这出戏剧像一片混乱，不像是表演教堂里的谋杀：它是逐渐投身其中的，而不是站在旁边无动于衷的。

有的时候，进入这类仪式的主要部分要通过其中包含的不同的配角的烘托——小女巫、妖怪、各种传说和神话中的人物——这些角色选择村民扮演。但是大多数情况下，仪式进入主要部分，主要是借助相当一部分观众极为发达的心理分解能力。一场浪达—巴龙斗争在任何地方都不可避免的内容，是有三四个到几十个观看者被这个或那个妖怪所控制，落入迷乱的冲动之中，就像“一个接一个爆炸的鞭炮”，[47] 而且抓住短刀，冲

---

[47] 贝娄：《巴厘人的招魂术》。

进去加入争斗。集体鬼魂附体，传播起来就像是恐慌，将每一个巴厘人从他通常生活的普通的世界中拉出来进入一个浪达和巴龙生活的不寻常的世界中。对巴厘人来说，要进入鬼魂附体状态，就要穿越一个门槛进入另一个存在秩序之中——鬼魂附体的对应词叫纳迪(nadi)，源于 dadi，经常翻译为“成为”，但是也许更简单的翻译是“成为”。而且甚至那些无论出于什么理由没有做到这一精神穿越的人也要被卷入这一过程，因为正是他们必须要保持这种迷乱状态下的疯狂行为不会失控，如果是一个普通人就要实行肉体克制，如果是一个僧侣就要洒圣水或是念咒语。在高潮时，一场浪达—巴龙斗争处于僵持状态，或是至少
似乎是在僵持，在群体迷乱的边缘时刻，逐渐减少的没有迷乱的 117
人群绝望地冲去(而且似乎永远是成功的)控制逐渐增加的迷乱的人群。

在它的标准形式中——假如可以说它有一个标准形式——表演是从巴龙的出场开始的，他跳跃着并做出狂妄的样子，作为一种对付随后事件的预防性行动。然后是许多与故事有关的不同的神话场景——这些场景不总是相同的，表演以这些场景为基础——直到最后巴龙和浪达相继出场。他们的斗争开始了。巴龙将浪达推回到死亡之庙的门口。但是他没有力量把她彻底驱走，而且也轮到他被赶回到村庄。最后，当似乎浪达最终要占上风时，一些鬼魂附体的、迷乱的人站起来，手里拿着短刀，冲上来支持巴龙。但是当他们接近浪达时(她已经在思考中转过背去)，她转向他们，挥舞着她的有魔力的白布，让他们昏倒在地上。然后浪达急速地退回(或者是被带到)庙里，躲开被激怒的人群，在那里她就瘫倒了。我的信息提供人说，这些人如果看到她孤立无助会杀了她。巴龙在手里拿着短刀的舞者中走动，对他们敲响牙齿或是用胡子刺他们来把他们弄醒。当他们苏醒过

来，他们还是迷乱的，他们因为浪达消失了而感到气愤，因为不能攻击她，(他们)在沮丧中把短刀(是无害的，因为他们是迷乱的)转向自己的胸膛。通常在这时真正的大混乱在人群成员中，男女都有，爆发了，在剧院里的所有人都落入迷乱状态，冲出来刺杀自己，互相扭打，吞活鸡或粪便，痉挛地吞下泥土，等等，与此同时，没有迷乱的人试图让他们放下手中的短刀或者是让他们能保持至少是最低限度的有序。这时迷乱者一个接一个地陷入昏迷，他们被僧侣用圣水救醒，大战结束——一个完整的表演再次结束。浪达没有被征服，但是她也没有征服任何人。

寻找这种仪式意义的一个方式是收集设想中仪式所扮演的神话、故事和明确的信仰。无论如何，这些内容不仅是不同的，而且是可变的——对有些人来说浪达是杜尔迦[48]的化身，她是湿婆(Siva)的邪恶的配偶；对另一些人来说，她是玛汉德拉达塔王后，一个来自十一世纪爪哇宫廷传奇中的人物；但是对另一些人来说，她是女巫的精神领袖，正如婆罗门大祭司是人的精神领
118 袖。对巴龙是谁(或什么)的看法同样是歧义甚至是含糊的——但是这些看法似乎在巴厘人对这个戏剧的理解中只起次要的作用。正是在真实表演中与这两个角色的直接相遇，使得村民们自己把她们当做纯粹的现实。因而他们不是代表了什么而是在场。当村民们陷入迷乱时，他们自己成为——*nadi*——那些在场人物生存世界的一部分。去问一个**曾经扮演过**浪达的人他是否认为浪达是真实的，像我曾经做过的那样，就会被人怀疑成是白痴。

这样，仪式表演本身就引导人们接受权威，而权威是宗教观

---

[48] 即难近母，印度教雪山神女的化身之一，既是湿婆——印度教和婆罗门教的主神之一——的妻子，又是一个相对独立的女神——降魔女神。——编注

点的基础。用一套单一的象征符号，引入一套心境和动机因素——一种气质——并定义一个宇宙秩序的图像——一种世界观，仪式表演使宗教信仰方面的**为了**模型和**属于**模型仅仅是互相转换。浪达激起了害怕（还有仇恨、反感、残忍、恐惧和性欲——尽管我还不能在这里讨论表演中性的方面内容）；但是她也这样描述这一点：

> 只有承认浪达不仅是一个能控制别人精神的可怕角色，而且她也是恐惧本身，女巫这个角色控制巴厘人的想像力的魔力才能得到解释。她的长着可怕的长长的手指甲的手不是去抓和掐她的牺牲品——虽然孩子们在玩耍扮演女巫时确实把他们的手弯成这种形状——而是伸手向前，手掌外翻，手指后屈，做成巴厘人称为卡帕(Kapar)的姿势，这个词形容的是一个人从树上掉下来时的突然的惊恐反应……只有在我们看到她自己害怕也使别人害怕时，才可能解释她的魅力，以及她跳舞时环绕着她的悲伤的情态毛茸茸令人生畏，长着獠牙独自一人，时不时发出的高声怪笑。[49]

再看巴龙，他也不仅是引起笑声，而且体现了巴厘式的滑稽精神——一种嬉戏、表现癖及对漂亮的过分热爱的独特结合，也许这种滑稽精神再加上害怕，成了他们生活中占主导地位的动机。所以，持续爆发于浪达与巴龙之间的斗争不可避免地出现平局——对有信仰的巴厘人来说——既形成了一种普遍的宗教概念，也是一种有权威的经验，它使信仰合理化并强迫人们接受信仰。

㊾ G. 贝特森和 M. 米德：《巴厘人的性格》，第 36 页。

119 **……这些心境和动机因素看上去具有独特的真实性……**

但是没有一个人，甚至没有一个圣徒永远生活在宗教象征形成的世界里，多数人只是暂时生活在其中。正如舒茨所言，由常识客体和实践行动所构成的日常世界是人类经验中的最高真实——它在这一意义上是“最高”的：这是我们最牢固地植根于其中的世界，它的内在真实我们几乎不能质疑（无论我们能对其中的某些部分提出多少质疑），而它的压力和要求我们几乎不能逃离。[50] 一个人，甚至是一个大的团体，可能缺乏审美意识，对宗教漠不关心，也不具备追求正式的科学分析的能力，但是却不可能完全缺乏常识并生存下来。由宗教仪式所诱发的气质倾向，在仪式本身的范围之外有着极其重要的影响——从人类的角度看——因为气质倾向反过来影响了个人建立关于既有的纯粹事实世界的概念。平原印第安人寻求显圣，马努斯人的忏悔，或是爪哇人的神秘活动都具有独特的格调，充满了这些民族的远离直接宗教的生活领域中，在占主导地位的心境和富有特点的行动方面，使这些生活领域具有独特的风格。浪达—巴龙争斗所表现的邪恶与滑稽交锋，激活了广泛的巴厘人日常行为领域。其中的多数，就像仪式自身一样，有一种直接的恐惧气氛，过分的嬉戏才使恐惧勉强得到控制。宗教引起社会学方面的兴趣，不像庸俗实证主义者说的那样，是因为它描述了社会秩序（就它描述的而言，是含糊的、不完整的），而是因为，就像环境、政治权力、财富、法律义务、个人好恶，以及美感一样，宗教塑造

---

[50] 舒茨：《社会现实的问题》，第226页。

了社会秩序。

在宗教观点和常识观点之间来回转换，实际上是在社会生活中发生的较为明显经验事件之一，它同样也是社会人类学家最为忽略的事情之一，但实际上他们无数次地看到它发生。宗教信仰通常被作为个人均质的特征，就像他的住处、职业、辈份，等等。但是仪式中的宗教信仰——在仪式中它占据整个人心， 120
将人带入另外一个存在模式中去——与日常生活的宗教信仰并不完全一致；日常生活中的宗教信仰是对经验的苍白记忆和反应，不能认识这一点已经导致了一些混乱，尤其是在所谓的“原始心灵”问题上。例如，莱维—布吕尔与马林诺夫斯基之间在“原始心灵”本质方面的争论，就是由于对这一区别缺乏全面理解。这位法国哲学家关注采用特定宗教观的原始人的实在观，那位波兰裔英国民族志学者关注采用严格常识观点的原始人的实在观。[51] 也许两个人都模糊地意识到他们在谈论的不是完全相同的事，但是由于他们没有具体描述这两种“思想”形式——或者像我愿意说的，这两种模式的象征形式——互相发生作用的方式，他们就陷入了歧途。因此，尽管他最后又否认了，莱维—布吕尔的野蛮人愿意生活在完全由神秘的经历组成的世界中，而马林诺夫斯基的研究对象(尽管他所强调的是宗教在功能性方面的重要性)，则倾向于生活在完全由实际活动组成的世界中。他们变成了还原论者(唯心主义者和唯物主义者都是还原论者)，因为他们没有看到人在两种极端对立的看待世界的方式之间可以多多少少有些轻松的、频繁的变换。这两种方式互不连续，由于文化的差别而分开，要消除差别必须在两个方向上做

---

[51] 马林诺夫斯基:《魔术、科学与宗教》;L. 莱维—布吕尔:《土著人如何思想》(纽约,1926)。

克尔凯郭尔式的(Kierkegaardian)跳跃:

> 有无数种不同的受到震动的经历,其数量之多就像那些有限的不同意义范围(我们可以把实在的特点赋予这些意义范围)一样。以下是某些例子:入睡就像是跳进梦的世界;大幕升起,作为进入舞台表演世界的过渡时,我们内心的转换;在一幅画面前,我们被限制在画框中,作为进入图画世界的途径时,我们的态度发生极大的变化;当我们听到一个笑话时,我们暂时准备将一个滑稽的虚假世界接受为真实,而与之相联的日常生活的世界显得可笑,我们就会放松自己而大笑;孩子在转向玩具时是进入一个游戏世界;等等。各种不同的宗教经历也是一样的——例如,克尔凯郭尔在跳入宗教领域时的“瞬息”经历——就是这种受到震动的例
> 121 子,同样的还有科学家决定以超然的(分析性)态度来代替对“世俗世界”的感情投入。[52]

在纯粹的宗教和宗教应用之间，在遭遇到设想的“真正的真实”和以这种遭遇观察普通经验之间，存在着质的差别——这种差别是经验的而不是超验的。对差别的认识和探索将使我们比原始神秘主义者和原始实用主义者更深刻地理解当博罗罗人（Bororo）说“我是一只鹦鹉”和一个基督徒说“我是一个罪人”时他们是什么意思。在原始神秘主义理论中，普通世界消失在一片奇怪思想的云雾中；在原始实用主义理论中，宗教分解成一些有用的虚构。我从珀西（Percy）处引用的鹦鹉例

---

[52] 舒茨:《社会现实的问题》,第 233 页。

子是一个好例子。[53]因为，正如他所指出的，以下两种说法都不能令人满意：说博罗罗人真的自认为是一只鹦鹉（因为他的确并没有想要与其他鹦鹉婚配），他的声明是虚假的，是废话（因为很明显，他没有提供——或者至少没有仅仅提供——可被证实或被反驳的那种关于阶级成员的论据，正如说“我是一个博罗罗人”），或者说这种声明在科学上是虚假的但是在神话上是真实的（因为这立即就导致一个内部自相矛盾的、实用的、虚构的概念，因为它在给予神话真实性时又否认它的真实性）。为了更一致些，似乎有必要将这一句话视为在其构成宗教观的“意义的限定范围”内，与在构成常识观点的“意义的限定范围内”，它的意义是不一样的。在宗教观点中，博罗罗人“真的”是“鹦鹉”，而且在恰当的仪式中可能成为其他“鹦鹉”的“伙伴”——像他那样抽象的鹦鹉而不是那种飞上枝头的鹦鹉。而在常识性的观点中，我估计，说他是只鹦鹉意味着他属于一个氏族，这个氏族的成员将鹦鹉视为他们的图腾。依靠宗教观点所揭示的实在的基本特点，这种身份资格有着特定的道德的和实践的含义。一个说他是鹦鹉的人，假如是在普通的谈话中说这句话，他是在说，正如神话和仪式所显示的，他具备鹦鹉的本质。而且这个宗教事实有某些重要的社会含义——我们“鹦鹉”必须紧密地联系在一 122
起，不能互相通婚，不能吃世间的鹦鹉，等等。如果相反，就是反对整个宇宙。正是将这种眼前的行动放置于最后的情境之中，给予宗教，至少是经常给予，如此强大的社会力量。它（经常是极为剧烈地）改变了整个常识景观，而且是以这样一种方式来改变，即，由宗教实践所引发的心境和动机，似乎自身就是“真正

[53] W.珀西：《人际过程中的象征结构》，载《精神病学》，第24期（1961），第39—52页。

的”极为有用的、惟一明智的因素。

在仪式中“跳进”(这个形象与事实相比可能过于有些竞技色彩——“滑进”也许更准确些)由宗教概念所定义的意义结构中,仪式结束后,重新回到常识的世界,这时一个人——除非像某些时候所发生的那样,其经验没有发挥作用——被改变了。在他被改变的同时,常识世界也被改变了,因为它现在被视做广泛实在的部分形式,“实在”纠正并完善了它。

但是这种纠正和完善,并不是像某些“比较宗教”学者所认为的那样,在各地都有相同的内容。宗教给普通生活带来的成见,因人所涉及的宗教,因他所要接受的特殊的宇宙秩序的观念所造就的特殊气质不同而有所不同。在那些“伟大”宗教的层面上,通常都能确认它们在组织上的特征,有时被固执到狂热的地步。但是即使是在最简单的种族和部落的层面上——在这个层面上,不同的宗教传统经常被解释为一些凝炼的形式,如“泛灵论”、“前泛灵论”、“图腾崇拜”、“萨满教”、“祖先崇拜”,以及许多其他枯燥空洞的分类,靠着这些分类宗教民族志学者使他们的材料丧失生命力——不同人群如何行为的个性特征是由于他们相信他们自己的经验,这一点是很清楚的。平静的爪哇人不习惯有负罪感的马努斯人,积极行动的克劳人(Crow)也不理解冷漠的爪哇人。对世界上所有的巫师和仪式中的小丑而言,浪达和巴龙并不具有普遍性,而只是一种恐惧和快乐的完全独特的形象。人们相信什么就像他们是什么一样多样化——该命题反之也成立。

正是这种宗教体系对社会体系(也对人性体系)产生影响的独特性,使得对宗教在道德和功能方面的价值做出评价成为不可能。心境和动机的类型决定了一个人的特性,一个刚从阿兹
123 特克活人祭回来的人和一个刚取掉面具的卡奇纳人(Kachina)

是完全不同的。即使是在相同的社会中，一个从巫术仪式中了解生活模式的人和一个从共餐活动中了解生活模式的人，在社会和心理功能方面会有着非常不同的结果。在科学地进行宗教写作时，方法论上的主要问题之一，是要立即将乡村无神论者和乡村教士的情调，还有他们的一些更为老练的同道的情调，放在一边，特殊的宗教信仰的社会的和心理的含义才能得到准确的和客观的揭示。关于宗教是“好的”还是“坏的”，是“功能性的”还是“功能失调”的，是“自我强化”还是“产生焦虑”，这样的总体性的问题就会像妄想一样消失，而留下的是对个别的案例进行个别的评价、估计和分析。当然还留下了一些并非不重要的问题：这个或那个宗教的主张是不是真理，这个或是那个宗教经历是不是真实的，或是真正的宗教主张和宗教经历是否可能。但是这些问题在科学观自身造就的有限性中甚至不应该被提出来，更不要说回答。

三

对人类学家来说，宗教的重要性在于它有能力为个人或群体提供一个关于世界、自身及它们之间的关系的普遍而独特的概念的源泉。一方面是它的**属于**模型，另一方面是它的**为了**模型，即根本的、明确的“心智”的气质。反过来，由这些文化功能又产生了它的社会和心理的功能。

宗教概念超越它们的特有的形而上学语境，提供了一个一般性的观念框架，依靠它能给予广泛的经验——智力的、情感的、道德的——以有意义的形式。基督教徒将纳粹运动与人性堕落(The Fall)这个背景相比较，虽然不能在因果联系上得到解释，但是却赋予它一个道德的、认知的甚至是情感的含义。一个

阿赞德人把朋友或是亲戚遇上粮食歉收与一个具体但又相当特
124 殊的巫术概念联系起来,由此避免了哲学上的两难及非决定论的心理压力。一个爪哇人在借来并重新加工过的概念 rasa(“感觉—味道—感情—意义”)中发现了一种办法,用它来以新的眼光“看”舞蹈、味觉、情感和政治等现象。一个概括的宇宙秩序,一套宗教信仰,也是对世俗的社会关系和心理现象的世界的一种解释。它使它们成为可以把握的。

除了解释功能之外,这些信仰也是一个模板。它们不仅仅是以宇宙论的术语解释社会和心理进程——在这方面它们应该是哲学的而不是宗教的——而且它们还塑造这些进程。隐藏在原罪信条中的信仰,是一种值得推荐的生活态度,一种一再出现的心境及一套持续的动机。阿赞德人从巫术概念中学到的,不仅是把明显的“事故”理解为根本不是事故,而且要以对肇事者的仇恨来对这些虚假的事故做出反应,并且要以适当的解决办法来反对肇事者。Rasa,除了作为真、善、美的概念,也是一种受人推崇的经验模式,一种无感情的超脱,一种无所触动的淡然,一种不可动摇的冷静。由宗教倾向产生的心境与动机,给一个族群的世俗生活的根本特征,蒙上了一层派生的、微弱的光。

因而考察宗教的社会和心理学作用,不只是发现特殊的仪式行为与世俗社会之间的关联——虽然这些关联肯定存在,并且非常值得继续调查,特别是假如我们能够说出些新东西的话,而是要理解“真正真实”的概念(无论这些概念多么模糊)及其引发的习性,如何影响人们的理性的、实践的、人性的和道德的观念。宗教的影响有多大(因为在许多社会中宗教的影响似乎完全是受限制的,而在另外一些社会中又完全是无所不在的),宗教的影响有多深(因为对有些人或有些人群来说,在世俗世界的进程中宗教只是很轻微的一件事,而另一些似乎要把他们的虔诚应用到每一个事件,无论这些事情多么微不足道),宗教影响的效果如何(因为在宗教所提倡的和人们实际上如何做的之间的差别因文化而不同)——所有这些都是比较社会学和宗教心理学的基本课题。不仅仅是在简单的演进基础上,甚至宗教自身发展的程度也极为不同。在一个社会中,对终极实在的象征 125
描述,可能达到极为复杂及系统化的程度;在另一个社会中,社会发展水平并不低,这类描述却可能停留在真正的原始水平上,几乎不过是一堆支离破碎的信仰、孤立的意象、宗教反应(sacred reflex)及宗教体裁岩画(spiritual pictography)的杂烩。只需想一下澳洲土著和非洲丛林人(Bushman),托拉查人和阿洛尔人,霍皮人和阿帕切人,印度人和罗马人,甚至是意大利人和波兰人,就可以看到宗教的发展程度并不总是一致的,即使是在两个复杂程度相近的社会中。

人类学对宗教的研究因而要分两步进行:第一步,分析构成宗教的象征符号所表现的意义系统,第二步,将这些系统与社会结构和心理过程联系在一起。我对当今社会人类学的大多数宗教研究不满意,不是因为这些研究关心第二步,而是因为它们忽略了第一步,结果把最需要诠释的问题当成了想当然。讨论祖先崇拜在控制政治继承中的作用、祭祀在界定亲属义务中的作用、精神崇拜在安排农业实践中的作用、占卜在加强社会控制方面的作用、成人仪式在促进成熟中的作用,都并非不重要,而且我也不是建议放弃这些研究,而代之某种空洞晦涩的神秘主义,对一些奇怪的信仰所作的象征分析非常容易陷在这里面。但是,在我看来,单从最一般的、常识的观点出发,把祖宗崇拜、动物祭奠、精神崇拜、占卜预测、成人仪式当成宗教模式,不会有多少希望。只有当我们对象征行为的理论性分析,在复杂程度方面达到我们对社会和心理活动进行理论分析的水平时,我们才能对那些宗教(或艺术,或科学,或意识形态)在其中起到了决定性作用的社会生活和心理生活做出有效的处理。

第五章　精神气质，世界观及对宗教象征的分析 126

一

宗教决不仅仅是形而上学。因为对所有的人来说，崇拜的形式、媒介和对象都充满着深刻的道德严肃。宗教中处处都有着内在的义务：它不仅仅是鼓励虔信，它还要求虔信；它不仅仅是诱发理智上的赞同，而且还强化情感承诺。无论它是被描述成马那，还是梵(Brahma)，还是圣三一(Holy Trinity)，它都超越世俗，不可回避地被认为对人的行为取向有深远的涵义。宗教决不仅仅是形而上学，而且也决不仅仅是伦理规范。因为它的道德生命力的源泉被认为存在于对现实的本质的忠实表述之中。有力的强制性的"应当"(ought)被感觉到是产生于无所不包的事实上的"是"(is)，由此，宗教奠定了在人类存在的最一般的情景中对人的行为的最独特的要求。

在最近的人类学讨论中，既定文化的道德(及美学)方面，价值性因素通常都被归纳为"精神气质"(ethos)这个术语，而认知和存在的方面则被归纳为"世界观"(world view)这个术语。一 127
个民族的精神气质是格调、性格及生活质量，是它的道德风格、审美风格及情绪；它是对他们自己及生活所反映的世界的潜在态度。世界观是对纯粹现实中的事物存在方式的描画，是自然、自身和社会的概念。它包含着他们对秩序的最广泛的观念。宗教信仰和仪式互相对应又互相肯定;精神气质被认为在理智上是合理的,所依靠的是它代表了现实事物暗示的生活方式,而现实事物是由世界观描述的;而世界观在情感上可以让人接受,所依靠的是它展示了现实事物真实状态的形象,生活方式是这种状态的真实表现。对一个人所拥有的价值观和存在的一般秩序间的意义关系的揭示,是所有宗教的根本因素,无论这些价值观和秩序被想像成什么样。不论宗教还可能是其他什么东西,它在某种程度上仍是一种努力(是暗示或直接感受到的而不是明确的或是深思熟虑的那种),试图储备普遍的意义,人们借此解释自己的经验,组织自己的行为。

但是意义只能“储存”在象征中:十字架,新月,带羽毛的蛇。这些宗教象征,在仪式中得到生动的表现或与神话相连。对那些与之产生共鸣的人来说,它以某种方式囊括了世界存在的方式、情感生活的质量、人在这个世界中的行为举止。宗教象征因而将本体论和宇宙论与审美和道德联系在一起:它们的特殊力量来自于在最基本的层面上它们是否能够赋予事实以价值,是否能够给予纯然实在以可理解的规范的含义。这类综合象征的数目在任何文化中都是有限的,虽然在理论上我们可以认为一个民族能够独立于形而上学参照物而构建价值体系、一个没有本体论的伦理道德体系,但我们在现实中似乎还没有发现这样一个民族。在某种水平上综合世界观和精神气质的倾向,假如在逻辑上不是必然的,至少在实践上是必需的;假如它不是在哲学上被证实的,至少在实用上是普遍的。

让我举一个例子说明这种现存与规范融合在一起的现象,这个例子出自詹姆斯·沃克的一个奥格拉拉人(苏族印第安人)的调查对象的话,我是在保尔·雷丁的被人忽视的经典著作《作为哲学家的原始人》中发现的：

> 奥格拉拉人相信圆圈是神圣的，因为神灵使自然界所有的 128
> 东西都成为圆的，除了石头。石头是用于破坏的工具。太阳与天空，地球与月亮，就像盾牌一样都是圆形的，尽管天空深得像一只碗。所有能呼吸的东西都是圆的，就像树的干。既然伟大的神灵使所有的东西都成为圆的，人类就应该把圆圈看做是神圣的，因为它是自然界万物的象征，除了石头。同样，也是圆的象征使世界有了边缘，使得风从四面八方刮过来。它也成了年的象征。日、夜、月沿着圆形轨迹跨越天空。因而圆圈成了时间划分的象征，从而也是所有时间的象征。
>
> 因为这些理由，奥格拉拉人把他们的提皮(tipis)[①]做成圆形的，把帐篷群排成圆环状，在所有仪式的集会中人们都团团围坐。圆圈也是提皮及庇护所的象征。如果一个人用圆做饰物且圆没有以任何方式断开，它应该被理解为世界及时间的象征。[②]

这是善恶关系及其现实本质的精巧的表述。圆形与非圆形、太阳与石头、庇护所与战争都被隔离在互不相连的对子中，它们的意义是美学的、道德的及本体的。这些陈述的推理性表达是不规则的：对绝大多数奥格拉拉人来说，圆圈，无论是在自然界发现的，还是画在野牛皮上的，或是在太阳舞中表演的，都是一个未经检验的浅显易懂的象征，它们的意义能被直接地感

---

① 北美印第安人用树皮、兽皮等制成的圆锥形帐篷。——编注

② P. 雷丁：《作为哲学家的原始人》(纽约，1957)，第227页。

受到,毋需有意识地去解释。但是象征的力量,无论是否经过分析,显然都依赖于它的综合性,以及它规范经验的效果。一次又一次,神圣的圆圈(有着道德含义的自然形式)的观念产生出新的意义,当被应用于奥格拉拉人的生活世界时;它持续地将那些他们经历中的各种成分联接在一起,否则这些成分就会被认为是分离的,也是不可理解的。

人体及树干、月亮与盾牌、提皮与营地圆圈(Camp-circle),它们共有的圆性给了它们一个模糊的但能强烈感受到的意义。而且这种意义性的(meaningful)共同成分,一经抽象,就能用于一个仪式——就像在和平的仪式中的,烟斗(社会团结的象征)被小心地从一个吸烟者传到另一个吸烟者手中,形成一个完美的圆环,形式的纯粹引发了神灵的恩赐——或者是将道德经验中的一些自相矛盾的以及不正常的事情解释成神话,这时一个
129 人在圆形的石头中看到形成了善战胜恶的力量。

二

正是大量的宗教象征,它们交织在某种有序的整体之中,形成了宗教体系。对于那些信仰某种宗教的人来说,一个宗教体系似乎是在传递着真正的知识,而这些知识是生活展开所必需的基本条件。特别是在这些象征没有受到(历史的和哲学的)批判的地方,就像它们在世界多数文化中一样,那些无视这些象征所代表的道德及美学规范,按照不一致的方式生活的人,都被视为并不比愚蠢、麻木不仁、不开化,或(在一些极端的例子里)发疯更为邪恶。在爪哇,我曾在那里进行田野考察,所有的小孩、傻子、粗鲁的人、精神不健全的人,以及非常不道德的人,都被称为“还不是爪哇人”。还不是爪哇人,就等于说还不是人。不道

德的行为被称之为“不合习俗”,比较严重的罪行(乱伦、妖术、谋杀)被认为是由于一时糊涂,对一些不太严重的罪行通常的评论是“不懂秩序”,而且“宗教”和“科学”是同一个词。道德因而就有了朴素现实主义及实用智慧的性质;宗教支持恰当的行为,所采取的做法是描绘一个这种行为在其中仅仅是常识的世界。

行为仅仅是常识,因为在精神气质与世界观之间,在已认可的生活方式和假定的现实结构之间,有一种简单而又基本的一致性,因而它们能互相完善又互相赋予意义。例如,在爪哇,这种观点被归纳在 tjotjog 这个概念中,这是一个很常见的概念,含义是适合,就像钥匙适合于锁,药适合于疾病,解适合于算术题,男人适合于他娶的女人(如果不适合他们就离婚)……。如果你的观点和我一样,我们就 tjotjog;假如我的名字的含义符合我的性格(而且假如它能给我带来好运气),它就被说成是 tjotjog。可口的食物、正确的理论、良好的举止、舒适的环境、满意的结果都是 tjotjog。在最广泛最抽象的意义上,当两个事物合成一致的模式,这种一致的模式赋予每一个事物以它们自身没有的意义和价值时,则这两个事物就 tjotjog。这里暗含一个和谐的宇宙观,在这个世界中,重要的是各种孤立因素之间的自然关系是什么,它们是如何被安排得互相协调并避免不和谐。130
正如在和声中,最终的正确关系是固定的、确定的,而且是可知的,因此宗教就像和声一样,最终是一种实践科学,从事实中产生价值,就像音乐是从声音中产生出来的一样。就其特殊性而言,tjotjog 是爪哇人特有的观念,但是认为当人的行为被调整为同宇宙状态相和谐时,生命才具有真正的意义的观点却是普遍的。

宗教象征所表述的基本实在同生活方式之间的相交点,因文化而异。对纳瓦霍人来说,一种重视冷静的审慎从容、不屈不挠的坚持、有尊严的谨慎的道德体系，与不极为强大、严格有规律与极具威胁的自然形象相辅相成。对法国人来说，恪守合乎逻辑的规则，是对这样一种观点的反应：认为现实是被合理地建构的，首要原则是清楚、明确、不可更改的，因此只需感受、记忆并推演到具体实例。对印度教徒来说，先验的道德决定论(一个人在来世的社会和精神地位是他在现世的行为的性质自动产生的结果)由与种姓制相联系的仪式性的义务伦理负责完成。在宗教自身中，任何一方面，无论是规范的还是形而上学的，都是武断的，但是它们合起来形成了某种必然性的格式塔；一个法国人的道德在一个纳瓦霍人的世界中，或者是一个印度教徒的道德在法国人的世界中，只会显得愚侠式地不切实际，因为它们缺少在自己语境中的那种自然和简单的现实感。正是这种现实感，对真正合理的生活方式的描述，一旦把握了生活的事实，就成了道德权威的原始来源。所有宗教象征断定的是：对人类来说善就是现实地活着；它们的不同在于它们构建现实的眼光不同。

但是宗教象征并不仅仅体现正面的价值，而且也体现反面的价值。它们不仅指出了善的存在，也指出了恶的存在，而且还指出它们之间的冲突。所谓恶的问题是用世界观的词语来表述自身内外破坏性力量的真实本质，如解释谋杀、歉收、疾病、地震、贫穷及压迫。宣布邪恶基本上是不真实的——像在印第安人的宗教及有些基督教派中那样——不过是一种非常不寻常的
131 解决办法；更经常的是接受恶的现实并将其明确定性，对待它的态度——放弃、明确反对、享乐式地逃避、自责、忏悔或谦卑地请求宽恕——被看做是合理的和适当的。非洲的阿赞德人中，所有的自然的不幸(死亡、生病、歉收)，都是由一个人对另一个人的仇恨用巫术引起的，对邪恶的态度是直接的并且是实际的：它

使用占卜手段来发现巫师，采取社会压力来迫使他放弃进攻，如果不行，就用行之有效的复仇魔法杀死他。在美拉尼西亚的马努斯人（Melanesian Manus）看来，死亡、疾病及歉收是秘密罪恶（通奸、偷窃、撒谎）的结果，这些罪恶冒犯了体现家庭精神的神灵道德，公开忏悔和自责是克服邪恶的合理方法。对爪哇人来说，邪恶源于不加控制的感情并能由超脱与自我控制来抑制。因而一个民族所赞赏及所害怕和仇视的都为他们的世界观所描述，由他们的宗教来象征，反过来也表达在他们的整个生活特质中。一个民族的精神气质是鲜明的，不仅是因为他们赞颂某种高尚的东西，而且因为他们谴责某种卑劣的东西；这个民族的美德与罪恶都被风格化了。

支持社会价值的宗教力量所依靠的是它对世界进行象征描述的能力，在这个世界中，那些价值与反对它们实现的力量都是基本因素。它所代表的是构建一个现实形象的人类的想像力量，在这个现实中，引用马克斯·韦伯的话，就是："事件并不仅是存在、发生，而是它们有意义，并因为这一意义而发生。"对价值的形而上学基础的需要，在强度上因文化不同，因人不同。但对某个人的承诺来说，对某种事实基础的需要倾向似乎在实践上是普遍的；在任何一种文化中，因袭旧例只能使很少数的人满意。虽然宗教的作用可能因不同的时间、不同的人，在不同的文化中而各有不同，宗教通过将精神气质与世界观融合，赋予一套社会价值也许是它们最需要被强制赋予的东西：客观性的外表。在宗教仪式及神话中，价值所描绘的不是一个主观性的人类偏好，而是在一个有着特别结构的世界中隐含的强加于生活的条件。

132

三

被一个民族视为宗教象征(或是象征综合体)的类型非常不同。澳大利亚土著人繁复的成人仪式,毛利人复杂的哲学故事,爱斯基摩人戏剧化的萨满教表演,阿兹特克人残忍的人祭仪式,纳瓦霍人走火入魔的治病仪式,波利尼西亚诸岛部族中的大型社交筵席——所有这些模式对该民族来说,都是最强有力地概括了这个民族对生活所知道的一切。这里没有相通之处,只有这样的复合体:马林诺夫斯基著作中著名的特罗布里恩德人似乎同等地关心园艺仪式及贸易仪式。在像爪哇人这样的复合文明中——在其中,印度教、伊斯兰教及异教影响都非常强大——一个人可能在若干种象征综合体中选择任何一个来揭示精神气质与世界观的混合体中的这个或那个方面。但是对爪哇人的价值与爪哇人的形而上的关系最清楚、最直接的洞察,也许只有通过对他们的最深刻也是最发达的一种艺术形式的分析才能得到,这种艺术形式同时也是宗教仪式:皮影戏,或 wajang。

皮影戏之所以称为皮影戏,是因为皮偶——用皮剪裁而成的,着上金、红、蓝、黑等颜色的平面的图样——将影子投在白色的幕布上。达朗(dalang),就是表演皮偶的人,坐在幕布前的一个草垫子上,在他的身后是一个格姆朗(gamelang)③打击乐器乐队。在他的头顶悬挂着一盏油灯。一棵香蕉树干水平躺在他的面前,皮偶卡在树干上,绑着用龟板做成的手柄。表演会持续一个晚上,在表演进行中,达朗根据剧情需要从香蕉树干上取下并

③ 印度尼西亚的一种木琴。——编注

替换皮偶,用一只手将它们举过他的头,放在油灯与幕布之间。从幕布的“达朗”这一边——传统上这一边只允许男人坐——可以看见皮偶本身,它们的影子升上去挡住了后边的屏幕;从相反的那一边——妇女和孩子们坐在那儿——只能看见皮偶的影子。

故事情节大多数取自印度叙事史诗《摩诃波罗多》(Ma-
habarata),进行了某种改编并放入爪哇背景之中。[有时也有取 133
自《罗摩衍那》(Ramyana)的故事,但不太流行。]有三组主要角色。第一组,男神与女神,由湿婆与他的妻子杜尔迦率领。就像在希腊史诗中一样,这些神远不是整齐划一地正直无私,而是有着人类的弱点与情感,而且似乎特别对人间的事情有兴趣。第二组,国王与贵族,在理论上,他们是今天的爪哇人的祖先。这些贵族中最重要的两群人是潘达瓦斯(Pendawas)和克拉瓦斯(Korawas)。潘达瓦斯是著名的英雄五兄弟:于迪斯蒂拉(Yudistira)、毕玛(Bima)、阿育那(Arjuna)、孪生兄弟纳库拉(Nakula)和萨德瓦(Sadewa)——他们通常是由克里斯纳(Krisna),这个维斯纳(Visnu)的化身,以总顾问与保护人的身份陪伴着。克拉瓦斯,有一百多人,是潘达瓦斯的表兄。他们已经从潘达瓦斯手中夺取了恩嘎斯蒂纳王国(Kingdom of Ngastina),而争夺这一有争议的国家的斗争为 wajang 提供了主题;这一斗争的高潮是男性亲属之间的伯拉塔于达战争(Bratajuda War),就像在伯《薄伽梵歌》(Bhagavad Gita)中一样,潘达瓦斯打败了克拉瓦斯。而第三组,是爪哇人在原印度的演员表上添加上的角色,最伟大的小丑——塞玛(Semar)、皮特拉克(Petruk)及嘎楞(Gareng),他们是潘达瓦斯的固定伙伴,同时充当仆人与保镖。塞玛是另外两个人的父亲,是众神之王湿婆的兄弟。他也是所有爪哇人从一出场到结束时的守护神,这个粗笨的傻瓜,也许是整个 wa-

jang 神话中最重要的人物。

wajang 的行为特点也有三种：一种是“谈话”部分，两组对立的贵族面对面讨论他们之间的争执(由达朗模仿所有人的声音)；一种是“战斗”部分，外交失败，两组贵族交战(达朗让皮偶互相碰撞并用脚踢着拍板做出打仗的声音)；还有一种是滑稽喜剧场景，小丑愚弄贵族或彼此愚弄，如果达朗够聪明的话，还会愚弄观众或掌权的人。一般情况下，这三部分内容在一个晚上的时间内要分别上演。在多数情况下，开头是谈话部分，中间是喜剧，最后是战争。从九点到午夜，各王国的政治领袖面对面说
134 明故事的框架——一个 wajang 英雄想要娶邻国国王的女儿，一个殖民地想要自由，或其他任何内容。从午夜到三点，或者是剧情中出现了某种困难——另外某人加入了争娶公主的行列，宗主国不肯给它的殖民地以自由。最终，这些困难在最后一部分都不可避免地在黎明时通过战争解决，英雄获胜——随后的一幕是简短的庆祝、完婚或是获得自由。受过西方教育的爪哇知识分子经常把 wajang 比做奏鸣曲：以展示主题开始，随后发展和丰富主题，以尾曲和重叙结束。

能一下子就打动西方观众的另外一个比较，是拿皮影戏与莎士比亚历史剧相比。宫廷中冗长的正式场面，有着来来去去的传递信息者，不时在树林中或是路旁简短地转换场景，双重剧情，丑角说着粗鲁的普通语言，充满着普遍的智慧的道德；贵族的漫画式的行为，他们说着高雅的语言，充满着对荣誉、公正、责任的呼唤；最后的战争，就像在什鲁斯伯里(Shrewsbury)[4]和阿

---

④ 又译“什鲁斯伯雷”，英国城镇，英格兰萨洛普郡首府，地处英格兰—威尔士边界。一四〇三年英王亨利四世在什鲁斯伯里战役中巩固了王位。见莎士比亚历史剧《亨利四世》。——编注

金库尔（Agincourt）⑤一样，让被征服者虽然失败仍然保持着尊严——所有这些都显示出莎士比亚历史剧的特征。但是 wajang 所表达的世界观，在根本上几乎不是伊丽莎白式的，尽管在表面上两者相似。为人类的行为提供主要场景的，不是原则和权力的外在世界，而是情绪与欲望的内在世界。现实不是在其自身之外去寻找，而是在其内部；结果，wajang 加以戏剧化的不是哲学式的政治而是形而上的心理学。

对爪哇人来说（至少是对那些人，他们认为从二世纪至十五世纪在爪哇印度教—佛教的影响仍占主导地位），主观体验的潮流（取自眼下的现象）表现的是整体宇宙的缩影；在思维与情感的流动的内部世界的深处，他们看到了折射出来的最终的现实本身。这种内视型的世界观在爪哇人从印度教中借鉴来，并特别地加以改造的概念中得到了最好的表达，这个概念就是：rasa。Rasa 这个概念有两个基本含义："感受"与"意义"。作为"感受"，rasa 是爪哇人传统的五种感觉，而且——看、听、说、闻、感，它本身包括五种感觉分成的三个方面：舌头上的味觉、身体上的触觉，以及"心"上的情感的"感觉"，如伤心与快乐。香蕉的 135
味道是香蕉的 rasa；直觉是 rasa；疼痛是 rasa；激情也是 rasa。作为"意义"，rasa 将词汇应用于信件、诗歌，甚至是普通的谈话，使之能指示出在爪哇人的交流与社会交往中非常重要的间接的及暗示的含义。而且它也同样应用于普遍的行为中：指示出暗示性含义、舞蹈姿态中暗示的"感受"、礼貌手势，等等。但是，在这第二点的语义学意义上，它也同样意味着"最终的意义"——这是我们凭借着神奇的努力，且在澄清世俗存在中的所有模糊之

⑤ 又译阿让库尔，法国地名，著名的百年战争中期的阿金库尔战役战场。见莎士比亚历史剧《亨利五世》。——编注

后,所到达的最深层的含义。Rasa,据我们最能说的一位调查对象说,就像生命一样:有生命者有 rasa,有了 rasa 就有生命。要转译这个句子只有进行两次:有了生命就有所感受,有了感受就有了生命;或者是:有了生命就有了意义,有了意义就有了生命。

用 rasa 既指"感受"又指"意义",使爪哇人发展出高度复杂的对主观体验的现象学分析,其中任何其他事情都能够与主观体验联接在一起。因为"感受"及"意义"在根本上一致,所以由**主观**获得的最终的宗教体验也是**客观**获得的最终的宗教真理,一个对内在感受的经验分析同时也产生出一个对外在现实的形而上学分析。既如此,——实际上的区别、分类及联系经常是既精密又详细——是一种考虑——既从道德也从美学观点——人类行为的典型方式,依据的是由个人体验的情感生活。无论是从一个人的行为内部来观察,还是从另外一个人的行为的外部来观察,这一点都是真实的:一个人的情感越纯净,他的理解就越深刻;高尚的道德带来衣着、行为、言谈等方面的优雅。控制个人的情感资源因而就成为他主要关心的事,借此,其他所有的事情最终都会成为合理的。精神上明智的人能够控制自己的心的平静,并能持续地维持着平静安定的状态。他的内心生活就像是一池让人很容易看到底的清澈的水。个人的直接目标因而是情感上的平静,因为不加控制的感情是粗野的,只适合于儿
136 童、动物、疯子、野蛮人和外国人。但是他的最终目标,使平静成为可能的,是神秘的直觉——对最终的 rasa 的直接的领悟。

爪哇人的宗教(或者说至少是爪哇人的宗教的这一变种)最终是神秘主义的:依靠精神锻炼,在纯粹的 rasa 中发现上帝。而且爪哇人的精神气质(及美学观念)相应地是一种没有享乐的以自觉感情为中心的:情绪平静、情感平淡、心若止水都是受到称赞的心理状态,是真正高尚的性格的标志。一个人必须努力

超越日常的感情，达到真正存在于我们所有人的心中的感受—意义。总而言之，快乐与不快乐是一样的，你在大笑时与大哭时都流泪。此外，它们还暗示着：现在快乐，以后不快乐；现在不快乐，以后快乐。一个理智、谨慎的“聪明”人，追求的不是快乐，而是超脱的平静，它能使他摆脱在满意与沮丧之间无休止的摇摆。同样，爪哇人的礼节（几乎包括了所有的道德）集中于一些禁令：不要用突然的姿势、大声说话，或者是任何种类的让人吃惊及反常的行为，打扰另一个人的平静，主要是因为这样做会引起其他人的反常行为，反过来会破坏自己的平衡。在世界观层面上，类似瑜伽的神秘技巧（冥思苦想，凝视烛光，重复成套的词或短语）及关于情感与疾病、自然目标、社会制度及诸如此类事物的关系的纯理论思考。在精神气质这个层面上，有一种道德方面的强调，要求柔和的衣着、言谈及态度，对自己或他人的情感方面的变化的精细的感觉，对行为的稳定的、高度有规律的预控能力。有一个爪哇谚语说，“假如你向北出发，就一直向北，不要去东、西、南。”宗教与伦理道德，神秘主义与礼貌，因而都指向相同的目标：一种用以避免来自内心与外部干扰的超脱的平静。

但是与印度教不同，这种平静不是依靠放弃外部世界及社会而获得的，而是必须身在其中而获得。它是世俗的（甚至是实用的）神秘主义，就像在下面这段出自两个爪哇神秘主义团体的小商人的对话中所表达的那样：

> 他说，这个社会关心的，是教育你不要过多注意世俗的事情，不要过于在意日常生活中的事情。他说，做到这点很困难。他说，他的妻子就不能完全做到这一点。她同意他的说法，例如，她仍喜欢坐汽车，而他则不在意；他能够在意这 137

些也可以不管它们。做到这需要长时间的学习与冥思苦想。举一个例子，你必须做到假如一个人来买布，你要不在乎他是买还是不买……而且你不能将你的真实感情卷入你的商业活动中，而是只想着上帝。这个社会要让人们转向上帝，避免与日常生活的密切联系。

……他为什么冥思苦想？他说，这不仅使你内心平静，而且你将不会轻易烦恼。例如，假如你卖了一块布，本来值六十卢比，但是你只卖了四十卢比，这使你觉得烦恼。假如一个人来到这里而我的心不平静，那么我就不能向他出售任何东西……我说，为什么你要去开会，为什么不在家冥思苦想？他说，首先，你不能从社会中退缩以获得平和；你应该留在社会中并与人们相处在一起，只要能在你的内心中保持平静就行。

这种神秘主义——现象学的世界观和以礼节为中心的精神气质的融合，在 wajang 中以各种方式表达出来。首先，它最直接地以一种清晰的图解方式出现。潘达瓦斯五兄弟通常被解释为五种感觉，对此个人必须将其合成一个不可分的心理力量，为的是能获得神秘的直觉。冥思苦想要求这些感觉的“合作”，就像英雄五兄弟间密切相联那样，他们在做所有的事时团结得如同一个人。或者是皮偶的影子代表的是人的外在行为，而皮偶自身则是代表了他的内在自我，因而可见的行为模式是潜在的心理实在的直接结果。这种精心设计的皮偶有着明确的象征意义：在毕玛的红、白、黑围裙中，红一般是用来显示勇气，白是纯洁，黑是坚定的意志。在格姆朗中演奏的不同的曲调每一种代表着一种特定的感情；同样达朗在剧中的不同阶段演唱的诗歌也是如此。第二，这种融合经常表现为像毕玛请求“清澈的水”

那样的寓言。他被告知有一种水将使他战无不胜，在他到处寻找清澈的水的过程中，在杀死了许多恶魔后他遇到一个和他的小拇指一样大的神，这是他自己的化身。进入这个镜像的侏儒口中后，他在神的内部看到了整个世界，每一个细节都是完善的。重新出来后，神告诉他没有所谓的这种“清澈的水”，他的力量的源泉就在他自己的内心，此后他开始冥思苦想。第三，戏剧的道德内容有时是以类推的方式加以解释的：达朗对木偶的绝 138
对控制被说成是上帝对人的控制；礼貌的言辞和粗暴的战争之间的转换据说等同于现代国际关系，只要外交家还在继续谈判，和平就存在；当谈判破裂，战争随之而来。

但无论是图解、比喻，还是道德上的类推，都不是在 wajang 中表达爪哇人这种综合性的主要手段；因为，表演作为一个整体，通常是被理解为同时就道德及事实而言将个人主观体验戏剧化：

> 他（一位小学教师）说过，wajang 的主要目标是描绘出内心思想及感情的画面，给内在感觉一个外在形式。他说更特别的是它描绘出了在个人内心中，他想做的与他感觉他不应该做的之间的永恒的冲突。假定你想要偷什么东西。嗳，在你内心中同时有什么东西告诉你不要这样做，限制你、控制你。想要去做被称之为意愿；限制不要做被称之为自我。所有这些倾向每天都在对个人构成威胁，摧毁他的思想并扰乱他的行为。这些倾向被称之为 goda，它意指困扰人或事的某种东西。例如，你去一个小吃店，那里有人正吃着什么。他们邀请你和他们一起吃，你因此就有一个内心的斗争——我应该和他们一起吃……不，我已经吃过了，我会吃撑的……但是食物看起来很好……等等。

在 wajang 里，各种烦恼、希望，等等——即 goda——由数百个克拉瓦斯代表，控制自我的能力由他们的表兄潘达瓦斯及克里斯纳代表。故事表面上是关于争夺土地的斗争。故事因此在旁观者看来似乎是真实的，因此 rasa 中的抽象因素能够由具体的外在因素所代表，这些外在因素将会吸引观众，使他们觉得似乎是真实的，同时还能传达内在的信息。例如，wajang 充满了战争，而这些不断发生的战争，被认为是内心的冲突，它代表了在他的主观生活中卑鄙的冲动和净化的冲动之间的冲突。

再一次，这种表述是更为自明的；一般人"欣赏"wajang 而不能明确地解释它的意义。但是，正如圆圈组成了奥格拉拉人体验时——无论苏族人能否理解它的含义，或是否真的有兴趣愿意这样做——wajang 的宗教象征（音乐、角色、表演）本身都给普通爪哇人的体验以一定的形态。

比方说，潘达瓦斯五兄弟中的三个长兄通常代表不同的情
139 感—道德困境。年龄最大的于迪斯蒂拉是过于感情用事。他没有能力有效地统治他的国家，因为当有人向他要求土地、财产、食物，他总是出于怜悯而给他们，弄得他自己无权、无地、贫穷或挨饿。他的敌人不断地利用他的怜悯心欺骗他，逃避他的制裁。毕玛是个头脑简单、固执的人。一旦他想做什么，他就直截了当地去做；他心无旁骛，决不中途拐弯或是无事闲逛——他"向北走"。结果，他总是莽撞，陷入本可逃避的困境。第三个兄弟，阿育那，是绝对公正的。他的善举来自这一事实：他反对邪恶，保护人民免受不公正待遇，他在为正义而斗争时无比英勇。但是他对做错事的人缺乏宽容及同情心。他把神的道德原则应用于人类的活动，因此他经常以正义的名义冷酷、残忍、粗暴。美德

的这三种困境的解决方法是相同的:神秘的顿悟。依靠对人类现实的真正的理解,对最终的 rasa 的真正领悟带来力量将潘达瓦斯的同情心、毕玛的行动意志及阿育那公正观念真正结合起来成为一种道德观,而这种道德观在一个不断变化的世界中带来了超脱的情感与内心的平和,它在这样一个世界中为秩序和正义而斗争。而且正是这种结合明确地显示了剧中潘达瓦斯中的不可动摇的坚定,这种坚定是从他们各自所具备的美德和弱点中互相取长补短而形成的。

但是,最后,塞玛代表的是什么?在他身上有那么多彼此对立的东西——既是神又是小丑,既是人的守护神又是人的奴仆,既是内心最优雅的又是外表最丑陋的。人们再一次想到了莎翁的历史剧与福斯塔夫。就像福斯塔夫一样,塞玛是剧中英雄象征性的父亲。像福斯塔夫一样,他肥胖、滑稽、老于世故;而且也像福斯塔夫一样,他似乎以其强有力的非道德观念对戏剧所断定的价值观提出了一个全面的批评。也许两个角色都是提醒:尽管宗教狂热者和道德绝对论者过分骄傲,但是一个完全恰当及综合的人类世界观是不可能有的,而且在所有自称的绝对的及最后的知识的后面,对人类生活的非理性和不可限制性需保持清醒意识。塞玛提醒贵族及优雅的潘达瓦斯他们自身的卑微的动物来源。他反对任何把人变成神的企图,以及通过逃向绝 140
对有序的神的世界而终止自然偶然性的世界的企图,这种企图是要使永恒的心理—形而上的斗争最终静止。

在一个 wajang 故事中,湿婆化身为一个神秘的教师来到人间,企图将潘达瓦斯与克拉瓦斯拉在一起,在他们之间达成一个经过谈判得到的和平。他非常成功,只有塞玛反对。阿育那因此被湿婆派去杀死塞玛,这样潘达瓦斯与克拉瓦斯才会走到一起,结束他们永恒的斗争。阿育那不愿意杀死塞玛,他爱塞玛,但是他希望两派表兄弟之间的分歧能有一个公正的解决,他因此去杀塞玛。塞玛说,我到处追着你,忠实地为你效力,爱你,你就是这样对待我。这是剧中最让人动感情的情节,阿育那深感羞愧,但是他忠实于公正的观念,还是坚持他的责任。塞玛说:那好,我自焚。他堆起篝火,站在火中。但是他不是死去而是变成神并在战斗中将湿婆打败。然后潘达瓦斯与克拉瓦斯之间又重开战火。

也许不是所有的人都必然地认识到存在于任何一种世界观中的非理性,因而认识到邪恶问题是不可能解决的。但是,无论是以一个魔术、一个小丑、一种对巫术的信仰的形式出现,还是以一种原罪概念的形式出现,存在着这类对人类自称的宗教或是道德的不完善的象征性提示,也许是精神成熟的最明确的标志。

四

把人看成是一种符号化、概念化、寻求意义的动物的观点,在过去的几年内在社会科学与哲学中变得越来越流行,它不仅在宗教研究方面,而且在对宗教与价值观的关系的研究方面展开了全新的切入点。努力从经验中获得意义,并赋予其形式与秩序,这种努力明显地与我们更熟悉的生物学需要一样是真实而又迫切的。而且如果是这样,似乎没有必要继续将象征性的行为——宗教、艺术、意识形态——解释为不过是对某种东西隐晦的表达,而不是它们看上去所像的什么东西:为不能在它所不
141 能理解的世界中生活的机体提供方向企图。假如象征性符号,按肯尼思·伯克的说法,是造就环境的策略,那我们需要更多地注意人们是如何定义环境以及他们是如何去适应环境的。这一

强调并不是要去将信仰及价值观从它们的心理及社会范畴转移至一个“纯粹意义”领域中去,而是要更加强调:以明确设计来处理象征材料的概念为依据,对这类信仰及价值观进行分析。

这里所用到的概念,精神气质及世界观,是含糊而又不准确的;它们是更为有效的分析框架的原型理论和先驱者。使用了这些概念,人类学才开始形成了一个切入点去研究价值观,它能够澄清而不是模糊对行为做规范性控制涉及的基本过程。这类经验取向的、理论上缜密的、强调象征的价值观研究方法,其几乎可以肯定会有的结果是:那种依据不是以对行为的观察而是以对行为的逻辑思考为基础的理论来对道德、审美及其他规范行为进行分析的企图衰落了。就像蜜蜂的飞行,尽管航空学否认它这样做的权利,可能人类的绝大多数正在继续从事实性的前提中得出规范的结论(并从规范的前提中得出事实性的结论,因为精神气质与世界观的关系是循环的),尽管职业哲学家对“自然主义谬误”提出了精致的无懈可击的反思。寻求现实的人以既有激发性又有可行性的现实文化在现实的社会中生活的价值理论,将使我们脱离抽象的及学院式的讨论。在这类讨论中,数量有限的经典立场被一遍又一遍地重复,几乎没有提出什么新的东西,来深入考察什么是价值及价值如何起作用。一旦对价值观进行科学分析的计划开始进行,对伦理道德进行哲学讨论有可能会更有意义。这个过程并不是要以描述性伦理来代替道德哲学,而是要为道德哲学提供一个经验的基础及概念框架,它要比来自应亚里士多德、斯宾诺莎及 G. E. 摩尔的概念框架更先进一些。作为一种特殊的科学,人类学在对价值观进行分析中不是要替代哲学研究而是要使之更为中肯。

142 第六章　仪式的变化与社会的变迁：一个爪哇的实例

如同在人类学所关注的众多领域里那样，功能主义，或者是与拉德克利夫—布朗的名字联系在一起的社会学型的，或者是与马林诺夫斯基的名字联系在一起的社会心理学型的，主导了最近对宗教的社会角色进行的理论探讨。最初始于涂尔干的《宗教生活的基本形式》与罗伯逊—史密斯的《闪族宗教讲座》的社会学方法(或者像英国人类学家喜欢的那种称呼，社会人类学方法)，强调信仰，特别是仪式加强传统的个人之间的社会纽带的方式；它强调群体的社会结构通过对作为基础的社会价值的仪式化或神话符号化得到加强和保持长久的方式。[①] 弗雷泽和泰勒也许是社会心理学探讨的先行者，但是对之做出最明确阐述的是马林诺夫斯基的经典著作《巫术、科学与宗教》。这类探讨强调宗教对个人的影响——它如何同时满足个人对一个稳定
143 的、可以理解的、可强制的世界在认知上与情感上的要求，并如何使之在面对自然偶发性事故时保持内心的安全感。[②] 这两方面的探讨使我们日益详细地理解了宗教在各类社会中的社会与心理“功能”。

---

① E.涂尔干：《宗教的基本形式》(格伦科，伊利诺，1947)；W.罗伯茨—史密斯：《闪族宗教讲座》(爱丁堡，1894)。

② B.马林诺夫斯基：《巫术、科学与宗教》(波士顿，1948)。

但是这类功能主义方法最缺乏说服力的，是其对社会变迁的研究。正如一些作者已经注意到的，对平衡的体系、社会内部自动平衡及永恒的结构画面的强调，导致了喜爱在稳定平衡中“完全整合”的社会，喜爱强调人的社会习俗的功能方面的而不是强调它所隐含的社会功能失调方面的倾向。[③] 在对宗教的分析中，这种静止的、非历史的方法已经导致了某种对社会生活中仪式和信仰作用的过于保守的观点。尽管克拉克洪[④] 及其他人对诸如巫术等不同宗教活动的“得失”做出了谨慎的评论，但是人们仍倾向于强调宗教模式的和谐、整合及心理安慰方面，而不是分裂、瓦解及心理不安方面；倾向于揭示宗教保持社会与心理结构，而不是破坏或改变社会结构的方式。在探讨这些变迁时，例如在雷德菲尔德关于尤卡坦（Yucatan）的著作中，主要是关注社会的逐渐解体，“在尤卡坦人中文化变迁似乎与孤立和均一的减少‘并存’，变迁主要有三种：文化的混乱、世俗化与个体化。”[⑤] 但是即使是对我们自己的宗教历史的粗浅了解，也会使我们感到难于直截了当地简单断定宗教的“正面”角色。

这一章的论点是，功能理论难于解释变迁的主要理由之一，
是它无法同等探讨社会过程与文化过程；二者中不可避免地有
一个被忽视或是仅仅简单地成为另一个的反映，即成为另一个
的“镜像”。要么是文化被视为完全是社会组织形式的衍生 144
物——英国结构主义者和很多美国社会学家的典型观点；要么
是社会组织形式被视为文化模式在行为上的体现——马林诺夫

③ 例如，参见 E. R. 利奇：《高原缅甸人的政治体制》（剑桥，马萨诸塞，1954）；及 R. 默顿：《社会结构与社会理论》（格伦科，伊利诺，1949）。

④ 参见克拉克洪：《纳瓦霍人的巫术》，载《皮博迪博物馆（Peabody Museum）文件》，第 22 期（剑桥，马萨诸塞，1944）。

⑤ R. 雷德菲尔德：《尤卡坦的民间文化》（芝加哥，1941），第 339 页。

斯基与许多美国人类学的观点。无论在哪一种情况中,较次要的术语作为动力因素而被排除,而留给我们的是歧义的文化概念("复合体……")或者完全是综合性的社会结构概念("社会结构不是文化的一个方面,而是特定民族根据特殊的理论形式所把握的整体文化")。[6] 在这种形势下,由于文化模式不能完美地与社会组织形式和谐一致,社会变迁中的动力因素大部分不能得到阐述。"我们的功能主义者",E.R.利奇最近评论说,"并不真的从原则上是'反历史的';很简单,我们不知道如何使历史材料适应我们的概念框架。"[7]

为了修正功能理论的概念,使之能够更有效地处理"历史材料",最好先设法将人类生活的文化与社会方面分析性地加以区别,并将其看成可以独立变化但又互相依存的因素。虽然仅仅在概念上可以分开,但文化结构与社会结构将被认为能够以多种模式互相整合,简单同构的模式只不过是其中有限的个案——它只在长期保持稳定的社会中出现,这种稳定使人们有可能在社会与文化方面之间作严密的调整。在大多数社会中,变化是其特征而不是反常,我们将期望能在两者之间或多或少地发现极端的不连续性。我认为正是在这些非常的不连续性中,我们将会发现变化的主要推动力量。

区别文化与社会体系的更有用的方法——但远不是惟一的方法,是视前者为一个有序的意义与象征体系,社会的互动依据它而发生;而视后者为社会自身互动的模式本身。[8] 一方面,有
145 信仰、表达象征和价值框架,个人据其定义他们的世界、表达他

---

⑥ M.福蒂斯:《单一血缘群体的结构》,载《美国人类学家》,第55卷(1953),第17—41页。

⑦ 利奇:《高原缅甸人的政治体制》,第282页。

⑧ 帕森斯与E.希尔斯:《关于行为的总体理论》(剑桥,马萨诸塞,1951)。

们的感情、做出他们的判断;另一方面,有当前的互动行为进程——其持续的形式我们称为社会结构。文化是意义结构,依据它人类解释他们的经验并指导他们的行为;社会结构是行为的形式,是实际上存在的社会关系网络。文化与社会结构因而不过是同一现象的不同的抽象。在考虑社会行为时,一个是从社会行为对于行为者的意义角度来考虑,而另一个是从它对某种社会体制功能的促进角度来考虑的。

文化与社会体系之间的区别的本质,在对比它们中的每一个在整合特征方面的性质时才体现得更为清楚。这种对比是索罗金所谓的"逻辑—意义的整合"与他所谓的"因果—功能性整合"(causal-functional integration)之间的对比。[9] 逻辑—意义的整合,即文化特征,指的是在巴赫赋格曲、天主教教义或广义相对论中发现的那种整合;它是一种风格,逻辑含义、意义与价值的统一体。因果—功能性整合,即社会体系的特征,指的是在有机体里可以发现的那种整合,其中的所有器官被组合为一个统一的因果网络;每一器官都是一个因果反射圈中的因素,这个反射圈"维持体系运转"。因为这两种类型的整合并非是完全同等的,因为它们中的一个所采取的形式并不直接暗示另一个将要采取的形式,因此两者之间及两者与第三种因素之间,有一种内在的不同一性和紧张,这第三种因素是个体内部的动机整合模式,我们通常称之为人格结构:

> 因而可以感知到,社会体系只不过是非常具体的社会行为体系结构中的三个方面中的一个。另外两个,是个别角色的人格体系,以及在他们行为之中表现出来的文化体系。

⑨ P.索罗金:《社会与文化活力》,第3卷(纽约,1937)。

> 三个中的每一个,必须被作为行为体系的因素所形成的组织的独立的因素来考虑,即它们中没有一个在理论上可以被约简为另外两个的其中一个或这两个的联合。每一个对另外两个都是必不可少的,即没有人格和文化,就没有社会体系,如此等等,反之亦然。但是这种互相依存与互相渗透是与可约简性(reducibility)非常不同的。可约简性是指一种体系的重要的属性和发展进程,在理论上可以从我们对另外两个中的一个或二者联合所包括的理论知识中**推导出**
> 146 **来**。行为的参照形式对所有三个都是共同的,这一事实确定了它们之间转换的可能。但是,在此处试图阐述的理论层面上,它们并不组成单一的体系,也许可能在别的理论层面上产生这样的结果。[⑩]

我将在一个不能适当地发挥功能的仪式的特殊实例中应用这一更富活力的功能主义方法,以期展示这一方法的实用。我将尝试揭示这一没有将仪式模式中"逻辑—意义的"文化方面与社会结构的"因果—功能性"方面区别开来的方法,如何不能恰当地阐述这一仪式的失败,而对它们加以区别的方法又如何能够更清楚地分析出现问题的原因。将要进一步论证的是,这样一类方法能够避免将宗教在社会中的功能性作用简单化的观点,这种简单化观点将宗教的作用视为仅仅是维持结构的,并代之以有关宗教信仰和实践及世俗的社会生活之间关系的更为复杂的观念。历史材料可以更恰当地放进这种概念中,而且对宗教所进行的功能性分析就可以扩展以更恰当地探讨变迁进程。

---

⑩ T.帕森斯:《社会体制》(格伦科,伊利诺,1951),第6页。

背　景

要描述的实例是在中爪哇东部的一个小镇莫佐克托(Modjokuto)举行的一个葬礼。一个大约十岁的男孩,和姨父母生活在一起,非常突然地死了。伴随着他的死亡,不是爪哇通常那种匆匆进行的、感情克制但有条不紊的葬礼及下葬程序,而是引发了一个时期明显的社会紧张与严重的心理紧张。复杂的信仰与仪式,曾经在几代人中使无数爪哇人安全度过了丧事后的困难时期,现在突然间失去了它惯有的效用。为了理解它为什么失效,需要知道并理解本世纪头几十年以来在爪哇发生的广泛的社会与文化变迁。这个被中断的葬礼实际上是一个缩影,它反映了广泛的冲突、结构瓦解,以及重新整合的企图,这种整合,在 147
某种方式上体现了当代印度尼西亚社会的特征。

爪哇的宗教传统,特别是爪哇农民的宗教传统,是由印度教、伊斯兰教及本土的东南亚宗教的各种成分混合而成的。公元初期几个世纪里,随着强大军事王国在内地产稻区兴起,印度教及佛教文化模式也在岛上传播;十四与十五世纪北部港口城市海上国际贸易的扩展,导致伊斯兰文化模式的传播。世界这两大宗教在深入农民群众的同时,也与在整个马来西亚文化区占主导的泛灵论融合在一起。结果,不同宗教的神话与仪式得到均衡的调和,印度教的男神女神、穆斯林的先知与圣人,以及当地的神灵与魔鬼都找到了恰当的位置。

这种调和的中心仪式形式,是一个叫做斯拉麦坦(slametan)的集体宴会。斯拉麦坦几乎在所有有宗教意义的场合——在生命周期的转折时刻、在定期的节假日中、在谷物生长的特定阶段、在迁居时,等等——都要举行,从形式到内容大致相同。这个宴会既是供奉神灵,又要使活着的人以共同聚餐的形式整合社会。饭是特别准备的,每一种都有着特殊的宗教概念的象征意义;这要由一个核心家庭的女性成员来烹制,并放置在起居室中央的一个垫子上。这个家庭的男性家长邀请八至十个邻近家庭的男性家长来赴宴;邻居不分远近,同样看待。在由主人阐述这一宴会的精神目的及诵完阿拉伯赞美诗后,每个人几乎是偷偷摸摸地、狼吞虎咽地吃少量食物,剩下的食物用一个香蕉叶做成的篮子装起来带回家与家人共享。这就是说,神灵从食物的气味中,从焚烧的香中,从穆斯林的唱诗中获取了供养;而参与的人从食物的物质材料及他们的社会互动中获得了养分。这个安静的、非戏剧性的小仪式有两重结果:神灵得到抚慰,邻里团结得到加强。

功能理论的普遍规则,对分析这类模式是非常恰当的。它能够相当容易地显示,斯拉麦坦能有效地达到两个效果:“谐调
148 最终的价值观”,有效整合以地域为基础的社会结构;也能满足农民大众特有的协调理智、稳定情感的心理需要。爪哇农村(一年举行一次或两次全村斯拉麦坦)是由一些地理上相互邻接,但在自我意识上相当自治的核心家庭组成的,这些核心家庭在经济与政治上的互相依存大致相同,其性质在斯拉麦坦中有明确规定。对劳动密集型的水稻与旱地粮食农艺方式的需求,要求特别类型的技术合作,加强了本来很自足的家庭的社群观念——斯拉麦坦显然加强了这样一种社群观念。而且当我们考虑到来自印度教—佛教、伊斯兰教与“泛灵论”的不同的概念与行为的因素,如何被再解释和平衡,形成一种鲜明的,几乎同质的宗教风格,那么在社群节宴模式与爪哇农村生活状况之间的严密的功能调整就更为显而易见。

但事实上,在过去的五十年里,在爪哇除了少数最为闭塞的

地区，无论是以地域为基础的村庄的社会整合，还是以其文化一致为基础的和谐都在逐步削弱。人口增长、城市化、货币化、职业变化等等，共同削弱了农民社会结构的传统纽带；各种教义的影响伴随着这些结构变化，破坏了早期特有的宗教信仰和实践。部分是由于爪哇社会日趋复杂，民族主义、马克思主义及伊斯兰教改革作为意识形态的兴起，不仅影响了这些信条最初出现并总是保持巨大力量的大城市，而且同样对小城市与农村产生了严重的冲击。事实上，对爪哇最近的大部分社会变迁的最恰当描述，也许是从个人之间（或是家庭之间）主要是以地理为根据的基本整合纽带转向意识形态的心理整合纽带。

在农村与小城市，意识形态的这些主要变化，在形式上表现为那些强调当地调和宗教中的伊斯兰成分的人，与那些强调印度教与泛灵论因素的人之间的分裂加深。的确，自从伊斯兰教 149
传入以来，这些不同的次要传统之间的某些区别已经表现出来；某些个人一直特别擅长阿拉伯赞美诗或精通穆斯林法典，而另一些人则更擅长印度教的神秘主义活动，或是本地的医术专家。但是这些差异很容易地就被爪哇人对多种宗教的宽容精神淡化了，只要基本的仪式模式——即斯拉麦坦——被虔诚地信守着；它们引发的任何社会分裂，大部分都被城市与小城镇生活中的占压倒性地位的共性所掩盖。

但是，一九一〇年后，在大城市那些经济与政治上业已成熟的商业阶级中，出现了伊斯兰现代主义（以及与之相对的强烈的保守反应）与宗教民族主义，使大众中比较正统的成员强化了伊斯兰作为排他的、反调和性教义的意识。同样，世俗民族主义与马克思主义也在文官中出现并扩展到这些城市的无产阶级中，它们增强了调和宗教模式中的前伊斯兰因素（即印度教—泛灵论），这些派别将调和教赞誉为一种对纯粹伊斯兰教的抗衡力量，并被他们中的有些人接受为一个普遍性的宗教框架，在其中加入他们更具体的政治思想。一方面，还出现了更有自我意识的穆斯林，他们将其宗教信仰与实践更明确地置于穆罕默德普适性教义之上；另一方面兴起了更有自我意识的“本土主义者”，试图要从自己所继承的宗教传统中提出一种更具普遍性的宗教体系，减轻其更具有穆斯林特征的因素。第一种人被称为桑特里(santri)，第二种人被称为阿班甘(abangan)，两种人之间的冲突日益尖锐，时至今日在整个莫佐克托地区形成主要的文化特征。

特别是在城镇，这种差别开始产生重要的影响。失去了由水稻种植技术所造成的家庭之间合作的压力，同时也使传统的乡村政府形式在面对城市生活的复杂性时效率下降，这严重地削弱了协调式乡村模式的社会支持。每一个人自己谋生时——车夫、商人、职员或是劳工——都或多或少独立于他的邻居，这
150 样，他的邻里社群观念自然就减弱了。更加分化的阶级体制、更官僚化也更非个人化的政府形式，以及社会背景的更加多样化，所有这些都导致同样的结果：削弱了严格的地域纽带，而有利于宽泛的意识形态纽带。对城镇人来说，桑特里与阿班甘之间的差别变得更加鲜明，因为这种差别是作为他的基本社会参照物而出现的；它成了他的社会身份的象征，而不仅仅是一个信仰上的差别。他交往朋友的类型、将加入组织的类型、将追随的政治领导的类型、他或他的儿子将要与之结婚的人的类型，所有这一切都将受到在这种两极对立意识形态中做出的选择的强有力的影响。

因而，在城镇——虽然不仅仅是在城镇——出现了根据一种不同的文化分类框架形成的社会生活的新模式。在精英中这种新的模式已经高度发达了，但是在城镇民众中它还在形成中。

特别是在卡姆彭(kampong),即离开街道的居民区中,在那里众多的爪哇平民拥挤地居住在用竹子搭成的简易房子中,在那里可以发现一个转型社会,在这个社会中传统的乡村生活模式已经在逐步瓦解,新的模式正在重组。在这片进城农民(或是进城农民的儿子和孙子)的聚居地,雷德菲尔德的民间文化不断转变为他的城市文化,虽然后者并不能精确地用“世俗”、“个人化”以及“文化混乱”等否定性和过时的语词来描述。在卡姆彭中所发生的一切并不完全是对新生活的建设,也不是对传统生活方式的破坏;尖锐的社会冲突作为下层阶级居民区的特征,不是直接表明失去了文化认同性,而是表明对新的更普遍、更灵活的信仰与价值模式的探索。

在莫佐克托,就像在印度尼西亚的大多数地区一样,这种探索大部分发生在群众政党的社会情景中,也发生在妇女俱乐部、青年组织、工会以及与它有正式或非正式联系的组织中。有若干个政党(虽然在最近——一九五五年——的大选中它们的数量大为减少),每一个党由受过教育的城市精英——公务员、教师、商人、学生及诸如此类的人——所领导,并且每一个都与其他政党争夺半城市、半农村的卡姆彭居民及农民大众的政治忠诚。而且几乎没有例外,他们都对桑特里和阿班甘两派中的 151
一派感兴趣。在这些复杂的政党与组织中,这里我们仅直接关注其中的两个:玛斯尤米(Masjumi),一个人数众多的、以伊斯兰教为基础的政党;波迈(Permai),一个坚决反穆斯林的政治—宗教狂热团体。

玛斯尤米或多或少地是战前伊斯兰改革运动的直接继承者。它至少在莫佐克托是由温和的桑特里知识分子领导的,坚持社会意识,反对学究,并且有某些返回古兰经式的伊斯兰教的清教倾向。它与其他伊斯兰教政党联合支持在印度尼西亚建立

"伊斯兰教国家",取代现在的世俗共和国。但是,这种理想的意义不完全明确。玛斯尤米的敌人谴责它推行不宽容的、中世纪的神权政治,阿班甘与非穆斯林会受到迫害并被迫严格遵守穆斯林法的规定,而玛斯尤米的领导人宣布,伊斯兰教本质上是宽容的,他们只是要求一个明确的以穆斯林教义为基础的政府,它的法律将与《古兰经》和圣训(Hadith)的教诲一致。无论如何,玛斯尤米在国家和地方两个层面上,是桑特里社群的价值和志向的主要代言人。

波迈在全国范围内没有这样有影响。虽然它是一个全国性政党,它相对比较小,只在很有限的少数地区有实力。但是在莫佐克托地区,它碰巧有着某种重要性,在全国范围所缺乏的,在地方得到加强。波迈基本上是马克思主义政治与阿班甘宗教模式的混合。它相当明显地将反西方主义、反资本主义及反帝国主义,与形式化和概括某种农民调和宗教的典型的宽泛宗旨的企图结合起来。波迈的聚会既遵循斯拉麦坦模式,有香火和象征食物(但是没有伊斯兰教赞美诗),又要接受现代议会程序;波迈的小册子中既有历法与数字的占卜体系、神秘教诲,又有对阶级冲突的分析;波迈的演说涉及对宗教与政治概念的解释。在莫佐克托,波迈也是医疗教派,有特殊的医疗实践与咒语,有秘密的口令,有对其领导人的社会与政治著作的神秘的解释。

152 但是波迈最显著的特征,是它强硬的反穆斯林立场。它谴责伊斯兰教是从外国输入的,不适合爪哇人的需要与价值观。它要求回到爪哇"纯洁"与"原有"的信仰,对此它所指的似乎是除掉更具伊斯兰教性质的因素的本地的调和宗教。为了与这条路线一致,这个教派政党在全国与地方发起了一场运动,提倡世俗(即非伊斯兰教的)的婚礼与葬礼。正如至今的形势所显示的那样,除了基督教徒与巴厘印度教徒外,所有人的婚礼都必须经由穆斯林仪式才能合法。[11] 葬礼是个人的事情，但是因为调和宗教已有着漫长的历史，所以葬礼仪式如此深入地联结了伊斯兰教习俗，以至于要举行纯粹非伊斯兰教的葬礼在实际上已是不可能的了。

波迈在地方上推行非伊斯兰教婚礼与葬礼主要采取了两种形式，一种是对地方政府官员施加强大的压力，迫使其允许这种活动，另一种是对自己的成员施加强大的压力，要求其自愿遵循没有伊斯兰教内容的纯粹仪式。在婚礼方面难于成功，因为地方官员受到中央政府法令的束缚，甚至这个教派里非常自觉的成员都不敢公开举行“非法”婚礼。没有法律上的改变，波迈几乎不能改变婚礼的形式，虽然也进行了少数失败的努力，想在有阿班甘思想的村长的支持下举行世俗的仪式。

葬礼的情况有些不同，因为在葬礼中主要涉及的是习俗，而不是法律。在我进行田野考察工作期间(1952—1954)，波迈与玛斯尤米之间的紧张关系迅速发展。这部分是因为印度尼西亚第一次大选即将举行，部分是因为冷战的影响。也受到各种特殊事件的影响——例如有一个报告说，波迈的全国领导人曾经公开称穆罕默德是伪先知；一位玛斯尤米领导人在地区首府的一次演讲中谴责波迈企图在印度尼西亚生出一代杂种；激烈的村长选举大部分是在桑特里与阿班甘之间决一雌雄。结果是，夹在中间为难的地方官员提出召开一次所有村庄的宗教官员或莫丁(Modin)的会议。莫丁，在其他许多责任之外，传统上是负 153

[11] 实际上，爪哇的婚礼有两部分。一部分是普通的调和宗教的仪式，它在新娘的家里举行，要有一个斯拉麦坦和一个专门安排的新娘与新郎的礼仪性的“见面”。另一部分是在政府监督下的正式仪式，要遵守穆斯林法典并在地方宗教官员，或奈伯(Naib)的办公室举行。参见 C. 格尔茨：《爪哇人的宗教》(格伦科，伊利诺，1960)，第 51—61 页、第 203 页。

责葬礼的。他指导整个仪式，在葬礼的技术性细节方面指导丧家，领唱《古兰经》赞美诗，并在墓地对死者读一番老套的悼词。这位地方官员指示莫丁——他们中的多数是村庄中玛斯尤米领导人——当波迈成员去世时，他们只要通告死者姓名及年龄，然后回家；不要参与葬礼。他警告说，如果他们不按他所建议的去做，产生麻烦他们自负其责而他不会支持他们。

这就是一九五四年七月十七日的情形，当时一位积极、热情的波迈成员卡曼的外甥派德雅安突然在我所居住的莫佐克托的卡姆彭死去。

葬　礼

爪哇葬礼没有悲痛欲绝的气氛，没有失控的哭泣，甚至都没有对死者弃世的礼节性的悲哭。相反，它是一个平静的、不外露的、几乎是听任其慢吞吞地进行的简单的仪式，对一种不再可能的关系的短暂的仪式化的解除。眼泪不被认可，当然也得不到鼓励；要努力去做的是将事情干完，而不是使悲痛的想法过分拖延。葬礼中忙碌的具体工作，与来自各方面的邻居间的正式的礼节性社会交往，一系列斯拉麦坦仪式断断续续地要延续三年——据说，爪哇人的仪式制度的全部动力在于，让人在没有激烈的感情打击的情况下渡过悲痛。就哀悼者而言，据说葬礼与葬礼后举行的仪式要产生艾克拉斯(iklas)感觉，这是一种有意的冷酷感情，一种超脱的“不在乎”状态；就邻居而言，据说可以产生如昆(rukun)，即“共同的和谐”。

实际举行的仪式本质上只是另一版本的斯拉麦坦，它适应安葬的特殊需要。当死亡的消息传遍这个地区时，所有的邻居必须要放下他正在做的事情，立即赶往丧家。女人带几碗米饭，它是专为斯拉麦坦而做的;男人开始刻木头的坟标并开始掘墓。154
很快莫丁就来了并开始指导各项活动。遗体由亲属用仪式处理过的水冲洗(亲属毫不畏缩地将尸体放在自己的膝上,以显示他们对死者的感情及他们的自制能力);然后遗体被用细布裹起来。在莫丁的指挥下,大约有十二个桑特里围着遗体用阿拉伯语祈祷五至十分钟;此后,遗体在各种仪式动作中,由送葬队伍送往墓地,在那里按照规定的方式安葬。莫丁向死者读墓边悼词,提醒他作为一个虔诚的穆斯林的责任;葬礼到这里就结束,通常在死亡之后的两三个小时之内。正式葬礼之后,在死亡后的第三天、第七天、第四十天、第一百天,在死者家中举行斯拉麦坦宴会;死亡的第一周年及第二周年也要举行斯拉麦坦;而且最后,在第一千天,在遗体已被认为成了尘土,生者与死者之间的隔绝已成绝对时,还要举行斯拉麦坦。

这就是在派贾恩死后举行的仪式。刚一破晓(死亡发生在凌晨),姨夫卡曼就给住在附近城市里的男孩的父母发了一封电报,以典型的爪哇方式告诉他们,他们的儿子病了。这种婉转的说法,是想让他们逐渐知道儿子的死讯,以便减轻打击。爪哇人认为,情感崩溃不是源于挫折的严重性,而是来自它的突然性,即对一个没有准备的人的“惊吓”程度。令人感到害怕的是“震惊”,而不是痛苦本身。此后,由于预计男孩的父母会在几个小时之内到达,卡曼去请莫丁,开始举行仪式。这是考虑到,在孩子父母到来时,要把几乎所有的事情都做好,只等下葬。这样,他们就能免遭不必要的心理压力。最晚到十点钟,所有的事情都应该已经完成。这是一个伤心的事件,但也是一个无声的仪式。

但是正如莫丁后来告诉我的,当他来到卡曼家时他看到一个显示波迈政治象征的招贴物,他告诉卡曼他不能主持这一仪式。不管怎么说,卡曼属于"另一种宗教",而且莫丁不知道这种宗教的正确葬礼仪式;他所知道是伊斯兰教的仪式。"我不想冒犯你的宗教,"他虔诚地说,"相反,我极为尊重它,因为伊斯兰教没有不宽容的态度。但是,我不知道你们的仪式。基督教徒有
155 他们自己的仪式和他们自己的专家(当地牧师),但是波迈怎么做?他们火化遗体,还是做别的什么?"(这是狡猾地暗示印度教的丧葬习俗;很明显莫丁对这话极为自鸣得意。)莫丁告诉我,卡曼对此非常失望,而且很明显也非常吃惊,虽然他是一个波迈的积极成员,但还不是一个极端分子。显然他没有想到,党的反对穆斯林葬礼的煽动现在还成了一个具体问题,也没有想到莫丁拒绝行使职责。莫丁认为,卡曼实际上不是一个坏人;他不过被他的领导利用。

离开焦虑不安的卡曼后,莫丁直接去见了地方官,询问他这样做是否恰当。地方官出于道义说他做得对,莫丁心里坚定下来。他回去后发现卡曼和村警正在等他。卡曼在绝望中去找了村警。村警是卡曼的私人朋友,他告诉莫丁,根据由来已久的习俗,他应该公平地安葬所有的人,不考虑死者是否碰巧赞成莫丁的政治观点。但是莫丁现在得到地方官的支持,坚持这不再是他的义务。但是,他建议,如果卡曼愿意,他可以去村长办公室并签署一个公开声明,盖上政府的章并由村长在有两个证人在场的情况下签字,宣布他卡曼真正信仰穆斯林而且他希望莫丁根据伊斯兰教习俗安葬这个男孩。听到莫丁建议他正式放弃他的宗教信仰,卡曼暴怒地从家中冲出,这举动爪哇人不多见。等到他再回到家中,对下一步该怎么办一筹莫展时,却发现男孩死亡的消息已经传开,所有邻居已经集合起来准备参加葬礼。

在我所居住的一个卡姆彭中,就像莫佐克托镇的大多数卡姆彭一样,既有虔诚的桑特里,也有忠诚的阿班甘(也还有一些

属于两边的不坚定的成员)，以一种多少有些随意的方式混居在一起。在镇上，人们只能居住在他们能够居住的地方，而且只能与他们碰到的人比邻而居。这与农村不同，那里几乎所有的邻里，甚至整个村庄都几乎完全是阿班甘或桑特里。在卡姆彭中，桑特里的大多数是玛斯尤米的成员，而阿班甘的大多数是波迈
的追随者，而且在日常生活中，两个群体的社会互动极少。阿班 156
甘的大多数是小手工艺者或体力劳动者，他们每天下午晚些时候，都聚集在卡曼家路边的咖啡店无目的地闲聊，这是典型的爪哇小镇及农村的生活；桑特里——大多数是裁缝、商人、百货店主——以同样的目的聚集在由某个桑特里经营的小店。尽管缺少密切的社会联系，但是葬礼上的地域团结还是被两个群体都认为是不能回避的义务；在爪哇所有的仪式中，葬礼可能是最有义务参加的。生活在丧家周围某一约略半径范围内的每一个人，都被认为应该去参加仪式；就这次葬礼来说，每个人都到了。

在这种背景下，事情就毫不奇怪。当我在大约八点钟到达卡曼家时，我发现两群绷着脸的人分别蹲在院子的两边，一群情绪不安的妇女，坐在屋内靠近还穿着衣服的男孩尸体不远处交头接耳。与斯拉麦坦仪式中准备葬礼、清洗遗体和迎接客人等活动那惯常的安静的忙碌不同，有一种疑虑与不安的气氛。阿班甘们聚集在住房附近，卡曼蹲在那里，两眼茫然。苏佐科和萨斯特罗镇长与波迈党的书记(来人中仅有的非卡姆彭居民)，坐在椅子上，茫然四顾。桑特里聚集在大约三十码之外的一棵椰子树的狭窄的树阴下，安静地交谈除了正在出现的问题之外的任何事情。几乎静止的场景，令人想起一出熟悉的戏剧中出乎意料的间歇，就像一个电影画面演到一半时停顿了。

大约半个小时后，有几个阿班甘开始三心二意地把一块木头劈开做坟标，还有几个女人因为百无聊赖，就开始做祭祀用的

小花；但明显的是仪式停下来了，而且谁也不知道下一步该做什么。气氛慢慢紧张起来。人们不安地看着太阳在天空中越升越高，偶尔瞥一眼无动于衷的卡曼。对事情不满的抱怨开始出现（“这些日子来所有的事情都成了政治问题，”一个大约有八十岁的老派的长者对我嘟囔着，“你甚至不能死，因为它成了一个政治问题。”）。最后，大约在九点半，一个名叫阿布的年轻的桑特里裁缝，决定做点什么来改变僵局，免得砸锅：他站起来向卡曼
157 招手，这是整个上午发生的第一个重大的有目的的行为。卡曼从沉思中惊醒，穿过没有人的地段去和他说话。

其实，阿布在这个卡姆彭中占据着一种特殊的地位。虽然他是个虔诚的桑特里，而且是玛斯尤米的忠实成员，但是他与波迈群体有着比较多的接触，因为他的裁缝店就在卡曼的咖啡店的后面。虽然日夜踩着缝纫机的阿布不是波迈群体的成员，但是他经常与离他工作地点二十英尺以外的这些人交换意见。确实，他与波迈人之间在宗教问题上有些关系紧张。有一次，当我询问波迈们关于来世的信仰时，他们挖苦地让我找阿布，说他是专家。他们公开取笑他，认为伊斯兰教来世理论完全是荒谬可笑的。尽管如此，他还是与他们保持某种社会联系，而且也许由他来打破僵局是最合理的。

“都快要中午了，”阿布说，“事情不能这样弄。”他建议由他让乌玛，另一个桑特里，去看看莫丁现在是不是同意来；也许现在他已经冷静下来了。同时他本人可以先清洗和包裹尸体。卡曼回答说他会考虑这个建议。他返回院子的另一边，与另外两个波迈领导人商量。经过几分生动的比划与点头之后，卡曼又回来简单地说：“行，就这么办。”“我知道你的感受，”阿布说，“我只做绝对必须做的，尽可能避免伊斯兰式的做法。”他把桑特里召集在一起，来到屋子里。

首先要做的是给死人脱衣服(尸体还躺在地板上,因为没有人去动他)。但是现在尸体已经僵硬,必须用一把刀来把衣服剪开,这是一个不合常规的做法,让所有的人都深感不安,特别是聚在周围的女人们。最后,桑特里们将尸体抬出来并放进洗澡间。阿布询问谁志愿洗尸体;他提醒大家,神会认为这种活儿是一件善事。但是一般被认为应该承担此事的亲属现在深受刺激并感到困惑,不能按习惯的方式将男孩放在自己的膝上。人们无望地互相对视,又是一阵停顿。最后,属于卡曼群体但不是亲 158
属的人帕克·苏拉把尸体放在他的膝上,尽管他显然很紧张,一直念着护身咒语。爪哇人认为尽快下葬的一个理由是,让死者的灵魂在房屋周围徘徊是非常危险的。

但是,就在洗尸体得以开始之前,有人提出一个人是否够了——难道通常不是三个人?谁也没有把握,包括阿布;有的人认为,虽然习惯上是要三个人,但不是非要不可的。而有些人认为一定要有三个人。经过十分钟匆忙的讨论后,男孩的一个堂兄和一个与他没有任何关系的木匠,努力地鼓起勇气参与帕克·苏拉的工作。阿布尽其所能地扮演莫丁的角色,洒了几滴水在尸体上,然后开始给死人洗澡,澡洗得马马虎虎,用的也不是准备好的圣水。但是,在这一项工作完成后,仪式又再次停顿下来,因为没有人准确地知道如何放置小布垫,根据穆斯林法,应该在尸体上用小布垫堵有洞的部位。卡曼的妻子是死者的姨妈,显然已经受不了了,她突然嚎啕大哭,这种表现是我在爪哇参加过的十几次葬礼中仅见的一次。所有的人因为这一新出现的情况而更加焦躁,多数卡姆彭的女人忙乱地尽力安慰她,多数男人仍然坐在院子里,表面上冷静无所表示,但是从一开始就有的不知所措的慌乱似乎正在变成可怕的绝望。“她这样哭可不好,”几个男人对我说,“这不合适。”就在此刻,莫丁来了。

但他仍然很固执。而且,他警告阿布,他的行为正在招致永远的咒诅。“如果你在葬礼上犯了错误,你将必须在审判日向真主说清楚。”他说,“对一个穆斯林而言,葬礼是一件重大的事情,必须依据法典由懂得法典内容的人来主持,而不是由着个人的愿望。”然后他向波迈的领导人苏佐科和萨斯特罗建议,由他们来主持葬礼,因为作为党的“知识分子”,他们肯定知道波迈所遵循的是哪一种葬礼习俗。这两位领导人这时还坐在椅子上没有站起来,他们在众人期待地注视下考虑了一下这个建议,但最后还是拒绝了,有些懊恼地说他们确实不知如何举行葬礼。莫丁
159 耸耸肩,转身走开。一位旁观者是卡曼的朋友,建议把尸体搬出去埋了,不要再考虑仪式;再这样把事情拖下去,是极端危险的。我不知道这个引人注目的建议是否能被大家接受,因为就在此时,死去男孩的父母来到了卡姆彭。

他们似乎非常镇定。他们并非不知道死讯,因为男孩的父亲后来告诉我,当他接到电报时已经猜到了;他和妻子已经做了最坏的准备,等他们到达后已经不抱什么希望。他们来到卡姆彭看到所有的邻居都聚集在这儿,就知道他们的担心是有道理的。这时卡曼的妻子的哭泣已经减轻了,但是当她看到死去男孩的母亲进到院子里时,她立刻挣脱了那些正安慰她的人,尖叫一声冲上去抱住她的姐姐。似乎是在一刹那间,两个女人突然变得歇斯底里,周围的人冲上去把两人分开,分别拉进卡姆彭相对的两间房子。她们的尖声哭叫继续着,音量不减,大家开始不安地议论起来,认为在男孩的灵魂缠住某人之前,一定要以某种方式将葬礼继续下去。

但是这时孩子的母亲坚持要在裹上布之前,再看一眼孩子的遗体。父亲开始不许她这样做,愤怒地命令她停止哭叫——问她知不知道这种行为会使男孩走向另一世界的道路变得黑

暗？但是她仍然坚持，他们跌跌撞撞地把她带到尸体停放的卡曼的房子里。女人们尽量让她不要太靠近，但是她挣脱并开始亲男孩的生殖器周围。她几乎是立刻就被她的丈夫和其他女人拉开，虽然她尖声叫喊着说她还没有完；他们把她拉进后面的一间房间，她平息了些，有些眩晕。过了一会儿尸体终于被裹上，莫丁不肯说出布垫应该放在哪里。这位母亲完全茫然不知所措，开始走到院子里和所有的人握手，这些人对她来说都是陌生人，她说："原谅我，原谅我。"她再一次被强行制止；人们说："平静一点，想想你的其他孩子——你想要随着你的儿子去坟墓吗？"

遗体现在裹好了，而且又有了新的建议，应该立刻将它送往墓地。这时，阿布走近男孩的父亲，现在他明显感觉到这个男人 160
取代卡曼为仪式的合法负责人。阿布解释说，莫丁作为政府官员，不能随便接近男孩的父亲，但是他想要知道：他希望如何安葬男孩——伊斯兰教方式还是什么方式？这位父亲，有点手足无措，说："当然是伊斯兰教方式。我对宗教知道得不多，但我不是基督徒，而且死人时葬礼应该按伊斯兰教方式办，完全的伊斯兰教方式。"阿布再次解释，莫丁不能直接接近这位父亲，但是他是"自由的"，可以做自己想要做的事。他说他已经尽其所能帮点忙，但是在男孩父亲来之前，他小心地不要按伊斯兰教方式做。他道歉说，这种紧张气氛实在太糟糕了，政治分歧造成了这么多麻烦。但是关于葬礼的所有问题总要弄个"明白"、"合乎法律"。这对男孩的灵魂很重要。这些桑特里，现在有点兴奋，对着遗体祈祷，并将尸体按照通常的方式送往墓地并下葬。莫丁在墓地致了悼词，改用的是对孩子说话的口吻，葬礼最终得以完成。亲属和女人们都没有去墓地；但是当我们返回家里时——这时已是午后很长时间了——斯拉麦坦最终也举行了，派贾恩的灵魂被认为已经离开卡姆彭,开始了他前往另一个世界的旅程。

在三天后的晚上,举行了第一个纪念性质的斯拉麦坦,但是却没有一个桑特里出席,不仅如此,它更像是一个波迈的政治会议和宗教会议。卡曼首先以传统的方式用典型的爪哇语(high Javanese)宣布,这是一个追思死去的派贾恩的斯拉麦坦。波迈领导人苏佐科立即插进来说:“不,不,这不对。在第三天的斯拉麦坦上,你们只是吃和为死者做伊斯兰式的祈祷,而我们当然不会这样做。”然后他开始进行漫无边际的长篇演讲。他说,每一个人都必须知道这个国家的哲学—宗教基础。“想一下这位美国人(他指指我;他对我出席不太高兴)问你:什么是这个国家的精神基础? 而你不知道——你不感到羞愧吗?”

他继续沿着这个思路说下去,阐述了国家政治结构的原理,根据的是对苏加诺总统的“五项原则”(一神教、社会公正、人道主义、民主和民族主义)的神秘主义解释,这也是这个新生的共
161 和国的官方意识形态基础。在卡曼和其他人的协助下,他提出了微观—宏观一致论,在这个理论中,个人仅被视为这个国家的缩影,而国家是扩大的个人。如果这个国家是有序的,个人也肯定是有序的,一个暗示着另一个。正像总统的五项原则是这个国家的基础,这五种观念也是个人的基础。使二者和谐的过程是一样的,我们必须确保知道这一点。讨论继续了将近半个小时,广泛地涉及了宗教、哲学、政治问题(包括了罗森堡的死刑,显然是对着我说的)。

我们停下来喝咖啡,当苏佐科准备再次开始时,一直无表情地安静地坐着的派贾恩的父亲突然开始说话,声音温和,语调令人惊奇地呆板、平淡,几乎像是自言自语,但是并非不希望说清楚。“我对自己粗鲁的城市口音表示道歉,”他说,“但是我非常

想说点什么。”他希望他们能原谅他；他们可以很快继续他们的讨论。“对于派贾恩的死，我一直努力要做到艾克拉斯（‘超脱’、‘解脱’）。我相信，能够为他做的所有的事情已经做了，他的死只是一个就那么发生了的事件。”他说他仍然留在莫佐克托，因为他不能面对他生活的那个地方的人，没有勇气告诉他们中的每一个人发生了什么。他的妻子，他说，现在也稍微艾克拉斯一点了。虽然这很困难。他反复告诫自己，这只不过是神的意愿，但是做到这一点如此困难，因为现在的人不能对事情取得共识；一个人告诉你一件事，另一个人告诉你另一件事。很难知道哪个是对的，弄不清该相信哪个。他说，他很感激所有来参加葬礼的莫佐克托人，而且他很遗憾事情弄得这么混乱。“我自己并不很热衷宗教。我不是玛斯尤米也不是波迈。但是我希望孩子能以传统的方式入葬。我希望没有人受到伤害。”他再次说，他正在努力做到艾克拉斯，告诉自己这不过是神的意愿，但这很困难，因为这些天来事情如此混乱。很难理解为什么孩子死了。

在爪哇人中以这种方式公开表达自己的感受是极端不寻常的，在我的经历中是惟一的一次，而且在形式化的传统的斯拉麦坦模式中完全没有这一安排（也没有哲学或是政治讨论）。到场的每一个人都因为这位父亲的话而受到震动，出现了痛苦的沉默。最后苏佐科又开始说话，但是这次他详细地描述了男孩的 162
死。派贾恩如何一开始是发烧，卡曼叫来了他，苏佐科念波迈的咒语。但是男孩没有反应。他们最后送他去医院一个男护士那里，在那里给他打了针。但是他的情况仍然继续恶化。他吐血、痉挛，对此苏佐科描述得非常生动形象，然后他就死了。“我不知道为什么波迈咒语无效，”他说，“它过去都有效，这次无效，我不知道为什么；这类事情无论你如何想都是无法解释清楚的。它有时有效而有时又无效。”这时又是沉默，然后是十几分钟的政治讨论,之后我们就解散了。父亲第二天就回家了,我也再没有被邀请参加任何斯拉麦坦。当大约四个月后我离开当地时,卡曼的妻子还没有从那次经历中完全恢复过来,在这个卡姆彭中桑特里与阿班甘之间的关系更加紧张,下次要是一个波迈家庭死了人,谁也猜不出会发生些什么。

分 析

"作为所有宗教的根源,"马林诺夫斯基写道,"生命的最高也是最后的危机——死亡——是最为重要的。"[12] 他认为,死亡引发了生者爱与恨的双重反应,在内心深处出现迷恋与恐惧双重情感,它同时威胁了人类生存的心理的与社会的基础。生者因为对死者的爱而被死者吸引,因为死亡造成的可怕的转变而被死者排斥。他们的葬礼与随后的悼念活动,集中围绕着一个自相矛盾的愿望:在人死后既要保持联系,又要迅速、彻底地割断联系,而且要确保渡过绝望继续活下去的愿望占主导地位。葬礼仪式是要既防止生者被惊慌失措所驱使而逃离现场,又要防止他们被相反的原因驱使而随死者进入坟墓,从而保持人类生命的继续:

> 163 而且在一进入情感力量的作用中,进入对生命与最后死亡的两难困扰之中,宗教介入其中,选择了积极的教义、安慰性的观点,选择了对不朽、对独立于肉体的精神,以及对死后生命延续的有文化价值的信仰。在各种死亡仪式中,在对逝者的悼念与情感交流中,以及对祖先魂灵的崇拜仪式

---

[12] 马林诺夫斯基:《巫术、科学与宗教》,第29页。

中，宗教赋予拯救的信仰以实质和形式……准确地说，宗教对整个群体也发挥了同样的功能。将生者与死者联系在一起，使生者关注死亡的地方，坚信灵魂存在，坚信灵魂有善也有恶，坚信应举行一系列纪念与奉献仪式——借助这一切，宗教对恐惧、沮丧、道德下降的离心力起到了抗衡作用，并提供了最强有力的手段整合群体受到动摇的凝聚力并重建它的信念。简而言之，宗教在此确保传统战胜因本能受挫而产生的负面反应。[13]

显然，对这种理论而言，与前述实例类似的案例提出了一些难以回答的问题。不仅是传统与文化战胜了“受挫的本能”，充其量比较勉强，而且它看上去是仪式分裂了社会而不是整合它，它分裂了人格而不是治愈它。对这种理论而言，功能主义者有两种形式的现成的答案，选择哪一种取决于是遵循涂尔干传统还是马林诺夫斯基传统：社会分裂或是文化衰败。迅速的社会变迁已经使爪哇人的社会发生分裂，这反映在文化瓦解之中；正如统一的斯拉麦坦反映了传统农村社会的统一局面，卡姆彭社会的分裂也反映在我们所见到的破碎的葬礼的斯拉麦坦中。或者，换言之，文化的衰败已经导致了社会的分崩离析；失去了强有力的民间传统，个人之间的道德联系也就削弱了。

在我看来，无论用这两种语言中的哪一个表达，这个论点有两个错误：它把社会（或文化）的分裂混同于社会（或文化）的冲突；它否认文化与社会结构的独立作用，而视二者中的任何一个不过是另一个的附带现象。

首先，卡姆彭的生活不只是一种简单的反常现象。虽然有

[13] 马林诺夫斯基：《巫术、科学与宗教》，第33—35页。

激烈的社会冲突,这和我们自己的社会一样,但是社会在大多数领域中还是相当有效地运行着。假如政府、经济、家庭、分层及
164 社会的控制机构像派贾恩葬礼那样丧失功能,卡姆彭确实会成为一个不易生存的地方。但是虽然城市混乱的一些典型的症状——例如日益增多的赌博行为、小偷小摸和卖淫——也在某种程度上出现了,但是卡姆彭的社会生活显然还没有到崩溃的地步;日常的社会互动并不由于压抑的苦难与深刻的不安而难以进行,就像我们看到的集中表现在葬礼上的那样。对大多数成员来说,大多数时间里,莫佐克托的半城市邻里关系提供了多种生活方式,尽管它有着不利的物质条件与过渡特征;而且对爪哇乡村生活的描叙充满了多愁善感,可能对村庄表达也就这么多。事实上,围绕着宗教信仰与宗教活动——斯拉麦坦、节日、治疗、巫术、宗教团体,等等——似乎发生了最严重的瓦解性的事件。宗教在此大约是造成紧张的中心与根源,不仅仅是社会中其他紧张的反映。

但是它不是紧张的根源,因为对信仰与礼仪的传统模式的信奉已经减弱了。围绕派贾恩死亡而发生冲突,只是因为卡姆彭的所有居民在葬礼方面确实有着共同的、高度整合的文化传统。对斯拉麦坦仪式的正确性,对邻居参加葬礼的义务,或是对葬礼仪式所依据的超自然概念的有效性,并没有什么争论。卡姆彭中的桑特里和阿班甘来都认为,斯拉麦坦依然保留着它作为纯粹宗教象征的力量;它仍然提供了一个面对死亡的有意义的框架——对多数人来说这是惟一的有意义的框架。我们与其将仪式的失败归咎于世俗化,归咎于怀疑主义的增长,或是对"挽救信仰"的传统没有兴趣,倒不如把它归咎于社会反常。

我认为,我们必须要将失败的原因归之于社会结构(因果—功能)方面的整合形式与存在于文化(逻辑—意义)方面的整合

形式之间的断裂——不导致社会与文化分裂，而是导致社会与文化的冲突。或者更具体地说（听起来有点像格言），问题在于卡姆彭人在社会上已经是城市的，但是在文化上仍然是乡村的。

我已经指出，爪哇的卡姆彭代表了一种传统类型的社会，在某种程度上，其成员处于城市精英与按传统方式有组织的农民“之间”。他们参与其中的社会结构形式大部分是城市的。高度 165
分化的职业结构，取代了几乎完全是乡村农业的职业结构；作为个人与理性化的中央政府官僚机构之间的人格主义缓冲的半世袭的乡村传统政府已经消失，取代它的是更具灵活性的现代议会民主制；多阶级社会正在发展，卡姆彭不像是村庄，它在这种多阶级社会里甚至不是一个自给自足的实体，而仅是一个从属性的部分——所有这一切意味着，卡姆彭人生活在一个非常城市化的世界里。从社会意义上说，他们生活在一个**法理社会**中。

但是在文化层次上——即意义层次上——卡姆彭居民与村民相比很少有差别；而他们与城市精英相比差别要大得多。卡姆彭人所信奉的信仰、表达与价值模式——他的世界观、气质、道德规范或其他——只与那些村民所信奉的稍有区别。在一个极为复杂的社会环境中，他们明显是在持守在乡村社会中指导他们或他们父母一生的象征符号。正是这一事实引起了围绕着派贾恩葬礼而产生的心理与社会紧张。

仪式的混乱产生于参与仪式的人从根本上对其基本意义的模糊认识。道理很简单，这种模糊存在于这一事实中：构成斯拉麦坦的象征符号具有宗教与政治双重意义，被同时赋予宗教与世俗的双重重要性。那些走进卡曼的院子的人，包括卡曼本人，都不能确定他们究竟是来参加宗教事务，还是参与争夺权力的世俗斗争。正由于此，那位老人（实际上他是一个守墓人）对我抱怨说，死亡现在也成了政治问题；乡村警察谴责莫丁在拒绝安葬派贾恩时考虑的不是宗教偏见而是政治偏见；卡曼惊讶地发现他的意识形态信仰突然成为他的宗教活动的障碍；阿布进退两难：为了要有一个和谐的葬礼愿意将政治分歧放在次要位置，又不愿意为了他自己的解决方案而轻视自己的宗教信仰；悼念仪式在政治嘲讽与寻求一个对所发生事情的恰当解释之间左右摇摆。总而言之，正是由于这样的原因，斯拉麦坦宗教模式在试图"插足""积极的教义"与"有文化价值的信仰"时，就有点力不从心了。

如在前面所强调的，目前在桑特里与阿班甘之间产生的严重分歧，很大部分是由于二十世纪在印度尼西亚兴起的民族主
166 义社会运动。在这一运动诞生于其中的大城市里，它们实际上有各种形式：反对华人竞争的商人社团；反抗种植园剥削的工会；企图重新界定终极概念的宗教组织；试图要澄清印度尼西亚形而上及道德概念的哲学讨论俱乐部；努力要复兴印度尼西亚教育的学校联合会；努力发展新型经济组织的合作社；复兴印度尼西亚艺术生活的文化组织；当然，还有要组织对荷兰统治的有效反抗的政党。但是，随着时间的推移，独立斗争逐渐吸引了所有这些精英组织的活力。无论它们有着什么鲜明的目标——经济重建、宗教改革、文艺复兴——它们都从属于一个广泛的政治意识形态；所有这些组织越来越关心一个作为未来社会与文化进步的先决条件的目标——自由。到一九四五年革命开始之时，在政治领域之外重新形成思想体系的表述，已经明显地缓慢下来，大多数生活领域已经严重地意识形态化了，这种趋势一直持续到战后。

最初，在乡村及小城镇的卡姆彭中，特定形式的民族主义影响很小。但是，随着运动的统一及走向最后胜利，大众也开始受到影响，正如我已经指出的，主要是通过宗教象征的媒介。高度

城市化的精英与农民结成联盟,不是依靠复杂的政治与经济理论(这些理论在乡村范围内几乎没有意义),而是依靠乡村里现成的概念与价值。因为精英们之间的主要分野是:以伊斯兰教的教义作为吸引群众的主要基础,还是以对本地调和宗教进行哲学概括和提炼作为主要基础。与此相同,在农村桑特里与阿班甘很快就成为不仅是宗教而且是政治派别,他们代表了两种不同观点的追随者,对如何组织正在出现的独立社会有分歧。由于实现了政治自由,议会政府中宗派政治的重要性得到强化。桑特里—阿班甘,至少是在地方层面上,围绕基本的意识形态轴心之一,展开了政党权术活动。

这种发展的影响,在于以同样话语进行的政治争论与宗教
劝解。唱《古兰经》的赞美诗成了既是政治忠诚的宣言,也是对 167
真主的赞美;烧香既表达了他的世俗思想,也表达了他的宗教信仰。现在,斯拉麦坦经常明确表现为:充满忧虑地讨论仪式中不同内容以及它的“真正”意义是什么;某种特定活动是必要的还是可选的;当桑特里抬起眼睛去祈祷时,阿班甘感觉到不自在,阿班甘诵读护身咒语时,桑特里感觉到不自在。正如我们已经看到的,当死亡发生时,传统象征倾向于使个人面对社会损失时团结起来,也倾向于提醒他们相互之间存在的分歧;既强调广义的人类道德主题及不应遭遇的苦难,也强调狭隘的派别对立与政党斗争;既加强参与者共有的价值观,也“调节”他们之间的仇视与猜疑。仪式本身成了政治冲突事件;婚姻与死亡的宗教仪式,成了重要的政党事务。在如此模棱两可的文化背景中,一个卡姆彭中的爪哇人越来越难以确定对待特殊事件的恰当态度,越来越难以选择适合特定社会环境的特定象征符号的意义。

这种政治意义干扰宗教意义的现象也会逆向发生:宗教意义干扰政治意义。因为同样的象征符号既用于政治语境也用于

宗教语境,人们经常认为政党斗争涉及的不仅是议会权术的进退,民主政府所必然有的不同党派的妥协,而且同样涉及对基本价值观与终极概念的抉择。特别是卡姆彭人认为,应将明显存在于新兴的共和政府中的明确制度化的权力之争,视为使不同类型的基本宗教原则官方化的权力之争:“假如阿班甘当政,古兰经教师将被禁止上课”;“假如桑特里当政,我们将必须一天祈祷五次。”正常的官员选举之争因那种认为所有的事情都至关紧要的主张而激烈化:那种“假如我们赢了,国家就是我们的”的想法认为,一个团体赢得权力,正像有人所说的,就有权“将自己的原则作为国家的信念基础。”因而政治带上了一种宗教仇恨;因为这种方式造成严重的压力,在莫佐克托郊区的一个村子不得不进行了两次村级选举。

因此可以说,卡姆彭人被夹在他的终极概念与眼前概念之
168 间。因为他被迫要用争取世俗权力,争取政治权利和抱负的同样语词,形成他的基本形而上观念,形成他对诸如命运、苦难和邪恶这类基本“问题”的反应,因此他参加一个或者是社会的或者是心理上有效用的葬礼,参加平稳进行的选举,都会感到困难。

但是一个仪式并不只是一个意义模式;它也是一种社会互动的形式。因而,除了产生文化上的不确定性之外,试图将宗教模式从相对差异较小的乡村背景中带进城市情景中也会引起社会冲突,原因仅在于由这类模式所显示的社会整合,与这个社会中的主要的整合模式在总体上不一致。卡姆彭人在日常生活中要保持团结的方式,与斯拉麦坦所坚持要保持团结应该采取的方式是非常不同的。

正如在前面所强调的,斯拉麦坦基本上是一个以地域为基础的仪式;它认为家庭之间的联系是以居住邻近为基础的。一

组邻居被认为是(在政治上、宗教上、经济上)与另一组邻居对应而有意义的社会单元;一个村庄与另一个村庄对应;一组村庄与另一组村庄对应。在城镇,这个模式在很大程度上已经发生了变化。重要的社会群体是由多种因素定义的——阶级、政治信仰、职业、种族、出生地、宗教倾向、年龄、性别,还有居住地。新的城市组织形式是由来自不同背景的互相冲突的力量通过谨慎的平衡组成的:阶级差别由于意识形态近似而淡化;种族冲突由于共同的经济利益而缓和;政治对立,如我们那样,由于居住邻近而减少。但在所有这些多元制衡之中,斯拉麦坦仪式却没有变化,在城市生活中对主要的社会界线和文化界线视而不见。就斯拉麦坦而言,个人的主要分类特征是他住在哪里。

因而当遇到生命周期的过渡、节日、重病等情况,需要举行宗教仪式时,必须应用的宗教形式没有保持反而破坏社会平衡。斯拉麦坦无视这些新近形成的社会隔离机制,这些机制在日常生活中保证群体冲突在固定的范围内;同样它也无视新近在冲突群体中发展起来的社会整合模式,这些新模式以一个合理有效的形式平衡了紧张的对立关系。人们被迫进入一种他们要尽 169
快避免的亲密关系之中;社会对一种仪式的假设("我们都是具有共同文化的农民")与事实("我们是非常不同种类的人,被迫居住在一起,尽管我们的价值观有着严重的分歧")之间的不一致,导致了派贾恩葬礼上的不安只是一个极端的例子。在卡姆彭,举行斯拉麦坦,使人们越来越注意到,他们通过戏剧性演出来加强的邻里联系,不再是将他们团结在一起的最重要的联系。而将他们团结在一起的最重要的联系是意识形态、阶级、职业与政治,它们不再能用地域关系恰当地概括起来。

总而言之,派贾恩葬礼的中断可以追溯到一个单一的根源:意义的文化框架与社会互动模式之间的不一致,它源于在城市环境中对与农民社会结构相适应的宗教象征体系的坚持。静态的功能主义,无论是社会学的还是社会心理学的,都不能排除这种不一致,因为它不能区别逻辑—意义的整合与因果—功能的整合;因为它不能认清,文化结构与社会结构不仅互相反映,而且是既相互独立又互相依存的变量。社会变迁中的推动力明显地只能由形式上更富于活力的功能主义理论才能得到明确的表述。功能主义理论考虑到这一事实:人需要生活在一个这样的世界中,他可以赋予这个世界某种意义,他感觉能够把握住这个世界的基本意义,但是这种需要,经常与他同时有的维持一个功能性的社会机体的需要是偏离的。把文化理解为"习得行为"的宽泛的概念,把社会结构理解为互动的平衡模式的静态观点,以及认为两者在某种程度上必定是(保留在"无组织"状态的)互相的简单镜像或显或隐的假设,作为概念手段,用来解决诸如由派贾恩的不幸的但却是富于启发性的葬礼所引起的那类问题,是太粗糙过时了。

第七章　现代巴厘人中的“内部转换” 170

每一个民族都有它的巫术信仰及习俗的储藏室,许多遗存下来的都是优雅美妙的,维持了文明的连续性。希望现代唯物主义思想不要将它们完全抹杀,使马来文化变得枯燥无味。

理查德·温斯台特[①]:《马来巫师》

我们最近听到许多关于亚洲及非洲的新兴国家政治现代化和经济现代化的消息,但却很少听到宗教现代化的消息。在宗教没有完全被漠视的时候,它不是被认为是需要改进的陈旧的障碍,就是被视做被围困的守卫者,看护那些由于受到具有腐蚀性的迅速变化所威胁的珍贵文化价值。几乎没有人注意到宗教自身内部的发展和自主的发展,注意到发生在广泛的社会革命中的社会的仪式与信仰体系的转变的规律。最多不过是我们研究了已有的宗教义务和宗教认同在政治或经济进程中所起的作用。但是我们对亚洲及非洲宗教的观点却令人奇怪地没有任何改变。我们预计它们会繁荣或是衰落;我们没有想到它们会变化。

巴厘也许是东南亚保存着优美的巫术信仰和习俗的最丰富

---

① 理查德·O.温斯台特(1878—1966),英属马来亚教育长官,兴办马来亚教育,著有大量研究马来亚的作品。所著《马来亚古典文学史》和《马来人文化史》系权威性著作。——编注

的储藏库，这样一种研究方法实际上是很普遍的。在堂吉诃德式的文物收藏迷与枯燥无味的文化唯物主义之间做出抉择的两难
171 境地，似乎就因此成了核心问题。在本文中，我想提到的是，这种两难境地，在其所有的可能性中，是一个虚假问题。虽然巴厘人的宗教生活的基本性质已经彻底转变了，但是他们文明的连续性还是能够保存下来。而且我还想进一步指出少数隐约可见但不确定的迹象，表明这种转变实际上已经在进行之中。

宗教理性化的概念

在其论述比较宗教的巨著中，德国社会学家马克斯·韦伯指出了世界历史中两种理想化的宗教极端类型之间的区别："传统型"与"理性化型"。这一区别虽然过于概括、论述也不够完善，仍是一个讨论真正的宗教变化的有益的开端。[②]

这一对比的核心在于宗教概念与社会形式之间关系上的差异。传统宗教概念（韦伯也称它们为巫术）把现有的社会习俗变成了僵化的程式。它们受世俗习惯几乎严丝合缝的束缚，将"人类行为的各个方面纳入……象征性的巫术之中"，并因此而保证日常生活之流继续在一个固定的、明确规划好了的流程中流淌。[③] 然而，理性化的概念并没有如此彻底地与日常生活的具

---

② 韦伯对宗教的理论性讨论主要是在他的《经济与社会》（图宾根，1925）尚未翻译的部分中，第225—356页，但是他的观点可以在由他的《宗教社会学》翻译成的、以《中国的宗教》（格伦科，伊利诺，1958）、《印度的宗教》（格伦科，伊利诺，1958）及《新教伦理与资本主义精神》（纽约，1959）为题刊行的著作中看到。讨论韦伯著作的最好的英文著作是T.帕森斯的《社会行为的结构》（格伦科，伊利诺，1949）及R.本狄克斯的《马克斯·韦伯：一幅智者的肖像》（纽约，1960）。

③ 引自帕特森：《社会行为》，第566页。

体细节密切地交织在一起。它们是与日常生活“分开的”，或是在它们的“上面”和“外面”，这些概念在其中得以体现的信仰和仪式体系与世俗社会的关系，不是密切的、无须检验的，而是疏远与有疑问的。一种理性化的宗教，在其被理性化的程度上，具有自我意识及世俗智慧的。它对世俗生活的态度也许是不同的，从逆来顺受的高贵的儒教到积极入世的苦行的清教主义；宗 172
教从来就不是幼稚的。[4]

与这种宗教领域和世俗生活之间的关系中的区别相并行，宗教领域自身结构也存在差异。传统宗教包括一大批非常具体地定义的、仅仅是松散地组织起来的宗教实体，零乱地汇集了一些烦琐的仪式及泛灵论的生动形象，它们使自已能够以独立的、部分的和即时的方式卷入任何一种实际事件中去。这种体系（它们仍然是体系，尽管它们缺乏正式的规范）满足了长期的宗教关注，就是韦伯所说的“意义问题”——邪恶、受苦、沮丧、迷惘等等零碎的东西。它们在意义问题出现时——每次死亡、每次歉收、每次自然与社会的不幸事件——从神话与巫术的武器库盅选择的这一种或那一种武器，依据适当的象征，寻找机会解决它们。（这些体系也会把同样的策略用在比较容易对付的宗教活动上——庆祝人类繁衍、繁荣及团结。）正如传统宗教对基本精神命题所采用的处理办法是各自分离、没有规律的，它们的特征形式也是分离的、没有规律的。

另一方面，理性化的宗教就更为抽象，在逻辑上更为紧凑，在词语上更具普遍性。在传统宗教中表述得含糊而又零碎的意义问题，在这里得到了包容性的表述并唤起人们统摄性的态度。它们在概念上变为已经具有关于人类生存的普遍的、内在的品

④ 韦伯：《中国的宗教》，第226—249页。

质，而不是被视为这样的或是那样的特殊事件的不可分离的方面。这个问题不再仅仅是这样提出——用一个取自英国人类学家伊文斯—普里查德的例子：“谷仓为什么倒在我的兄弟身上而不是别人的兄弟身上？”而是这样来问：“为什么好人早殇，而恶人却像月桂树一样常青？”⑤ 或者是避开基督教神正论老套，不是去问：“依据什么手段，我能发现谁对我兄弟实施了巫术，因而引起谷仓倒在他的身上？”而是这样来问：“我如何才能知道真相？”也不再问：“为了对巫士复仇，我应该采取什么特别的行
173 动？”而是：“对恶人实施公正的惩罚的根据是什么？”当然狭义的、具体的问题仍然存在；但是它们被归入更广泛的问题中，因而它们带来了更让人不安的暗示。而且，随着在严格与普遍形式中的广泛的问题提出来，就需要以同样彻底、普遍及结论性的方式来回答它们。

韦伯认为，所谓的世界性宗教，其发展是对以尖锐形式出现的这类需要的反应。犹太教、儒教、哲学性的婆罗门教，还有虽然表面上看来似乎完全不是宗教的古希腊理性主义，每一种都是从大量的教派崇拜仪式、民间神话和那些对某些在相关社会中的主要群体不再起作用的临时性的次级信仰中形成的。⑥ 在很大程度上，宗教知识分子意识到，传统的、混乱的仪式与信仰已经不再恰当，而逐渐地以明确的形式意识到意义问题，这些似乎构成了传统生活方式大混乱的一部分。这些混乱的细节（或者是从前四种宗教衍生下来的新宗教中所表现出来的细节），不

---

⑤ E. E. 埃文斯—普里查德：《阿赞德人中的巫术、神谕及魔法》（牛津，1932）。

⑥ 讨论韦伯对宗教变化中社会阶层的作用的分析，见本狄克斯：《马克斯·韦伯》，第 103—111 页。我在此处与别处的阐述，主要得益于罗伯特·贝拉未发表的文章：《文化分化过程中的宗教》；还可见他的《德川时代之日本宗教》（格伦科，伊利诺，1957）。

需要再多说什么了。重要的是,宗教理性化进程在各处似乎都已经是由彻底地动摇社会秩序的基础而引起的。

是由此而引起,但不是由此而确定。因为除了深刻的社会危机并不总是产生深刻的宗教创新(或者是任何创新)这一事实之外,这种创新出现时,它所沿的路线也极为不同。韦伯对中国、印度、以色列及西方宗教的整个宏大比较,所依据的是这样一种观点:它们代表着宗教理性化的不同方向,代表着在一些数量有限的脱离巫术现实主义的发展可能性中的对照性的选择。这些互相不同的体系所共有的,并不是它们所传递的信息的特殊内容,这些特殊内容在它们扩展自己的影响范围时也在深化其特点,而是在于它在其中形成的正式类型和一般模式。在所有这些体系中,就像许多分散的光线被透镜聚焦一样,神圣的意识从无数树精及花园咒语中汇集起来,借助它们神圣意识得以 174
朦胧地展开,并被集中于神的核心概念中(虽然并非必然就是一神教)。在韦伯著名的论断中,世界不再让人抱有幻想:神的所在地从日常生活中的房梁、坟地及路口移置于另外一个领域,在那里有耶和华(Jahweh)、逻各斯(Logos)、道(Tao)和梵(Brahman)。⑦

随着这种在“距离”上的急剧增加,可以说,有必要以一种更加有目的和挑剔的方式维持它们的联系。当神不再能够顺便地通过无数具体的、充满整个日常生活、几乎是本能性的仪式姿态来理解时,在人与神之间建立一个更为一般和更为广泛的关系,就变得非常迫切,除非人们要完全放弃对它的关切。韦伯看到两种可以达到这个目的的主要方式。一个是通过构建一个有意识地系统化的、正式的法律—道德规范,包括道德指令,它们是

⑦ 贝拉:《分化》。

设计来由神通过先知、经文、神奇的暗示等等给予人的。另一个通过个人的直接体验，通过神秘主义、内省、审美直觉等与神的接触，经常需要各种高度有组织的精神的与智力的锻炼的帮助，例如瑜伽。第一种方式，在中东比较典型，虽不那么绝对；第二种方式在东亚很典型，虽然也不那么绝对。不管是否只有两种可能性，这似乎不太可能，它们还是以一种自觉意识的、有条有理的、明显连贯的方式在世俗与神之间的巨大鸿沟上架起了桥梁。对那些信仰宗教的人来说，它们维持了人与遥远的神之间的有意义的联系。

正如韦伯的所有的两极对比，传统与理性(它的反面不是非理性，而是反理性)之间的对比，在事实上模糊之彻底正如其在理论上描述之鲜明。特别是它不应该假设：没有文字的族群的宗教完全缺乏理性化因素，而有文字的族群的宗教是彻底地理性化了的。不仅许多原始宗教显示出相当数量的自觉批评的结果，而且一种传统类型的流行宗教狂热也在宗教思想已经达到
175 了哲学诡辩的顶点的社会中拥有巨大的力量。[8] 但是相对而言，几乎不应怀疑，世界性宗教比那些氏族、部落、村庄或是部族的“小”宗教显示了更高的观念概括，更紧密的形式和更明确的教义。宗教的理性化不是一个全有或全无、不可逆转的或不可避免的过程。但是，在经验上，它是一个真实的过程。

传统的巴厘宗教

由于巴厘人在广义上是印度教信徒，人们可能认为，他们的

---

⑧ 关于原始宗教中的合理化因素见 P. 雷丁：《作为哲学家的原始人类》(纽约，1957)。关于发达文明中的流行宗教，见本狄克斯：《韦伯》，第 112—116 页。

宗教生活至少相当部分是已经较好地得到理性化的，在大量的宗教狂热之上与之外存在着一种发达的伦理神学或神秘神学。但是实际情况并非如此。尽管有大量过分理智化的描述，但是巴厘宗教，即使在祭司中，也是具体的，以行为为中心的，与日常生活细节彻底地交织在一起的，而且很少，如果有的话，像古典的婆罗门教或它的佛教分支那样关注哲学玄思或普遍关怀。[9]它对意义问题的解决仍然是非常含糊的、有限的和零碎的。世界仍然是引人幻想的(除了眼前的某些最新的动荡)，交织在一起的巫术现实主义网络几乎完全没有触动，仅仅在这里或是那里被个别的冲动或反思所打破。

这种缺乏一个发达的教义体系的严重程度，是由于本土(即前印度教)因素的持续存在，还是自十五世纪以来巴厘相对孤立于外部世界以及由此导致其文化狭隘化，或是由于巴厘社会结构能够以不寻常的程度保持牢固的传统形式，这是一个尚待讨论的问题。在爪哇，外部影响的压力是残酷无情的，而且传统的
社会结构已经失去它的大量弹性，不只一种而是数种高度理性 176
化的信仰和崇拜体系已经发展起来，令人自觉意识到宗教的多样性、冲突和繁杂——这些对巴厘人还是陌生的。[10] 因而，一个人来到这里，像我曾经做过的一样，在爪哇工作一段时间之后来到巴厘，几乎立即感到吃惊，这里近乎完全没有怀疑、没有教条、形而上的漠不关心。还有庆典活动令人吃惊的激增。巴厘人，不停地编织着复杂精巧的棕榈叶的祭品，精心地准备着仪式上的食物，装饰着各种庙宇，行进在大规模的庆典队伍中突然神情

⑨ 有关这种情形的小小例外的非常偏颇的性质可以在 V. E. 科恩的《教士的献祭》中关于教士的知识训练的简短描述中看到。载 J. L. 斯维伦格雷贝尔等：《巴厘：对生活、思想与仪式的研究》(海牙与万隆，1960)，第 133—153 页。

⑩ 对爪哇的评论，见 C. 格尔茨：《爪哇人的宗教》(格伦科，伊利诺，1960)。

恍惚,他们似乎是太忙于宗教活动,对宗教本身很少思考(或是担心)。

但是,说巴厘人的宗教在方法上没有条理,并不是说它完全没有秩序。它不仅有着连续一致的、极有特点的格调(一种只有大量的描述才能引发的刻意的戏剧性),而且组成它的因素形成一系列明确的仪式复合体(complex),它反过来又对含蓄但不乏合理性的适当的宗教问题显示出明确的态度。其中有三方面最重要:(1)寺庙体系;(2)社会不平等的神圣化;(3)死亡和巫术崇拜。因为已有相当多的民族志文献详细涉及这个问题,我对这类复合体的描述就可以简略一些。[11]

1.**寺庙体系**是一个典型的包容形式,这一形式中,传统宗教的不同部分通过它们所处的社会结构使自己凝聚起来。虽然所有的寺庙,据说数以千计,是根据一个大体相同的露天方案建造的,每一个寺庙集中于一个或另一个非常特殊的、明确的关注点:死亡、热爱邻里、亲属团结、农业丰收、种姓自豪感、政治忠诚,等等。每一个巴厘人都从属于两三个到十几个这类寺庙;而且,由于每一个寺庙所集中的人群主要是由这样一些家庭组成:他们碰巧用同一个墓地、生活在近邻、在同一块土地上耕种或者还有其他联系,这类联系和他们承担的仪式义务,非常直接地支持了巴厘人日常生活建立于其上的某种社会关系。

177 就像寺庙之间在建筑上非常相似一样,与不同的寺庙相关的宗教形式,本质上几乎完全是仪式性的。除了最低限度外,对教义或是对正在发展的事件的概括化的解释几乎无兴趣。强调的是正确的行为而不是正统原则——关键是每次仪式的细节都应该是正确的及位置恰当的。假如有哪一次仪式没有做到这一

---

[11] 作为一般浏览,参阅 M.卡瓦拉比亚斯:《巴厘岛》(纽约,1956)。

点,寺庙成员中就会有一个人不自觉地被神灵附体,由此而成为神选定的一个信使;在这个错误被他的胡话纠正之前他拒绝苏醒。但是在观念方面却远不是那么重要的:祭拜者通常甚至不知道这个寺庙祭拜的是哪个神,他们对大量的象征体系的意义不感兴趣,而且对别人可能信仰什么或不信仰什么漠不关心。你最终可以相信任何你在实际上希望相信的东西,包括非常令人烦恼的事,甚至可以把这种情况说出来。但是假如你没有履行你应该履行的宗教仪式的责任,你就将不仅被寺庙成员而且被整个社区所排斥。

甚至仪式的进行也有一种外在的奇怪的气氛。这类主要的仪式在每个寺庙的"生日"举行,每二百一十天一次,在这个时刻,神会从火山顶上的家中降临在岛屿中心,进入庙中祭坛上的神像之中,停留三天,然后再回去。在众神到达的那天,寺庙的成员要有一次欢快的游行,前往村边迎接,用音乐与舞蹈欢迎众神,并陪伴他们来到寺庙,到寺庙还要继续娱乐;在神离开的那天,要以相似的方式送走他们,虽然要难过一点,程序也简略一些。但是第一天与最后一天之间的仪式主要是由祭司们单独举行的,而寺庙成员的主要义务是制造非常复杂的供品并送至寺庙。在第一天,有一次重要的集体仪式,要向寺庙成员洒圣水,手掌举到额头,对神行印度教形式的屈膝礼。但是,即使是在这种看似极为神圣的仪式中,每一个家庭也只有一个成员参加,而且通常是女人或少年,只要有几滴圣水落在自己家庭代表的身上,男人一般都不关心别的什么了。

2.**社会不平等的神圣化**一方面集中于婆罗门的祭司身份
上,另一方面集中于大量的盛典上,巴厘的许多国王、王公和贵 178
族用这些仪式表达并加强他们的优越地位。在巴厘,将社会地位不平等变成一种象征,已成为超村落政治组织的关键。从非常早期的阶段开始，在国家形成的过程中的主要推动力量，与其说来自政治，不如说来自阶层分化；与其说来自权术，不如说来自社会地位。它不是趋向于更高水平的行政、财政甚或军事效率（这些都是塑造巴厘政体的基本因素）的力量，而是非常强调用仪式来表达社会地位之间的细微差别。政府权威的形成依靠的，从属地并且是没有保障地，是倍受重视的社会阶层之间的声誉差别；比之传统文化精英用以展示其精神优越性——即国家仪式、宫廷艺术和贵族礼仪——的实际政治控制机制，专制的寡头统治用以实行权力的实际政治控制机制，远不是那么精致和发达。

因而，寺庙主要联系了平等的村庄集团——也许它们被组织起来的基本构成原则是，在寺庙的背景内，所有寺庙成员的社会地位的差别都是无关的——高等种姓的祭司身份和壮观的典礼仪式联接了贵族与农民，并形成了一种明显不相称的关系。

虽然任何一个男性婆罗门种姓成员都有资格成为祭司，但只有很少人接受一个长期的训练与斋戒，这是实践其角色所必需的。[12] 虽然没有使每个祭司单独发挥作用的组织，但祭司阶层作为一个整体与贵族阶层有极为密切的联系。统治者与祭司被说成是肩并肩站在一起的“亲兄弟”。任何一个缺少另一个就要垮台，前者缺乏卡里斯马潜能，后者缺少军队的保护。即使是在今天，每一个贵族家庭都与一个特定祭司家庭有着象征性关系，这个祭司家庭被认为是他们的精神伙伴。在前殖民时期，不仅宫廷多由祭司任职，而且没有当地统治者的批准祭司就不可能就职，而没有祭司支持统治者就不能合法地就位。

---

⑫ 一个祭司必须有一个婆罗门种姓的妻子才能奉献自己，而且他的妻子可以在他死后担任全职教士。

从平民及低等种姓方面来看,每一个祭司都“拥有”一批追 179
随者,由不同的贵族家庭在不同的时间分配给他,并且代代相传。这些追随者分散而居,虽不是完全随机的,但至少居住得非常分散——一个村庄中有三个,下一个村庄中有四个,第三个村庄中又有几个,等等——这样做的理由显然是贵族希望保持祭司阶层在政治上弱小。因而在任何一个村庄中,一个人与他的邻居一般为了满足宗教需要分属于不同的祭司。宗教需要中最重要的是获得圣水,这不仅对寺庙仪式,而且最终对所有的重要仪式都是基本的东西。只有婆罗门僧侣才能直接与神说话以加工圣水,因为只有他,才拥有从禁欲养生和种姓纯洁获得的精神力量,借助巨大的巫术力量安全地沟通人和神。因而祭司与其说是真正的祭司,不如说是职业巫师:他们既不侍奉神,也不阐述神,而是,通过半懂不懂的梵语圣歌及优美地风格化的姿势,来利用神。

一个祭司的追随者把他当做他们的湿婆,这是根据祭司在仪式上神灵附体期间的神命名的。祭司把追随者称做他的 sisija,大概相当于“顾客”的意思。以这种方式,高等种姓和低等种姓之间的等级制的社会差别,象征性地消解为祭司和平民之间的精神差别。另一个手段,即贵族的盛典,通过它而使等级制被赋予了宗教表达与支持,采用了政治而不是仪式性的代理制度——徭役(corvée)——强调了这种极端的社会不平等的合法性。在这里,重要的不是仪式活动的内容,而是这样的事实:一个处于此种地位的人,他可以动员人力资源去举办这样的盛会。

通常,围绕生命周期事件(锉平牙齿、火葬),在相当长的时间内,这些仪式涉及到大量的臣民及随从等人的集体努力,因此不仅仅是政治忠诚与整合的象征而正是其实质。在前殖民时期,准备及表演这样庞大的场面看来要比实际政治活动,包括战

争、团结等等,花费更多的时间与精力。在一定意义上,政治制度可以被说成是用来支持礼仪制度的,而不是反过来。而且尽
180 管发生了殖民主义、占领、战争及独立等事件,这种模式大部分还是保存着——用柯拉·杜·波依斯的妙语说,贵族还是“农民之伟大的象征性表达”,而农民仍然是贵族虚荣的生命线。[13]

3. **死亡和巫术崇拜**是巴厘宗教“黑暗”面,而且,它渗透进日常生活的每一个角落,给原本平静的生存状态加上了焦虑,它在那两个奇怪的神话人物浪达与巴龙之间的令人着迷的斗争中,找到了它的最直接与最生动的表达。浪达,这个巫术中的魔后、古老的寡妇、年老色衰的妓女、谋杀小孩的死亡女神的化身,要是玛格丽特·米德说得不错的话,还是一个令人讨厌的(rejecting)母亲的象征,巴厘人把她刻画成一个强大的、十足的魔鬼形象。[14] 巴龙,作为一个有点慈祥、有点滑稽的神,看上去介于笨熊、傻狗和神气的中国龙之间,巴厘人将之描述为一个人类的力量与虚弱的近乎滑稽的代表。当他们迎面相遇,两个恶魔——每一个都有着被巴厘人称之为 sakti(沙克蒂)[15]的超自然(mana-like)力量——之间的斗争最终达到和局,这种斗争因其所有的巫术不是没有某种终极的意义。

浪达与巴龙之间表演的这场斗争,通常(虽然不是必然的)发生在一个死神的寺庙的“生日”仪式上。一个村民(男人)扮演浪达,戴着凶恶的面具,穿着令人可憎的服装;另外两个人一前一后像耍马戏一样,扮演优雅的巴龙。双方都被神灵附体,女巫和巴龙从寺庙院子相对的两侧谨慎地跳着舞,在咒骂、威胁和不

---

⑬ C. D. 波依斯:《东南亚的社会力量》(剑桥,麻萨诸塞,1959),第 31 页。

⑭ G. 贝特森和 M. 米德:《巴厘人的性格:照片分析》(纽约,1942)。

⑮ 沙克蒂原为印度教性力派所崇奉的女神,此处指女神从男神所得的性力。性力派认为这种力是宇宙万有创造的根源。——编注

断增加的紧张气氛中出场。最初是巴龙单独作战,但是很快,观
众中的一些人不自觉地被神灵附体,抓住短剑,冲上去帮助他。
浪达冲向巴龙及帮忙的人,挥舞着她的魔衣。她又丑陋又可怕,
虽然他们都怀着极大愤怒仇恨她,想要摧毁她,但是还是败退回
来了。就在她被巴龙的沙克蒂置于绝境,就要逃跑时,她忽然变
得美艳惊人(至少我的调查合作人这样说),他们都急切地从背
后冲向她,有时甚至想从后面骑在她身上;但是,当她头转过来,
他们触摸到她的衣服时,他们立刻无助地陷入昏迷。最后她退 181
场了,没有被打败但是被阻止住了,而巴龙的极度筋疲力尽的助
手们突然爆发了狂野的自我毁灭的愤怒,将短剑转向自己的胸
膛(当然是没有杀伤力的,因为他们自己处于神灵附体状态),绝
望地翻滚,生吞活鸡,等等。从浪达最初出现的令人震颤的长时
间等待,到最后无益的暴力与放纵疯狂,整个表演有一种极度令
人不安的气氛,似乎马上会陷入极度恐惧与狂乱的毁灭。很明
显,它绝没这样过。但伴随神灵附体者绝望地企图将形势尽可
能地控制在自己手中的努力,那种令人紧张的一触即发的气氛,
哪怕对一个纯粹的观察者来说,也是压倒一切的。理性与非理
性、情爱与死亡、神与魔之间的分界线极为脆弱,几乎不能比这
更有效地表演出来了。

巴厘宗教的理性化

除了少数几个作用有限的奇特变种,如巴哈教[16]和摩门教(且不说像法西斯主义这样含义模糊的所谓政治宗教),自穆罕默德以来没有出现过新的理性化的世界性宗教。结果,世界上

[16] 伊朗十九世纪的一种强调人类精神一体的穆斯林派宗教。——译注

几乎所有的部落及农民在不同程度上摆脱了传统信仰的外壳，自那时起，皈依那些以传教为主要方式的某个伟大宗教——基督教、伊斯兰教、佛教。但是对巴厘人来说，这一过程似乎被预先排除了。基督教传教士在这个岛上从来没有取得这种进展，而且因为他们与失去信誉的殖民统治的关系，他们的成功的可能比以往更加小。巴厘人中的大多数成员也不可能成为穆斯林，尽管印度尼西亚人普遍信仰伊斯兰教。他们作为一个族群，强烈地意识到并极为自豪地感到，自己是穆斯林大海中的一个印度教岛屿。他们对伊斯兰教的态度就像一位公爵夫人对待一只臭虫。在他们眼中，成为基督教徒或是穆斯林，就相当于不再
182 是一个巴厘人，而且的确偶然有个别人皈依了其他宗教，即使在宽容和世故的巴厘人看来，他也被认为不仅是放弃了巴厘宗教，也放弃了巴厘民族，也许还放弃了理性本身。基督教与伊斯兰教也许会在这个岛上进一步影响宗教的发展，但是它们最终不会有机会控制这里的人们。[17]

但是，对巴厘的社会秩序的全面动摇，即使不是已经开始，也是即将开始，这在所有方面都是非常明显的。统一的共和国的出现(巴厘是其中一个成员)，带来了现代教育、现代政府组织形式及现代政治意识。迅速改善的通信已经使巴厘人越来越多地意识到和接触到外部世界，而且提供了新的标准去评价自己文化与其他文化的价值。而且内部的不可阻挡的变化——日益城市化，不断增加的人口压力，等等——已经使维持传统社会组织的体系的原有形式越来越困难。在公元前五世纪后希腊与中

---

⑰ 以一个传教士的语言做出的同样的判断，见 J. L. 斯维伦格雷贝尔为斯维伦格雷贝尔等人所著的《巴厘》所写的序言，第 68—76 页。由于本文在本领域内是在斯维伦格雷贝尔的书之前写出的，他提供的一些素材成为我在此列出的过程的真实性的一个独立证据。

国——世界的祛魅——所发生的变化，似乎在二十世纪中期的巴厘，以完全不同的历史情景与完全不同的历史意义发生着。

因为，当然真有可能，除非事情的发展过于迅速而使他们完全无法维护其文化传统，巴厘人似乎可能是通过“内部转换”过程将其宗教体系理性化。遵循着——普遍地但并非不加批判地——他们长期以来一直在名义上遵守，但几乎与其教义精神完全割断联系的印度教的指引，他们似乎是处在创造一种自我意识的“巴厘主义”的边缘上，这种“巴厘主义”在其哲学层面上，将同时在它提出问题的普遍性与回答问题的广泛性两方面，来对待世界各大宗教。

问题至少已经提出；特别是已经由年轻人提出。十八岁到三十岁之间受过教育或受到部分教育的年轻人，构成了革命的意识形态的先锋。已经出现了虽然是分散的但是鲜明的迹象，表明对精神问题的有意识的关注。这类问题对老年人与不热衷 183
的同龄人来说，似乎没有什么意义。

举一个例子，有一天夜里，在我居住的村庄的葬礼上，十来个年轻人蹲在院子里“看守”尸体，他们之间爆发了一场关于这类问题的全方位的哲学讨论。如同我所描述的巴厘传统宗教的其他方面，葬礼的大部分内容是由大量琐碎、繁忙的程式化的工作组成的。无论死亡引发了什么样的事情，都被淹没在忙碌的仪式之中。这些年轻人，虽然参加了葬礼仪式，但没有很深地卷入，必要的仪式主要是由他们的长辈操作，他们自发地进入了上述宗教本质的讨论中。

一开始，他们谈到了那些困扰宗教界也同样困扰学习宗教的人的问题：你怎么才能说出世俗习惯和真正宗教的界线在哪里？是否葬礼上所有活动对敬神都真正是必要的，真正是神圣的？或者，简朴的人类习俗是否是从一些盲目的习惯和传统中演化出来的？如果是，你如何对之做出区分？

一个人提出这样的观点：有些将人联系在一起、加强他们之间的联系的习惯做法——例如，全体村民一块儿造用来抬尸体的床，或亲属们整理遗体——明显是习俗，因此不是宗教，而另一些习惯做法，直接与神相关——家庭对逝者灵魂的礼拜，用圣水清洗尸体，等等——才是宗教。另一个人认为：那些在宗教仪式中普遍出现的活动属于宗教，你可以到处发现它们，从出生到死亡，在寺庙中及浪达的表演中(圣水又是一个好例子)。而那些只是偶一为之的活动或仅限于一两个仪式中出现的内容，就不是宗教。

然后，讨论就像许多这样的讨论那样转了方向，转向这类宗教有效性的根据上。一个受过一些马克思主义影响的人，提出了社会相对论：他用了一句印度尼西亚式的成语，意为“入乡随俗”。宗教是人类的产物。人想到神，就给他一个名字。宗教是有用也有价值的，但是它没有超自然的有效性。一个人的信仰对另一种人来说就是迷信。归根结底，所有的事情都可以归结为仅仅是习俗。

184 这个观点遭到普遍的不同意、反对及惊愕。在反驳中，村长的儿子提出一种简单的、非理性信仰的观点。知识分子的争论与实际完全没有关联。他知道在他的心中，神是存在的。信仰是第一位的，思想是第二位的。像他自己这样有真正的宗教信仰的人知道：神确实是来到了寺庙里——他能够感觉到他们来到了。另一个人，更倾向于理智一些，几乎当场就提出一个寓言象征体系来解决问题。锉牙象征着人变得更像神，而不是更像青面獠牙的动物。这个仪式象征着这个，那个仪式象征着那个；这种颜色代表正义，那种颜色代表着勇敢，等等。看似没有意义的东西充满着隐蔽的意义，假如你懂得其中的关键。这是一个巴厘的神秘主义哲学家。但是另一个虽然不是一个无信仰但更具不可知论倾向的人，为我们提出一个调和的方法。你不可能真正思考这些事情，因为它们不在人的理解能力的范围之内。我们确实不知道。最好的办法是保守——只相信你听说的每一件事情的一半。这样，你就不会走过头了。

就这样大半夜过去了。很明显，所有这些都是农民或铁匠（除了那位村长的儿子，他是附近一个镇上的政府职员）的年轻人是很好的韦伯主义者，虽然他们自己并不清楚这一点。他们一方面关心从总体上把社会生活与宗教分开，另一方面试图填补此岸世界与彼岸世界、世俗与宗教之间的鸿沟，这条鸿沟是开放的，他们采取的是有意成体系的态度，某种普遍的信奉（Commitment）。这里有信仰的危机，神话被打破，直截了当地动摇了的基础。

同种类型的新问题正开始出现，出现在各地的宗教仪式的背景下。在一些寺庙仪式中——特别是在那些越来越多地是由婆罗门僧侣主持，而不是像习惯那样，仅仅是由一些低等种姓的寺庙祭司提供圣水的仪式上——在一些年青的男性（也有少数女性）寺庙成员中，正在出现虔诚派狂热。不像原来只是允许家庭中的一个成员参加，向神跪拜，而是所有人都参加，聚集在祭司周围，让更多的圣水洒在他们身上。不是像过去那样，圣事一般在孩子的尖叫与成年人的闲聊中进行，而是要求并做到了在安静和肃穆的气氛中进行。然后，他们不是从巫术方面而是从情感方面来谈论圣水，他们说，他们内心的不平静与不安定被落 185
在他们身上的圣水所“冷却”了。他们也谈到他们直接而真切地感觉到神就在现场。所有这一切，老年人及传统的人都几乎不可能谈到；正像他们自己所说，他们看着它就像是牛看着格姆朗乐队一样——带着一种不能理解的茫然和惊奇（但不是仇视的方式)。

但是,假如这种个人层面上的理性化的发展要持续下去,就要求与之相应的在教义与行为层面上的理性化。但理性化事实上,正通过最近建立的出版公司的帮助,在有限程度上发生着。这些公司正试图将学术规范放进经典的棕榈叶文献之中,这些经典文献是婆罗门僧侣知识的来源,将其翻译成现代巴厘语或是印度尼西亚语,以道德—象征的词汇将其解释,发行便宜的版本,提供给越来越多的有阅读能力的大众。这些公司也在出版印度著作的译本,有印度教的也有佛教的;从爪哇进口神学著作,甚至出版了几种巴厘作家写的关于他们宗教的历史与意义的著作。[18]

当然,买这些书的大多数人是受过教育的年轻人,但他们经常在家里读给家人听。人们对这些书籍的兴趣,特别是对巴厘古老手稿的兴趣非常强烈,甚至那些传统的人也是这样。我买了一些这类书籍,并将它们放在我在村里的住房附近,我们房的前廊变成了阅读中心,成群的村民来到这里,坐上几小时,互相朗读这些书,时不时地评论书中的意思,几乎老是说,只有革命以来他们才被允许读这些书,在殖民时期上等种姓完全禁止传播这些书籍。因而,这整个过程反映了宗教阅读物超越了传统祭司阶层——对他们来说,这些书籍更是深奥的巫术而不是权威的手稿——的控制,向群众传播了。从根本意义上说,这是对宗教知识和理论的通俗化。至少是少数普通的巴厘人第一次开始感觉到,他们对他们的宗教到底是什么有些了解;而且更重要的是,他们需要有这种理解,也有这种权

---

⑱ 对某些这类文学作品的描写,见斯维伦格雷贝尔:《巴厘》,序言,第70—71页。

利。

在这一背景下，下述情形可能看似有些自相矛盾：这些宗教 186
读物和哲学—道德解释运动的背后的主要动力，来自贵族或部分贵族成员；可以肯定，主要是贵族中比较年轻的成员整理翻译了这些手稿，并建立了公司出版并传播这些读物。

但是，这种自相矛盾只是表面现象。我曾提到，贵族的传统社会地位是以仪式为基础的；因此大部分传统仪式活动是为了让人们本能地接受他们的显赫地位及统治权力。但是今天，直截了当地设定这种优越地位，已经变得越来越困难。共和制的印度尼西亚在经济与政治方面的变化，以及伴随着这些变化的激进的平民主义意识形态，正在动摇这种设定。虽然大量的大规模的仪式仍然在巴厘继续进行，虽然统治阶级仍然在奢侈的仪式中显示其优越地位，但大型的火葬与大规模的锉牙的时代看来正走向结束。

对比较敏锐的贵族来说，不祥的预兆已非常清楚：假如他们坚持把他们的权力建立在纯粹传统的基础上，那么他们就将很快失去他们的权力。权威现在需要比宫廷仪式更多的东西来证明它；他们需要的是“理由”——即教义。这些教义，他们希望通过重新解释经典巴厘文献及重建与印度的知识联系来提供。过去是依靠习惯的仪式而现在是依靠理性化的教义信仰。“新”文献主要关注——协调多神教与一神教，评估“印度—巴厘”宗教中“印度因素”与“巴厘因素”的相对重要性、崇拜中外在形式与内在内容之间的关系，追溯种姓等级的历史—神话起源，等等——所有这些都是为了在明确的知识背景中建立传统的等级社会体系。贵族们（或是其中一部分人）已经使自己进入新巴厘主义中的领袖角色，从而维护他们更为普遍的社会支配地位。

但是，如果仅仅将这一切视为马基雅弗利主义[19]，对年轻的贵族就既看高了又看低了。不仅仅是他们充其量只是部分明白自己正在做什么，而且，像我那个村庄的神学家一样，至少他们
187 有着部分宗教动机而不是政治动机。"新印度尼西亚"带来的转变，给予老一代精英的打击和对巴厘社会中其他集团的打击一样强烈，这打击来自他们自己的使命的信仰基础，因而也怀疑他们对在他们看来其使命植根于其中的现实的本质的看法。对他们来说，受到权力威胁，不仅是社会问题，而且是宗教问题。因而，他们对教义的突然的关心，部分是因为关心他们自己在道德上及形而上的合法性——不仅是在普通群众眼中而且是在他们自己的眼中的合法性，也是关心维护已确立的巴厘世界观及价值体系在剧烈变化的社会背景中的要义。就像许多宗教改革者一样，他们同时既是改革派又是守旧派。

除了对宗教的关心的强化及教义的系统化之外，理性化过程还有第三方面——社会组织方面。假如新"巴厘教"要繁荣起来，它不仅需要民众转变观念，编纂一套明确的教义，而且需要一个更正式的有组织的制度结构，它在其中可以得到社会化体现。这基本上是一个宗教的需要，主要围绕着巴厘宗教与民族国家的关系问题，特别是围绕它在共和国宗教部中的位置——或者没有位置——的问题。

这个部，由正式内阁成员领导，以雅加达为中心，但是它的办公机构遍及全国各地。它完全由穆斯林占主导地位，主要活动就是建造清真寺，出版印度尼西亚语译本《古兰经》及注释，任命穆斯林的主婚人，支持古兰经学校，传播伊斯兰教信息，等等。

---

⑲ 意大利政治思想家、史学家、作家、《君主论》的作者马基雅弗利（1469—1527）的一种政治主张，即认为为达政治目的，可不择手段。——编注

它是一个精心设置的官僚机构,其中有为新教徒与天主教徒(他们大多数以分裂主义者的立场来抵制这个宗教部门)设立的专门部门。但是巴厘宗教却被划入笼统剩余类,也许最好译成“野蛮”——即异端、异教(heathen)、原始,等等,——其成员在这个部内没有真正的权力,也得不到它的资助。根据穆斯林对“信奉古兰经的人”与“愚昧宗教”之间的传统划分,这种“野蛮”宗教被认为是对真正的虔诚及合适的皈依对象的威胁。[20]

巴厘人自然反感这种政策,并不断吁请雅加达将巴厘宗教作为与新教、天主教及伊斯兰教平等的第四种宗教予以承认。有着一半巴厘血统的苏加诺总统及许多其他国家领导人,虽然同情他们,但是还不能承担在政治上疏远强大的正统的穆斯林 188
的后果,因此一直犹豫不决,没有给予什么有效的支持。穆斯林说,巴厘印度教徒主要集中在一个地区,不像天主教徒分布在整个印度尼西亚;巴厘人指出,在雅加达及爪哇有巴厘社区,在南苏门答腊也有(移民),还可以举出最近在东爪哇建立巴厘宗教的寺庙的例子。穆斯林说,你们没有经书,怎么能成为世界性宗教?巴厘人回答,我们有早于穆罕默德的手稿及碑文。穆斯林说,你们相信多个神,并且崇拜石头;巴厘人说,上神只有一个,但有着许多名字,而且“石头”是上神的载体,不是上神本身。少数老谋深算的巴厘人甚至宣布,穆斯林不愿意承认他们的真正原因,是宗教部害怕假如“巴厘教”变成一种官方承认的宗教,许多在名义上是穆斯林而实际上信仰印度佛教的爪哇人将会皈依它,而且“巴厘教”将会以牺牲伊斯兰教为前提而迅速发展。

无论如何,这都是一个僵局。结果,巴厘人已经建立起他们

---

[20] 有关这一争论的议会辩论,见斯维伦格雷贝尔:《巴厘》,序言,第72—73页。

自己的独立的、由地方财政资助的“宗教部”，而且正在试图通过它重组某些最关键的宗教机构。至今，主要的努力还是集中于规范婆罗门僧侣的资格(成效不大)。“宗教部”希望能以宗教知识及智慧为根据而不是根据世袭(世袭本身当然并不是问题)或完美的仪式技巧。它希望能保证僧侣知道手稿记载了什么，并能将它们与当代生活联系在一起，并有很好的道德品格，至少有某种程度的真才实学，等等。官员说，我们的年轻人将不再仅仅因为某个人是婆罗门而追随他，我们必须使他成为一个在道德和知识方面有威望的人，一个真正的精神导师。他们正试图行使对圣职任命的某种控制，甚至建立资格考试，并且通过在一个地区召开所有僧侣的会议来使僧侣更像一个团体。“宗教部”的代表巡游各个村庄，以巴厘宗教的道德意义、一神教的优点和偶像崇拜的危险等为题作教育演讲。他们甚至正在试图将某些秩序放进寺庙体系中去，建立系统的寺庙分类，也许最终会将一
189 种，最有可能的是原有的村庄寺庙，提高到一个显著的地位，可以成为一个能与清真寺或是教堂相比的普遍的模式。

但是所有这些变化中的大部分还停留在纸上谈兵阶段，而且还不可能非常肯定地宣布巴厘宗教的机构的重组已经在事实上有所进展。但在每一个巴厘人集中地区的政权中，现在都有一个“宗教部”的办公室，由一位支薪的婆罗门僧侣负责(按规定拿薪水的“官方”僧侣本身就是某种革命性的事情)。他有三四个职员做助手，这些助手中的大多数也是婆罗门种姓。他们建立了一所独立于“宗教部”的宗教学校，但这学校得到“宗教部”的支持；甚至成立了一个以高层贵族为中心的小型宗教政党，来促进这些变化，因此至少，宗教官僚化的模糊开端已经显现。

所有这一切——强化宗教反思，传播宗教知识及试图重组宗教机构——将会带来什么结果，仍然有待观察。从许多方面

看，现代世界的潮流似乎与这些发展所预示的宗教理性化的动向背道而驰，也许巴厘文化最终将会被理查德·温斯台特所害怕的“现代唯物主义思想”所淹没而只留下空壳。但不仅仅是这类总体的发展趋势——它们确实不完全是幻影——经常忽略有着浓厚基础的文化结构并对其产生较我们一直以为的要少的影响，而且，虽然现在处于弱势，一个由不安分的年轻人、受到威胁的贵族及动员起来的僧侣形成的三角同盟的再生潜力，是不能过低估计的。今天，在巴厘，某种可能在世界历史上引起根本的宗教转变的社会及知识过程，至少是已经开始。无论它们的变化及最终结果是什么，它们的进程不能不带来启示。密切关注今后几十年中这个小岛上会发生什么，可能使我们可以借助历史没有提供过的独特性和直观性来洞察宗教变化的动力。[21]

㉑ 一九六二年巴厘宗教终被官方承认为印度尼西亚的“伟大的宗教”。自此以后，特别是自一九六五年大屠杀以来，在爪哇地区从伊斯兰教转向巴厘教的人数确实有了明显的增长。而在巴厘，“印度教”的改革运动已经发展成为一种主要的力量。所有这些可见：C. 格尔茨：《苏哈托统治下的印度尼西亚的宗教变革与社会秩序》，载《亚洲》，第 27 期（1972 年秋季号），第 62—84 页。

第　四　编

第八章　作为文化体系的意识形态 193

一

“意识形态”这个词本身彻底被意识形态化了，这是现代知识史上的一个小讽刺。一个原来只是指一套政治建议的概念，也许有点迂腐和不实际，但至少是理想主义的——某人，也许是拿破仑，称之为“社会浪漫曲”——现在已经成了很吓人的命题：《韦伯斯特辞典》把它定义成“一整套构成政治—社会纲领的判断、理论及目标，经常伴随着人为宣传的含义；例如，法西斯主义在德国被改变以适应纳粹的**意识形态**”。甚至在某些著作中，它们以科学的名义，表示要使用这个词汇的中立含义，但是使用这个词的结果却是更加引起争议：例如在萨顿、哈里斯、凯森及托宾的在许多方面都非常出色的《美国商业信条》中，在“莫里哀戏剧中的著名的主人公发现自己一生不引人注目时感到沮丧和委屈，但人们没有更多的理由为他自己的观点被描述为‘意识形态’而感到沮丧或是悲伤”这句安慰的话之后，随即列举了偏见、过于简单化、情绪化的语言，以及迎合公众的成见，作为意识形态的主要特征。①至 194

① F. X. 萨顿、S. E. 哈里斯、C. 凯森和 J. 托宾：《美国商业信条》(剑桥，马萨诸塞，1956)，第3—6页。

少在共产主义集团(在那里思想在社会中的作用被明显地制度化了)之外,没有一个人会称自己为意识形态专家或是对别人这样称呼自己而不提出抗议。现在广为流行的一个熟悉的揶揄是:“我有社会哲学;你有政治观点;他有意识形态。”

曼海姆追溯了意识形态的概念成为它所涉及主题的一部分的历史进程,他认为,社会政治思想并不产生于没有具体内容的反思,而“总是与思想家所生活的现存环境密切联系在一起”,认识到(也许只是承认)这一点,似乎是要以庸俗的利益之争来污染这些它自认为是超然的思想。[②] 但是更直接重要的是这个问题:专注于它自己涉及的对象是否完全破坏了它的科学的运用,或者不管是否有这样的责难,它仍然能作为一个分析性概念。在曼海姆那里,这个问题是他全部著作的主题——如他所说的,建构“一个与价值无关的意识形态概念”。但是他干得越欢,他就越被词义的模棱两可所束缚,直到受到他最初设想的逻辑的驱动,将他自己的观点屈从于社会学分析。像众所周知的那样,他以伦理学与认识论的相对主义而结束,他自己也不愿意接受这种相对主义。后来在这一领域的研究更具目的性和经验性,用了一系列稍显精巧的方法论设计,目的是要逃避可能的曼海姆悖论(因为,就像阿基利斯及乌龟的谜一样[③],它触击到了理性知识的基础)。

---

② K.曼海姆:《意识形态与乌托邦》,哈维斯特编(纽约,出版时间不详),第59—83页;还可见R.默顿:《社会理论与社会结构》(纽约,1949),第217—220页。

③ 典出阿喀琉斯悖论(Achilles Puzzle),即埃利亚的芝诺为了证明运动的不可能性而采用的论证。如果在阿基利斯和乌龟的一次赛跑中让乌龟从稍前处出发,那么阿基利斯永远追不上乌龟,因为在他为到达龟的出发点所用掉的那段时间里,龟已经又前进到了另一个地方。而在阿基利斯为抵达那个地方而用掉的时间里,乌龟再次前进到另一个更远的地方。可依此类推。(据《简明不列颠百科全书》,中文版,第1卷)——编注

如同芝诺悖论提出(至少是明确表达)了关于数学推理的效
度这样无法解决的问题一样,曼海姆悖论也提出了社会学分析
的客观性这样无法解决的问题。意识形态和科学的界限,如果
有什么界限的话,成了现代社会学思想的斯芬克斯之谜,而且是
它的敌人万灵的武器。对不偏不倚的追求,以严格坚持非个人
化研究程序的名义,以学者与他时代日常关怀的制度化隔离及
对中立性的职业承诺的名义, 以及刻意培养出来的对自己的偏 195
见和旨趣的觉知和矫正的名义,一直被促进着。但这些追求遭
到了否认:否定研究程序的非个人性(及效用)、隔离的坚固性、
自我意识的深度和真实性。一位研究美国知识分子中意识形态
偏见的学者新近得出一个有点神经质的结论:“我意识到许多读
者会认为,我的立场本身就是意识形态。”④ 无论他其他论断的
命运如何,这一个结论的有效性是明确的。虽然人们一再宣称
科学社会学的来临,但承认它的存在的人却远不普遍,即使在社
会科学家当中;而且在意识形态研究中宣称客观性,其中的阻力
比任何其他研究都更大。

有几种阻力的根源在社会科学的辩护性文献中反复被提及。也许最经常提到的是主题的价值负载性质:人们不愿意让他们认为有重大道德意义的信仰经过不带感情色彩的检验,不管目的多么单纯;假如他们自己完全是意识形态化了的,他们就会发现根本不可能相信:不带任何利益去研究政治与社会信仰这类关键性问题能够不是一个学术骗局。意识形态理论所固有的含糊性,当其在象征性符号网络中表达时,就像它们充满了感情色彩那样,定义得非常含糊;从马克思以来已得到承认的事实是:意识形态的特殊诉求,经常被包装在“科学社会学”的外衣之

④ W. 怀特:《超越一致性》(纽约,1961),第 211 页。

中;还有知识界既得利益阶层的防护心理,他们将对思想的社会根源的科学研究视为对他们的地位的威胁;所有这些也常常被提及。如果所有别的辩护都失败了,永远可以再次指出,社会学还是一门年轻的学科,还来不及达到保持它所宣称的在敏感领域中进行调查的自由所必需的规范的稳定。所有这些论证无疑都具有某种合理性。但是没有经常考虑的——由于令人奇怪的有选择的遗漏,可能被人不怀好意地认为是意识形态的——是这种可能性:问题在于社会科学自身缺乏概念上的精确性,意识形态对社会学分析的阻力如此巨大的原因,是这类分析实际上
196 是根本不充分的;它们所应用的理论框架显然是不完善的。

我在本文中将要努力说明这的确是事实:社会科学还没有发展出一套真正的非价值取向的(nonevaluative)意识形态概念;这一失败主要的不是来自方法论上的不规范,而是来自理论上的浅陋;这种自身的浅陋主要表现在将意识形态当成是一个自身内部的实体——是一个有序的文化符号体系,而不是把它从其社会的及心理的情景中区分出来(与此相关,我们的分析机制是非常有效的);因而逃避曼海姆悖论的办法在于完善概念手段,它们要能够更为灵活地处理意义。直截了当地说,我们需要更精确地理解我们的研究对象,否则我们会发现我们自己正扮演爪哇民间故事人物"傻小子"的角色:妈妈让他去找一个安静的妻子,他却带回来一具死尸。

二

目前在社会科学中占主导地位的意识形态的概念是些彻底有价值取向的(即含贬义的)概念,这一点可以很轻易地举出来。"(意识形态研究)处理的是一套脱离常规的思维模式;"沃纳·斯

塔克告诉我们,“意识形态思想是……某种暧昧的东西,应该从我们头脑中克服并排除。”它与撒谎(相当)不同,因为,至少一个撒谎者还能玩世不恭,而一个意识形态理论家仅仅是一个傻瓜:“二者都与不真实有关,但是一个撒谎者企图要把别人的思想搞错,而自己私下的思想是正确的,因为他自己完全知道什么是真理。而一个迷上一种意识形态的人自己也被他内心的思想所欺骗。如果他误导了别人,那也是无意或无心。”⑤ 作为一个曼海姆的追随者,斯塔克坚持认为所有形式的思想在本质上都受制于社会条件,而意识形态更多一条不幸的品质:仇恨、欲望、忧虑或害怕等压力下的心理“扭曲”(“歪曲”、“污染”、“愚弄”、“曲解”、“遮蔽”)。知识社会学研究追求与感知真理过程中的社会因 197
素,它不可避免地局限于这个或那个现存的观点。但是意识形态研究——一种完全不同的事业——探讨的是理智失误的原因:

> 我们曾经试图解释,思想和信仰可以通过两种方式与现实相联:要么是与现实的**事实**相联,要么是与这种现实,或对现实的反应引起的**努力**相联。当前一种联系存在时,我们发现理论在原则上是真实的;在后一种联系存在时,我们所面对的仅是偶然真实的思想。思想可能被偏见一词最广泛的意义所败坏。前一种类型当之无愧地可以称之为理论;后一种只能是伪理论。也许一个人可能将前者描述为理性的,后者为被情绪所渲染的——前者是纯粹认知的,后者是价值评判的。借用西奥多·盖格尔的比喻……由社会事实所确认的思想像一条纯净的溪流,水晶一样干净、透明;意识形态化的思想像一条肮脏的河流,积满泥沙,被流入河中

⑤ W.斯塔克:《知识社会学》(伦敦,1953),第48页。

> 的脏东西所污染。前者可放心大胆地喝，后者是应避开的毒物。[6]

这种说法显得粗陋，但将“意识形态”一词的对象限定在智力堕落的一种极端形式的观点，也经常出现在那些更成熟、肯定也更深刻的政治与科学争论中。例如，在他的题为《意识形态与礼仪》的富有创意的文章中，爱德华·希尔斯描绘了一幅“意识形态世界观”的肖像，无论怎么看，它比斯塔克所描绘的更为面目可憎。[7]表现形式“各不相同，每一个都自称为独一无二”——意大利法西斯主义、德国国家社会主义、法国及意大利共产主义、法兰西行动、英国法西斯联盟，“以及他们正在成长中就夭折的美国同类‘麦卡锡主义’”——这种世界观“在十九世纪及二十世纪包围并入侵了西方国家的公共生活……威胁着要取得普遍的控制。”组成其最核心内容的，是“这种假设：政治应由压倒其他任何考虑的统一、广泛的信仰所引导。”如同它所支持的政治那样，它是二元化的，以纯粹的“我们”反对邪恶的“他们”，宣布凡不与我一致者就
198 是反对我。因为它不信任、攻击并努力要颠覆现存的政治制度，它是孤立的。因为它宣称独家拥有政治真理并憎恶妥协，它是教条的。因为它想要以它的理想的形象来规划整个社会及文化生活，它是专制的。因为它要努力达到秩序在其中能实现的历史的乌托邦顶峰，它是未来主义的。简而言之，它不是任何温良的中产阶级绅士(甚至是温良的民主主义者)愿意承认的话语。

---

⑥ 斯塔克：《知识社会学》，第 90—91 页。黑体字是原有的。与曼海姆的论据接近，形成“总体上的”与“特别的”意识形态之间的区别，见《意识形态与乌托邦》，第 55—59 页。

⑦ E.希尔斯：《意识形态与礼仪：知识分子的政治》，载《塞沃尼评论(Sewanee Review)》，第66期(1958)，第450—480页。

甚至在关心更为纯粹的概念的较为抽象及理论的层次上，那种认为“意识形态”这个词适于应用在指那些“僵化并且永远错误的思想”的看法并没有消失。例如，在塔尔科特·帕森斯最新的对曼海姆悖论的思考中，就把“意识形态的基本标准”定义为“偏离（社会）科学的客观性”：“意识形态问题出现在人们所相信的东西与可能（确定为）在科学上是正确的东西之间存在**差距**时。”⑧ “偏离”与“差距”是两个总类。首先，社会学由其所在社会的总体价值所塑造，因而在所提问题的种类，在所研究解决的具体问题方面，都是有选择的。意识形态则受制于进一步的、在认知方面更加有害的“次要的”选择，它们强调社会现实的某些方面——例如，被现行的社会科学知识所揭示的现实——忽视甚至是压制其他方面。“例如，商业意识形态从根本上夸张了商人对国民财富的贡献，贬低了科学家及其他职业人士的贡献。在当前的‘知识分子’意识形态中，社会‘对一致性的压力’的重要作用被夸张，而个人自由的制度性因素被忽视或是贬低。”其次，意识形态思想并不满足于这种过分的选择性，而是有意歪曲它所确认的社会真实。当把它所提出的判断置于社会科学的权威发现的背景下时，歪曲就会变得显而易见。“歪曲的标准定义是，所提出的有关社会的陈述，被社会科学方法证实为明显错误
的，或虽然所挑选出来的陈述在恰当的水平上是‘真理’，但是并 199
不构成对现有真实的公允判断。”不管多么不可能，在世人眼里，在明显是错误的与对现有真实的不公允判断之间，还有很大的选择余地。这里，意识形态也成了一条非常肮脏的河。

不需举许多例子，虽然这些例子很容易就能找到。更为重

⑧ T.帕森斯：《知识社会学的一种门径》，载《社会学第四次世界大会论文汇编》（米兰与斯特雷萨，1959），第25—49页。黑体字是原有的。

要的是这个问题:这样一个负载过重的概念在社会科学分析工具中正在起着什么作用,在自称冷血的客观性基础上,社会科学将它的理论解释看做是“决不歪曲”的,从而构成了观察社会现实的规范视角。如果社会科学的批判力量源于它们的价值无涉,那么在对政治思想的分析被这种概念所支配时,统治它的批判力量能不受到损害吗?就像打着“迷信”研究的旗号分析宗教思想时,其分析将会(而且已经不时地)受到损害。

两者非常相似。举一个例子,雷蒙德·阿隆的《知识分子的鸦片》不仅是标题——对马克思的尖刻的反对偶像崇拜的具有讽刺意义的回应——而且全部论证的语气(“政治神话”、“历史崇拜”、“教士与信徒”、“世俗教权主义”,等等)让人除了富于战斗性的无神论之外想不起别的。[⑨] 希尔斯把意识形态思想的极端病态——纳粹主义或任何这类理论——看成是常态形式,是一种传统的流风余韵,这个传统把宗教法庭、文艺复兴时期教皇的个人腐化堕落、宗教改革战争的残酷或圣经发源地原教旨主义的蒙昧,都看做宗教信仰及行为的典型模式。帕森斯认为意识形态与科学相比,是由认知缺陷界定的,这种观点与孔德学派对宗教的观点相去不远。孔德学派认为宗教的特征是概念上对现实不加批判的比喻,而严肃的社会学,一旦清除了比喻,就很快会使宗教失效:我们可能要像实证主义等待宗教终结那样长久地等待“意识形态终结”。也许这样解释不算太过分:正如启蒙时代及其之后的好战的无神论是对由宗教顽固、迫害及斗争引人注目地爆发的真正的恐惧(以及广泛的自然界的知识)的反应一样,社会科学对意识形态的好战的仇视的做法也是对过去
200 半个世纪政治大屠杀(以及广泛的社会界的知识)的反应。而

⑨ R.阿隆:《知识分子的鸦片》(纽约,1962)。

且，假如这个解释合理，那么意识形态的命运也可能转变为相同的——从社会思想的主流中孤立出来。[10]

也不能将这一问题仅仅简化为一个语义学问题而打发掉。如果愿意，人们当然有自由将“意识形态”这个词的对象限定为“某种模糊不清的东西”；而且某些这样做的历史先例也许已经有了。但是如果这样限定的话，人们就不可能在写关于美国商人、纽约“文人”知识分子、英国医学协会成员、产业工会领导人或著名经济学家的意识形态的著作时，期待研究对象或有兴趣的读者能自然地把它们看成是中立的。[11] 依据用来命名它们的语词讨论社会政治思想，从一开头(ab initio)，就指控它们是变形的或者更糟，这种做法毫无益处。当然同样可以说，“意识形态”这个词应该从科学讨论中彻底清除掉，听任其落得像“迷信”这个词那样的命运。但是，因为眼下似乎没有什么词可以替代它，它在社会科学术语中至少已经部分地被承认，更值得建议的似乎是继续努力使之变得无害。[12]

---

⑩ 鉴于此处误解释的危险是严重的，但愿我的批评将被视为是技术性的而不是政治性的。我自己的一般意识形态立场(如我坦率地称呼的)大体上与阿隆、希尔斯、帕森斯等人是相同的；而且我同意他们对民众的、稳健的及非英雄的政治的呼吁。而且，应该明确指出：要求一个非价值取向的意识形态概念不是要求一个非价值取向的意识形态，不比非价值取向的宗教概念暗示着宗教实证主义要求得更多。

⑪ 萨顿等：《美国商业信条》；怀特：《超越一致性》；H. 埃克斯坦：《压力集团的政治：英国医学协会的案例》(斯坦福，1960)；C. 赖特·米尔斯：《新强人》(纽约，1948)；J. 熊皮特：《科学与意识形态》，载《美国经济周刊》，第39期(1949)，第345—359页。

⑫ 实际上文献中已经使用了一些其他词汇来表示“意识形态”所指的那种普遍现象，从柏拉图的“高尚的谎言”，到索雷尔的“神话”，帕累托的“衍生物”；但是它们中的任何一个都没有达到比“意识形态”所达到的更高水平的技术中立性。参见H.D. 拉斯韦尔：《实力的语言》，载拉斯韦尔、N. 莱特斯及同仁：《政治的语言》(纽约，1949)，第3—19页。

201 ## 三

就像隐藏在工具中的毛病要在使用时才会显露出来一样，价值取向的意识形态概念的内在弱点也要在应用它时才会自我暴露。特别是在研究意识形态的社会根源与结果时，它们暴露得更为充分。因为在这类研究中，这一概念要与高度发达的对社会与人格体系进行分析的手段结合起来，而它的力量恰恰是用来强调这样一个事实：文化(即符号体系)缺乏相应的力量。在对意识形态思想(或者至少是“好的”思想)的社会及心理背景的调查中，处理背景的精巧反衬了处理思想的笨拙，含糊不清的阴影笼罩着整个讨论，即使最严密的方法论也不能驱散这个阴影。

对意识形态的社会决定因素的研究，目前主要有两种方法：利益论(the interest theory)与张力论(the strain theory)。[13] 对前者而言，意识形态是面具和武器；对后者而言，意识形态是症状及处方。在利益论中，意识形态见解被置于为好处进行的普遍斗争的背景之中；在张力论中，则被看成是为纠正社会心理的不平衡而进行的长期努力。前者把它看做人追逐权力的工具；后者把它看做对焦虑的逃离。当然正如它们有可能同时具备两种特征——甚至借助一个追求另一个——两种理论并不必然矛盾；但是在张力论(它的兴起是对利益论遇到的经验方面的困难的回应)，不那么简单化而是更深刻，不那么具体而是更全面。

利益论的基本观点众所周知，毋需多讲。这些基本观点已被马克思主义传统发展到完善的地步，是普通人标准的知识装

---

⑬ 萨顿等：《美国商业信条》，第11—12页，第303—310页。

备。他们对政治争论很明白：输赢已定。利益论的长处曾经是而且现在也是：它通过强调那些承认这类体系的人的动机，从而强调这些动机对于社会地位，特别是对社会阶级的依赖，将文化思想体系植根于社会结构的坚实土壤里。进而，利益论将政治 202
思想与政治斗争融合在一起，所依靠的是指出：思想是武器，而且将有关现实的特殊看法——集团、阶级或政党的看法——制度化的最出色的方法，是抓住政治权力并强制使用它。这些贡献是永恒的。即使利益论现在没有了它一度有过的优势地位，也不完全是因为它已被证明是错的，而是因为它的理论手段已经过于粗陋，不能应付由它所发现的社会、心理及文化因素之间互动作用的复杂性。这非常像牛顿力学，它不是被以后的发展所排斥，而是被吸收进以后的发展之中。

利益论的主要缺陷是心理学方面太弱，而社会学方面太强。因为缺乏一个发达的动机分析，它总是被迫在两极之间摇摆：狭隘肤浅的功利主义认为人受对自觉利益的理性计算的驱使；较为开阔些但同样肤浅的历史主义以其含糊其辞的研究将人的思想说成是“反应”、“表达”、“相当于”、“依据于”、“源自于”或“决定于”其社会义务。在这样一种框架中，分析者所面临的选择是：或者用其完全令人难以置信的具体性暴露其心理学的薄弱，或者通过泛泛而论和陈词滥调掩盖根本不懂心理学这一事实。有人说：职业军人当然认为“国内（政府的）政策之重要，主要是因为它是保持与扩大军事设施的手段，（因为）这是他们的职业；是他们所受的训练”，这种说法连被贬低为如此简单的军人头脑也不大信服。同样的还有一个论点：美国的石油商“不可能完全是纯粹又简单的石油商”，因为“他们的利益使他们还是政治人”，其启示性就像如下（也出自 M. 茹尔丹的思想丰富的头脑）说法：鸦片让你睡觉的理由是因为它有着催眠力量。[14]

另一方面，认为社会行为基本上是一种无止境的争夺权力的斗争，导致了一种不恰当的马基雅弗利式的观点，将意识形态视为非常狡猾的高级形式而无视它的更为广泛及不太戏剧性的
203 社会功能。社会作为被原则冲突略加掩饰的利益冲突的战场的形象，将注意力从意识形态所扮演的其他角色移开：确定（或模糊）社会分类，稳定（或扰乱）社会期待，维护（或破坏）社会规范，加强（或削弱）社会认同，缓和（或加剧）社会紧张。将意识形态贬低为笔战（guerre de plume）中的武器，使其分析有一种好战气氛，但也意味着缩小这类分析得以进行的知识范围，使之受制于狭隘的技巧和策略的现实主义。利益论的强度——套用怀特海的一个说法——是对它的狭隘性的回报。

如同“利益”，无论其多么含糊，既可以是心理学概念，也可以是社会学概念——表示个人或是群众感觉到了的利益，也表示个人及个人集团置身于其中的客观结构，“张力”也是两可的，既表示个人的紧张状态，又表示社会种序的状况。不同之处是，“张力”理论中，动机背景和社会结构情景，以及它们之间的关系，都得到了更为系统的描述。事实上，一方面是发达的个人系统概念（基本上源于弗洛伊德），另一方面是社会系统概念（基本上源于涂尔干），以及它们互相渗透的方式——帕森斯学说所增加的——才把利益论转变为张力论。[15]

张力论的出发点是一个清晰明确的思想：社会持久的不良整合（malintegration）。没有一种社会安排能完全成功地应付它

---

⑭ 引文引自最近最突出的利益论理论家C. 赖特·米尔斯：《第三次世界大战的起源》（纽约，1958），第54页、第65页。

⑮ 作为一般的纲要，参见帕森斯：《社会体系》（纽约，1951），特别是第一章与第七章。张力论的全面发展见于萨顿等：《美国商业信条》，特别是第十五章。

不可避免地要面临的功能问题。所有的安排都被其不可解决的自相矛盾所难倒：自由与政治秩序、稳定与变迁、效率与人道、精确性与灵活性，等等。不连续性存在于社会不同层面——经济、政体、家庭等——中的不同规范之间。社会不同组成部分之间的目标也不一致，例如，企业强调利润与生产，大学强调知识扩展与知识传播。美国社会学最近的关于工厂领班、有工作的妻
子、艺术家、政治家的大量文献表明，人们在角色期待上也存在 204
矛盾。社会磨擦与机械磨擦一样是无所不在的——而且也同样是不可取消的。

而且，这种磨擦或社会张力在个体人格层面上——其自身是一个冲突的欲望、过时的情绪和即时防卫的不可避免的不良整合体系——表现为心理张力。在集体层面上被视为结构上不协调的东西，被个体感受到时就是个人的不安全感，因为社会的不完善与性格冲突正是在社会角色的经验中被发现并被互相加剧。但是同时，社会及个人，无论他们有什么短处，都是有组织的体系而不仅仅是各种制度的堆积或不同动机的凑合，这一事实意味着它们引起的社会心理紧张同样是成体系的。来自社会互动的焦虑有着它们自己的形式与秩序。至少在现代世界中，绝大多数人过着模式化的绝望的生活。

意识形态思想，因而被视为对这类绝望的（一种）反应："意识形态是对社会角色的模式化紧张的模式化反应。"[16] 它为由社会失衡造成的情感波动提供了一个"象征性的发泄口"。可以设想：这种情感波动，至少在普遍方式上，对所有或大多数承担了特定的角色或有一定社会地位的人来说是共同的，因此意识形态对这种情感波动的反应也将是相似的。这种相似性又由于

[16] 萨顿等：《美国商业信条》，第307—308页。

人们设想特定文化、阶级或是职业分类的成员具有“基本人格结构”上的相似性再度加强。此处的模式并不是战斗性的而是医疗性的:意识形态是病态的(萨顿等人将其与咬指甲癖、酒精中毒者、心理变态者及“怪癖”相提并论),而且需要诊断。“张力这个概念自身并不是对意识形态模式的解释,而是对某种为了做出一个解释而找到的因素的标签。”⑰

但不管是医学还是社会学的诊断,都不仅是对有关张力的识别。人们把症候看成是某种机制的表现,理解症状不仅是病因也是目的。无论多么无效,人们都想对造成症状的情感波动加以处理。最经常用的是四种解释:宣泄型、道德型、团结型、倡
205 导型。“宣泄型解释”是指较为勉强的安全阀或是替罪羊理论。情感上的紧张由于向象征性的敌人(“犹太人”、“大企业”、“赤色分子”等等)发泄而消除。这种解释如同它的名称一样简单;但是无可否认,由于提供了一个合法的仇恨目标(或者热爱目标),意识形态有可能减轻小公务员、街头短工或城镇小业主的某些痛苦。“道德型解释”是指意识形态有让个人(或是集团)克服持久的紧张的能力。靠的是彻底否认紧张的存在或以更高的价值观来使之合法化。不论是不断重复自己对美国体制不可避免的公正性的有着无限信心的挣扎着的小商人,还是把失败归于自己在一个庸人世界(Philistine world)里坚持尊严标准的受冷落的艺术家,都能把工作继续干下去。意识形态填补了现实与理想之间的情感鸿沟,因而确保角色的扮演者不会在灰心及绝望中放弃。“团结型解释”是指意识形态有力量将社会群体或是阶层凝聚为整体。就其存在而言,劳工运动、商业界或是医疗行业的团结一致,明显地要依靠很高程度的共同的意识形态倾向。

⑰ 帕森斯:《门径》。

南方如果没有充满南方并且无所不在的流行象征，就不成其为南方。最后“倡导型解释”指的是在表达驱逼着他们的紧张，无论这种表达多么偏颇和含混，并且迫使他们引起公众注意时的意识形态（或是持有意识形态观点的人）的行为。“持有意识形态观点的人提出大社会的问题，对这些问题表明立场，并将其提交给意识形态市场的法庭。”[18] 虽然意识形态方面的倡导者（与律师活动大致相同）倾向于模糊而不是澄清提出的问题的真实本质，他们至少提请注意这些问题的存在，依靠将问题极端化的办法使继续漠视这些问题更为困难。没有马克思主义者的攻击，就不会有劳工改革；没有黑人民族主义者，非洲的非殖民化进程就不会刻意加速。

但是，正是如此，在对意识形态的社会及心理作用而非其决定因素的研究中，张力论开始左支右绌，而且在与利益论的比较
中显示出来的卓越的敏锐性也消失了。对意识形态关心源泉的 206
日益增长的精确定位并没有带来结果的明晰，相反，分析变得不严密而且含糊。这种假设的结果，尽管自身足够真实，却几乎都是偶然性的。它基本上是非理性的偶然的副产品，可谓是歪打正着——就像一个人脚趾踢在石头上时发出一声不由自主的“哎哟”声，借此发泄愤怒，显示不快，用自己的声音安抚自己；或者如同受困于地铁，因为沮丧而不由自主地骂出“该死”，同时也听到其他人的咒骂，对一同受困的人有某种亲近感。

当然，这个缺陷能够在大多数社会科学的功能分析中发现：由某一套特定力量形成的行为模式，依靠看似有理但却神秘的巧合，产生了与这些力量没有多少联系的结局。一群原始人，以完全的真诚祈祷雨水，结果加强了社会团结；一个拉选票的政客

[18] 怀特：《超越一致性》，第 204 页。

只想得到或保持政治资本,无意间却成了未被同化的移民社团与没有人情味的政府机构之间的协调人。一个持意识形态观点的人本来只想散布不满情绪,却发现自己在幻相中表达的转移注意力的力量,却维系了使他痛苦的那个体制的长期的可存活性。

潜在功能这个概念,通常被用来掩盖事情的这种反常状态。它只是指明了现象(其现实性无可置疑),却没有对现象做出解释;而且其纯粹的结果是功能分析——而且不仅仅是对意识形态的分析——仍然是毫无希望地含糊不清。小公务员的反犹主义可能的确可以使他对由于总要巴结智力上低于他的上司而产生的压抑的愤怒得到宣泄;但完全可能通过向他提供某种有着潜在痛苦的其他东西增加他的愤怒。一个被冷落的艺术家可能会求助于他的艺术奉行古典规范这个理由而使自己能更好地承受得不到大众欢迎所遭受的失败;但是这种借口会加剧他所处的环境的可能性与他的眼光的要求之间的鸿沟,以至于他认为这种游戏不值得再玩下去。意识形态观点的共同性可能使人们走到一起,但是它也可能向人们提供了一个语汇表,它使人们之间的不一致性因为有了它会暴露得更加精细。意识形态者的冲
207 突可能带来引起公众注意的社会问题,但是它所带有的狂热也可能使任何理性地解决问题的可能性被排除。当然,张力论者意识到了所有这些可能性。的确他们倾向于更加强调消极的而不是积极的结果及可能性。而且他们几乎总是认为意识形态是一个将就着的(faute de miexu)权宜之计——就像是咬指甲。但是主要问题是:尽管张力论在探求意识形态关切的动机方面非常精细,但它对这类关切的结果所做的分析仍然是粗糙的、摇摆不定及含糊其辞的。在论断分析方面它是可信的,但是在功能分析方面它却是不可信的。

造成这种弱点的原因是，在张力论（利益论也一样）关于符号形成过程除了最粗陋的概念之外，没有更多的东西。关于情绪“发现象征性的宣泄口”或是“成为恰当的象征性符号的附属”，有很多的谈论——但关于这一套把戏实际上是如何运作的，却知之甚少。意识形态的原因与效果之间的联系似乎是偶然的，因为相关的因素——符号形成的自动过程——被无声无息地省略了。利益论与张力论都直接从对来源的分析走向结果的分析，而没有认真地将意识形态作为一个互动的符号体系——当做互相影响的意义模式——来检验。论题当然已经提出来了；在内容分析家中，它们甚至得到了说明。但是这些提到的东西是为了阐述，不是归于其他的主题，也没有归于任何一种语义学理论，而是或倒退到它们反映的效果，或推进到它们会歪曲的社会现实。结果，意识形态如何将情绪转变为有意义的东西，因而使之在社会上流行，这个问题被一个粗糙的装置短路了。这个装置以这样一种方式将特别的符号与特别的张力（或是利益）相提并论：在这种方式中，前者是由后者中派生出来的这一事实似乎仅仅是个常识——或者至少是弗洛伊德和马克思主义之后的常识。假如分析家足够熟练，这种分析也接近于实情。[19] 但联系并没有由此得到解释而仅仅是演绎。引起意识形态态度的社会心理压力与通过它给予这种态度以公众存在的复杂的符号结构之间关系的性质，过于复杂以至于不能依靠一个模糊而且未经检验的情绪化概念来理解。

---

⑲ 也许在这类侧面战术流派中最让人印象深刻的实力巡回演出是南森·莱特斯的《布尔什维主义研究》(纽约，1953)。

208

四

在这种联系中这一点非常有趣：虽然社会科学的主流一直都深刻地受到过去的一个半世纪以来几乎每一种主要的学术运动——马克思主义、达尔文主义、功利主义、唯心主义、弗洛伊德主义、行为主义、实证主义、操作主义——的影响，而且试图从任何重要领域——从生态学、动物学及比较心理学到运筹学、控制论及统计学——中获得方法论的更新，但除了少数例外，它从本质上并没有触及新近理论中的最重要的潮流之一：努力建构一个被肯尼思·伯克称为“符号行动”的独立学科。[20] 无论是像皮尔斯、维特根斯坦、卡西尔、兰格、赖尔或是莫里斯这样的哲学家，还是像柯尔律治、艾略特、伯克、燕卜荪、布莱克默、布鲁克斯或奥尔巴赫这样的文学批评家，似乎都没有对社会科学分析的总体模式产生过明显的冲击。[21] 除了少数大胆的语言学家——沃夫或萨丕尔——之外，符号如何象征，它们如何实现协调意义的问题被简单地绕过去了。医生**兼**小说家沃克·珀西曾经写到：“令人困挠的事实是，当今并不存在一门**像样的**关于符号行为的

[20] K.伯克：《文学形式的哲学，对象征行为的研究》（巴吞鲁日，1941）。在以后的讨论中，我将在物理、社会或文化行为，或者用作传递概念的物体的意义上，广泛地使用“象征”一词 。为了阐述这个观点，根据这个观点，“五”与“十字架”都是象征，可参见 S.兰格：《哲学新解》，第 4 版（坎布里奇，马萨诸塞，1960），第 60—66 页。

[21] 对文学批评的传统的有益的一般性概括可以在 S.E.海曼的《武装的眼光》（1949）及 R.韦勒克与 A.沃伦的《文学理论》，第 2 版（纽约，1958）中找到。对哲学的不同发展的相似的概括显然找不到，但是有一些讨论性的著作：C.S.皮尔斯：《论文集》，C.哈茨霍恩与 P.魏斯编，8 卷（坎布里奇，马萨诸塞，1931—1958）；E.卡西尔：《象征形式的哲学》，3 卷（柏林，1923—1929）；C.W.莫里斯：《信号、语言与行为》（恩格尔伍德克利夫斯，新泽西，1944），及 L.维特根斯坦：《哲学研究》（牛津，1953）。

自然经验科学……萨丕尔对缺少一门关于符号行为的自然科学的文雅责备，以及我们对这门科学的需要，在今天比三十五年前更加引人注目。”[22]

正是缺少这种理论，特别是缺少任何可以在其中处理比喻 209
性语言的分析性框架，使社会学将意识形态视为刻意的痛苦叫喊。由于没有认识到隐喻、类比、讽刺、歧义、双关语、反论、夸张、韵律，以及所有我们称之为“风格”的因素是如何操作的——甚至在大多数情况下，没有认识到这些修辞手法在将个人态度转变为公众形式上的重要性，社会学家缺乏由此建构更加犀利分析力的陈述的符号资源。与此同时，艺术已经建立起“歪曲”的认知力量，而哲学正在使极富感情的意义理论变得不太恰当，社会学家正在拒绝前者支持后者。因此并不让人吃惊的是他们回避了意识形态主张的解释问题，办法是简单地不承认这是一个问题。[23]

为了清楚地说明我的意思，让我举个例子。这个例子，我希望，自身是绝对微不足道的，因此而能制止任何怀疑我对所涉及的政治争论的实质有隐蔽关注的看法，更重要的是它能说清楚我的论点：我们提出来的用于分析文化的较高级方面——例如诗学——的概念能够应用于更低的层次，而不会以任何方

[22] W.珀西：《人际作用的象征结构》，载《精神病学》，第24期(1961)：第39—52页。黑体是原有的。提及的出处是：萨丕尔：《语言学作为科学的地位》，初版于一九二九年并重印于D.曼德尔鲍姆编：《爱德华·萨丕尔文选》(伯克利和洛杉矶，1949)，第160—166页。

[23] 对这一批评的一个部分的例外，虽然被他对作为政治的总体与本质的权力的迷恋弄糟了，见拉斯韦尔的《政治语言的文体》，拉斯韦尔等：《政治语言》，第20—39页。还应该说明的是，在以后的讨论中，对词语符号化的强调是为了简化而不是否定意识形态中的富于灵活性的、戏剧性的或是其他非语言性的设计——制服语言、被照亮的舞台及游行队伍——的重要性。

式模糊两者之间巨大的质的区别。在讨论意识形态定义的认知缺陷时，萨顿等人用了一个例子，说明意识形态者过分简单化地看待有组织的劳工，把塔夫脱—哈特莱法案说成是“奴隶劳工法”：

> 意识形态倾向于简单明晰。甚至当简单性与明晰性对于所讨论的论题有失公正时也是这样。意识形态图画使用犀利的线条、黑白对比分明。持意识形态的观点的人以漫画的形式夸张和调侃。相反，对社会现象的科学描述有可能是模糊和不清晰的。在近年的劳工意识形态中，塔夫脱—哈特莱法案一直是“奴隶劳工法”。公正地说，这个法案不配
> 210 这个标签。对该法案任何不带偏见的评价都应分别考虑这个法的许多条款。用任何价值准则，甚至是那些工会自己的准则，这类评价也是复杂的。但是复杂的评判不是意识形态的内容。它们太复杂、太模糊了。意识形态必须将这个法作为一个整体来分类，作为一个符号来动员工人、选民及立法者去行动。[24]

撇开一套特定的社会现象的意识形态形成不可避免地比同样现象的科学形成“更简单”的说法在事实上是否正确这个纯粹经验性问题不谈，这一论点中对一方是工会领袖，另一方是“工人、选民及立法者”的思想过程有一个有趣的贬抑——也许是“过于简单化”的——看法。这很难让人相信：杜撰并传播这一口号的人自己会相信或是期望别人会相信，那个法案能在实际上（或是企图）将美国工人贬低到奴隶地位，或相信公

㉔ 萨顿等人：《美国商业信条》，第 4—5 页。

众情绪会按照这种内容理解这个口号的意义。但是这种对别人心理的单调看法让社会学家对符号的效果只能做出两种都不充分的解释：一是欺骗不知情者（根据利益论），或者是煽动头脑简单者（根据张力论）。它可能在实际上从它把握、形成及交流回避了刻板的科学语言的社会现实能力中汲取力量，它可能恰当地传递比字面所揭示的更为复杂的意义，这一点甚至还没有考虑过。最终，“奴隶劳工法”可能不是一个标签而是一个比喻。

更精确地说,它表现为一个隐喻或至少被当成是一个隐喻。虽然几乎没有多少社会科学家读出多种含义,但有关隐喻——“语言,哪怕只有很少的词汇,借以能包容成千上万的事物的一种力量”——的文献很广泛,且到现在已达成了相当的一致。[25]在隐喻中,当然存在意义分层,一个层面上的不和谐会注入另一层面上的意义中。正像珀西所指出的,最让哲学家(可能还应该加上科学家)感到困扰的隐喻的特性,是它是“错的”:“宣称此事物是彼事物。”而且更糟的是,它往往是“错”得最厉害时最有效。[26] 隐喻的力量显然是来自两个不一致的意义之间的交互作 211
用,它象征性地强制把这两种意义压进一个单一的概念框架中;也来自那种强制在克服语义紧张不可避免地在任何有条件理解它的人身上产生的抗拒心理时的成功程度。当隐喻生效时,它将一个虚假的认同(例如将共和党的劳工政策认同于布尔什维克的劳工政策)转变为一个恰当的类比;当它失效时,仅仅成了一种奢侈。

---

[25] 最近的一个出色的述评可以在 P. 亨勒编《语言、思想与文化》(安阿伯,1958)第 173—195 页中找到。引文引自兰格:《哲学》,第 117 页。

[26] W. 珀西:《作为错误的隐喻》,载《塞沃尼评论》,第 66 期(1958),第 79—99 页。

对大多数人来说，"奴隶劳工法"这种修辞手法，实际上没有多少效用(因而决不能有效地起到"一个动员工人、选民及立法者的符号"的作用)。这一点似乎已经足够明显了，而且正是这个失败，而不是它自以为是的简单明晰，使之仅仅是一个卡通。使关闭商店不合法的保守派国会的形象与西伯利亚的集中营的形象之间在语义上的紧张显然太大，以至于无法将其归为一个概念，至少不能借助粗糙的标语口号来实现这一点。除了(也许)少数热衷于此道的人外，这种类比没有出现；假的认同还是假的。但是失败并不是不可避免的，甚至在这样一个初级层次上。虽然，一个最简单的判断，谢尔曼的"战争是地狱"不是一个社会科学的命题，但甚至萨顿与他的同人可能都不会将其视为夸张或是漫画。

但是，比对这两个比喻的恰当性做出评价更重要的是这一事实：因为它们试图要相互激发的意义最终植根于社会，因此这种努力成功与否不仅与所应用的风格机制的力量有关，而且明显地与那类张力论集中关注的因素有关。冷战的紧张，对最近才由为生存而进行的痛苦斗争中浮现出的劳工运动的恐惧，以及新政自由主义在风行二十年之后所受到的衰落的威胁，"奴隶劳工"这一比喻的出现，而且——当证明它不能成为有说服力的类比时——为它的流产提供了社会心理舞台。一九三四年日本军国主义者出版了他们的小册子：《国家防御的基本理论与加强其实力的建议》，其中重复了熟悉的隐喻："战争是创造之父及文化之母"，他们毫无疑问会发现谢尔曼的格言不可信，同时谢尔
212 曼也会发现他们的说法不可信。[27] 日本人是准备在一个古老的

[27] 引自 J. 克劳利：《三十年代初期的日本军队中的宗派主义》，载《亚洲研究杂志》，第 21 期(1957)，第 149 页。

民族中进行一场帝国主义战争以寻求自己在现代世界中的空间;谢尔曼则正在一个虚构的、被内部仇恨所破坏的国家中艰难地从事一场内战。因此,与社会、心理及文化背景相偏离的不是真实,而是我们为了把握真实而努力建构的符号。像日本人最终所发现的那样,战争**是**地狱而**非**文化之母——虽然毫无疑问他们是用更为宏大的语言表达这个事实。

知识社会学应该被称为意义社会学,因为被社会所确定的,不是概念的本质而是概念的载体。亨勒曾评论说,在一个喝黑咖啡的社区中,赞扬一位姑娘,说,“你是我咖啡中的牛奶”会给予完全错误的印象;而且假如熊的杂食性被认为是比它的粗笨更有意义的特征,那么称一个人为“老熊”就可能不是意味着他是粗笨的而是他有着宽泛的兴趣。[28] 或者再引用伯克的一个例子,由于日本人在提到一个亲密朋友的死讯时会微笑,因此在美式英语中语义学上的对等说法(行为和词语)就不是“他笑”而是“他苦着脸”。只有这种精心的转译,我们“把日本人接受的社会用法转变成相应的西方人接受的社会用法。”[29] 而且,离意识形态领域更近一点,萨丕尔曾经指出,一个委员会的主席职位有着我们赋予的象征力量,只是因为我们认为“行政功能不知何故给一个人打上了优于被领导的人的印记”;“如果人们感觉到行政功能不过是符号的自动作用,就会认识到委员会的主席职位不过是一个僵化的符号,而且现在感觉到本质上属于它的特殊价值随后就会消失。”[30] 这个例子与“奴隶劳工法”没有区别。如果强制劳动集中营,不论出于什么原因,在美国对苏联的印象中

㉘ 亨勒:《语言、思想与文化》,第4—5页。

㉙ K.伯克:《对应表达》(芝加哥,1957),第149页。

㉚ 萨丕尔:《语言学家的地位》,第586页。

扮演不那么突出的角色,那么被消除的不是符号的真实性,而是它本身的含义,它的非真即假的内容。一个人必须以另外一种方式来发展这个论点:塔夫脱—哈特莱法案是对有组织的劳工的永远的威胁。

213 简而言之,在诸如“奴隶劳工法”这样的意识形态修辞与它在其间出现的美国生活现实之间,存在着一个微妙的交互影响,诸如“歪曲”、“选择性”或“过分简单化”这些概念在表述它时都无能为力。[31] 不仅是这类修辞的语义学结构比表面上的要复杂得多,而且对这类结构的分析迫使一个人追寻它与社会现实之间多层面的推理联系,因此最后的画面是一个不相同的意义构形,这个意义的相互作用,衍生出既有表达力又有修辞力量的最终符号。这一交互作用自身是一个社会过程,不是发生在“头脑中”而是发生在公众世界之中,在公众世界中,“人们一起交谈,命名事物、做出判断,并且在一定程度上互相理解”[32]。对符号行为的研究同样是一门社会学学科,就像

---

[31] 隐喻当然不仅仅是意识形态汲取的文体资源。转喻(“我所能奉献的只有鲜血、汗水与眼泪”),夸张(“千年帝国”),曲言法(“我会回来”),提喻法(“华尔街”),矛盾修辞法(“铁幕”),拟人化(“那只握着匕首的手已经插入了它的邻居的后背”),以及古典修辞学家辛苦收集起来并精心分类的所有其他的修辞手法都被一次又一次地使用,就像句法的对偶、倒装、重复一样;就像音韵学的韵、律、押韵一样;就像文学中说反话、赞扬、讽刺一样。并不是所有的意识形态表述都是修辞性的。它的大多数内容都是由虽不能说是直截了当的却是相当字面的判断组成的,这些判断,撇开某种貌似(prima facie)难以相信的倾向,确实很难与恰当的科学陈述相区别:“所有迄今为止的历史都是阶级斗争的历史”;“整个欧洲的道德观是以对游牧有用的价值观为基础的”;等等。作为文化体系,一种意识形态已经超越了这个阶段,在这个阶段上,它的内容仅仅是由结构复杂的互相关联的意义——以形成它们的语言手段联系在一起——以标语方式组成的,这些互相关联的意义由双层的孤立的隐喻组成,这样的意识形态只是一个不太有说服力的代表。

[32] 珀西:《符号结构》。

对小集团、官僚体制或是美国妇女的角色变化的研究；它只是还有待于进一步的发展。

五

大多数意识形态学者都没有提出过这个问题——准确地说，当我们主张社会心理张力以符号形式“表达”时，我们到底是什么意思？——提出这样一个问题，能很快地把我们引入深水区。实际上，是引入有些反传统而且明显是自相矛盾的理 214
论，认为人类的思想在本质上是一个公众活动，而不是——至少在其基本方面不是——一个私人行为。[33] 这一理论的细节既不能在此追溯过远，也不能使用相当数量的证据来论证。但是如果我们想从难以捉摸的符号世界及语义解析过程返回到（明显）更确切的情绪与制度领域，如果我们去详尽地探求文化、人格及社会体系之间相互渗透的方式，至少有必要勾勒出这种理论的总体轮廓。

关于从外部认识思想的这类方法的定义性命题——沿用加兰特与格斯滕哈伯的说法，我们称之为“外在理论”（extrinsic theory）——是：思想由对符号体系的建构与操作构成。符号体系构成了其他系统——物理的、有机的、社会的、心理学的，等等——的模式，其他系统的结构以此方式——而且，在顺利的情况下，在系统被期待运作的方式中——得到“理解”[34]。思考、概念化、程式化、领会、理解，或知道你心里

㉝ G. 赖尔：《心的概念》（纽约，1949）。

㉞ E. 加兰特和 M. 格斯滕哈伯：《关于思维：外在理论》，载《精神病学评论》，第 63 期（1956），第 218—227 页。

有什么，这些都不是在头脑中毫无来由发生的，而是符号模型的状态和过程与更广泛的现实世界状态和过程的匹配。

> 想像思维不多不少是在建构一个环境的形象，比环境更快地运用模型，而且预先判定环境的行为将会像模型一样起作用……解决问题的第一步，在于建构一个（环境的）“相关特性”的模型或形象。这些模型的建构可能依据许多事物，包括人体的器官组织，借助人、纸、铅笔或真正的人工制造的东西。一旦一个模型被建构出来，就可以在各种不同的假设条件和限制因素中操作。于是，生物体就能够“观察”这些操作的结果，并且将它们投射到环境中去，使预测成为可能。根据这一观点，当一个飞行器工程
> 215 师在风洞中操纵一个新飞机的模型时，他正在思维。一个汽车驾驶员用手指在地图的线上指点时，他正在思维，因为手指头是作为汽车的相关模型，地图是作为道路的模型的。这些外在的模型经常用来思考复杂的（环境）。在内隐思维中使用的意象，要依靠生物体的物理—化学因素的可行性，这些因素是形成模型时必须用到的。[35]

这个观点当然并不否认意识：它定义了意识。正如珀西所论证的，每一种意识知觉，每一次认知行为，每一次与客体（或事件、行为或情绪）的匹配，都是在适当的符号背景下进行的。

---

[35] 《关于思维：外在理论》。我在前面引用过这段透彻的论述（原书第77—78页），目的是试图在进化论、神经学及文化人类学最近的发现中建立一个关于思维的外在理论。

光说人意识**到**某物是不够的；人还意识到某物是什么。对一个格式塔的理解（鸡也和人一样能感觉到贾斯特罗[36]效应）与在其符号载体下对它的把握之间是有区别的。当我注视房间时，我意识到一系列几乎是无意识的**匹配**行为：看见一样东西并知道它是什么。假如我的眼睛落在一个不熟悉的东西上，我会立即意识到缺少了一个匹配的项，我会问（这个东西）是什么——一个极为神秘的问题。[37]

缺少了什么和所要求的是什么，都是可用的符号模式，借此将“不熟悉的东西”归入其中并将它变为熟悉的：

假如我在一定距离外看见一样东西并且不太认识它，我会将它看成是一系列不同的东西，随着我走近，每件都由于不适合标准被逐个排除，直到有一个被明确地确定。阳光照在地上的一片影子，我可能会把它看成是一只兔子——这种看法要比猜它可能是一只兔子走得远得多；不，这个感觉到的格式塔是这样被解释的，它实际上打上了兔子本质的印记：我可能会发誓它确实是一只兔子。当走近时，阳光的照射方式的变化足以让我放弃原先的兔子造型。兔子的造型消失了，我又形成了另一个造型：这是一只纸袋，等等。但是最有意义的是，甚至到最后，“正确”答案恰似那些不正确答案都是一种间接理解。它也是一个模型，一个匹配，一个比附。顺带指出：即使它是正确的，

---

[36] 美国心理学家。他发现了一种视觉效应，即将一段弯曲的图形置于另一段形状和大小相同的图形上方时，前者看来较小一些。——编注

[37] W. 珀西：《符号、意识与主体间性》，载《哲学杂志》，第55期（1958），第631—641页。黑体字是原有的，引用得到允许。

> 即使它被所有的标准证实，它也可能会像发现一样有效地隐藏。当我认为一只陌生的鸟是一只麻雀时，我会按适当的程式处理那只鸟：它只是一只麻雀。[38]

尽管这些例子有着某种智力游戏的腔调，但是思想的外在
216 理论也能够推广到人类心的情感方面。[39] 正如一张公路交通图将自然位置转换成一些“地点”，由不同的路线联接并由标定的距离分开，以便找到从某处去到某处的道路一样，一首诗，例如霍普金斯的《菲利克斯·兰达尔》，通过语言中所包含的鼓动性力量，提供一种对夭折具有感情冲击的符号模式，假如这种符号模式的穿透能力有着像道路图所给予的那种影响，它就会将生理感觉转换成情绪与态度，并让我们能对这种悲剧的反应从“盲目的”变为“理智的”。宗教的中心仪式——弥撒、朝圣、信徒集会——都是一些特殊的神圣感的符号模式（此处更多是在活动的形式之中而不是词汇之中），这些仪式通过不断表演在参加者中引起某种献身的情绪。当然，大多数通常被称之为“认知”的行为主要是在辨认兔子而不是风洞操作的层面上，因此大多数被称为“表达”的行为（这种两分法经常被夸大，而且几乎普遍被曲解）主要是由取自通俗文化的模式而不是从取自高水平的艺术及正式宗教仪式的模式作中介。但是问题在于，与我们对环境中的物体、事件、结构过程等的辨识相比，“动机”、“态度”、“情感”等的发展、维持及化解并不更像“一个发生在不许我们参观的意识流中的莫名其妙的过程”。这里同样，“我们在描述人们进行主要是公众行为的方

---

[38] 珀西：《符号、意识与主体间性》，引用得到允许。

[39] S. 兰格：《情感与形式》（纽约，1953）。

式。”[40]

不管还有什么别的区别，所谓的认知与所谓的表达的符号或是符号体系至少有一点是相同的：它们都是外在的信息源，依靠它们人类的生活才能模式化——感觉、理解、判断及操作这个世界的超人的机制。文化模式——宗教的、哲学的、美学的、科学的、意识形态的——是“程序”；它们为组织社会和心理过程提供了一个模板，非常像遗传机制为组织生理过程提供了一个模板：

> 这些考虑界定了我们在其中处理心理学和社会科学中“还原主义”问题的语词。我们试探性地进行区别分类的层面(有机体、个人、社会体系、文化)……是……组织与控制的 217
> 层面。较低的层面“限定”，因而在某种意义上“决定”，它们进入其中的结构，正如一个建筑的稳固取决于建筑它的材料的性质。但是材料的物理性质并不能决定建筑**规划**；这是另一系列即**组织**的一个因素。而组织控制着材料之间的**关系**，以及这些材料在建筑中被使用的方法。通过这些方法组织形成一个特殊类型的有序体系——依此序列“向下”看，我们总是能调查及发现更高序列的组织发挥功能所依据的成套“条件”。故此，心理学功能依赖一套非常复杂的心理条件。经过恰当的理解及评价，这些条件总是能可靠地确定在下一个更高层面上的有组织的体系所进行的过程。无论如何，我们也可以依次“向上”看。在这个方向上，我们看到“结构”、组织模型、意义模型、“程序”，等等，这些

---

[40] 引文引自赖尔：《心的概念》，第51页。

都是我们集中注意力的那个层面上的系统组织的焦点。[41]

认为这类符号模板是必需的理由是,如人们经常论述的,人类的行为本质上是非常可塑的。这类行为不是严格地而只是非常宽泛地被基因程序或模式——内在的信息源——所控制,假如它确实有着任何有效的形式,此类行为必须在很大程度上受一个外在信息源控制。鸟类学会飞翔并不需要风洞,低等动物对死亡的反应大部分都是与生俱来的,由生理来体现的。[42] 人
218 天生的反应能力的极端概括性、扩散性及变异性说明他的行为所采取的特殊类型主要是由文化的而非遗传的模板指导的。遗传设置了整体心理生理内容,其中的精确的行为顺序由文化组织。人,这种会制造工具、会笑或会撒谎的动物,也是不完善的——或者更准确地说,是自我完善的——动物。作为自我实现的主体,他为建构符号模式,从自己的一般能力中创造出定义自身的能力。或者——最终回到我们的题目——正是通过建构

---

[41] T. 帕森斯:《从行为理论理解心理学理论的方法》,载《心理学:对一门科学的研究》,S. 科克编(纽约,1959),第 3 卷。黑体字是原有的。比较:"为了考虑这一选择性,有必要假定:酶的结构以某种方式与基因的结构相关。循着这一思想的逻辑范围我们可以达到这一概念:基因是酶分子的代表——也可以说是蓝图,而且基因的功能是为酶的结构提供一个信息源。似乎很明显的是:酶的合成——一个巨大的蛋白分子是由根据特殊而又独一无二的顺序头尾相接排列的成百个氨基酸单元组成的——要求一个模式或是一套某种指令。这些指令必须有着该类种的特征;它们必须自动地代代相传。它们必须是稳定但又有能力进化的。仅知的能够实施这类功能的实体是基因。有许多理由相信它还能传递信息,依靠一个模式或是一个模型来实现。"N. H. 霍罗维茨:《基因》,载《科学美国人》,1956 年 2 月号,第 85 页。

[42] 根据最近对动物学习的分析,这个观点也许有点表达得太差;但是它的基本论点——即在从低等动物向高等动物的发展中有一个普遍的趋势,即内在(天生)参数对人的行为的控制越来越具弥漫性,越来越不确定——似乎是确定的。参见前文第三章,原书第 70—76 页。

意识形态即社会秩序的图解式的形象，人使自己成为难以预料的政治动物。

进而，各种文化符号体系是信息的外在来源，是用于组织社会及心理过程的模板，在这些过程缺少它们所含有的特殊种类信息的情况下，在行为、思想或情感的制度化向导微弱或缺席时，发挥最重要的作用。正是在感情或地形不熟悉的地方，人们才需要诗歌和道路图。

意识形态也是这样。在种种政体牢固地植根于埃德蒙·伯克的“古代观念和生活规则”这个黄金组合之中时，意识形态的作用，在任何明确意义上都是次要的。在这类真正传统的政治体系中，参与者像（应用伯克的另一个说法）情感未经教化的人一样行动；他们在根据未经检验的成见做出判断及行动，受到情感及智力的指导。这些未经检验的成见并没使他们“在做出决定的时刻犹豫不定、充满怀疑、困惑不解及悬而不决”。但是，当这些空洞的观念与生活法则成为问题时，就像在伯克所批判的大革命时期的法国，以及在伯克可能作为他的国家最伟大的意识形态专家所指责的动荡的英国，对系统的意识形态公式的寻求，无论是加强它们还是取代它们，都会蓬勃兴起。意识形态的功能是使自主政治成为可能，所依靠的是提供能使之有意义的权威性的概念，提供能够借此对之进行实在把握的有说服力的形象。[43] 实际上，正是在这一点上政治体系开始摆脱公认传统

---

[43] 当然，有道德的、经济的甚至是美学的意识形态，同样也有特殊的政治的意识形态，但是大凡具有社会声望的意识形态，极少有缺少政治含义的，这也许能允许在此在一个较狭窄的范围内考察这个问题。在任何情况下，针对政治意识形态发展起来的论点都同样有力地适用于其他非政治的意识形态。用非常类似于本文发展起来的论点对道德意识形态的分析，可见 A. L. 格林：《反氯化领导人的意识形态》，载《社会问题杂志》，第 17 期（1961），第 13—25 页。

219 的密切控制,即一方面摆脱宗教或是哲学信条的直接与详细的指导,另一方面摆脱传统道德观不加反思的清规戒律,正式的意识形态才会出现并起作用。[44] 一个自主政体的分化也意味着一个独特而鲜明的政治行为文化模式的分化,因为旧有的、非专门化的模式要么太含混要么太具体,不能提出一个政治体系所要求的那类指导。它们或者用先验的意义来束缚政治行为,或者用习惯判断的空洞现实主义压抑它的政治想像。只有当一个社会的最普遍的文化导向和最切实可行的"实用"导向都不足以为政治进程提供一个恰当的形象时,作为社会政治意义及态度来源的意识形态才开始变得分外重要。

在一定意义上,这种说法是以另一种方式说明意识形态是对张力的反应。但是现在我们不仅包括了社会与心理的紧张也包括了**文化的**紧张。正是失去方向直接导致了意识形态活动,一种因缺少可用的模式,在理解自己置身其中的公民权利与责任的体系时的无能为力。一个分化的政体(或是这类政体内更大的内部分化)的发展也许而且普遍确实带来社会混乱与心理紧张。但是它也随之带来概念上的混乱,因为已有的政治秩序既定形象蜕变得脱离实际或被卷入争论之中。法国大革命之所以——至少在当时——变成人类历史上各种极端意识形态的——"进步的"和"反动的"——最大温床,并不是因为个人不安全或是社会的不稳定比以前的许多时期更严重与更普遍——虽然它们也

---

[44] 这类意识形态,可能要求,就像伯克或是德·迈斯特的理论所要求的,习俗的复兴或是宗教霸权的再加强,当然这与此并不矛盾。只有当传统的信用受到诘问时,人们才会为传统建立论据。这样的诉求即使成功,它们带来的,并非回归天真的传统主义,而是意识形态的再传统化。——这全然是另一码事。可参见曼海姆:《保守主义理论》,载其《社会学与社会心理学论文集》(纽约,1953),特别是第 94—98 页。

够得上严重与普遍——而是因为以前的政治生活的主要组织原 220
则,即君权神授,被摧毁了。[45] 正是因为社会心理紧张的交互影响,及缺乏说明这种紧张的意义的文化资源,使得二者互相加剧,终于导致系统(政治、道德或经济)意识形态的出现。

反过来,正是意识形态努力要赋予一个不能理解的社会形势以意义,将其解释为可能在其中进行有目的的活动,既说明了意识形态的高度象征性,又说明为什么它一旦被接受后,就抓住接受它的人不放。正如隐喻通过拓宽其语义范围来扩展语言,以便能表达它原来不能——至少在字面上不能——表达的意义,意识形态不同字面意义的直接冲突也是这样——讽刺、夸张、夸大对立——提供了新奇的符号框架。就像到一个陌生国家的旅行一样,这个符号框架把由政治生活的转换制造出来的不熟悉的事物匹配在一起。无论意识形态还会是别的什么——莫名恐惧的投射、别有用心的伪装、集体团结的假情表达——它们最明显的都是成问题的社会现实的地图及产生集体良心的母体。在任何特殊的情况下,这个地图是否精确或是这种良心是否可靠,那就是另外一个问题了,人们几乎不可能对纳粹主义与犹太复国主义,对麦卡锡式的民族主义与丘吉尔的民族主义,对种族隔离的辩护者与反对者给予相同的答案。

---

[45] 重要的是还要记住:这个中心原则在国王被毁灭之前很久就被摧毁了;对于继任者的原则而言,他在实际上是一个仪式的牺牲品:“当(圣茹斯特)宣布:‘确定据其受审者(路易十六)也许要死的原则,就要确定对他做出判决的社会依据其生存的原则,’他的论证说明,是哲学家要杀死国王:国王必须以社会契约的名义而死。”A. 加缪:《叛逆者》(纽约,1958),第 114 页。

六

虽然意识形态酵素在当代社会肯定是广泛传播的，但是也许它最醒目的集中地是在亚洲、非洲及拉丁美洲某些地区的新兴（或者复兴）的国家中；因为在这些共产主义或是非共产主义
221 的国家中，脱离孝道与格言式传统政治的第一步正在迈出。获得独立、推翻原有的统治阶级、立法大众化、公共行政管理理性化、现代精英兴起、文字及大众传播的普及，以及缺乏经验的新政府被推入连旧的参与者都搞不清楚的不稳定的国际秩序中去，所有这些造成了普遍的迷失感。面对这种迷失，原来接受的权威、责任及民权目标似乎极为乏力。寻求一个借此对政治难题做出分析、思考及反应的新的符号框架，无论其形式是民族主义、马克思主义、自由主义、民粹主义、种族主义、君主专制主义、折衷主义，或是各种重建的传统主义（或者更普遍的是，以上几种的混合物），因此就变得极为迫切。

迫切——但是不确定。就其大多数而言，这些新兴国家还正在摸索有用的政治概念，还没有掌握它们；而且几乎在每一个国家中，至少是在非共产主义国家中，其结果都是不确定的，不仅是在所有的历史进程都是不确定的这一意义上，甚至在对总体方向做出一个最广泛及最概括的分析也是非常困难的这个意义上，也是如此。从理智上说，万物都在运动之中，那位奢华的政治诗人，拉马丁写到十九世纪法国时所用的语言，用于这些新兴国家也许比用于当年垂死的七月王朝更合适：

> 这些时代是混乱的时代；各种观点杂乱无章；各种党派乌七八糟；新思想的语言还未产生；最困难的是让自己在宗教

中、在哲学中、在政治上有一个明确的定义。一个人感觉，一个人知道，一个人生活，而且在需要的时候，一个人会为自己的事业而献身，但是却不能命名它。这个时代的难题是将人与事做出分类……这个世界在分类目录上一片混乱。[46]

但是这个评论在当今的世界(一九六四年)的任何地方都不如它在印度尼西亚那么真实，那里的整个政治进程陷入了一个意识形态符号的泥潭中。每一种意识形态都试图——至今都没能——将共和国的分类目录弄清楚，为其事业命名，并赋予其政体以意义与目标。这是一个充满混乱开端又狂乱修正自己的国家，一个绝望寻求他们想像中的政治秩序的国家，而这秩序就像 222
一个海市蜃楼，越渴望接近它，它消失得越快。所有这些挫折中的一个安慰性口号是："革命尚未完成！"而且，也的确是如此。但是这仅仅是因为没有人知道，甚至那些喊得最厉害的人也不确切地知道应该如何完成革命。[47]

在传统的印度尼西亚，最高度发达的政府概念是四至十五世纪那些经典印度化国家据以建立的概念，这些概念甚至在这些国家先被伊斯兰教化，然后又被荷兰殖民主义统治所取代或管辖后仍然以某种变形或弱化的形式存留下来。这些概念中最

---

[46] 阿方斯·德·拉马丁：《原则宣言》，载《当代西方文明引论，资料手册》(纽约，1946)，第 2 卷，第 328—333 页。

[47] 下面非常简明扼要的课堂式的(ex cathedra)讨论主要是基于我自己的研究并只代表我自己的观点，但是我还是从赫伯特·费特的著作中引征了大量的事实材料。特别参见：《印度尼西亚宪法民主的衰落》(纽约，1962)及《有指导的民主的动力》，载《印度尼西亚》，R. 麦克维伊编(纽黑文，1963)，第 309—409 页。我所提出的解释所依据的一般性文化分析，见 C. 格尔茨：《爪哇人的宗教》(纽约，1960)。

重要的是可以被称之为示范中心的理论，这个理论认为都城（也许更准确地说是国王的宫殿）是一个超自然秩序的小宇宙——“一个较小规模的宇宙……形象”——而且是政治秩序的具体化。[48] 都城不仅是国家核心、发动机或中枢；它**就是**国家。

在印度化时期，国王的城堡实际上包括了整个城镇。一个按照印度形而上思想建造的不规则方形的“天城”，它不仅是权力的所在地；它还是一个存在的本体论形状的概要性示范。城堡的中央是神圣的国王（一个人化的印度神祇），他的王位象征着须弥山；建筑、道路、城墙，甚至，在仪式上，他的妻妾们及随员都根据神圣的风的四个方向而呈四方形地环绕着他。不仅国王自己而且他的仪式、他的服饰、他的宫廷及他的城堡都被赋予神奇力量。城堡与城堡内的生活是王国的实力所在。控制了城堡的人（通常要在野外冥思苦想以获得恰当的精神地位）就控制了
223 整个帝国，就抓住了行政的魅力，就可以取代不再神圣的国王。[49]

早期的政体因而不是疆域非常稳定的单元，而是一些村庄的集合体，面向一个共同的城市中心。各个这样的城市中心互相竞争统治地位。任何程度的地区性的，或偶尔跨地区的扩张了的霸权，所依靠的不是在一个国王统治下的有着广阔领土的成体系的行政组织，而在于国王动员及实施打击力量战胜与之竞争的首都的各种能力；这些能力据说从根本上是建立在宗教的——即神秘的——基础上的。即使这类模型有领土因素，它也是由一系列的宗教—军事实力的同心圆组成的，环绕着不同

---

[48] R.海涅—格尔德恩：《东南亚的国家与君主政体概念》，载《远东季刊》，第2期（1942），第15—30页。

[49] 海涅—格尔德恩：《东南亚的国家与君主政体概念》。

的城邦首都向外放射，就像无线电波从一个发射台向外放射一样。一个村庄离城镇越近，它受到朝廷的经济与文化的影响就越大。相应地，朝廷——祭司、工匠、贵族和国王——越发达，它作为一个宇宙秩序的缩影的真实性，它的军事力量，以及它向外扩张的实力的有效同心圆的范围就越大。精神的优越与政治的强大是融合在一起的。神奇的力量与行政管理的影响汇集成单一的潮流，由国王向外向下，经过他手下的各层官员和从属于他的任何小王室，最后从精神上及政治上流入余下的农民大众。各层人都有一套政治组织的复制概念，缩微在王都生活中的超自然秩序依此以渐远渐弱的方式反映在整个农村，形成一个由这个永恒的超验王国越来越不忠实的复制物组成的等级体系。在这个体系中，行政、军事及宫廷仪式组织通过提供有形范型的方式来规范周围的世界。[50]

伊斯兰教的到来，在某种程度上削弱了印度教的政治传统， 224
特别是在环绕着爪哇海的沿海贸易王国中。但是宫廷文化还是存在下来，虽然被伊斯兰教符号与思想所覆盖和混合，并放置在一个族群上区别更为明显的城市大众之中，这些人看起来不那么敬畏古典秩序。十九世纪中叶至二十世纪初荷兰行政控制稳步增长——特别是在爪哇——进一步压抑了传统。但是，由于低层次

---

[50] 整个亚哇国（爪哇）广袤的领土可以与亲王统治下的一个城镇相比。

数以千万计的、人民居住的地方，可与环绕着王室宫墙的王室奴仆的家院相比。

各种外国岛屿；可与之相比的，是被开垦的土地，经营得幸福而安宁。

具有公园的外貌的，是森林与山岭，那里处处有神的足迹，感觉不到忧虑。

十四世纪爪哇宫廷史诗《纳嘎拉—克塔嘎玛》第17章，第3节，Th.皮格奥德译，载《十四世纪的爪哇》（海牙，1960），3:21。纳嘎拉这个词的意思仍然一成不变地是：爪哇的“宫殿”、“都城”、“国家”、“国”，或者“政府”——有时甚至是“文明”。

的官僚机构仍然被旧的上层阶级所操纵，所以即使到那个时候，超村庄(supravillage)的政治秩序还是传统性的。区域及地区的摄政王和地方机构不仅仍然是这个政体的轴心，而且还是它的具体体现。对于这个政体，绝大多数村民是观众而不是演员。

这就是革命之后共和派的印度尼西亚新一代精英所继承的传统。这不是说示范中心的理论仍然没有变化，就像某种柏拉图理念式的原型穿越印度尼西亚永恒的历史存在下来一样，因为(就像作为整体的社会一样)它在进化、发展，在总的气质上最终变得也许更合常规更不宗教化。它也不意味着，外国思想，欧洲的议会思想、马克思主义、伊斯兰教道德观等等，没有在印度尼西亚政治思想中发挥重要作用。现代印度尼西亚民族主义远不是旧瓶装新酒。它只不过是一个概念转换，从一个作为名望及权力的集中的中心的政体交替地为大众的敬畏提供一个中心及对与之竞争的中心发动军事攻击——转变为一个作为有系统地组织民族社群的政体。就其变化与影响而言，从古典政体到现代政体的概念转换还没有完成。事实上，这个转换已经被阻碍，在某种程度上已被逆转。

这种文化方面的失败明显地可以从日益增长的、似乎无休止的意识形态争辩中看到，这些争辩已淹没了自革命以来的印度尼西亚政治。借助古典传统的比喻性延伸——实际上是隐喻地使之复生——来重建一个新的符号框架，以此赋予正在兴起
225 的共和国政体以形式及意义的最著名的尝试，是苏加诺总统著名的五项原则(Pantjasila)，这一原则最早提出是在日本占领即将结束时的公开演讲中。[51] 取自成套的以数表达的戒律的印度

[51] 对五项原则演讲的描述，参见 G. 卡欣：《印度尼西亚的民族主义与革命》(伊萨卡，1952)，第 122—127 页。

教传统——三宝，四禅，八圣道，二十犍度，等等——它包括旨在形成独立的印度尼西亚的“神圣”意识形态基础的五项（pantja）原则（sila）。如同所有好宪法一样，五项原则简短、含糊并且智慧得无懈可击，这五点是：“民族主义”、“人道主义”、“民主”、“社会福利”及（多元的）“一神教”。最后，这些不露声色地放进一个中古框架中的现代概念，显然认同于土生土长的农民概念：gotong rojong（字面意思是“集体承担负担”；比喻意思是“所有人忠诚于所有人的利益”），从而将示范国家的“伟大传统”、当代民族主义信条与村庄“小传统”一起整合成了一个光辉灿烂的形象。[52]

为什么这个精巧的设计失败了，原因是多而复杂的。只有其中的少数几个——像流行的伊斯兰教的政治秩序概念在特定人群中的力量一样，这些概念很难与苏加诺的世俗主义调合——是文化方面的。五项原则，利用小宇宙—大宇宙的奇想和传统印度尼西亚的调和理论，其目的是要把印尼内部的伊斯兰教与基督教、绅士与农民、民族主义与共产主义、商业与农业、爪哇人的与印度尼西亚“岛外”集团的政治利益包容起来——让一个旧复制模型在现代的宪法结构中复兴。在这个模式中，不同的趋势强调原则的不同方面，这就必须在行政与政党斗争的每一个层面上找到暂时妥协（modus vivendi）。这些努力并不像有时所描述的那样，完全是没有效率的或在智力上是愚蠢的。对五项原则的崇拜的确在一段时间内提供了一个灵活的意识形态背景，在其中议会制度及民主气氛正逐步地但稳妥地在地方与国家级层面上形成。但是衰退的经济形势，与前宗主国无望的病态关系，破坏性的（在原则上的）专制政党的迅速发展，伊斯 226

[52] 对五项原则演讲的引文，引自卡欣：《印度尼西亚的民族主义与革命》。

兰教原教旨主义的复活，领导人不能（或不愿）用发达的智力与技术技巧赢得群众的支持，经济上的无知，管理上的无能，以及能够（也许仅仅是过于热心）获得这类支持的那些人的个人缺陷，所有这些混合在一起，迅速把各派冲突推到了使整个模型瓦解的深渊。到一九五七年宪法大会时，五项原则已经从一种求同的语言变为一个谩骂的词汇表，每一个派别都更多地使用它来表示对其他派别的决不妥协的反对，而非与之达成游戏规则上的基本一致，从而使宪法大会、意识形态多元化及宪法民主一下子就崩溃了。[53]

取代它们的是某些非常类似旧的示范中心类型的模式，只是现在是建立在自我意识的教条上，而不是在天生的宗教习俗的基础上，更多地体现的是平均主义和社会进步，而不是等级制和贵族的威严。一方面，在苏加诺总统著名的“有指导的民主”的理论和再次引入一九四五年革命（即，独裁）宪法的号召下，出现了意识形态的均质化（在其中不和谐的思潮——突出的是穆斯林现代主义与民主社会主义——简单地以非法为理由被镇压）及加速散布的形形色色的符号，似乎创立不熟悉的政府形式的努力没能产生预期效果，于是开始了一场把新气息吹进旧生活的绝望的尝试。另一方面，军队政治作用的增强提供了传统的另一半的——威吓性的——情形；虽然只是一个支持机构而不是执行或行政管理实体，但军队拥有对整个与政治有关的机构的否决权，从总统人选及民事部门到政党及新闻界。

就像在此之前的五项原则一样，其修订或更新形式也是由

---

[53] 宪法大会的公报，可惜还没有翻译过来，是新国家内的意识形态争论的一个可用的最全面及最可靠的记录。参见泰唐·尼加拉：《印度尼西亚共和国的宪法》（*Tentang Negara Republik Indonesia Dalam Konstutuante*），三卷（出版地点不详，出版日期不详）。

苏加诺在一九五九年独立日(八月十七日)一个重要演说——《我们的革命的再发现》中发表的。这个演说加上一个由最高顾 227
问委员会所作的注解,以《共和国的政治声明》的形式颁布为法令。

> 因而有了一个关于印度尼西亚革命的基础、目标和责任,印度尼西亚革命的社会力量,它的性质、未来与敌人等,还有它的总纲领,包括政治、经济、社会、心理、文化及安全各领域的基本原理的小册子。一九六〇年初的庆祝演讲的中心内容被陈述为五种观念——一九四五年宪法、印度尼西亚式的社会主义、有指导的民主、有指导的经济及印度尼西亚民族个性——这五个观念词组的头一个字母缩写为USDEK。再加上"政治声明"简化为Manipol,这个新的法令就被称为Manipol-USDEK。[54]

与在此之前的五项原则一样,关于政治秩序的Manipol-USDEK形象已经在大众中找到了反响。对大众来说,各种观点吵吵嚷嚷,政党是乌七八糟大杂烩,时代变成了一锅粥:

> 许多人被这种思想所吸引:印度尼西亚最需要的是有正确的思想状态、正确的精神和真正有爱国献身精神的人。"回到我们自己的民族个性"对许多希望从现代性的挑战中退下来,对许多愿意相信现任政治领导,但是却意识到他们不

---

[54] 费特:《有指导的民主的动力》,第367页。一个生动,但是有点惊人的对Manipol-USDELism实施的描写,可以在W.汉娜的《邦·卡诺的印度尼西亚》(纽约,1961)中找到。

> 能像印度及马来西亚这类国家那样(使印度尼西亚)现代化的人,都有吸引力。而且对印度尼西亚某些社会团体的成员来说,特别是对许多(印度教思想的)爪哇人来说,苏加诺总统在 Manipol-USDEK 中提出的解释历史现阶段中的特殊意义和任务的多种复杂的纲领中,有着真实的含义。(但是)也许 Manipol-USDEK 最重要的内容魅力可能在于这一事实:它答应要给人们 peganggang——一种值得紧紧抓住的东西。他们被吸引主要不是因为这个 peganggang 的内容,而是因为这个事实:总统在一个强烈感到缺乏目标感的时代提供了一个目标。价值与认知模式正在变化与冲突,人们急切地寻找着对政治利益的教条化与图式化的解释。[55]

当总统和他的幕僚几乎全神贯注于“神秘的创造及再创造”时,军队却忙于平息因这些神秘感不能获得预期效果及竞争的
228 领导力量兴起时所引发的无数抗议、阴谋、政变及叛乱。[56] 军队虽然参与了内政工作的某些方面,包括没收荷兰企业财产,甚至参加了(非议会)内阁,但是军队还不能具体地或是有效地担负起政府的管理、计划及组织任务,因为缺少训练、内部团结或方向感。结果,这些任务或者是没有进行,或者是进行得非常不充分,而且超地方的政体即民族国家,越来越缩进它有限的传统范围内——都城雅加达——再加上几个半独立的纳贡城镇,它们在中央军队的武力威胁之下保持着最低限度的忠诚。

---

[55] 费特:《有指导的民主的动力》,第 367—368 页。pegang 的字面含义是“抓住”,因而 peganggang 就是“能够抓住的事情”。

[56] 费特:《有指导的民主的动力》。

这种恢复示范宫廷政治的努力能否长期存在下去是非常令人怀疑的。它已经因为不能适应现代国家有关的技术和管理难题而受到严重的局限。远没有控制住印度尼西亚不要落入苏加诺所谓的“没顶的深渊”，从五项原则时期三心二意的、外强中干和功能拙劣的议会体制退回到 Manipol-USDEK 时期魅力总统与看门狗式的军队之间的联盟，更加剧了这种滑落。等到这种意识形态框架瓦解之后——这似乎是确定无疑的——会出现什么样的意识形态框架？或者，一个满足印尼当前需要和未来雄心的政治秩序概念，假如它真的会到来，将从何而来？这很难说。

印度尼西亚的问题不纯粹是或不主要是意识形态问题，它们也不会——像太多的印度尼西亚人已经认为的那样——随着政治上的人心变化而消失。混乱无序是普遍的，不能创造一个概念框架，以此来形成一个现代政体，这种状况在很大程度上反映了这个国家和它的人民正经历的严重的社会与心理紧张。事情不仅仅是看似乱七八糟——它们就是乱七八糟。清理这些纷乱需要比理论更多的东西，它需要行政技巧、技术知识、个人勇气与决心、无尽的耐心与宽容、大量的自我牺牲、真正不可腐蚀的公众良知，以及在最实质性意义上的(近乎不可能的)好运气。意识形态方案，无论它多么华丽，都不能取代这些基本因素中的任何一个。而且，实际上，缺乏这些因素，意识形态只会堕落为掩饰失败的烟幕、避免绝望的转移物、遮掩真实的面具，而不是揭露真实的描述。面对严重的人口问题，种族、地理、区域的极 229
端多样性，几乎崩溃的经济，严重缺乏训练有素的人员，极严重的普遍贫困，以及广泛存在、无法消除的社会不满，即便没有意识形态的混乱，印度尼西亚的社会问题也几乎是无法解决的。苏加诺先生所宣布的看到的深渊其实是真的。

但是,同时,印度尼西亚(我可以想像,任何新兴国家)没有任何意识形态的指引想找到穿过问题森林的道路似乎是完全不可能的。[57] 去寻求(而且,更重要的是去**运用**)技能及知识的动机,支持必要的耐心与决心的情感上的活力,及忍受自我牺牲与拒绝腐蚀的道德力量,必须来自某些地方,比如来自对某些公众目标的预见,这些目标隐藏在社会现实的强制性形象中。所有这些品质可能不出现;当前非理性主义的复兴及无法控制的幻想趋势还可能继续;下一个意识形态面相可能会比当前这一个更远离革命公开为之斗争的理想。印度尼西亚可能会像巴格霍特所说的法国那样,仍然是一种政治试验场所,从这个试验中别人能得到很多好处而自己却几乎一无所得;或者最后的结果可能是邪恶的专制及过度的狂热。但是无论事态如何发展,决定性的力量不会全部是社会的或心理的,而会部分是文化的——即概念的。建立一个适合分析这类三维进程的理论框架是对意识形态进行的科学研究的任务——一个刚刚开始的任务。

230

七

批评性和想像性的作品是对问题在其中产生的形势所提出的问题的回答。它们不仅仅是答案,而且是**策略性**的答案,**风格化**的答案。因为风格与策略是有区别的,正如一个人说"yes"时用隐含着"感谢上帝"的语调和用隐含着"哎哟"的语调

[57] 对一个新兴非洲国家中的意识形 8 态的作用所进行的与我们的路线相同的分析,参见 L. A. 法勒斯:《乌干达民族主义中的意识形态与文化》,载《美国人类学家》,第 63 卷(1961),第 677—686 页。对一个其全面进行的意识形态重建似乎取得了相当成功的"青少年"国家的极出色的个案研究,参见 B. 路易斯:《现代土耳其的兴起》(伦敦,1961),特别是第十章。

> 是不同的，因此我首先提出在“策略”与“形势”之间作一个初步的工作性区别。由此，我们认为……任何批评性或想像性作品……都是为了估量形势采取的策略。这些策略度量形势、命名它们的结构和突出成分，并且是以一种包含着对待它们的态度的方式来命名它们的。
>
> 这种观点不是，决不是，把我们许配给个人的或历史的主观主义。形势是真实的；应付它们的策略在内容上公开；只要形势覆盖了不同的个体，或者是覆盖了不同的历史时期，这些策略就有着普遍的相关性。
>
> 肯尼思·伯克：《文学形式的哲学》

由于科学与意识形态都是批评性与想像性的“作品”（即符号结构），对它们之间明显的区别及它们相互关系的本质所作的客观的系统阐述似乎更可能从风格化的策略出发，而不能通过对两种思想形式的认识论或价值论的相对地位而实现的神经质的关注。对意识形态的科学研究与对宗教的科学研究一样，不应该从一个并不必要的问题开始，这个问题就是它对其主题事件的实质性宣告是否合法。解决曼海姆悖论的最好方式，就像任何真实的悖论一样，是重新设计一个理论方法，用这个方法来超越，以免再度落入陈腐的争论之路，结果又回到原处。

科学与作为文化体系的意识形态的种差（differentiae），应该在它们所采用的测度形势的符号策略的类型中去寻找，这些符号各自表述着形势。科学以这种方式命名形势的结构，其所包含的对形势的态度是事不关己（disinterestedness）式的。它的 231
风格是有节制的、简略的和绝对分析性的：它回避能最有效地形成道德情感的语义设计，以此来寻求最大限度的知识的清晰。但是意识形态命名形势的结构却是以这样的方式：所包含的对形势的态度是承诺（commitment）性的。它的风格是修饰的、生动的、刻意富有启示性的：通过科学所回避的同样的语义学设计将道德情感客观化，以此来激发行动。两者都关注有问题的形势的定义并且都是对缺少必要信息的感觉的反应。但是所需要的信息是完全不相同的，甚至在形势相同时也是完全不同的。一个持意识形态观点的人只不过是一个蹩脚的社会科学家，就像一个社会科学家是一个蹩脚的持意识形态观点的人一样。两者是——至少应该是——坚持完全不同的研究路线，路线如此不同以至于用一者的活动去衡量另一个的目标时，几乎一无所得并且更加含糊不清了。[58]

科学是文化的诊断性、批评性维度，意识形态则是辩护性、辩解性的维度——它指的是“文化的那个积极地关注建立并保卫信仰与价值模式的部分”。[59] 两者很自然地有冲突倾向，特别是在它们都指向对形势的同一范围做出解释时，这一点是很清楚的。但是认为这种冲突是不可避免的，(社会)科学的发现必然会削弱意识形态所保护和传播的信仰与价值的正确性，这种说法是非常让人怀疑的假设。对某种形势同时持批评与辩护态度不是内在矛盾(它经常出现是一个经验问题)，而是知识老练达到一定层次的标志。有人记得这样一个故事，也许是个典型的笑话(ben trovato)，大意是这样的：丘吉尔结束给被围困的英国树立信心的著名演说即“我们将在海滨战斗，我们将在登陆地

---

[58] 这种观点，无论如何，与认为两种行为不可能在实际中一起进行的观点并不完全相同，就像一个人不可能，比方说，画一只既在鸟类学上精确又在美学上有感染力的鸟一样。马克思当然是一个突出的个案，但是更新的成功的将科学分析与意识形态争论合成对照的研究，参见E. 希尔斯：《隐秘的痛苦》(纽约，1956)。但是，大多数这类混合研究明显地不能令人满意。

[59] 法勒斯：《意识形态与文化》。被保卫的信仰与价值模式当然可能既是社会中的下层集团的模式，也可能是社会中的统治集团的模式，而“辩护”因此可能是为了改革或是革命。

点战斗，我们将在田野和街道战斗，我们将在山巅战斗……”，他 232
转向一位助手并低声耳语：“我们将用汽水瓶子砸他们，因为我们没有枪了。”

意识形态中的社会修辞的质量并不能证明其基于之上的社会心理现实的观点是虚假的，而且也不能证明它的鼓动力来自人们信仰的东西与现在或某日可能被科学证明为真的东西之间的差异。它也许的确会在过度的我向幻想（autistic fantasy）——甚至在它既没有受到植根于广泛的社会结构中自由科学也没有受到与之竞争的意识形态的批评时，它还是有着非常强烈的倾向去这样做——中，失去与现实的接触，这一点显而易见。但是无论病态在澄清正常功能时多么有趣（它们可能在经验上多么普遍），它们作为意识形态的原型是误导的。虽然丘吉尔的演说幸而没有受到检验，但如果真的到了那种地步，英国人完全有可能真在海滨、机场、街道及山丘战斗——假如碰巧遇上，也要用汽水瓶子——因为丘吉尔精确地概括了他的同胞的心态。这样说的时候，也就把这种心态动员起来，形成公众共同拥有的心态，一个社会事实，而不再是一套互不关联的、又不现实的私人情感。甚至是在道德上令人厌恶的意识形态表述仍然能最敏锐地抓住一个民族或是一个群体的心态。当希特勒把德国人的魔鬼般的自我仇恨表述为不可思议地堕落的犹太人形象时，并没有歪曲德国人的良知；他仅仅是在将其客体化——将流行的个人精神病转化为强大的社会力量。

但是虽然科学与意识形态是不同的事业，但是它们并非是互不相关的。意识形态确实对社会的条件与方向做出了经验论的断言，对之进行评价是科学（在缺少科学知识的地方，是常识）的任务。科学相对意识形态的社会功能是首先要理解它们，——它们是什么，如何起作用，是什么导致它们出现的；然后

是批判它们,强迫它们与现实相协调(并不必投降)。存在一个
对社会问题进行科学分析的富于活力的传统,是防止意识形态
极端主义的最有效的保证,因为它为政治想像与信誉提供无比
可靠的实证知识来源。它不是仅有的这样一种保障。如已经提
到的,社会中其他强大群体推行的与之进行竞争的意识形态的
存在,至少有同样的重要性;正如在自由政治体制中,极权显然
233 是妄想;又如在稳定的社会条件下,符合常规的期待不会连续受
挫,符合常规的思想也不会完全没有竞争力。但是,对自身的观
点(vision)采取默然不妥协态度,它也许是最不屈不挠的。

第九章　革命之后:新兴国家中民族主义的命运 234

一九四五年至一九六八年间有六十六个“国家”——现实情况要求用引号——从殖民统治下获得了政治独立。除非有人将美国卷入越南这一个含糊的实例考虑在内,争取民族解放的最后的伟大斗争是一九六二年夏天阿尔及利亚民族解放运动的胜利。虽然少数其他冲突还会出现——例如,葡萄牙在非洲的属地——第三世界人民反对西方统治的伟大革命已经基本上过去了。革命在政治方面、道德方面、社会方面的结果是复杂的。不管怎么说,从刚果到圭亚那,这些帝国主义统治地区,至少在形式上,是自由的。[①]

考虑到独立运动似乎能够给予的一切——人民当家做主、 235
快速的经济增长、社会平等、文化再生、民族至上,特别是西方统治的结束——毫不奇怪,真正的民族独立运动一直是虎头蛇尾。这并不是因为什么都没有发生,也不是没有进入新的时期。相反已经进入了新的时期,现在需要的是生活在其中,而不是仅仅想像它,而且这不可避免地是一个让人提不起劲儿的经

---

① “新兴国家”这个词,一开始就不明确,随着时间的推移及这些国家的发展越来越不明确。虽然我的主要所指是那些第二次世界大战以后获得独立的国家,但是在适合我的目标并且似乎具有现实性时,我毫不犹豫地将这个词扩展到中东的那些国家,它们的正式独立要更早一些,甚或扩展到埃塞俄比亚、伊朗、泰国这些在严格意义上从来就不是殖民地的国家。

历。

这种灰暗情绪的迹象到处可见：对革命斗争中重要人物和精心排练的戏剧的怀恋；对政党政治、议会制度、官僚机构、新的军人阶层、职员及地方实力派不再抱任何幻想；茫然中对意识形态的厌倦及稳步上升的随意使用暴力现象；而且，人们开始认识到：事情比表面上看到的要复杂得多，那些曾以为是殖民统治的反映，只要殖民统治消失就会消失的社会、经济及政治问题，有着较为深刻的根源。从哲学上看，现实主义与愤世疾俗、谨慎与冷漠、成熟与失望之间，有着很大的差别；但从社会现实看，这种界线总是非常狭窄。而且在眼下绝大多数新兴国家中，这些界线已经到了几乎要消失的地步。

在这种当然并非单纯的情绪背后，是后殖民社会生活的现实。民族斗争的神圣领袖要么去世了（甘地、尼赫鲁、苏加诺、恩克鲁玛、穆罕默德五世、吴努、真纳、本·贝拉、凯塔、阿吉克维、纳赛尔、班达拉奈克），要么由更缺乏信心的继承人或是更不那么戏剧化的将军所代替，要么降低为仅仅是国家的首脑（肯雅塔、尼雷尔、布尔吉巴、李光耀、塞古·杜尔、卡斯特罗）。由政治解救带来太平盛世的希望一度寄托在几个超凡出众的人物身上，这些希望现在不仅是已经扩散到一大批明显不那么超凡出众的人身上，而且自身也变得越来越渺茫。富有魅力的领袖（不管有什么缺陷）都明显能够将社会能量集中起来，但是社会能量也随着这些领导人的消失而消失。在过去十年中一代先知式解放者的去世，几乎与他们出现在三十、四十、五十年代一样在新兴国家的历史中成了重要事件（如果不是戏剧性的）。毫无疑问，到处都会有新的领导人出现，有些会对世界产生相当大的影响。除非共产主义兴起的浪潮席卷第三世界，出现一大批切·格瓦拉（但是目前尚无迹象表明这一点），近期不会再次出现万隆会议极盛时期那样的一批光彩夺目的成功的革命英雄。大多数新兴国家将由平庸统治 236
者来领导。

除了领导人的魅力下降，还出现了稳定的白领贵族阶层——美国社会学家称之为“新中产阶级”，而法国社会学家则直截了当地称之为领导阶级(la classe dirigeante)——这个阶层包围并在许多地方囊括了领导阶层。正像殖民统治倾向在所有的地方将它们到来时正好居于支配地位（而且服从殖民统治）的人转变为官员与监督者的特权集团那样，几乎所有地方的独立也倾向于从在独立来临时正好居于支配地位（并且响应独立精神）的人，改造成为类似的但是人数更多的集团。在某些情况下，新旧精英之间的阶级连续性是很大的，在另一些情况下不太大；确定它的人员组成，是革命中及革命刚结束时期的主要内部政治斗争。但是，除了妥协者、新贵或者某些介于两者之间的人，现在位置相当确定了，一度曾经看似广泛开阔的流动渠道，现在在大多数人看来似乎不那么通畅了。随着政治领导阶层滑回“正常”，或者看上去如此，社会分层体系也会这样。

社会作为一个整体也是如此。由几乎在所有地方对殖民主义的攻击引发的群众性的、明确的、不可抗拒的运动觉悟，使全体人民行动起来的鼓动，虽然并没有完全消失，却已经明显地减少了。在新兴国家的内部及学术文章中，与五年前比起来，更不要说与十年前相比，关于“社会流动”的谈论已经大为减少了（而且似乎越来越空洞）。这是因为，实际上很少有社会流动。变化还在继续，而且确实甚至可能在普遍的幻觉之中加剧：没有事情发生，这种幻觉是由一开始伴随解放而来的

极大的期待产生的。[②]但是,“民族作为一个整体”的普遍的前
237 进,已经被一种复杂的、不平静的、多方向的不同部分的运动所取代,这使人感觉不是前进而是令人心焦的停滞。

但是,尽管意识到了领导权威衰落,特权重新复活,运动受到压制,各地的独立运动曾建立于之上的巨大的政治情感的力量还是保留着,但是略略有点暗淡。民族主义——形式多种多样、关注焦点不确定、表达有些含糊,但是却极易被激发起来——在大多数新兴国家中仍然是主要的集体情感,在有些国家中还是惟一的集体情感。而且就像特洛伊战争一样,世界革命并不按照时间表发生,贫困、不平等、剥削、迷信和强权政治都会活跃一时,这样的观念无论多么令人厌烦,大多数人民能够设法适应它。但是,一旦被激起,要成为一个民族而不是一个种群的愿望,成为一个在世界上得到承认并且受尊敬的、重要的并受到关注的民族的愿望,显然是不能平息的。至少还没有什么地方将这种愿望平息下来过。

实际上,后革命时期的新事物在许多方面加剧了民族主义。新兴国家与西方在实力上的不均衡不仅没有由于殖民主义的崩溃而改善,而且这种不平衡在某些方面更严重了,同时殖民统治所提供的用来抵消实力不平衡造成直接影响的缓冲被去除后,只能听任没有任何经验的新兴国家自己去抵抗更强大的、更有经验的、已稳定的国家,使民族主义者对“外来干涉”的敏感更加

② 第三世界现有的社会条件妨碍了认识发生在“本地”的及海外的观察者身上的变化,对造成这种状况的方法尖锐并且实例丰富的讨论,可参见 A. 赫什曼:《不发达,了解变化的障碍及领导阶层》,载《代达罗斯(Daedalus)》,第 97 期(1968),第 925—937 页。对我自己关于西方学者——以及,推而言之,第三世界知识分子——对新兴国家所发生的变化做出过低评价的倾向的评论,可参见《默达尔的神话》,载《文汇(Encounter)》,1969 年 6 月号,第 26—34 页。

强烈、更加普遍。同样,以独立国家面目出现在世界上也导致了对邻国的行为与意图的类似的敏感化——这些邻国中的多数同样也是刚刚出现——在这些国家还不是自由的,而是像它自己一样“属于”一个遥远的强国时,这样的敏感性并没有表现出来。而且在内部,欧洲统治的废除将民族主义从所有新兴国家实际上都存在的民族主义中解放出来,却产生了——作为地方主义与分离主义——直接的、并且在某些情况下——尼日利亚、印度、马来西亚、印度尼西亚、巴基斯坦——逼近的对新形成的民族认同(identity)的威胁,而革命是以这些民族认同的名义进行的。

在民族失望中,持久的民族主义情感所产生的作用是多种
多样的:退入别碰我的(don’t-touch-me)孤立主义状态中,例如
缅甸;新传统主义抬头,例如阿尔及利亚;转向地区帝国主义,如 238
军事政变前的印度尼西亚;纠缠于邻国敌人,如巴基斯坦;陷入
部族内战,如尼日利亚;或是在多数冲突暂时不太严重的情况
下,是某种不成熟的胡乱应付,其中包含着少量上述因素,加上
某种程度上的故作镇定。人们以为后革命时期是一个组织迅速
的、大规模的、协调广泛的社会、经济及政治进步的时期。但是
事实证明,它更多地是在变化了的或在某些方面更不顺利的条
件下革命时期及革命前夕主要论点的持续,持续的主要论点是:
一种可行的集体认同的定义、创立及巩固。

在这一进程中,从殖民统治下正式解放不是已经达到了顶峰而只是一个阶段;虽然是一个关键和必要的阶段,但是却远不是最重要的阶段。就如同在医疗中,表面症状的严重性并不总是与内在病理的严重性密切相关,在社会学中,公众事件的戏剧性效果与结构性变迁的程度并不总是严格同步的。有些最伟大的革命在暗中发生。

民族主义的四个阶段

外部变化与内部转型的速率互不协调的倾向，在非殖民化(decolonization)的整个历史中，展示得足够明显。

如果，且记住阶段划分的种种局限性，将民族主义运动的历史分为四个主要阶段——民族主义形成并定型时期；民族主义者取得胜利时期；民族主义者建立自己国家的时期；以及国家建立之后，民族主义者发现自己必须确立和稳定与其他国家以及它们从中兴起的不规范的社会——这种不协调已经明显地看得到了——的关系时期(现阶段)。最明显的、引起整个世界长期注意的变化，发生在第二及第三阶段。但是，大量更深远的变化，将要改变社会演进一般形态与方向的变化，发生或正发生在很少引人注目的第一与第四阶段。

239 第一阶段，民族主义形成的阶段，主要是面对密集的自我认同的文化、种族、地方和语言类别，以及社会忠诚，这种社会忠诚是由几个世纪的未经规范的(uninstructed)历史创立的，所依据的是一种简单的、抽象的、刻意建构的而且几乎是充满痛苦的自我意识的政治族群性(ethnicity)概念——现代方式的恰当的“民族性”(nationality)。在传统社会里，粒状形象与个人关于他们是谁和他们不是谁的观点紧密联系在一起，受到更普遍、更含糊，但是更少受指责的集体认同的概念挑战，这种集体认同基于普遍的共同命运感，倾向于以工业化国家为特征。引发这一挑战的人，民族主义知识分子，发动了一场既是政治的又是文化的，甚至是认识论上的革命。他们企图改变人们用来体验社会现实的符号框架，以使生活完全成为我们所理解的生活，社会现实完全是我们所理解的现实。

这种修改自我感知(self-perception)框架的努力,是一场艰难的斗争,在多数地区它还几乎尚未开始,而且总的说来,还是混乱的和不完全的,这是或将是不言而喻的,如果不是有人如此频繁地提出反对意见的话。的确,真正能成功地唤起并指导群众反对外国统治的热情的独立运动,都会掩盖这些运动所依赖的文化基础的脆弱与狭隘,因为它导致这样一种观点:反殖民主义与集体再定义民族特征是一回事。但是,尽管它们之间互相密切关联,它们毕竟不是一回事。大多数泰米尔人、克伦人、婆罗门、马来人、锡克人、伊博人、穆斯林、中国人、尼罗河流域居民、孟加拉人,或阿散蒂人,都发现理解自己不是英国人这个观念,要比理解自己是印度人、缅甸人、马来亚人、加纳人、巴基斯坦人、尼日利亚人或是苏丹人,要容易得多。

随着对殖民主义的民众攻击(一些地方比其他地方更具有群众性,且更具暴力性)的发展,它似乎正在自主和自发地创造出新的民族认同的基础,独立对此只是给予认可。民众集合在一个共同的、极特殊的政治目标之下——这种情形让民族主义者与殖民主义者同样感到吃惊——被视做更深的团结的标志,这种目标造成的团结,在目标之后还将继续下去。民族主义最终意味着,很纯粹也很简单,对自由的愿望——也是要求转变一个民族对自我、社会及其文化的看法——这是让甘地、真纳、法农、苏加诺、桑戈尔,以及所有呼唤民族觉醒的尖刻的理论 240
家——在很大程度上同样是被这些人中的某些人,等同于这些民族获得自治的途径。"首先寻求你们的政治王国"——民族主义者将建造国家,国家将建造民族。

事实证明,建立国家的任务如此艰难,以至于允许这种幻想——实际上是革命的整个道德气氛——在政权移交后持续一段时间。证明其为可能、必要甚或可取的程度,从印度尼西亚或加纳为一个极端，到马来西亚与突尼斯为另一个极端，是非常不同的。但是除了少数例外，至今为止，几乎所有的新兴国家都组织了政府，在自己的领土上维持普遍的统治，不管好坏都在发挥着作用。随着政府稳定下来，有了一些能得到合理承认的制度(institutional)形式——政党寡头、总统专制、军事独裁、经过改革的君主制或者在最好的实例中部分上的代议制民主——它已经变得越来越难以避免面对这一事实：建立意大利而不是塑造意大利人。一旦政治革命取得成功，国家，即便没有完全巩固，至少已经建立起来了，“我们是谁?”“谁完成了所有这一切?”这些问题便再次出现于非殖民化的最后年代和独立后最初年代的简易的民粹主义中。

既然存在的是一个地方国家而不仅仅是一个关于国家的梦想，那么民族主义意识形态化的任务发生了剧烈变化。它不再鼓动大众与外国控制的政治秩序势不两立，也不再组织群众为欢庆这种秩序的覆灭举行庆典。它确定或是试图确定一个能使这个国家的行动可以在内部与之联接起来的集体主题，创立或是试图创立一个经验的“我们”，政府的行为似乎从我们的意愿中自动产生。它倾向于以两个高度概括的内容、相对重要性和适当的关联的问题为核心：“本民族的生活方式”与“时代精神”。

强调两项中的第一项，是指望从地方风俗、公认的习惯和共同经验的统一性——“传统”、“文化”、“民族性格”甚至“种族”——中找到新的认同的根源。强调第二项，是着眼于我们时代历史的总轮廓，特别是人们认为的那个历史的总方向和意义。
241 还没有一个新兴国家没有提出这两个主题(为方便起见，我称之为“本质主义”及“时代主义”)；几乎没有一个新兴国家没有陷入这两个主题的纠缠之中；只有在一些小的、没有完全去殖民化的(decolonized)少数民族中，这两项主题之间的紧张关系才没有侵入国家生活的各个方面,从选择语言到外交政策。

语言选择实际上是一个非常好的,甚至是一个样板式的例子。我不能想像在一个新兴国家中,这个问题不会以这种或是那种方式提到国家政策的层面上。[③] 它由此产生的混乱的严重性,以及它得到处置的效率,是非常不同的;但是就其表达的多样性而言,“语言问题”恰当地反映了本质主义—时代主义的两难困境。

对一个使用语言的人来说,一种特定的语言同时或多或少是他自己的,也或多或少是别人的;可能或多或少是世界性的;也或多或少是地域性的——是借用的或是继承的;是一张通行证或一个避难所。是否、何时及为什么目的使用语言的问题因而也是这样一个问题:一个民族在何种程度上根据自己的精神取向形成自我,以及在多大程度上根据时代的要求而形成自己。

从民俗的或科学的语言学角度来研究“语言问题”的倾向,在某种程度上将有些事实弄模糊了。在新兴国家的内部与外部,关于国家使用特定语言的“适应性”问题的大多数讨论,深受这种观点之害:这种“适应性”涉及语言的内在本质——涉及表达复杂的哲学、科学、政治或是道德观念在语法、词汇或“文化上”的恰当性。但是真正有关系的,是说母语能够给予一个人的思想,无论多么粗浅或精妙,以力量的某种相对重要性,这是相对于只能用“外国的”或在某些情况下“书面的”语言参与的思维活动来说的。

因而,具体来说,问题是否是古典阿拉伯语相对阿拉伯口语在中东国家中的地位,是否是西方语言在西撒哈拉非洲的“部

---

③ 作为全面考察,可参见 J.A.费希曼等编:《发展中国家的语言问题》(纽约,1968)。

族”语言中的“精英”地位；是否是在印度或是菲律宾对地方、地
区、国家、国际语言的分层问题；或者是否是在印度尼西亚由具
有更重大意义的其他语言取代一种具有国际重要性的欧洲语
242 言，这些都无关紧要。基本问题是同样的。无所谓这种或那种
语言是否是“发达的”或是“有能力成为发达的”；问题在于这种
或那种语言是否在心理上是最接近的，以及是否是通向现代文
化的更广泛的共同体的工具。

这不是因为斯瓦希里语缺乏固定的句法或阿拉伯语不能组成复合形式——这无论如何都是意思含糊的命题④——语言问题在第三世界才如此的突出：这是因为，对新兴国家中使用绝大多数语言的绝大多数人来说，这个双重问题的两方面是互相对立地起作用的。从普通语言使用者的角度看，作为思想与情感的自然载体（特别是就像阿拉伯语、印地语、阿姆哈拉语、高棉语或爪哇语等个例来说，它们还是宗教、文学及艺术传统的载体）的东西，从二十世纪文明的主要潮流角度看，实际上是一种方言。从那个主流文明的角度看，作为公认的表达工具的语言，在普通的语言使用者看来，至多不过是一些不太熟悉的民族使用的半生不熟的语言。⑤

---

④ 关于第一种语言（不是接受的而受到攻击的），可参见 L. 哈里斯：《现代东非的斯瓦希里语》，载费希曼等编：《语言问题》，第 426 页。关于第二种语言（在此处沿着总体路线所进行的尖锐讨论中被接受的），可参见 C. 加拉格尔：《北非问题与前景：语言与民族特征》，载《语言问题》，第 140 页。我的观点当然不是认为技术性语言问题与新兴国家中的语言问题无关，而仅仅是认为这些问题的根源要深得多，而且扩展到词汇、标准化使用、改进写作体系及语言训练合理化方面，这些虽然自身有价值，但是却没有能触及困难的中心。

⑤ 就第三世界总体而言，主要的例外是拉丁美洲，但是在那里——证明了这一规律——语言问题与新兴国家相比显得很不突出，而是减弱为一个教育与少数民族问题。（作为一个例子，可参见：D. H. 伯恩斯：《秘鲁安第斯的双语教育》，载费希

如此看来,“语言问题”只是“民族问题”的缩影,虽然在某些地方由此引起的冲突,其剧烈程度足以使其关系倒转过来。总体来说,“我们是谁”这个问题问的是什么样的文化形式——什么样的有意义的符号体系——应当用来给予国家行为以价值与意义,并扩展到它的公民生活中。根据从地方传统抽绎出来的符号形式建立起来的民族主义意识形态——也就是说是本质主义 243
的——就像方言一样,倾向于在心理上是亲切的而在社会上是疏远的;根据当代历史的一般运动的隐含形式建立的意识形态——即时代主义的——就像混合语(lingua francas)一样,它们倾向于在社会上是跨地方的,而在心理上是强制性的。

但是这种意识形态在任何地方都几乎不是纯粹本质主义或纯粹时代主义的。它们都是混合的,我们至多只能说某种意识形态有这样或那样的偏向,而且经常连这样的情况也不能说。尼赫鲁的“印度”形象毫无疑问是强烈的时代主义的,而甘地的则毫无疑问是强烈的本质主义的;前者是后者的追随者,后者是前者的庇护人(而且两者都没有能让所有印度人相信,他一方面不是一个棕色皮肤的英国人,另一方面不是一个中世纪的极端保守分子),这个事实所显示的是:两种自我发现道路之间的关系是微妙的,甚至是相互矛盾的。的确,更意识形态化的新兴国家,如印度尼西亚、加纳、阿尔及利亚、埃及、锡兰及其他类似的国家,一直倾向同时奉行强烈的本质主义和强烈的时代主义,也有一些国家是例外,有些更纯粹地是本质主义的,如索马里或柬

曼等编:《语言问题》,第 403—413 页。)西班牙语(或者还有葡萄牙语)刚好够得上做一个现代思想载体而被感觉到是通向它的一个途经,同时是一个勉强够格的现代思想载体,因而并非一个很好的途径,这一事实在拉丁美洲的知识本土化中发挥了何种程度的作用——因而它实际上存在一个没怎么意识到的语言问题——是一个有趣的另当别论的问题。

埔寨,或者有些更纯粹地是时代主义的,如突尼斯或菲律宾。

这两种冲动之间的紧张——随着现代潮流而动还是坚持传统道路——使新兴国家的民族主义有奇特的气息:义无反顾地走向现代性而又因它的表现形成在道德上感到愤怒。其中有着某种非理性因素。但是它不仅是集体精神混乱(collective derangement);它还是正在发生的一场社会巨变。

本质主义与时代主义

本质主义与时代主义的交互作用因而不是一种文化辩证
法,也不是一种抽象观念的逻辑推演,而是一个历史进程,就像
工业化一样具体,像战争一样明确可见。这一争论并不只是简
单地在学说原则与论点的层面上——虽然在这两个层面上有着
大量的内容——更为重要的是,在所有新兴国家的社会结构中
正在进行着物质转型。意识形态变化不是一个伴随着社会发展
244 进程并反映(或确定)它的独立的思想潮流,而是那个过程本身
的一个侧面。

新兴国家一方面渴望凝聚力与持续发展,另一方面渴望富于活力并与当代同步,这在社会内部产生的影响极不平衡,而且得到了细致入微的表达。本地传统的吸引力最强烈地被那些约定的、这些日子里受到强烈围攻的庇护者——僧侣、达官显贵、学者、首领、阿訇,等等——所感受到;通常被称做(并非完全确切)"西方"的,其吸引力最强烈地感受到的,是城市青年,是开罗、雅加达或金沙萨的苦恼学生,这些人给 shabb、pemuda 和 jeunesse 等词增添上活力、理想、不耐烦及威胁等色彩。但是在这两个非常清晰可见的极端之间,生活着数量很大的人民大众,他们把本质主义与时代主义的情感搅拌成为一个个庞杂混乱的观

点，这些观点是社会变迁潮流的产物，所以也只能由社会变化的潮流加以清理。

印度尼西亚和摩洛哥可以作为代表任何一个国家的实例，这些实例被压缩进历史轶事的层面上，既产生思想混乱又努力澄清这些混乱。我选择它们，是因为它们正巧是我所知道的第一手的实例，而且在探讨制度变化与文化重建的交互作用时，我们用一个概括观点来替代一个亲历亲知观点的可能程度是有限的。他们的经历，就像所有的社会经历一样，是独一无二的。但是不论是它们两者之间的差别，还是它们与整个新兴国家之间的差别，并没有大到不能揭示各社会所面临问题的源头轮廓；这些社会正努力将他们愿意称之为"人格"的东西有效地与他们愿意称之为"命运"的东西协调起来。

在印度尼西亚，本质主义的因素现在是，而且长时间以来一直是极端不均一的。在一定程度上，这种情况对所有的新兴国家都是真实的，它们像是被偶然放进混合的政治框架中去的相互竞争的传统的杂烩，而不是有机演进的文明。但是在印度尼西亚，同时也是印度、中国、大洋洲、欧洲及中东的境外地区(outland)，若干世纪以来文化差异是非常巨大又非常复杂的。它作为所有古典东西的边缘，其自身不顾颜面地对所有传统兼收并蓄。

时至本世纪三十年代，组成传统的基本成分——印度教的、中国的、伊斯兰教的、基督教的、波利尼西亚的——都悬浮在一种半溶解的状态中，在其中，矛盾甚至是对立的生活方式及世界 245
观都达到了共存，即便有些紧张，甚至有些冲突，至少是共存在某种经常有效的、自行其是的安排中。这种权宜之计早在十九世纪中期就开始显示出紧张的迹象，但是它的解体到一九一二年才随着民族主义的兴起而真正开始出现；它的崩溃，至今尚未完成，则要到革命及后革命时期。而包容在地区及阶级中的、平行的传统因素，成了定义新印度尼西亚本质的竞争者。用我在别处用过的话说，曾经是一种“文化权力均衡”的东西，变成了特别难以平息下来的意识形态战争。

这样，在明显的自相矛盾中（虽然这几乎普遍地发生在新兴国家中），成形的文化形态脱离了他们的特殊情景，扩展为一个普遍的联盟、并将它们政治化，因而使走向国家统一的步骤加剧了社会内部群体之间的紧张。随着民族主义运动的发展，它分解成了不同的派别。在革命中这些派别成为政党，每一个政党提出折衷主义传统的不同方面，作为印度尼西亚认同的惟一基础。马克思主义者主要从农民生活的混杂习俗中寻找民族传统的精华；技术员、职员、属于领导阶级的行政官员则看重爪哇贵族的印度唯美主义；较为富有的商人和地主主张伊斯兰教。乡村民粹主义、文化精英主义、宗教清教主义：有些意识形态观点的不同也许可以调整，但是这些不行。

它们不是得到调整而被强调，因为每个派别都企图将现代主义的引人之处移植到它的传统主义的基础中。对民粹主义分子来说，这就是共产主义；而且印度尼西亚共产党宣布要从集体主义、社会平均主义及反教权主义中找到本地的激进传统，它因此而成了农民本质主义，特别是爪哇农民本质主义的主要代言人，同时也是经常要“发动群众”那类的革命时代主义的主要代言人。对工薪阶层来说，现代主义吸引人的地方，是欧美式（或者是想像）的工业化社会，这个阶层还主张要将东方精神与西方活力、“智慧”与“技术”的长处结合起来，这样既可以保留可贵的
246 价值，又可以改变这些价值据以产生的社会的物质基础。对虔信者来说，这是再自然不过的宗教改革，是一场对更新伊斯兰文明、赢回它损失的人类道德、物质及智力进步中的领导地位的努

力的庆祝。但是,结果是所有这一切——农民革命、东西方交汇或是伊斯兰的文化复兴——都没有发生。发生的却是一九六五年的大屠杀,在这次屠杀中,大约有二十五万到七十五万的人失去了生命。使苏加诺统治以令人难以忍耐的缓慢速度覆灭的这场浴血惨剧是由复杂原因造成的,而且将其归结为一个意识形态大爆炸是荒诞的。但是无论经济、政治、心理或——就这件事而言——偶发因素对其发生(而且更难解释的是,其延续)起到了什么作用,它都标志着印度尼西亚民族主义发展中一个显著阶段的结束。不仅是那些一开始就很难让人相信的统一的口号("一个民族、一种语言、一个国家","从多个成为一个"、"集体和谐"等等),现在已变得让人完全不能相信,而且那种认为印度尼西亚文化的本土折衷化会很容易地让步给吸纳了它的某种因素的普遍化现代主义的理论,是绝对难以证实的。过去是多元形式,现在似乎还得是多元形式。

在摩洛哥,定义整合的民族自我的主要障碍不是文化方面的异质性,它相对而言并不严重,而是社会专一主义,这种专一主义相对来说一直是很极端的。传统的摩洛哥是一个由迅速形成又迅速瓦解的政治群体的巨大的组织涣散的领域构成的,它涉及从宫廷到部落的所有层面,从神秘宗教到职业的所有基础,从宏观到微观的所有范围。社会秩序的持续性很少基于组成它的安排的持续性或是体现该持久性的集团,因为他们的中坚力量是逃亡者,而更多地是这样一个持久的过程:依靠连续地重新制定安排并重新定义这些集团,社会秩序形成、改革并再改革自身。

如果说这种不安定的社会有一个中心的话,它就是阿拉维特(Alawite)君主制。但是即使在其最好的时期,君主制也不过是花园中最大的熊。植根于一个由杂乱的廷臣、酋长、书记、法

官组成的最经典的那类世代相传的官僚机构,这种君主制不断
247 地为把相互竞争的权力中心纳入自己的控制之中——这样的权力中心有几百个,每一个所依赖的基础都稍有不同——而奋斗。在它从十七世纪形成到一九一二年归顺(于法国)之间,虽然它从来也没有彻底放弃过这种斗争,但是也从来不过是部分成功。不完全是无政府体制,也不完全是一个政体,摩洛哥国家只不过是借助于地方特性,刚好有充分的现实性存在下去。

起初,殖民统治(仅仅在形式上持续了大约四十年)的要旨是要架空君主制,使之变为一种摩尔式的 tableau vivant(活人舞台造型);但是,愿望是一回事,结果是另一回事,而欧洲统治的最终结果,是要确立一个国王作为摩洛哥政治体系的轴心,而且比原来更加突出。虽然早期的争取独立运动,是由受过西方教育的知识分子与新传统主义的穆斯林改革派组成的不安定的,后来证明是不稳定的联盟所推动的,但是正是一九五三至一九五五年穆罕默德五世被逮捕,被流放和胜利复位,最终确保了独立运动,而且同时使王权转变为摩洛哥不断成长的但还是断续的民族国家的焦点。这个国家在恢复、变得意识形态化和有序化的同时,又夺回了它的中心。但是事实很快证明,在同样的改善之下,它的专一主义也回来了。

后革命政治史在很大程度上表明了这一事实:无论怎样转换,关键的斗争还在于国王和他的朝臣企图将君主制继续作为社会中可行的体制维持下来,在这个社会中,从风景及亲属结构到宗教及民族性格的所有事情,都在密谋着将政治生活分解为地方权力的分散的、无联系的展示。第一个这样的展示伴随着一系列所谓的部落起义——造成这些起义的原因部分是外国煽动,部分是国内政治活动的结果,部分是恢复曾受压迫的文化——这些起义在独立的最初几年里折磨着这个新兴国家。这

些起义最后是被王室用武力与阴谋镇压下去的。但是,这仅仅是一个刚刚从殖民统治的边缘摆脱出来的古典君主制将选择什么样生活方式的征兆。这个君主制必须将自己确立为既是民族灵魂的真正表达,同时也是这个民族实现现代化的恰当载体。

如同亨廷顿所指出的,在新兴国家中几乎所有地方,传统君主政体的特殊命运,几乎也都必须或至少看起来是要将君主政 248
体现代化。[6] 一个仅仅满足于元首称号的国王可以继续保持做一个政治符号、一件文化摆设。但是假如他还想统治,就像摩洛哥国王一直非常希望做的那样,他就必须使自己成为一个现代社会生活中的强大力量的表达者。就默罕穆德五世以及一九六一年以后他的儿子哈桑二世而言,这种力量,就是在这个国家的历史中第一次出现的一个受过西方教育的阶级,这个阶级大到能够渗入到整个社会之中,分散到足以代表一种特殊利益。虽然他们的风格有些不同——哈桑间接遥控,而默罕穆德是家长式的——他们都努力使自己代表新兴的中产阶级、中间阶层、领导阶层、民族精英或者由官员、公务员、经理、教育工作者、技术人员及政论家组成的、不论应该恰当地给它一个什么名称的正在形成的群体。

所以,镇压部落叛乱不是旧秩序的结束,而是维护统治的无效战略的结束。一九五八年之后,成为宫廷确保牢固控制摩洛

---

⑥ S.P.亨廷顿:《传统君主国的政治现代化》,载《代达罗斯》,第92期(1966),第763—768页;还可参见他的《变化中的社会的政治秩序》(纽黑文,1968)。依我之见,亨廷顿的总体分析太多地受到与欧洲前现代化时期国王与贵族斗争类比的影响,对此我无论如何不能同意。至少就摩洛哥而言,从"中产阶级"中产生的民粹主义的君主国的形象,为了进步改革的利益越过"地方特权阶层、自治团体(及)封建势力"而诉诸大众,在我看来似乎几乎是与事实相反。关于更多的摩洛哥后独立政治的现实主义的观点,可参见J.瓦特伯瑞:《忠诚者的司令官》(伦敦,1970)。

哥半政体既定方针的基本因素已经出现——建立君主立宪制，其立宪程度足够吸引受过教育的精英，其君主统治的程度足够维护王权。既不想要英国式君主制的命运，也不想要伊拉克君主制的命运，默罕穆德五世，甚至更多的是哈桑二世，寻求创立一个新制度，这个制度要援引伊斯兰教、阿拉伯民族主义及阿拉维特三个世纪的统治，它能够从过去获得它的合法性，而且可以通过借助理性主义、dirigisme(领导艺术)和技术统治，从现在获得权威。

我们在这里不必追溯在最近历史上企图用一种政治混血的方法将摩洛哥转变为只能称之为保皇共和国的几个阶段：民族主义运动中世俗、宗教与传统派的分离，并在一九五八至一九五
249 九年相应形成一个多党制；国王自己的联合政党——保卫宪法体制阵线在一九六三年普选中没有能获得议会多数；一九六五年国王名义上暂时解散议会；一九六八年恐怖地(在法国)谋杀整个方案的主要反对者麦哈迪·本·巴卡。关键在于，本质主义与时代主义之间的紧张，在摩洛哥与印度尼西亚的后革命政治体制的兴衰中都可以观察到；如果它还没有得到一个如此辉煌的结局(人们也许希望永远不会)，它就会走向同样日益增长的不可控制的局面，就像爱德华·希尔斯所谓的“要现代化的愿望”及马志尼所说的“需要生存和出名”之间的关系正在越来越纠缠在一起。[7] 虽然所采取的形式与速度自然是不一样的，但是在革命成功后，对其理念的求索中，同样的过程却在其中发生了，如果不是所有，至少是新兴国家的绝大多数。

---

⑦ E.希尔斯：《新兴国家的政治发展》，载《社会与历史比较研究》，第 2 期(1960)，第 265—292 页，第 379—411 页。

文化概念

直到塔尔科特·帕森斯继承并发展了韦伯对德国理想主义和马克思主义的唯物主义的双重拒绝(及双重接受),提供了别的切实可行的选择,美国社会科学界占统治地位的文化概念才不把文化等同于习得行为。这一概念很难说是“错误的”——孤立的概念既不是“错误的”也不是“正确的”——而且对很多普通的目的来说,它曾是而且仍然是有用的。但是,现在实际上对每一个有兴趣将研究范围扩大到描述之外的人来说,显然非常清楚的是,已经很难从这个弥漫性的经验概念,产生出一个具有强大解释力量的理论分析。在解释社会现象时将其重新描述为文化模式并认为这类模式是代代相传的那样的时代,已经成为过去。帕森斯用他那严肃、单调的声音坚持认为将一个人类群体的行为方式解释成是他们的文化表达,同时将他们的文化定义 250
为社会行为习得方式的总和并不能说明什么问题(not very informative),他像当代社会科学界中的任何一个人物一样,将为它的过时负责。

为替代这种接近的思想(near-idea),帕森斯不仅继承韦伯而且继承可追溯到至少是维柯的一套理论,他发展出一种文化概念,将文化解释为一个符号体系,依据这个体系一个人可以给他自己的经验赋予意义。人创立的、共享的、常规的、有序的而且的确是习得的符号体系,为人类提供了一个意义框架,使他们能够相互适应,适应他们周围的世界及自我。符号体系既是社会互动行为的产物,也是决定因素;它们对社会生活过程就像是电脑程序对于其操作,基因螺旋体对于器官发展,设计蓝图对于桥梁的建造,乐谱对于交响乐的演奏一样;或者用一个更俗的类比，就像食谱对于烤蛋糕——符号体系是信息源，它在某种可测的程度上，赋予行为的连续进程以形态、方向、特性及意义。

然而，这些类比让人想起一个先存的模板，它赋予一个外在于它的过程以形式，它容易让人忽视因代替更复杂的方法而出现的中心理论问题，即如何将这类指导性“意义模式”的具体形式与社会生活具体过程之间的辩证关系概念化。

有一种观念认为，电脑程序是电脑技术先期发展的结果，特殊螺旋体是种系发展的结果，蓝图来自桥梁建筑的早期经验，乐谱来自音乐表演的发展，食谱来自一系列成功与不成功的蛋糕。但是，这些例子中的信息因素在本质上是与进程因素分离的——一个人至少在原则上能够编程序、分离出螺旋体、描绘蓝图、出版乐谱、记录食谱——这个简单事实使它们作为文化模式及社会过程互动的模型的用处不大。除了少数像音乐及烤蛋糕这样的更需要知识的领域外，问题显然正是如何将这类分离，哪怕在理论上，真正实现。帕森斯文化概念的可用性能几
251 乎完全依赖这类模型能够建构的程度——取决于在何种程度上符号体系发展与社会过程的动力之间的关系可能根据环境而被揭示，因而，把技术、仪式、神话及亲属术语看做人造的、对人类行为提供指导性指令的信息源的描述，不仅仅是一个隐喻。

如何把信息因素与进程因素真正分离开，这个问题一直困扰着帕森斯关于文化的论述，从最初时期，当时他将文化视为一套怀特海式（Whiteheadian）的“外部目标”，它们从心理上融入人格中，并因而通过扩展得以在社会系统中体制化，直到最近，他更多地是用控制论的控制机制术语看待文化。但是没有什么比讨论意识形态更有效果的了；因为在文化的所有领域中，意识形态是这样一个领域，其中符号结构与集体行为之间的关系既

是最显眼的,又是最不清楚的。

对帕森斯来说,一种意识形态不过是一种特殊的符号体系:

> 一个被集体的成员共同信守的信仰体系……它的方向是将这个集体有价值取向地整合,**通过对集体的经验属性和集体所处形势的解释**,它与评价性的集体整合相适应,是它发展到既定状态的过程,是这个集体成员共同追求的目标,是他们与未来事件发展过程的关系。⑧

但是,到此为止,这个表述把几个不完全相关的自我解释的方式糅合起来,掩盖意识形态活动中内在的道德紧张,模糊了它巨大的社会学动力论的内在源泉。特别是,那两个我强调的分句:“对集体的经验属性的解释”和“对集体所处的形势的(解释)”,(像我希望我至此已明确表示的那样),不像仅仅一个将它们联接起来的“和”可能说明的那样,是与社会自我定义中的实践性事业相平行的。单就新兴国家民族主义来说,它们在实际上就深深地,在某些方面还是不可调和地相互冲突。从世界历史形势的概念中推断出民族是什么,民族被认为包含在这个形势中——“时代主义”——由此而产生了一个道德—政治世界;从民族内在地是什么的先验概念,来分析民族所面临的形势——本质主义——由此而产生了完全不同的另一个世界;而将这二者结合起来(最普遍的一种方法)产生了混合案例的大杂烩。出于这一原因,民族主义不仅仅是一个副产品,而是在许多新兴国家中发生的社会变化的内容;不是它的反映、它的原因、 252
它的表达或它的动力,而是它本身。

---

⑧ T.帕森斯:《社会体系》(格伦科,伊利诺,1951),第349页。黑体是后加的。

把国家视为“它发展到它的既定状态的过程”的产物，或者换一种说法，视其为“未来事件发展过程”的基础，简而言之，这是用非常不同的眼光看它。但是，不仅如此，这还是从非常不同的位置来看它：父母、传统权威人物、习惯与传说；或者，世俗知识分子、未来的一代、“当下事件”及大众传媒。从根本上说，本质主义与时代主义之间在新兴国家民族主义中产生的紧张，不是知识分子情感之间的紧张，而是充满不一致的文化意义的社会体制之间的紧张。报纸发行量的增长、宗教活动的上涨、家庭凝聚力的衰落、大学的扩张、对世袭特权的重申、民俗学会的激增——就像它们的对立物一样——本身就是基本因素，存在于作为集体行为的“信息源”的民族主义的特征与内容被确定的过程中。被职业意识形态专家所宣传的有组织的“信仰体系”，代表着要将这一过程提高到自觉的理论层面，以便能随意地进行控制的努力。

但是，正如意识不能穷尽心智一样，民族主义的意识形态也不能穷尽民族主义；它所做的是，有选择地并且是不完全地，把它明晰地表达出来。民族主义意识形态从中建立的意象、隐喻和修辞，基本上是手段，是一种文化手段，用于明确表达集体自我重新定义的这个方面或是另一个方面，用特定的符号形式系统阐述本质主义的自豪感或时代主义的希望，这样它们不仅能被模糊地感觉到，还能被描述、发展、庆祝并使用。系统地表述一个意识形态，是使（或试图使——更多地是失败而不是成功）一种普遍的情绪成为实际力量。

印度尼西亚政治派别的混战与摩洛哥君主制基础的转变，前者至今为止是明显的失败，后者是含糊的胜利，代表了要将不可把握的概念上的变化拉入明确的文化形式中的企图。它们当然也代表了，而且是更为直接地代表了，为权力、地位、特权、财富、荣耀及其他所有被称之为生活的“真实”回报的东西而进行的斗争。的确，正是因为它们也代表了这一斗争这个事实，它们集中关注并转换人们关于他们是谁及他们应该如何行动的能力才如此地巨大。

社会变迁所依据的“意义模式”来自于这一变迁自身的过程 253
中，并具体化为恰当的意识形态或是体现在大众的态度中，进而在某种不可避免的有限的程度上，去指导这个过程。印度尼西亚的从文化差异到意识形态斗争到群众性暴力活动的过程，或者是摩洛哥的通过将共和国的价值与专制的事实糅合于一体，来达到控制一个社会专一主义的领域的企图，无疑是严酷的政治、经济及分层的现实中最严酷的；真正的鲜血已经流淌了，真正的牢笼已经建立了——而且，公平地说，真正的痛苦已经抚平。但是它们无疑也记录了那些未来国家(would-be countries)要把可理解性放进“民族国家”(nationhood)概念的努力，借此能够面对、塑造和理解这些以及将会出现的更糟的现实。

而且新兴国家普遍如此。随着反对殖民统治的政治革命的英雄激情蜕变为令人振奋的过去，被更低劣但是更动荡的令人沮丧的现实运动所替代，与韦伯著名的“意义问题”类似的现世，已经变得越来越让人绝望。不只是在宗教中事情不“仅仅有并且发生”，而且“有‘意义’并且因为这个意义而存在”，在政治中也一样，在新兴国家的政治中尤其是这样。“这一切是为了什么？”“其用处是什么？”及“为什么继续？”这些问题在大规模贫困、官员腐败或部族暴力情景中提出，也在消耗性疾病、破灭的希望或未成年人的死亡情景中提出。这些问题没有更好的答案，但只要有什么答案，这个答案就或者是从值得保留的遗产中或者是从值得推行的承诺中得到的，尽管这些答案并不必须是民族主义形象，但是它们——包括马克思主义的形象——几乎都是民族主义形象。⑨

很像宗教的情形，民族主义在现代世界中有着坏名声；而且就像宗教一样，它或多或少是罪有应得。在它们之间（而且有时结合在一起），宗教盲从与民族主义仇恨也许比历史上任何两种力量都给人类带来了更多的破坏，而且无疑还将带来更大的破
254 坏。但是也像宗教一样，民族主义在历史的某些最富于创造性的变革中一直是一种推动力量，而且无疑将在许多未来的变革中继续是一种推动力量。因而似乎应该少花些时间去诋毁它——这有点像诅咒社会潮流——而要更多地努力说明它为什么采取这样的形式，如何防止它甚至在它创造的时候分裂它在其中兴起的社会，进而分裂现代文明的整个结构。因为在新兴国家中，意识形态时代不仅还没有成为过去，而且，就像过去四十年的戏剧性事件所引起的自我概念的初期变革成为公众理解的清晰明了的信条那样，这个时期才刚刚开始。为了理解并与之打交道，或许只是为了经历它，我们要做好准备，这时经过修正的帕森斯理论，是我们最有力的知识工具之一。

---

⑨　马克思主义与民族主义的关系是一个争论不休的问题，甚至要拟定一个提纲都需要另写一篇文章。这里只需指出：就新兴国家而言，马克思主义运动，共产主义的或是非共产主义的，几乎在所有的地方都在目标与偶像上有着强烈的民族主义色彩，而且几乎没有任何迹象表明它们会减少这种色彩。实际上，同样的现象也可以在宗教政治运动——穆斯林、佛教、印度教或是任何宗教——中看到；事实上它们太倾向于地方化了，因为它们基本上无立足之地（placeless）。

第十章　整合式革命:新兴国家中的原生情感与公民政治 255

一

一九四八年,独立后不到一年,尼赫鲁就发现自己处于最终掌权的反对派政治家通常所处的令人不安的地位:执行一项他一直倡导但却决不喜欢的政策。他与帕特尔和西塔拉姆马亚一起,被任命进入语言邦委员会。

国大党几乎从建立起,就支持在印度国界范围内实行以语言划定各邦边界的原则。但是非常可笑的是,其论据是英国对“武断的”——即,非语言的——行政单位的坚持是“分而治之”政策的一个部分。一九二〇年国大党就已经为了争取广泛支持
沿着语言边界重组了它自己的地方分支机构。但是也许分离的 256
回声犹在耳边,尼赫鲁被他在语言邦委员会的经历严重震动。他以使其在新兴国家领导人中独一无二的坦率承认:

> (这种探索)一直以某种方式让我们大开眼界。印度国大党六十年来的工作摆在我们前面。面对几个世纪来为了狭隘忠诚、琐细嫉妒和无知偏见而进行致命冲突的印度,我们非常惊恐地看到我们滑行的冰面是多么的薄。这个国家一些最能干的人来到我们面前,充满信心并且断然地说,语言在

这个国家里代表着文化、种族、历史、个性，最后甚至代表亚民族。[①]

但是无论惊恐与否，尼赫鲁、帕特尔与西塔拉姆马亚最终被迫批准安德拉邦作为说泰卢固语邦的要求，薄冰因而打破。此后十年间，印度几乎沿着语言边界重组。范围广泛的观察家，既有国内的也有国外的，一直在担心这个国家的政治统一能否经得起向"狭隘忠诚、琐细嫉妒及无知偏见"的全面退让。[②]

使尼赫鲁深感震惊的问题被用语言的形式表述出来。但是同样的问题以广泛不同的形式表现出来，对新兴国家来说是传染性的，有数不清的说法，如"双重的"、"多重的"或"多样化的"社会，"拼合的"或"复合的"社会结构，不是"民族"的"国家"和不是"国家"的"民族"，"部落主义"、"地方主义"、"群团主义"，还有不同形式表达的泛民族运动。

说到印度的群团主义时，我们指的是宗教差别；说到马来亚的群团主义时，我们所关注的是种族差别，而在刚果是部落间的差别。把这些现象归为同一类别不是偶然的：它们在某些方面是相似的。地方主义一直是印度尼西亚政治不满中的主要题
257 目，而在摩洛哥是习俗的区别。锡兰的泰米尔少数民族在宗教、语言、种族、地区及社会习俗方面都与占多数的僧伽罗民族不同；伊拉克的什叶派少数与占主导地位的逊尼派多数的分歧在

① 引自S.哈里森：《印度民族主义的挑战》，载《外交事务》，第34期（1956年4月号），第3页。

② 有一种非常悲观的观点，可参见哈里森：《印度：最危险的年代》（普林斯顿，新泽西，1960）。一种乐观的印度观点，认为"将印度以语言国家的名义分裂的方案"是"充满毒害的"然而对"以一种简便方式达到民主并消除种族与文化紧张"却是非常必要的，这种观点可参见B.R.阿姆倍伽尔：《关于语言国家的思考》（德里，1955）。

本质上是伊斯兰教内部的教派差异。非洲的泛民族主义运动主要是基于种族，库尔德斯坦是基于部落主义；在老挝是几个掸邦；泰国是基于语言。但是所有这些现象在某种意义上都属于一类。它们形成了一个确定的研究领域。

这就是说，它们可以形成，倘若我们可以界定。围绕“民族”、“族籍”和“民族主义”这些术语的概念的模糊性而来的荒谬气氛一直被广泛讨论，并使几乎每一部试图处理团体与政治忠诚之间关系的著作对这种气氛十分慨叹。[③] 但是人们乐于接受理论折衷主义作为良方，在它企图要公正对待所涉及问题的多面性质时，混淆政治、心理、文化及人口因素，使减少模糊性的努力实际上没有走多远。例如，最近的关于中东问题的学术讨论，把阿拉伯联盟所做的摧毁现存的民族国家边界的努力、苏丹政府统一某种程度上武断和偶然地划定的主权国家的努力，以及阿塞林突厥人脱离伊朗加入阿塞拜疆苏维埃共和国的努力等等，都统统称为“民族主义”。[④] 本着类似的混合性概念行事，科尔曼认为尼日利亚人（或者是他们中的一些人）同时表现出五种类型的民族主义——“非洲的”、“尼日利亚的”、“地区的”、“群团的”与“文化的”。[⑤] 而且爱默生将民族定义为“最终的社会团体（terminal community）——最大的社会团体，它在危机来临时，能有效地控制人们的忠诚，这种忠诚既超越那些团体内较小的团体的要求，也超越那些跨团体或是将团体包容进更大的社会中去的潜在的要求……”，这个定义只简单地将含糊的“民族”变

---

③ 例如，可参见 K. 多伊奇：《民族主义与社会沟通》（纽约，1954），第 1—14 页；R. 爱默生：《从帝国到民族》（剑桥，马萨诸塞，1960）；F. 赫兹：《政治史中的民族主义》（纽约，1944），第 11—15 页。

④ W. Z. 拉克尔编：《转变中的中东：当代史研究》（纽约，1958）。

⑤ 科尔曼：《尼日利亚》，第 425—426 页。

成含糊的"忠诚",同时将印度、印度尼西亚或是尼日利亚是不是民族这类问题留待某些未来的、无法预知的历史危机来解决。[6]

258 笼罩在这个概念上的某些烟雾就会被驱散,假如我们认识到新兴国家的人民同时受到两种动机的激励,这是两种强有力的、彻底互相依赖但界限分明而且经常在实际上互相对立的动机——一种是渴望被承认为是负责任的行动主体,它的愿望、行为、希望及意见都"举足轻重",另一种是渴望建立起一个有效率的、有活力的现代国家。这个目标应该引起注意:它寻求的是认同,而且要求这个认同被公开承认为重要,同时追求自己作为"世界中的一员"得到社会承认。[7] 另一个目的是实际的:它要求进步、提高生活水平、更有效的政治秩序、更大的社会公正,以及"在世界政治的更大范围中发挥作用","在各民族中发挥影响"等等。[8] 两种动机密切地联系在一起,因为在真正的现代国家中公民权已经越来越成为一个可以广泛商讨的对个人意义的承认。因为马志尼所谓的"生存和出名"的愿望在如此广泛的程度上被一种排除在国际社会的重要权力中心之外的屈辱感所激发。但是它们不是一回事。它们出自不同的来源,回应不同种类的压力。实际上它们之间的紧张是新兴国家民族发展的主要驱动力之一;同时,它也是民族发展的最大障碍之一。

这种紧张在新兴国家采取了特别严重且长久的形式,既因为它们的人民的自我意识仍在很大程度上为血缘、种族、语言、地域、宗教或是传统这些显见的现实所制约,还因主权国家作为实现集体目标的积极手段其重要性在本世纪与日俱增。新兴国

⑥ 爱默生:《从帝国到民族》,第 95—96 页。

⑦ 伯林:《两种自由概念》(纽约,1958),第 42 页。

⑧ E. 希尔斯:《新兴国家中的政治发展》,载《社会与历史中的当代研究》,第 2 期(1960),第 265—292 页;第 379—441 页。

家的人民大众因为是多民族的，通常是多语言的，有时还是多种族的，因此认为这种隐含在“自然”多样性中的直接的、具体的而且对他们来说是有内在意义的分类是他们个性的实质性内容。放弃这些具体而熟悉的识别方式，而拥护一种概括的承诺，将自己置于高高在上的、在某种程度上陌生的公民分类秩序中，要冒失去自主和个性的风险；既可能通过被吸收进一个文化上无差别的群体中，也可能更糟，被某个能够以自己性格的气质来浸染
这个秩序的民族、种族或语言团体统治。但是同时，除了这个社 259
会中最不开化的成员，所有的人至少都模糊地认识到——而且他们的领袖尖锐地认识到——他们如此强烈渴望的社会改革与物质进步的可能性，越来越依赖于他们是否能结合成一个有相当规模的、独立的、强有力的、秩序井然的政治实体。坚持要被承认为一个可见的、重要的民族，以及要成为现代化的、富于活力的意愿总是易于分化。新兴国家政治进程中的大多数内容总是围绕着为保持它们并行不悖而做的英勇努力来展开。

二

这里所涉及的问题的性质，更准确的表述是：被作为一个社会来考虑时，新兴国家很容易被基于原生依附（primordial attachment）的严重不满所伤害。[⑨] 原生依附的意思是指来自所“给定的”——或者更精确地说，就像文化不可避免地卷入这类事物一样，它被假定是“给定的”——社会存在：主要是密切的紧邻和亲属关系，此外，给定性还源自于出生于特殊的宗教团体，

⑨ E. 希尔斯：《原始的、个人的、神圣的与世俗的纽带》，载《英国社会学杂志》，第 8 期(1957)，第 130—145 页。

说特殊的语言，甚至是一种方言，还有遵循特殊的社会习俗等等。这些血缘、语言、习俗及诸如此类的一致性，被视为对于他们之中及他们自身的内聚性有一种说不出来的，有时是压倒性的力量。ipso facto（根据该事实），每个人与他的亲属、邻居、教友联系在一起；而且不仅是个人感情、实际需要、共同利益或面临的义务，而且至少在很大程度上，是保持这种纽带本身的某种不可估量的绝对重要性的结果。这种原生依附的普遍力量及其重要类型因人而异，因社会而异，因时代而异。但实际上，每一
260 个人，每一个社会，几乎所有的时代，某些依附似乎更多地是依循自然的——有人会说是精神的——联系，而不是社会互动。

在现代社会中，将这种纽带提高到一个政治上至高无上的层面——虽然它已经发生并继续发生着——已经越来越多地被哀叹为是病态的。民族团结的取得越来越不是通过诉诸血缘与地缘，而是通过诉诸含糊的、间断性的也是规范化的对公民国家(civil state)的忠诚，这种忠诚或多或少由政府运用警察力量与意识形态规劝予以加强。正如越来越意识到广泛范围内的社会整合模式的优越性会比原生纽带通常带来或允许带来的更多的国家一样，有些曾经热情地追求成为原生的而不是公民政治社会的现代（或准现代）国家所造成的既对自己也对其他国家的冲撞，只能加强不愿意公开提倡种族、语言、宗教及类似内容作为定义终极社团基础的做法。但是在正在走向现代化的社会中，在这些社会中公民政治的传统非常薄弱而且对有效率的福利政府的技术要求也不被理解，原生纽带，就像尼赫鲁所发现的那样，倾向于重复地、在某些情况下几乎是持续地被提倡，并广泛地被推荐为一个划分自治政治单位的界线。使权威真正合法化的理由来自这类依附表达出的内在聚合力，这种说法得到了坦率的、强有力的、不加修饰的辩护：

> 一个单一语言国家能够稳定及一个多种语言国家不稳定的原因是显而易见的。国家建立在同胞感情之上。什么是这种同胞感情？简而言之，它是一种一体的共同情感，使有这种情感的人感觉他们是亲友。这是一种双边感情。它是一种"族类意识(consciousness of kind)"的感情，一方面，使那些拥有这种感情的人如此紧密地结合在一起，以至于可以压倒由于经济冲突与社会等级而产生的所有分歧；另一方面，把那些不是他们同类的人分离出来。这是一种不要属于任何其他群体的愿望。这种同胞感情的存在是一个稳定的和民主的国家的基础。[⑩]

正是这种原生的情感与公民的情感之间的直接冲突的具体 261
化——这种"不要属于任何其他群体的愿望"——赋予有着不同的称呼——部落主义、地区主义、群团主义等等不同名称——的问题，较之新兴国家所面临的其他大多数也是非常严重与极难对付的问题，更不吉利及更具威胁性的性质。此处我们不仅有竞争性的忠诚，而且有在整合层面上的对同样的总体秩序的竞争性的忠诚。在新兴国家中，就像在任何一个国家中一样，有许多其他竞争性的忠诚——阶级、政党、行业、工会、专业等联系的

⑩ 阿姆倍伽尔：《关于语言国家的思考》，第11页。注意到现代双语国家加拿大、瑞士和(白人)南非可以被用作反对他的例子，阿姆倍伽尔又说："决不要忘记：印度的民族特性较之加拿大、瑞士及南非的民族特性是完全不同的。印度的特性是分裂——瑞士、南非、加拿大是统一。"(在一九七二年，这个注解和我的关于"现代"国家中的原生性分裂的影响正在衰落的文章似乎，说得委婉些，不像这篇文章在最初写下时的一九六二年令人信服。但是，如果加拿大、比利时、乌尔斯特及其他类似国家所发生的事件已经使得原生定义似乎不再是一个"新兴国家"现象，它们就已经使得此处发展的总体论点显得甚至更为贴切了。)

纽带。但是这些群体纽带几乎从来不会被考虑为有可能取代民族而成为自我存在的、最大的社会单元。它们中间的冲突只会发生在或多或少被接受的终极团体内部,从规则上讲,人们从来不认为它们的政治整合性有问题。无论冲突变得怎样严峻,它们都不会,至少是不愿意,对团体的这种存在方式形成威胁。他们威胁政府,甚至可能威胁政体,但是它们极少——而且通常它们与原生情感相混同——威胁到民族自身,因为它们并不是可取代的民族定义,也不修改民族概念所涉及的范围。经济的、阶级的或是思想上的不满威胁着要革命,基于种族、语言或文化的不满威胁着要分裂、收复领土、民族融合、重新规定国家的权限或者重新界定其管辖范围。公民不满的发泄口往往是:合法或是非法地夺取国家机器。原生性不满反抗更深入,更不容易满足。如果不满足够严重,它想要的不仅是苏加诺或尼赫鲁或莫利·哈桑的头,它想要的是革印度尼西亚或印度或摩洛哥的命。

这类不满借以明确的真正焦点多种多样,任何特定的案例通常会同时涉及几个焦点,有时目的彼此交叉。尽管如此,仅仅在描述的层面上,它们还是很容易数得过来的:[11]

假定的血缘纽带。此处的定义要素是类似亲属关系(quasi-
262 kinship)。"类似",是因为围绕着已知的生物关系(扩大的家庭、世系等)建立的亲属单元太小,就连最受传统约束的人也无法认为它们具有多少意义,因此它指涉的是一个生物学上难以追溯但却是真正的社会性亲属的概念,如同在一个部落中那样。尼日利亚、刚果及撒哈拉以南的大部分地区都显著具有这类原生

[11] 一个类似的但是设想与组织都相当不同的列举,参见爱默生:《从帝国到民族》,第六、七、八章。

特征。但是同样的还有中东游牧或半游部落——库尔德人、俾路支人、帕坦人，等等；印度的那加人、蒙达诸民族、桑塔尔人，等等；还有东南亚的多数山地部落。

种族。很明显，种族与假定的亲属关系类似之处在于它也涉及到民族生物学理论。但它并不完全相同。此处的参照指标是表现型体质特征——当然首先是肤色，但是还有脸型、身高、头发的类型，等等——而不是任何明确的共同世系。马来亚的群团问题在很大程度上集中围绕这类差别，实际上是两个在表现型上非常相似的蒙古人种之间的差别。“黑人至上论”明显地从种族作为有意义的原生属性这个概念中汲取力量，虽然不完全如此，而作为贱民的经商的少数民族——例如东南亚的华人或非洲的印度人和黎巴嫩人——也是由类似的标准被区分出来的。

语言。语言主义——由于某些还需要恰当地加以解释的理由——在印度次大陆特别明显，在马来亚一直争论着，而且在其他地方时有表现。但是因为语言有时会被作为民族冲突的基本核心，值得强调的是语言主义不是一个不可避免的语言多样化的结果。就像亲属、种族及下面列举的其他因素一样，语言不同本身并不必然造成分裂；它们在坦噶尼喀、伊朗（也许在严格概念上并不是新兴国家）、菲律宾甚至印度尼西亚的大部分地区也并不是分裂原因，尽管在这些地区语种极为复杂，语言冲突似乎已经成了这些国家在某种程度上忽略了而没有以极端形式表现出来的一个社会问题。而且，原生冲突可能发生在那些没有明显语言差异的地方，例如黎巴嫩。类似的情况还有印度尼西亚说巴塔克语的不同群体，而且也许较小程度上尼日利亚北部的富拉尼人和豪萨人也是这样。

地域。虽然是一个几乎无所不在的因素，但是地域主义自

然在地理条件复杂的地区特别突出。在分裂的越南,金兰、安南
263 和交趾,就像是一根长杆子上的两个篮子,在语言、文化和种族等方面是共同的,所以其冲突几乎纯粹是地域性质的。东、西巴基斯坦(现在分开为孟加拉与巴基斯坦)之间的紧张固然有语言与文化的差异,但是由于这个国家的边界不连续而形成的地理因素是最主要的。在岛国印度尼西亚的爪哇与外岛,以及被山一分为二的马来亚的东北海岸与西海岸之间的对立,是另外一些例子,在这些例子中地域主义在民族政治中是一个重要的原生因素。

宗教。印度的分裂是宗教归属感发生作用的显著案例。但是黎巴嫩、缅甸的基督教的克伦人和穆斯林的若开人、印度尼西亚的托巴巴塔克人、安汶和米纳哈萨人、菲律宾的摩洛人、印度旁遮普的锡克人、巴基斯坦的阿赫马迪亚人及尼日利亚的豪萨人都是宗教损害或妨碍整体公民感的其他著名例子。

习俗。同样,习俗差异形成了几乎无处不在的相当数量的民族分裂的基础,而且在有些案例中特别突出,这些案例中知识或技艺特别发达的群体自认为在一个大部分还处于野蛮状态的人群中是"文明"的承担者,应该教化这些野蛮人以他们为样板,如印度的孟加拉人、印度尼西亚的爪哇人、摩洛哥的阿拉伯人(相对于柏柏尔人)、另一个"古老"的新兴国家——埃塞俄比亚的安哈拉人,等等。但是同样也有必要指出,即使是富于活力的对立群体,在他们的一般生活方式中也可能几乎没有差异,如印度的印度教的古吉拉特人和马哈拉什特利安人、乌干达的巴干达人和布尼奥罗人、印度尼西亚的爪哇人和巽他人。相反的例子也有:巴厘人的生活习俗模式与其他印度尼西亚人相去甚远,但是他们始终没有任何原生性不满的感觉。

上面仅仅是列举原生纽带的种类,这些原生纽带在此地或彼地很容易政治化,但是除此之外,有必要进一步努力对以这些原生纽带为组成部分的各类新兴国家中实际存在的原生差异与冲突的具体模式分类,或是将其排序。

这种看似政治民族志中常规作业的任务实际上较之初次出现时更为微妙,不仅是因为必须察觉群团主义对此刻正在受到公开压力的公民国家整合的挑战,还因为必须揭示那一类潜在 264
的、隐藏在原生识别结构中的、一旦社会条件合适就会采取公开政治形式的挑战。马来亚的印度少数民族一直没有形成对这个国家的严重威胁,这个事实并不意味着,如果世界橡胶的价格发生突然变化或是如果甘地夫人对海外印度人的袖手旁观的政策出现变化时,它不会成为威胁。摩洛问题,它为几代西点军校的优秀研究生提供了实地训练,目前在菲律宾还只是一个不显眼的问题,但它不可能永远这样。自由泰国运动此时看似死寂,但是它可能因为泰国的外交政策发生变化,或者甚至是巴特寮在老挝取得胜利而死灰复燃。伊拉克的库尔德人表面上已经几次平息下去,但是持续显示着不平静的迹象。诸如此类的现象不胜枚举。基于原生认同的政治团结在大多数新兴国家中有着强大的坚持力量,但是它并不总是一个积极的、直接明显的力量。

起初,可以根据分类做出有用的分析性的区别:一类是基本上完全在单一的公民国家范围内发挥作用的忠诚,另一类是跨国家的那些忠诚。或者换个稍微不同的说法,可以比较那些案例:一类是比现有的公民国家要小而在种族、部落、语言等方面充满“一体团体情感”的群体,另一些是比较大,或者至少在某种形式上超出了边界之外的群体忠诚。原生性不满,在第一个例子中,产生于政治压制;在第二个例子中,产生于政治解体感。缅甸的克伦人、加纳的阿散蒂人或乌干达的巴干达人的分裂主义是前者的例子；泛阿拉伯主义、大索马里主义、泛非洲主义，是后者的例子。

许多新兴国家被这两类问题同时困扰。首先，大多数国家之间的原生运动并没有涉及所有的分离国家，就像“泛”字开头的运动（pan-movements）至少倾向于所做的那样，而是涉及到散居在几个国家中的少数民族。例如，将在伊朗、叙利亚、土耳其与苏联境内的库尔德人统一起来的库尔德斯坦运动，也许是所有时代最不可能成功的政治运动；已故的卡萨武布先生与他的刚果共和国和安哥拉盟友发起的阿巴克（Abako）运动；达罗毗荼斯坦运动，按它所吹嘘的那样，要穿过保克海峡，从南印度进
265 入锡兰；统一和主权孟加尔运动，也许至此只是一种不成形的情感，目的是建立一个既独立于印度又独立于巴基斯坦的大孟加拉国。而且甚至还有少量典型复国主义之类的问题零星出现在新兴国家中——泰国南部的马来人、居住在巴基斯坦和阿富汗边界附近的说普什图语的人，等等；当在撒哈拉南部非洲建立的政治边界变得更牢固时，将会有更多的这类问题。在所有这些案例中，都有两种愿望同时存在，或者也许发展——两种愿望，一种是逃离已建立的公民国家的愿望，另一种是渴望重建在政治上分离的原生群团。[12]

其次，国家之间与国家内部的原生归属感经常是在一个平衡的——也许是最微妙的平衡——复杂的约束网络中相互交叉。在马来亚，虽然种族与文化的差异产生出巨大的离心潮流，

---

[12] 在每一个案例中，这种愿望的强烈性、流行程度甚至真实性是另一回事，关于这点这里没有断然宣称任何事情。如果有的话，西部泰国马来亚人中的愿意与马来亚同化的感情有多么强烈，阿巴克思想的真实力量有多大，或者锡兰的泰米尔人对马德拉斯（印度的港口城市）的达罗毗荼分离主义的态度到底如何，是一个以经验为基础进行研究的事情。

但至少到目前为止，使华人与马来人在单一国家聚集在一起最有效率的力量是彼此的恐惧。如果联邦解体，他们就可能变成在某个其他政治网络中明显被淹没的少数民族：马来人怕华人并入新加坡或是中国；华人则怕马来人并入印度尼西亚。类似地，在锡兰，泰米尔人和僧伽罗人都将自己视为少数民族：泰米尔人有这种想法是因为百分之七十的锡兰人是僧伽罗人；僧伽罗人有这种想法是因为他们的八百万人全部都在锡兰岛上，而泰米尔人除了锡兰岛上的二百万人，在南印度还有多于两千八百万的人口。在摩洛哥，很容易在阿拉伯人与柏柏尔人之间出现国家内部的分裂，也会出现超国家的纳赛尔泛阿拉伯主义派与布尔吉巴的 regroupement maghrebin（重组马格里布派）之间的分裂。而且纳赛尔自己在有生之年也许都是新兴国家最杰出的原生性艺术高手。在万隆会议上，他为了埃及的霸权利益而沉迷于玩弄泛阿拉伯主义、泛伊斯兰主义和泛非洲情绪。

但是无论相关的归属感是否超出国界，主要原生斗争中的
多数此时还是在一国之内进行。围绕着原生争论，一定数量的
或者至少是由此而产生的国际冲突的确存在于新兴国家之间。
以色列与其阿拉伯邻国的仇恨、印度与巴基斯坦关于克什米尔 266
的争端，当然是两个最突出的例子。两个古老国家，希腊与土耳
其，在塞浦路斯问题上的争执是另一种类型。索马里与埃塞俄
比亚之间基本上属于复国主义的问题的紧张关系是第三种情
况。印尼与北京之间关于在印尼华裔居民的“双重国籍”的争论
属于第四种情况。随着新兴国家政治上的巩固，这类争论可能
会既经常又严重。但是到现在它们还没有成为首要的政治问
题，除了阿以冲突以及时而发作的克什米尔问题，原生差异的直
接意义几乎在所有地方都主要是国内的，虽然这并不是说它们

因而就没有重要的国际含义。[13]

然而,不同的新兴国家中的原生多样性的具体模式类型的构建,仅仅由于在绝大多数案例中缺乏详细与可靠的信息而受到严重阻碍。但是,再一次,大致构建一个纯粹属于经验性的分类可能相当容易,并且事实应该能够表明它可以作为一个粗糙但实用的指南,用于否则即是无知的荒野,有利于对原生情感在公民政治中的作用做出一个比“多元主义”、“部落主义”、“地区主义”、“团体自治主义”及其他常识社会学的陈词滥调可能做出的更深刻的分析:

1. 一个普通的、相对简单的模式似乎是:一个占统治地位的单一的,通常是较大的群体(虽然不是绝对的)凌驾于一个强硬的,而且是经常制造麻烦的单一少数民族之上:塞浦路斯希腊族与土耳其人,锡兰僧伽罗族与泰米尔族、约旦人与巴勒斯坦人,虽然在最后一个例子中,占统治地位的群体是较小的一个。

267 2. 在某些方面与第一个模式类似但是更复杂的是一个中央的——经常在地理意义与政治意义上都足以是中央的——群体与若干个中等大小的,至少有些对立的边缘群体模式:在印度尼西亚是爪哇人对外岛人;在缅甸是伊洛瓦底江流域的缅甸人对各种高山部落及山地峡谷人;在伊朗(虽然不是严格意义上的

---

[13] 原生情感的国内意义并不完全在于它们的分离力量。泛非洲态度,既弱小又像它们可能的那样难以定义,已经为主要非洲国家的领导人之间的冲突提供了一个适度稳定的有用的语境。缅甸在一九五四年于仰光举行的第六届大会上为加强与复兴国际佛教所进行的全力以赴的(也是开销很大的)努力,至少暂时地将它更有效地与其他上座部(Theravada)国家——锡兰、泰国、老挝及柬埔寨联系在一起。而且一种含糊的主要是种族的、共同“马来身份”的情感,在马来亚与印度尼西亚及马来亚与菲律宾之间的关系中发挥了积极的作用,而且甚至最近,在印度尼西亚与菲律宾的关系中也发挥了同样的作用。

新兴国家)中央高原波斯人对各种部落人;大西洋平原阿拉伯人与他们周围的里夫、阿特拉斯(Atlas)及索乌等各种柏柏尔人部落;在老挝湄公河老挝人与部落民族;等等。在黑非洲能发现多少这类模式不清楚。有一个比较明确的案例,即加纳的阿散蒂人,但该中央群体的力量已经,至少是暂时,被打破了。在一个新兴国家中,仅占总人口五分之一的巴干达人能否通过他们更高的教育程度及更多的政治经验,等等,来维持(或,也许现在重新获得)他们对其他乌干达群体的统治地位,还有待今后观察。

3. 另一种模式形成了一种内部更缺乏同质性的类型,它是一种两个几乎对等均势的主要群体之间的两极对立模式:马来亚的马来人与华人(虽然还有一个较小的印度群体);或黎巴嫩的基督教徒与穆斯林(虽然实际上也有一些小派别的集体);或伊拉克的逊尼派与什叶派。巴基斯坦的两个地区,其中的西部地区虽然自己内部远达不到完全同质,但是却给这个国家一个两极鲜明对立的原生性模式,这个模式现在已经将其一分为二。越南在分裂前也是这种形式——金兰对交趾——这个问题现在已经因为大国的帮助而得到"解决",虽然重新统一这个国家还可能重新复活它。甚至利比亚,几乎没有足够的人口数量形成像样的群体冲突,也在昔兰尼加—的黎波里塔尼亚冲突中有着这类模式的某种形式。

4. 下一个,有一种群体依重要性而相对均衡分层的模式,从若干个大的群体,经过若干个中等规模的群体,到一些小的群体,没有明显占统治地位的群体,也没有明显的分界点。印度、菲律宾、尼日利亚和肯尼亚也许是这类例子。

5. 最后,有一种由多个小群体组成的,如沃勒斯坦所说的,简单的族群分裂模式,必须把非洲大部分地区归到这个多少有

些剩余意味的类别中，至少在对这种模式了解得更多以前是这样。[14] 相信“除了实验，其他什么都无用”的利奥波德维尔政府
268 提出建议：将刚果共和国的估计大约二百五十个独立部落语言群体组成八十个部落自治区，再组成十二个联邦。这个方案显示出这类分裂模式能达到什么程度，以及它所可能涉及到的原生忠诚的复杂性。

个人身份能够得到集体认可和公开表达的世界就是一个有序的世界。在现有的新兴国家中的原生性认同及分裂的模式并不是流动的、无形的和无限制地多样化的，而是以系统的方式明确划分并且变化的。而且，随着它们的变化，个人的社会自我认可的问题的性质也随着变化，也依据个人在任何一种类型的模式中的位置而不同。确保获得承认和重视的任务，其表现形式与角度对锡兰的僧伽罗人与印度尼西亚的爪哇人或是马来亚的马来人是不一样的，因为作为统治一个少数民族的主要民族的成员，相对于作为统治多个少数民族的主要民族的成员是不一样的。但是这个任务的表现形式和角度，对塞浦路斯的土耳其人与希腊人，对缅甸的克伦人与缅甸人，对尼日利亚的蒂夫人与豪萨人，同样是不同的，因为小群体的成员资格使一个人所处的地位，与主要群体的成员资格使一个人所处的地位是不同的，即使是在单一制度下也一样。[15] 在许多新兴国家中的所谓“外国”商人的贱民社群——西非的黎巴嫩人、东非的印度人、东南亚的

---

⑭ I. 沃勒斯坦：《两个西非民族的出现：加纳与象牙海岸》（博士论文，哥伦比亚大学，1959）。

⑮ 针对印度尼西亚就这个问题所作的简单讨论，参见 C. 格尔茨：《爪哇村庄》，载《印度尼西亚农村中地方、种族及民族的忠诚》，G. W. 斯金纳编，耶鲁大学，东南亚研究，文化报告系列，第 8 卷（纽黑文，1959），第 34—41 页。

华人及在某些方面有些不同的南印度的马尔瓦尔人——就保留
已被确认的身份而言，生活在一个与同一社会中的定居的农业
群体截然不同的社会天地里，无论这些农业群体多么小和多么
无足轻重。原生联盟与对抗的网络是一个密集的、复杂的但特
征明显的网络，在大多数情况下，它是许多世纪逐渐形成的产
物。昨天刚从气数已尽的殖民统治的废墟上诞生的陌生的公民
国家，被附加在这种保存下来的自豪与怀疑的织物上，而且必须 269
尽全力将其编织进现代政治的织物之中。

三

但是，政治现代化一开始就不是倾向于使原生情感平静而是刺激它们，这一事实使得减少这种情感对公民秩序的影响越来越困难。将主权从殖民宗主国转移到独立国家，不仅仅是将权力从外国人手中转移到当地人手中；它是整个政治生活模式的一种转换，是由臣民向公民的转变。殖民政府，就像它们所效仿的前现代欧洲贵族政府一样，冷漠而且反应迟钝；它们置身它们统治的社会之外，并且不规则、不系统、随心所欲地管理社会。但是新兴国家的政府，虽然是寡头政治式的，但却受到群众拥护并且关心群众；它们处于它们所统治的社会中间，而且它们随着发展对这些社会的统治方式更加有持续性、广泛性、目的性。对阿散蒂的可可种植农、古吉拉特的店主或是马来亚的中国锡矿工而言，无论他能否保持其文化传统或是新兴国家在实际功能中如何缺乏效率及脱离时代，他的国家获得政治独立，不管他愿意与否，也是他自己获得了现代政治地位。他现在成为一个自治的及充满差异的政体的一个组成部分，这个政体开始触及他的生活中除了最狭义上的隐私之外的每一个部分。“同样的过

去尽量使之远离政府事务的人民，现在必须被拖入其中，”印度尼西亚民族主义者沙里尔在第二次世界大战前夕这样写道，精确地把握了实际上在随后十年在印度群岛上发生的“革命”的特征——“这些人民必须具备政治觉悟。他们的政治利益必须得到激励和保持。”[16]

这种将现代政治意识塞给大部分尚未现代化的群众的做
270 法，确实有可能激发和保持群众对于政府事务的高度兴趣。但是以原生性为基础的“一体的团体情感”，仍然是合法权威的源泉——在“自治”中的“自”这个词的含义——这种兴趣大多表现为过分关心一个部落、地区、派别与中央政权的关系，而这个中央权力，随之迅速地变得越来越积极，既不容易从原生认同网络中分离出来，就像遥远的殖民宗主国一样；也不容易被原生认同同化，就像“小社区”日常权威体系一样。因而正是一个具有主权的公民国家的形成过程，除了别的事情外，还激励了教区主义、团体自治主义、种族主义等等，因为它在社会中引进了一个新的有价值的奋斗目标和需要与之斗争的新的恐怖力量。[17] 与民族主义宣传家的说教相反，印度尼西亚地方主义、马来亚的种族主义、印度的语言主义或是尼日利亚的部落主义，在其政治层

---

[16] S.J.沙里尔：《流亡在外》（纽约，1949），第215页。

[17] 正如塔尔科特·帕森斯所指出的，定义为为社会目标而动员社会资源的能力，不是一个社会体系中的“零和”（zero-sum）的数量，而是像财富一样，由特殊的，在这个案例中是政治的而不是经济的社会习俗增殖出来的。《美国社会中权力的分配》，载《世界政治》，第10期（1957），第123—143页。一个现代国家在传统社会发展过程中的成长所代表的不仅仅是群体之间一定数量的权力的变化或是转换，这种转换或是变化是以某些群体或个人的收获成倍地增长而其他群体或个人则遭受损失这样一种方式进行的，而是产生一个新的和更有效的机器来生产权力自身，因而增长了社会总体政治能力。因此这是一个更纯粹的“革命”现象而不仅仅是一个在特定体系中的权力的再分配。

面上，与其说是殖民者分而治之政策的遗产，不如说是它们作为一个独立的、立足于国内事务的、目的明确的统一国家替代殖民宗主国的产物。虽然它们依据的是历史上发展的差异，其中有些是殖民统治帮助其提高的（而另外一些则在殖民统治下受到抑制），但是它们毕竟是一个新的政体与新的公民身份的创立过程的一部分。

要举一个与此有关的有力例子可以看锡兰，它将最平静的统一国家之一带进了新兴国家的大家庭，现在（一九六二年）是一幅最喧嚣的社会骚乱景象。赢得锡兰的独立基本上没有经过斗争；实际上甚至没有经过太多的努力。这里不曾有过其他新兴国家有过的强烈的民族主义群众运动，没有充满激情奔走呐喊的英雄领袖，没有殖民者的顽固抵抗，没有暴力，没有逮捕——实际上没有革命，因为一九四七年政权转换是由保守的、 271
温和的、冷漠的受过英国教育的锡兰贵族替代保守的、温和的、冷漠的英国文官，而受过英国教育的锡兰贵族，至少以更严格的本土眼光来看，是“除了肤色，在各个方面都像前殖民统治者”。[18] 革命来得更晚些，几乎是在正式独立后十年，而英国总督的告别辞表示“对锡兰沿着和平谈判道路，没有冲突与流血就达到了自由目标深感满意”[19]，事实证明说这些话还不到时候：一九五六年发生的泰米尔—僧伽罗之间的大暴乱死了一百多人，一九五八年死的人达二千之多。

这个国家，百分之七十是僧伽罗人，百分之二十三是泰米尔

---

⑱ D.K.兰根卡：《锡兰的民族主义革命》，载《太平洋事务》，第33卷（1960），第361—374页。

⑲ 引自M.威纳：《南亚政治》，载G.阿尔蒙德和J.科尔曼：《发展中地区的政治》（普林斯顿，新泽西，1960），第153—246页。

人,几个世纪以来一直以一定程度的种族紧张引人关注。[20]但是这种紧张采取了一种不能缓和的、广泛的,并且是由意识形态煽动引起的群众仇恨的明显现代形式,是在一九五六年已故的S.W.R.D.班达拉奈克被突然的僧伽罗文化、宗教及语言复兴主义浪潮推上总理位置之后。班达拉奈克本人毕业于牛津,有马克思主义倾向,在国内事务上基本上采取现世主义态度,他公开地求助于僧伽罗人的原生情感(有人怀疑这多少有点愤世疾俗),承诺实施"单一僧伽罗"语言政策,给佛教及佛教僧侣一个受人尊崇的地位,彻底改变假想的"纵容"泰米尔人的政策,还有反对西装,提倡传统的僧伽罗农民的"布与榕树"服装,说英语的(和具有双重族籍的科伦坡)贵族的权威受到了破坏。[21]而且正如他的一个更不具批评性的辩护士所言,如果他的"最高雄心"不是
272 "建立一个过时的、教区的、种族的政府",而是要建立"稳定的民主,将他的国家改造成一个以尼赫鲁式的社会主义为基础的现代福利国家",[22]他很快就会发现他是引发原生狂热潮流的孤立无助的牺牲品,在三十个月乱哄哄、精疲力竭的执政后,他死在一个动机不明的佛教徒之手中,他的死是一个莫大的讽刺。

因而,走向一个坚定的、有群众基础的社会改革政府的第一

---

⑳ 大约半数泰米尔人是无国家的"印度泰米尔人"——就是十九世纪运到锡兰在英国茶园中做工的个人,他们现在被拒绝给予印度国籍,理由是他们生活在锡兰,他们被拒绝给予锡兰国籍,理由是他们不过是来自印度的旅居者。

㉑ 一九五四年艾弗·詹宁斯爵士曾预言班达拉奈克不太可能赢得民族主义运动领袖的地位,因为他是"政治佛教徒",一直受的是作为基督徒的教育,在评论这个引人注目的失败的预言时,兰根卡敏锐地评论道:"在亚洲推出一个受过西方教育但是放弃了他的西方化而是坚持本土文化与文明的政治家,所发挥的作用比一个最富活力的完全由本地培育出来的政治家所希望发挥的要大得多。"兰根卡:《锡兰的民族主义革命》。

㉒ 同上。

个明确的动向，不是导致紧密的民族团结，而是它的反面——日益增长的语言、种族、地区及宗教的地方主义，这是一种奇怪的辩证法，其真正的机制已经被里金斯很好地描述过。[23]普选制度使得求助于传统忠诚来讨好群众的诱惑实际上成为不可抗拒的，而且导致班达拉奈克及其同伴去进行结果证明是失败的赌博：在选举前把原生情感煽动起来，在选举后让它们平息下去。他的政府在卫生、教育、行政管理及其他领域中的现代化努力，威胁了趾高气扬的乡村人物的地位——和尚、土郎中、乡村教师、地方官吏——因而回报他们的是更强调本地精神和社会性的新保障，以此来换取他们的政治支持。寻求共同的文化传统，作为一个国家认同的内容，这种做法在一个民族现在已经成为某种程度上的国家时，只能导致复活古老的、几乎被忘记的泰米尔人和僧伽罗人之间的背叛、残暴、凌辱及战争。在受过西方教育的城市精英中，阶级忠诚和老式的学派联系倾向于压倒原生差异；由于他们的衰落，在两个社会群体之间的为数不多的和睦相处的方式之一也随之消失。第一次基础性经济变革引起了一种恐惧，认为勤劳、节俭、咄咄逼人的泰米尔人的地位将会以牺牲缺乏招数的僧伽罗人为代价得到加强。对政府职位的激烈竞争、日益增长的方言报刊的重要作用，甚至还有政府制订的垦荒计划——因为这个计划可能会改变人口分布及在议会中的地方代表席位——所有这些因素都构成了同样的挑战。锡兰急剧增长的原生性问题，不仅仅是一个阻碍其政治、社会及经济现代化的遗产；它是一个直接的、立即的 273
反映，反映了它的第一次认真的——假如仍然是相当无效率的——为实现这一现代化而做出的尝试。

而且这种以不同方式表述的辩证现象，是新兴国家政治的

[23] H.里金斯：《新兴民族统一的障碍——锡兰的例子》(未出版)。

历史性特征。在印度尼西亚，一元化本土国家造就了这一事实：人口稀少但是矿藏丰富的外岛为国家创造了大量的外汇收入，而人口稠密但是资源贫乏的爪哇却享用了这个国家的大量收入，这在殖民时期不可能出现；地方之间相互戒备的模式得到发展，严重到了武装暴乱的程度。㉔ 在加纳，阿散蒂人被伤害的自尊触发了公开的分离主义，当时为了增加发展基金，恩克鲁玛的民族新政府将可可价格固定在阿散蒂可可种植者所希望的价格之下。㉕ 在摩洛哥，里夫柏柏尔人被惹恼了，因为他们对独立斗争所做出的重要的军事贡献，没有在独立后得到政府更多的对学校、就业、改善通讯设施方面的支持；他们恢复了古典的部落傲慢模式——拒绝纳税、封锁市场、退回到山野生活中——目的是要获得首都拉巴特的关注。㉖ 在约旦，阿卜杜拉通过吞并约旦河西岸地区、与以色列谈判、将军队现代化，来加强其新兴公民主权国家的孤注一掷的努力，引发了一个感到种族羞辱的泛阿拉伯巴勒斯坦人对他的刺杀。㉗ 甚至在那些这类不满还没有达到公开持不同政见的程度的新兴国家中，几乎也普遍出现了围绕着不断发展的争夺政府权力的斗争这一类的原生冲突的阴影。伴随着政党、议会、内阁、政府官员或是君主与军队的日常

㉔ H.费特：《印度尼西亚》，载G. McT.卡欣编：《亚洲的主要政府》（伊萨卡，纽约，1958），第475—592页。这并不是说地区敌对的形成是巴东叛乱的惟一的动力，也不是说爪哇—外岛对立是反对派的惟一核心。在本文引用的所有的例子中，希望被承认为一个负责任的，其希望、行为、愿望及观点都是至关紧要的政府代表，这种要求与更让人熟悉的希望得到财富、权力、地位等等的要求交织在一起。简单的原生决定论并不比经济决定论更有说服力。

㉕ D.阿普特：《转变中的黄金海岸》（普林斯顿，新泽西，1955），第68页。

㉖ W.刘易斯：《摩洛哥的世仇与社会变革》，载《化解冲突杂志》，第5期（1961），第43—54页。

㉗ R.诺尔特：《阿拉伯稳定协议》，美国大学海外教职员通信，西南亚辑，1957。

政治活动,并在这些因素的互动中,几乎到处都存在引起公众身 274
份冲突与加速实现种族统治的准政治现象。

而且,这种准政治战争似乎有着自己特殊的战场;在习惯的政治斗争领域之外存在某种特殊的制度脉络,它强烈地倾向于在其中安顿下来。虽然原生争论肯定要一次又一次地在议会辩论、内阁审议谋划、司法判定及更经常地在竞选运动中被提出来,但它们越来越倾向于以更纯粹、更清晰、更致命的形式出现在其他地方,在这些地方,其他种种社会问题通常或至少不那么频繁与尖锐。

这些问题中最明显的是学校制度。特别是语言冲突最容易以学校危机的形式出现——马来亚教师工会与华人教师工会就马来亚语在马来亚的华人学校中代替汉语的程度发生的激烈冲突;英语、印地语及其他各种方言在印度争夺作为教学语言资格的三方非正式冲突;或者是孟加拉语大学学生抵制西巴基斯坦在东巴基斯坦强行推行乌尔都语所引起的流血骚乱,都是证据。但是,宗教问题也容易非常方便地渗透进教育领域。在穆斯林国家有着始终存在的问题:将传统的古兰经学校改革为西方式的学校;在菲律宾有着从美国引进的世俗公立学校与阿訇拼命在这类学校中增加宗教教学的努力之间的冲突;而在马德拉斯达罗毗荼分离主义者虚伪地宣布“教育必须免受政治、宗教或种族偏见的左右”,他们的真实意思是“不要强迫推行诸如史诗《罗摩衍那》之类的印度教作品”。[28]甚至地方斗争也大都倾向于吞没教育制度:在印度尼西亚,省一级的不满伴随着地方高等教育学校的竞争性的加剧而增长,达到了这种程度,尽管极端缺乏合

---

[28] P.塔尔博特:《引发宗教脱离的呼吁》,美国大学海外教职员通信,南亚辑,1957。

格的师资,但是在这个国家几乎所有的主要地区现在都有一批高校的教职员工队伍,他们是过去怨恨的纪念碑,也是未来怨恨的摇篮;而且相似的模式现在正在尼日利亚发展。如果说总罢工是阶级斗争的反映,军事政变是军国主义与议会民主之间斗
275 争的反映,那么学校危机也许就成了原生忠诚冲突之间的典型的政治或准政治反映。

还有一些其他可能形成准政治旋风的中心,但是就本文而言,只对它们做附带介绍而不是详细分析。社会统计学就是一个例子。黎巴嫩从一九三二年以来就没有进行过人口普查,因为害怕进行一次普查就会暴露在人口中宗教组成的变化,这类变化会使为平衡各派利益而设计的极为复杂的政治安排失去可行性。在印度,由于其国语问题,仅仅是哪些人构成了印地语的使用群体,就是一个引起非常尖锐的争论的问题,因为它有赖于统计规则:印地语的积极支持者利用人口普查数字证明半数之多的印度人说"印地语"(包括乌尔都语与旁遮普语),而反印地语的人则强行把这个数字压低到百分之三十,认为诸如文字差别,甚至明显地包括语言使用者的宗教信仰之类的因素,对于语言都具有重要的意义。还有一个与被威纳恰当地称之为"人口普查再定义引起的种族灭绝"密切相关的问题,涉及这样一个奇特事实:根据一九四一年的人口普查,印度有二千五百万部落人口,但是在一九五一年的人口普查中却只有一百七十万部落人口。[29] 在摩洛哥,公布

---

[29] M.威纳:《印度政治中的社区联盟》(未发表)。相反的过程,"人口普查再定义引起的种族增殖",同样也发生了,就像在加蓬首都利伯维尔,多哥人和达荷美人都在统计中被归入一个新的分类"波波人"中,或是在北罗得西亚的铜带城镇(今赞比亚北部地区)的亨加人、汤加人、坦布卡人等等,都被"以共同的内容"组织为尼亚萨兰人。这些制造出来的群体因而以真正的"种族"而存在。I.沃勒斯坦:《西非的种族与民族整合》,载《非洲研究备忘录》,第3期(1960),第129—139页。

的人口比例统计数字，柏柏尔人从占总人口的百分之三十五增长到百分之六十。有些民族主义领袖愿意相信，或是让别人相信，柏柏尔人完全是法国人虚构出来的。[30] 行政部门中与族群构成有关的统计数字，无论是真实的还是想像的，实际上在各地都是原生煽动的有力武器，在一些地方官员不属于被管理的本地族群的地方，特别有效。在印度尼西亚，正当宗教危机高潮时，一家主要报纸被查封，因为它假装无知地印了一个条形图， 276
按省标明出口收入与政府开支情况。

服装（在缅甸，将在联邦日被带到仰光促进爱国主义精神的几百个边地部落人送回家时，精明地向他们赠送缅甸服装作为礼物）、历史编纂学（在尼日利亚，有倾向性的部落历史突然激增，使得折磨着这个国家的本来就很强有力的离心倾向更为严重）、象征公众权威的官方标志（在锡兰，泰米尔人拒绝使用有僧伽罗文字的汽车驾驶牌照；在南印度，他们涂掉印地语的铁路标牌），都是已经表面观察到的其他准政治纷争的领域。[31] 同样的还有迅速扩展的部落联盟、种姓组织、族群同胞会、地区联盟以及宗教团体，在所有的新兴国家中它们似乎伴随着城市化过程，而且使其中几个主要城市——拉各斯、贝鲁特、孟买、棉兰——成了种族紧张关系的大煮锅。[32] 撇开细节不谈，要点在于围绕

[30] 百分之三十五的数字可以在 N. 巴伯编的《西北非概览》（纽约，1959）第 79 页中找到；百分之六十的数字可以在 D. 罗斯托夫的《近东政治》中找到，载阿尔蒙德和科尔曼：《发展中地区的政治》，第 369—453 页。

[31] 关于缅甸服装，参见 H. 廷克：《缅甸联邦》（纽约，1957），第 184 页。关于尼日利亚部落史，参见科尔曼：《尼日利亚》，第 327—328 页。关于锡兰的驾驶牌照，参见里金斯：《锡兰的困难时代，1956—1958 年》，载《远东概览》，第 28 期（1959），第 33—38 页。关于印地语铁路信号，参见威纳：《社会联盟》。

[32] 关于正在现代化的社会的城市化过程中的民间组织的作用的一般性讨论，参见沃勒斯坦：《两个西非民族的出现》，第 144—230 页。

着新兴国家正出现的政府体制和该体制试图支持的高度分化的政治打转的，是一大堆自我加强的原生性不满的漩涡，这种准政治大漩涡在很大程度上是政治自身发展过程的一种结果——如果继续用隐喻的说法，也可以看做它的余波。国家日益增长的为了公众目标动员社会资源的能力，不断扩张的权力，激发了原生情感，因为，考虑到合法的权威不过是这类情感所拥有的内在道德压力的扩展这一信条，允许自己被其他部落、其他民族或是其他宗教的人统治就不仅仅是屈服于压迫而且是自甘堕落——被排除在道德社群之外，成为低等人，他们的观点、态度、希望等完全不予以考虑，就像在那些自认为成熟、智慧、头脑健全的人眼中，小孩、头脑简单者、愚蠢者的意见、态度和期望等等完全不予以考虑一样。

原生情感与公民政治之间的紧张虽然可能得到缓解，但是
277 不可能完全消除。这种“给定”的地方、语言、血统、外貌和生活方式，塑造了人们关于他们究竟是谁以及与谁的关系密不可分的观念，其力量源于人性中非理性的基础。一经确立，这种缺乏考虑的集体自私观念一定会而且在某种程度上卷入民族国家的不断扩展的政治过程，因为这种过程似乎触及了如此极端广泛的事务。因而，单就原生情感来说，新兴国家——或是他们的领导人——必须竭尽全力去做的，不是像他们经常企图去做的那样，希望通过蔑视甚至否认其客观存在来使这些感情不再存在，而是使之驯化。他们必须使之与正在展现的公民秩序协调起来，手段是剥夺它们使政府权威合法化的力量，使与它们有关系的国家机器中立化，将由于它们与社会脱节而产生的不满导入到一个恰当的政治形式而不是准政治的表达之中。

这个目标不可能完全达到，或者至少还从来没有达到过——甚至在阿姆倍伽尔先生提出的具有“统一天赋”的加拿大

与瑞士(越少说与此有关的南非越好)也是如此。但是这是相对可能的,而且新兴国家正希望借此来击退解放了的原生热情对其完整性和合法性所进行的攻击。正如这些国家似乎注定要经历的工业化、城市化、重新分层化,以及各种其他的社会与文化“革命”一样,将原生社会团体的差异限制在单一的主权国家之中,就有可能将它们人民的政治容量逼迫到其极限——在某些情况下,毫无疑问,还超过极限。

四

当然这种“整合式革命”已经开始,而且到处都正在竭力寻找创造一个更完善的联邦的道路和手段。但是这仅仅是开始而已,因此如果任何人要在大范围比较的基础上考察这些新兴国家的话,都会碰到一个令人困惑的画面:对于一个虽然外在形式各有不同,但却有共同本质的问题,——对原生不满的政治上的正常化做出各种不同制度和意识形态上的回答。 278

当今的新兴国家,很像幼稚的、初出茅庐的画家、诗人或作曲家,正在寻求它们自己恰当的风格、它们自己独特的方式来解决由它们的媒介所造成的困难。由于它们是模仿的、组织糟糕的、折衷主义的、机会主义的、屈服流行时尚的、定义含混的、不确定的,无论是在传统类别还是在新制定的分类中,要对它们分类都极难,就像是要将一个不成熟的艺术家明确地归入某个派别或传统中,远比将一个已经找到了自己独有的风格与个性的成熟的艺术家归类困难得多,这种方式同样有点似是而非。印度尼西亚、印度、尼日利亚及其他国家,就现在的状态而言,都处在困境中;但是这些困境正是激发它们政治创造力的主要动力,迫使它们为了找到摆脱困境获得成功的道路而不断地努力。当然，这并不是说所有这些创造最终都会成功；总有一些不能如愿以偿的国家，就像有一些不能如愿以偿的艺术家一样，也许法国可以作为证明。但是正是原生问题的顽固性，与其他因素一起，推动政治甚至宪法的创新过程不断前进，而且使得任何要将新兴国家的政治进行系统分类的努力仅具有一种暂时的（如果不是完全不成熟的话）性质。

使各种政府安排有序化的努力已经作为处理从语言和种族等等异质性中产生的问题的手段，出现在新兴国家中。这种努力必须从对这些安排做出简单的经验性的回顾开始，以模式的形式展示现存的试验。由这样一个回顾，应当有可能至少使人意识到差异的范围，意识到这些安排在其中形成的社会领域的总体层面。在这种方法中，分类不是划分结构类型的工作，不管是理想类型或其他内容，这种分类方法是从纷乱的现象中分离出基本的恒定的因素，确定这种变异发生的限度及其表现的领域。在此，这种范围、层面、限度及领域的概念，最好通过一系列对"整合式革命"的快照迅速地表现出来。就像它在若干个新兴国家中进行的那样：表现出不同的原生差异的具体模式，以及对
279 这些模式所做的政治反应的不同方式。印度尼西亚、马来亚、缅甸、印度、黎巴嫩、摩洛哥和尼日利亚，这些国家文化上各具特色，而地理上分散各处，这些国家是对正在走向一体化进程中的——ex hypothesi（根据逻辑前提）——分裂国家做匆促考察的适当目标。[33]

㉝ 除了印度尼西亚（还有当今——一九七二年——的摩洛哥）的部分之外，由于下述概括主要依据的是文字材料而不是实地研究，所以在这篇文章中列出一个所有材料来源的目录显然是太长了。因此下面我只是列出一个我从中得到很多依据的著作的目录。包括上述讨论的国家在内的最好的概览是阿尔蒙德与科尔曼的《发展中地区的政治》。关于亚洲，我发现了两本以前引用过的由卡欣编辑的专题论文

印度尼西亚 280

大约直到一九五七年初，爪哇与外岛的地区性紧张还一直得到了控制，这是由以下几种因素共同决定的：革命团结的持续动力，一个有着广泛代表权的多党体制，印度尼西亚特色的称为Dwi-Tungal——大致意思为“二元执政”——的两派组成的最高行政权力体制，在其中，由两个老资格的民族主义领袖，爪哇人苏加诺和苏门答腊人默罕穆德·哈达，共同分享最高领导权，一个是共和国的总统，一个是副总统。自此之后，团结逐渐消失、政党制度崩溃、二元领导体制瓦解了。尽管在一九五八年有效地镇压了地区叛乱，尽管苏加诺狂热地努力将政府集中于他个人，将他作为“’45 精神”(the spirit of ’45)的化身，但由此丧失的政治稳定却再也不能恢复了，而且这个新国家几乎成了整合

集《东南亚的政府与政治》及《亚洲的主要政府》最为有用。爱默生的《从帝国到民族》也提供了某些有价值的比较材料。

印度尼西亚：H. 费特：《威洛波政府，一九五二——一九五三》(伊萨卡，纽约，1952)；G. 波克：《印度尼西亚政治组织的角色》，载《远东概览》，第 27 期(1958)，第 129—142 页；G. W. 斯金纳：《乡村印度尼西亚的地方、种族与民族的忠诚》。

马来亚：M. 弗里德曼：《马来亚多元社会的成长》，载《亚洲事务》，第 33 期(1960)，第 158—167 页；N. 金斯伯格和小 C. F. 罗伯茨：《马来亚》(塞特尔，1958)；J. N. 帕默尔：《独立头一年的马来亚》，载《远东概览》，第 27 期(1958)，第 161—168 页；T. E. 史密斯：《一九五九年的马来亚选举》，载《太平洋事务》，第 33 卷(1960)，第 38—47 页。

缅甸：L. 比奇娄：《缅甸一九六〇年的选举》，载《远东概览》，第 29 期(1960)，第 70—74 页。G. 费尔贝恩：《缅甸的少数民族问题》，载《太平洋事务》，第 30 卷(1957)：第 299—311 页；J. 希尔弗斯坦：《掸邦政治：从缅甸联邦分离的要求》，载《亚洲研究杂志》，第 18 期(1958)：第 43—58 页；H. 廷克：《缅甸联邦》。

印度：阿姆倍伽尔：《语言国家的理论》；S. 哈里森：《印度》；R. L. 帕克和 I. 廷克编：《印度的领袖与政治习俗》(普林斯顿，新泽西，1959)；《国家重组委员会的报告》(新德里，1955)；M. 威纳：《印度的政党政治》(普林斯顿，新泽西，1957)。

失败的典型案例。随着走向现代化的每一步而来的，是日益增长的地区不满；随着地区不满的每一次增长而来的，是政治上软弱无力的新暴露；随着政治上软弱无力的每一次暴露而来的，是政治勇气的丧失，更孤注一掷地诉诸于军事高压与意识形态复兴主义的不稳定的混合。

正是一九五五年的选举奠定了议会制度的总体框架，而使正在思考的印度尼西亚人不可回避地认识到，他们要么找到某种在他们犹豫不决地创立的现代公民秩序的框架中寻找解决问题的办法，要么就要面对日益严重化的原生性不满与准政治冲突。虽然一直希望通过选举能澄清误会，但是却激化了。他们将政治重心从"二元执政"转向政党制。他们促成了共产党的群众性力量，共产党不仅获得了百分之十六的选票，而且这些选票百分之九十来自爪哇，因而使地区紧张与意识形态紧张混在一起。他们使这一事实变得戏剧化：这个社会中的某些更为重要

黎巴嫩：V. 阿尤布：《中东社会的政治结构：山地黎巴嫩的一个德鲁兹村庄》(博士论文，哈佛大学，1955)；P. 龙多：《黎巴嫩的传统政治》(巴黎，1957)；N. A. 齐亚德：《叙利亚与黎巴嫩》(伦敦，1957)；N. A. 齐亚德：《黎巴嫩的选举，一九六〇》，载《中东杂志》，第14期(1960)：第367—381页。

摩洛哥：D. 阿什福德：《摩洛哥的政治变革》(普林斯顿，新泽西，1959)；N. 巴伯编：《西北非概览》(纽约，1959)；H. 法夫雷：《民主化的摩洛哥》；J. 和 S. 拉库蒂尔：《摩洛哥的试验》(巴黎，1958)；W. 刘易斯：《摩洛哥的世仇与社会变革》，载《解决冲突杂志》，第5期(1961)：第43—45页。

尼日利亚：J. 科尔曼：《尼日利亚；调查少数民族的恐惧与联合它们的手段委员会的报告》(伦敦，1958)；H. 和 M. 史迈斯：《新尼日利亚精英》(斯坦福，加利福尼亚，1960)。

至于现在的事件，我发现美国大学海外教员通信，特别是那些印度尼西亚(H. 汉纳)、马来亚(W. 汉纳)、印度(P. 塔尔博特)、摩洛哥(C. 加拉格尔)及尼日利亚(R. 弗洛丁)的内容，非常有用。

(自上述目录于十年前编写以来，关于我们这个主题的大量的新书已经出现了。但是据我所知，还没有这一领域中的综合书目。)

的权力中心——军队、华侨、某些外岛出口商，等等——的利益，在正式的政治体制中得不到恰当的代表。而且他们将政治领导资格的基础从革命性特征转变为群众威信上来。同时，选举要求，假如现存的公民秩序将要保留下来并得到发展的话，要建立 281
一整套新的总统、副总统、议会及内阁之间的关系；抑制一个仇视民主概念本身和多党制的咄咄逼人的、组织有序的极权主义政党；议会框架之间的重要团体要和它发生有效的关系；找到能够取代共有的一九四五年至一九四九年经历的精英团结的新基础。考虑到极难克服的经济问题、冷战的国际环境及高层人士中间长期存在的个人仇恨，这些多重要求要是能做到也许倒要让人感到惊讶了。但是也没有理由认为，即使有必要的政治才干，也是不可能做到的。

但是无论如何，没有能做到。到一九五六年底，一直非常微妙的苏加诺与哈达之间的关系变得如此紧张，以至于造成了后者辞职，就外岛许多处于领导地位的主要军事、金融、政治及宗教群体而言，这一行动在本质上撤消了对中央政府的合法性的认可。"二元执政"一直是一个象征，在很大程度上是把外岛的各族群与数量大得多的爪哇人看做有着平等和正式伙伴地位的准宪法保证：不能让爪哇人对印尼指手画脚。苏加诺，部分是爪哇神秘主义者，部分是积习难改的折衷主义者；而哈达，部分是苏门答腊严格的穆斯林，部分是不拘形式的行政管理人才。两人不仅在政治上而且在原生因素上也是互补的。苏加诺集中体现了难以捉摸的爪哇人的融合性极高的高雅文化；哈达则体现了不太狡猾的外岛人的伊斯兰教重商主义。主要政党——特别是共产党，将马克思主义意识形态与爪哇的"民间宗教"传统混合在一起；还有穆斯林的玛苏米(masjumi)，这个党获得了爪哇以外的更正统地区的近一半选票，成为他们的主要代言人——

相应地组成了联盟。因而，当副总统辞职后，总统在他的恢复一九四五年(即，选举前)"有指导的民主"的概念下，成为印度尼西亚国家生活中的惟一轴心时，共和国的政治平衡倾复了，地区不满进入了激烈的阶段。

自此以后，阵发性的暴力活动和疯狂地寻求政治灵丹妙药交替出现。流产的政变、失败的暗杀、不成功的叛乱一个接着一
282 个，浸透着数量惊人的意识形态及社会制度方面的试验。"新生活运动"让位于"有指导的民主"运动，"有指导的民主"运动让位于"恢复一九四五年宪法运动"，同时政府结构——国家政务委员会、国家计划委员会、立宪会议等等——就像种子在无人注意的花园中一样疯长。但是不管是神经质地修修补补还是声嘶力竭地提口号，没有任何形式能够容纳这个国家的多样性。因为这种胡乱凑乎所反映的不是以现实主义的态度寻求解决国家一体化问题，而是绝望地施放烟幕，其背后面所掩盖的，是日益认识到政治劫难正在逼近。目前，一个新的、事实上的"二元执政"分享着领导权——苏加诺前所未有地呼吁复兴"革命的团结精神"，国防部长及前参谋总长(这是另一个没有鲜明倾向的苏门答腊职业军人)A. H. 纳苏蒂安中将，他指挥着军队功能的扩大，具有准文官机构的作用。但是他们互相之间的关系，以及他们有效权力的范围，就像印度尼西亚的政治生活中的所有其他事情一样，仍然是不确定的。

这种"对逼近的政治劫难日益坚定的信念(conviction)"，后来被证明是再精确不过了。苏加诺总统疯狂的意识形态宣传继续增长，直到一九六五年九月三十日夜里，总统卫队的指挥官发动政变。六个高级将领被杀害(纳苏蒂安将军勉强逃生)，但当时另一个将军苏哈托集合军队击溃了叛乱者，这场政变失败了。

随后的几个月是大规模的群众骚乱——主要是在爪哇与巴厘，但是也零星发生在苏门答腊——矛头指向被认为是印度尼西亚共产党的追随者的个人，共产党普遍被认为是政变的幕后策划者。数十万人被屠杀，大部分是村民之间的残杀(虽然也有些人是被军队杀死的)，而且，至少是在爪哇，主要是依据原生性界线——虔诚的穆斯林屠杀印度教徒——就像前面所描述的(还有一些排华行为，尤其是在苏门答腊。但相互残杀主要是爪哇人对爪哇人，巴厘人对巴厘人)。苏加诺的国家领袖地位逐渐被苏哈托所代替，前者死于一九七〇年六月，苏哈托已经在此两年前正式成为总统。自此之后，这个国家一直由军队在各种文官技 283
术专家及行政管理人员的协助下管理着。在一九七一年夏天举行的第二次大选中，结果是政府支持并控制的政党获得了胜利，严重削弱了几个老牌政党。此时，由原生纽带定义的群体，即宗教、地区和种族的群体之间的紧张还是很严重，而且实际上由于一九六五年事件更为恶化，这种紧张很少公开表达。它将长此下去——至少在我看来——似乎是不可能的。

马来亚

在马来亚，引人注目的事情是：各种不同的群体在一个严格按种族划界的多元社会中在总体上整合的程度，所涉及的不是国家结构，而是最近才出现的政治新现象即政党组织。正是由马来亚民族组织联盟(UMNO)，马来亚华人联合会(MCA)及不太重要的马来亚印度人大会组成的这个同盟，使原生冲突非正式地但却是现实地得到了调整，也许在任何国家——新兴的、古老的或是中等的——都会面临的离心倾向，到目前为止，在这里已经被有效消解、转移和控制。这个同盟成立于一九五二年，正值恐怖主义“紧急状态”盛期，由马来亚保守的、受过英国教育的上层阶级成员和华人社群组成(一两年后印度人加入,他们总是手足无措,不知该投靠哪方)。这个同盟是实践在新兴国家政治的整体范围内不可能的(政治)艺术的一个最引人注目的例子——一个联合各派别非群团的政党:被置于一个足以使哈布斯堡帝国似乎是丹麦或是澳大利亚的原生怀疑与仇恨的语境中。它们自己坦率地、清楚地而且有时是热忱地共同呼吁。仅就事物的表面看,它不可能起作用。

无论如何,重要的问题是,它是否会继续发挥作用。马来亚是在一九五七年中期以后才独立的,得益于相对有利的经济条件,得益于……相对稳定的政权移交及持续的 présence anglaise(英国人的影响);得益于一个保守的多少有点理性主义的色彩的寡头政治有能力使广大群众相信,它比在其他新兴国家中明
284 显左翼的、感情用事的政府更适合实现他们的雄心壮志。同盟统治是否不过是暴风雨前的平静,就像与之非常类似的联合民族党在锡兰的统治一样?它会不会在社会或经济发生动荡时注定被削弱并解体,就像印度尼西亚的"二元执政党制"一样?一句话,是不是因为太过完美,而难以持久?

预兆是复杂的。革命前举行的第一次大选中,同盟获得了百分之八十的票数,并得到了联邦立法委员会五十二个席位中的五十一席,实际上成为前殖民统治的惟一继承者。但是在一九五九年举行的独立后的第一次大选中,它在与更主要是社区的政党的较量中失去了大量的地盘,它所得的总票数降至百分之五十一,在一百零三个总席位中降至七十三席。马来亚民族组织联盟,由于某个具有强烈群团色彩的政党关于建立一个伊斯兰教国家,"恢复马来亚王权",及"建立大印度尼西亚"的呼吁,出乎意料地赢得了马来亚人占绝大多数的虔诚的东北部农民的支持而被削弱。华人势力与印度人势力被在沿中西部盛产

锡与橡胶的城镇的马克思主义政党所削弱,在这些地区,有大量下层华人与印度人新选民根据独立后的自由化公民权利法进入选民登记,马克思主义政党在此处与其他地区一样,几乎毫无困难地使自己适应了原生忠诚。在这些损失的打击下——这些损失第一次明显表现出来是在联邦选举前两个月举行的邦选举中——同盟实际上已经接近瓦解了。马来亚民族组织联盟的损失,诱使马来亚华人联合会中的一些年轻的、不太保守的成员要求增加更多的华人候选人、要求同盟明确谴责马来亚种族主义、要求重新审查与华人学校中的语言问题有关的国家教育政策。马来亚民族组织联盟中的几个鲁莽的成员以牙还牙地回答了他们。虽然裂痕得到弥补,或者是掩盖,但是在选举期间,马来亚华人联合会中的几名年轻领导人辞职了,马来亚民族组织联盟被迫在自己成员中自行清除了原生"煽动分子"。

因而,虽然像在印度尼西亚,举行大选将潜在的原生性问题变成了焦点,以至于必须要直接面对这些问题,而不是隐藏在民族主义词句的后面,但在马来亚,政治天才们,迄今为止,似乎更能胜任这个任务。虽然这个同盟也许没有独立后初期那么绝对占主导地位而且整合也可能有所减弱,但是它在实力上还是很 285
巩固的,而且还是在一个有效的公民框架中调整及遏制原生争执而不是听任其在准政治混乱中驰骋。似乎正在发展并且也许正在形成的模式,是一个这样的模式,在其中一个基础广泛、由三个部分或是三个派别组成的国家政党,几乎遍及这个国家而且受到较小的政党——阶级政党认为它太群团化,群团政党认为它不够群团化(两者都指责它是"非民主"和"反动的")——的多重攻击,其中的每一个都在试图攻击它在发挥功能时暴露出来的弱点,更公开地诉诸原生情感。当同盟努力控制一个生死攸关的中心,以此反对来自各个方向的、削弱其基本力量来源——马来亚人、华人和印度人领导者中间事实上达成的同舟共济、政治谅解——的企图时，其复杂的内部机制，因而成了正在马来西亚进行的整合式革命的完美典范。

一九六三年，马来亚变成了马来西亚，这是一个由狭义的马来亚(即马来亚半岛)、新加坡及位于北婆罗洲地区的沙捞越和沙巴组成的联邦。同盟仍然是多数党，但是新加坡的主要政党，人民行动党，努力寻求在半岛华人中的影响，削弱了MCA并因此而威胁了同盟及华人—马来人的政治平衡。一九六五年八月，紧张已经发展到如此程度：新加坡离开了联邦成为独立国家。来自印度尼西亚的对新联邦的反对，来自菲律宾的对将沙巴包括在联邦内的反对，都增加了在形成新的政治实体中所产生的压力。在一九六九年五月的大选中，同盟丧失了微弱多数，主要是因为MCA没有能抓住华人的支持(其中的多数基本上投了华人民主行动党的票)，但是也增加了本文提到的伊斯兰主义马来亚群团党的收获，这个党得到将近四分之一的选票。MCA因为感到它失去了华人社会的信任，随后退出了同盟，因而陷入了全面深刻的危机。就在这个月的月末，在首都吉隆坡爆发了一场残暴的社会动乱，大约有一百五十人被杀死，他们中的大多数是以极为残忍的方式被杀害的，而华人与马来人之间的交往几乎完全破裂。政府实施了紧急状态法，形势平静下来。
286 一九七〇年九月，自UMNO建立起就一直领导着它与同盟的图恩库·阿卜杜拉·拉赫曼退休了，他的位置被他长期的副手、这个国家的强权人物通·阿卜杜拉·拉扎克继任。紧急状态法在经历了二十一个月之后最终还是结束了，议会政府重新恢复，那个时候已经是一九七一年二月。此时形势似乎已经稳定下来，而且同盟仍然坚定地反对群团主义将其蚕食的企图(但是华人共产党的游击战还继续在沙捞越活动)，虽然这个国家作为一个整体比起它建立的最初几年离各群团之间达到的一致要遥远得多。

缅甸

在缅甸，情况几乎与马来亚完全相反。虽然与印度尼西亚不同，同样有一个具有广泛代表性的全国性政党(吴努的反法西斯人民自由联盟[AFPEL]的“纯洁派”)统治着(一九六二年)一个形式上的联邦国家，反对派虽然表现激烈，但力量微弱；该政党的力量主要和直接依据缅甸人的文化自豪感(这指的是作为缅甸人的代言人)，与此同时，少数民族，其中有些在独立后的最初几年中使这个国家处于多边内战之中，现在被提供了相当复杂及奇特的宪法体制，这个体制在理论上保护它们免受政党体制可能在实际上导致的缅甸人的支配。缅甸政府自己在很大程度上明显是单一的、集中化的原生群体的代理人，而且它因此面临着非常严峻的、在处于边缘地位的群体——它们占了人口的三分之一以上——的眼中维护其合法性的问题；这些少数民族本能地倾向于将这个政党视为外来的，它在试图解决这个问题时，大部分是靠刻意做出来的安抚人心的法律姿态，以及大量的同化政策。

简而言之，这个宪法体制是为了减轻少数民族的恐惧而设计的，目前(一九六二年)由六个法律上不统一的“邦”组成，这些邦主要是根据地区—语言—文化划分的，并拥有不同的正式权力。有些邦——显然只是名义上的——有分离权；其他邦则没有。每个邦有着略有不同的选举制度，并且控制自己的小学。对邦政府结构的精心设计，从钦邦到掸邦各有不同：钦邦几乎没有任何地方自治；掸邦传统的“封建”首领可以大量保留他们传 287

统的权利;与此同时,缅甸本土不被视为构成联邦的一个邦,但是说到底与之并无区别。领土范围与现实原生因素之间的相匹配程度是各不相同的——克伦邦是最为长期不满的,而小小的克耶邦显然依赖于政治上比较方便的一个发明:“红色克伦”民族。每个邦各有代表参加两院制议会的上院即民族院;该院非常优惠少数民族。在联邦政治体制中由于普选产生的下院,即众议院,使民族院黯然失色;但是因为每一个邦的代表,与来自这个邦的下院代表一起,共同组成了管理国家大事的国务院,因此民族院有着重要的地方意义。而且,国家领袖(即国务院的首脑)同时被任命为联邦政府中主持邦务的部长。宪法修正案要求得到两院三分之二多数的票数才能获得批准,因此,少数民族至少可以在形式上制衡政府及下院的权力。最后,联邦总统主要是一个荣誉性职位,根据非正式的协议而不是明确的宪法条款,由各民族人士轮流担任。

正是在这个巧妙地模糊了联邦与它的成员之间的差异的精心编织的宪法结构内,——赋予这种差异以最准确的形式的时候——推行了强有力的 AFPFL 同化政策。这个“缅甸化”传统,或者如有些少数民族更直率地称之为“AFPFL 帝国主义政策”的传统,可以追溯到世纪之交佛教学生俱乐部的民族主义运动开始之际;而且到三十年代,德钦(Thakin)们号召建立一个独立国家:以缅甸语为民族语言,缅甸服装作为民族装束,恢复(主要是缅甸人的)佛教僧侣作为政府的教师、向导和顾问的传统作用。自从独立及德钦·努成为总理以后,缅甸政府开始发奋实施这些目标,在军事统治的一年半时间里,强制同化政策曾有所放松,但是随后以“让佛教成为国教”为纲领在一九六〇年以压倒多数再次当选的吴努政府,甚至更强烈地鼓吹这种强制同化政
288 策(在狭义的缅甸地区,他的“纯洁的”AFPEL 口号获得了大约

百分之八十的下院席位;在各邦及疏远他的若开地区,得到约三分之一的选票)。

结果是,缅甸对原生利益所做的大部分政治调整,至少在形式上,都是以法律条款面目出现的,都是用一种相当奇特而且显然是做作的宪法条文中的词汇进行的。克伦人认定,他们邦的官方边界太受限制不足以补偿他们损失了的在殖民统治下所享有的特权,这个信念促使他们叛乱;他们在军事上被联邦军队打败,屈服的标志和象征是接受这个边界,再附加一些法律惩罚作为反面教训:明确否定了其分离出联邦的权利,减少了他们在议会两院中的代表席位,撤销过去的一个将克耶邦与克伦邦合并的决定。同样,若开与孟的原生性不满——这些不满周期性暴发,成为公开的暴力事件——也是以建立若开邦与孟邦的要求的形式表达的;对此吴努很长时间被迫支持,尽管他经常反复申明反对建立任何新邦。在掸邦,传统的首领要求将退出联邦的宪法权利及他们宣布的邦的权利写进宪法,以此作为与联邦就交出他们各种传统权力而得到补偿的数量与种类方面的交易的筹码,如此等等。这个不符合常规也不正统的宪法框架,在语言方面非常精确,在含义上含糊得非常有用,以至于“似乎甚至没有(缅甸)律师能够说清缅甸在实际上是一个联邦制国家,还是一个单一制国家”[34];这个宪法框架允许一党制的、以缅甸人为核心的AFPFL政权在所统治的几乎所有的领域推行强有力的同化政策;与此同时,至少还维持了非缅甸族的缅甸人最低的忠诚,这是它在十年前所没有的某种东西——但是假如它的族群狂热没有得到遏制,它在今后的十年就不可能享受这样的忠诚。

㉞ 费尔贝恩:《缅甸的少数民族问题》。

一九六二年三月，奈温将军通过军事政变从吴努手中夺取了政权，吴努被监禁。奈温为缅甸制订了一种极端孤立主义的
289 政策，这种政策，在其他事务中，使得要发现这个国家正发生着的事情的细节非常困难。似乎比较清楚的是少数民族集团的军事反抗还在以前的水平上继续进行，并且变得非常组织化，成了这个国家的景观中的常见部分。一九七一年一月，吴努(他此时已经从监禁中释放）联合反政府的掸邦人在泰国西部建立了“民族解放阵线”的总部。虽然这个总部几乎没有什么作为，但是克伦、掸、克钦的反叛发展迅速。(奈温一九六九年授予缅甸南部的克伦“邦”的地位，但是由于认为授予的“自治”权太有限，克伦在一九七一年初发动了进攻，目标是推翻奈温。）一九七一年二月，联合民族解放阵线形成，包括克伦、孟、钦及掸的反叛分子。(有着自己的独立军队的克钦同意合作但是不参加。）因而，由于缅甸对外部观察者几近关闭，非常难以观察并说清所有这些事件中有多少是出于原生性不满这一基础，但是似乎很明显的是，不仅缅甸典型的原生性异己的模式在奈温统治下没有改变，而且它还进一步加剧成为政治风景中的一个持续的特色。

印度

印度，这个广阔而又多样的宗教、语言、地区、种族、部落及种姓忠诚的迷宫，正在创制一个多边政治模式，以适应其令人迷惑的、错综复杂的社会文化结构。在最后时刻[鸭子般]摇摇摆摆地(以E. M. 福斯特文雅地嘲讽的形象)挤进民族国家的行列就座，她实际上一直困扰于全方位的复杂的互相重叠的原生冲突。剥开旁遮普的语言主义，会发现锡克宗教群团主义；去掉

泰米尔人的地方主义,就会发现反婆罗门的种族主义;从稍微不同的角度看孟加拉的傲慢,就会看到大孟加拉爱国主义。在这种形势下,似乎不可能有对原生性不满问题的普遍而又统一的解决办法,只能是一个各不相同的、适应地方情况的临时解决方式的松散大杂烩,各地之间的关系是偶发性与实用性的。适合阿萨姆那加的部落不满的政策,对安得拉农村地主的以种姓为基础的不满并不具有普遍性。中央政府对奥里萨王公所采取的 290
立场不能也对古吉拉特工业者采取。在印度教文化中心地区北方邦的印度教原教旨主义问题,与在达罗毗荼的迈索尔的印度教原教旨主义有着非常不同的形式。就原生性问题而言,印度国内政治就成了互不相关的一系列保持权宜之计的努力。

进行这些努力的体制性载体当然是印度国大党。虽然就像马来亚的同盟和缅甸的 AFPEL 那样,国大党是一个成员广泛的全国性的政党,它优先拥有这个新兴国家政府职能中的大部分,成为最重要的凝聚力量,但是,它既不是以公开宣布其原生特征的派别的同盟的身份,也不是以主要民族同化主义的代理人的身份这么做的。这两条道路中的第一条被排除是因为原生模式的多成分组成的性质——涉及的不同群体的纯粹数量[众多],第二条道路被排除是因为在这一模式中缺乏一个明显的优势群体。结果是国大党,撇开它轻微的印度北部色彩不谈,倾向于在国家层面上成为一种中立的、坚决走现代化道路,并具有一些世界主义性质的力量;同时,它还建立起了一个各自分离的,在很大程度上独立的地区政党机构,以确保它在地方层面上的权力。因此国大党所表现的形象是双重的:一方面,尼赫鲁既是印度教狂热宣讲者,又是泰米尔仇外者,“是一个深思熟虑的、有教养的现代知识分子,在自己的祖国面前充满着渴望、怀疑主义、教条主义及自我怀疑”;[35]另一方面,一批不那么善于思考的地区首领——马德拉斯的卡玛拉季·纳达尔、孟买的恰范、马哈拉施特拉的阿图利亚·高希什、奥里萨的帕特奈克、旁遮普的凯隆及拉贾斯坦的苏卡迪亚,他们有意操纵(这是各种方式之一)地方现存的语言、种族、文化及宗教,以保持本党的主导地位。

一九五六年的《各邦重组法案》——它本身是独立前几十年从国大党内部开始的一个进程的顶点——赋予这个以国家为内核与以原生因素为外壳的模式以官方制度性肯定。将国家按语
291 言划分为从属单元,实际上是将准政治力量隔离在地方范围内,避免它们干涉国家事务这样的一种总方法的一部分。与缅甸的邦不同,印度的邦拥有真正的及明确——也许太明确了——规定的宪法权力,从教育、农业到税收和公共卫生的所有领域,因此以邦的各组成部分和各邦政府的组成为中心的政治进程,远不是一个前后不连贯的事务。也许正是在邦一级上,构成印度国内政治日常内容的大量短兵相接的激烈冲突开始出现;而且在邦一级上,对原生利益的调整也开始生效(如果有什么效果的话)。

因而在一九五七年的大选中,甚至比一九五二年的大选还要严重,国大党发现自己要在多条战线上作战,在不同的邦进行不同的选举战斗,要对付利用各种不满的对手——在喀拉拉邦、孟加拉邦及安得拉邦对付共产党人;在旁遮普邦、北方与中央邦及拉贾斯坦邦对付宗教群团政党;在阿萨姆邦及比哈尔邦对付部落联盟;在马德拉斯邦、马哈拉施特拉邦及古吉拉特邦反对种

㉟ E. 希尔斯:《处在传统与现代之间的知识分子:印度的形势》,《社会与历史比较研究,附录一》(海牙,1961),第 95 页。(当然,现在是他的女儿,甘地夫人,在那里坚持,而且不那么充满渴望,但是模式依然保留。)

族—语言阵线;在奥里萨邦、比哈尔邦及拉贾斯坦邦反对封建王公复辟党;在孟买反对普拉贾社会主义者党。并不是所有这些斗争都围绕着原生性问题,但是最终所有的——甚至那些和左翼“阶级”政党有关的党派——似乎都明显地受到它们的影响。[36] 无论怎么说,这些反对党中没有一个能超出它们的资源相对丰富的那几个据点而发生影响,国大党作为惟一的真正的全国性政党能够以绝对优势维持对中央政府和对邦政府——除了少数例外——的控制,即使它只获得少于半数的选票。

从这个充满地方政府阴谋诡计的复杂混乱中,作为执行外交政策的特别委员会、作为社会与经济的综合计划委员会及作为全印度民族认同的符号表达,这个相当理智、公平、注重道德 292
的国大党中央政府是如何建立的,这是某种东方之谜。大多数观察者完全不加分析地归为尼赫鲁作为民族英雄的个人魅力。他继承了甘地的圣徒地位及作为独立运动的化身身份,弥合了他自己的世界主义唯智论与他的人民大众的地方观念之间的鸿沟。也许正是这个原因,还有他无可比拟的保持地方首领忠诚、与中央政府保持一致的能力,同时还有合乎理性的谦虚,使继承问题——“尼赫鲁之后是谁”——在印度从根本上具有比其他多数新兴国家更突出的意义,在其他新兴国家继承问题也几乎总是一个突出的烦恼。阿姆倍伽尔坦率地说,印度能够至今还是保持着联合这个事实,是由于国大党纪律的力量——“但是国大党能延续多久?国大党就是博学者尼赫鲁,博学者尼赫鲁就是

---

[36] “总之,喀拉拉共产党作为第一个地区性共产党获得对邦政府的控制,可以从其有能力利用所有喀拉拉人的地区性爱国主义,并在同时利用语言领域内具有政治战略的阶级院外活动集团中得到解释。”——哈里森:《印度》,第193页。在孟买,共产党和普拉贾社会党都参加了马哈拉施特拉语言阵线;在相对的古吉拉特邦则是古吉拉特语言阵线。

国大党。但是博学者尼赫鲁能永生吗？而任何一个在他的头脑中提出这些问题的人都将认识到，国大党不会像日月一样永存。”[37] 如果缅甸的一体化问题是将原生热情限制在中心，那么印度似乎是将其限制在边缘。

围绕着继承问题的恐惧，在写下上述文字时是足够真实的，但是证明是缺乏根据的。尼赫鲁一九六四年五月去世后，经过短暂的拉尔·巴哈杜尔·沙斯特里的统治，随着尼赫鲁的女儿，与甘地同名的莫迪拉·甘地夫人就任总理，“使徒”继承模式又重新建立起来。在她统治的早期，国大党失去基础，邦层面上的一系列的动乱导致了中央政府对几个邦实行直接控制。一九六九年五月，身为穆斯林的扎克尔·哈辛总统去世，威胁到印度的印度教徒与穆斯林的谅解，而且在甘地夫人与传统的国大党领导人之间互相摊牌，甘地夫人这次获得了决定性的胜利。虽然面临着持续的邦层面上的动乱，甘地夫人还是在一九七一年三月的大选中获得了决定性的胜利，获得了对政府的无可争议的控制。在这一年的后半年爆发的孟加拉反叛，也许是迄今为止新兴国家中最严重的也确实是最成功的原生分离主义叛乱，随后是印度的干涉及短暂而成功的与巴基斯坦的战争。由于所有这一切，国大党保持对印度各个原生群体控制的能力肯定至少是暂
293 时增强了。但是从更大范围的“事件”来看，这个问题仍然存在，从持续的阿萨姆邦的那加人叛乱，到持续的旁遮普邦的锡克人叛乱。确实，从长远看，对印度而言，孟加拉的例子具有两面性，

㊲ 阿姆倍伽尔：《语言国家的理论》，第 12 页。中国进攻（此处系作者从其立场出发的不实之辞，事实是中印边境战争中中方的反击——编注）当然可能是提供一个比尼赫鲁更强大的凝聚力——共同的敌人。

不仅涉及孟加拉本国，也涉及其他地方：今年(一九七二年)二月，达罗毗荼进步党开始了争取泰米尔纳德——在南印度建立一个泰米尔自治邦的运动，公开效仿孟加拉人，谴责甘地夫人的行为与叶海亚·汗将军完全一样。因而，虽然国大党中央政府力量的增强，暂时使反对原生主义的战争冷却下来，但是这种斗争还远远没有结束。

黎巴嫩

黎巴嫩可能——如菲利普·希蒂(Philip Hitti)所指出的——不比黄石公园更大，但它却是更让人震惊的地方。虽然它的人口几乎完全说阿拉伯语，而且总体上都是“东地中海人”(Levantine)气质，但是却严格地划分为七个主要的穆斯林(逊尼派、什叶派、德鲁兹派)及基督教(马龙派、希腊东正教、希腊天主教、亚美尼亚东正教)教派，以及许多小的教派(新教、犹太教、亚美尼亚天主教等等)，这种教派差异不仅形成了个人自我认同的主要的公众框架，而且它直接编织进了国家的整个结构之中。议会中的席位严格按照派别基础根据人口统计比例分配，这是由法律规定的；这种情况在独立后举行的五次选举中基本上没有变动。最高行政权力不仅是两分而且是三分的，国家总统按照惯例由马龙派的人担任，总理是逊尼派，议会议长是什叶派。内阁职位也小心地根据宗教基础分配，而且在从部长、地方行政长官到外交职位一直到普通职员的工作，都保持类似的平衡。司法制度同样是一个多元化宗教的迷宫，法律自身与应用法律的法庭因派别而各有不同，因之个人法律案件的终审权有时完全超越了国界。作为阿拉伯省份及基督教外辖区，现代贸易中 294
心及奥托曼帝国米列特(millet)体系的最后遗迹，黎巴嫩几乎既像一个国家又像一个国家联盟。

这个国家联盟所奉行的政治类型也同样令人惊讶。政治党派虽然正式参与政治，但是却只是一个边缘角色。争夺财富与权力的斗争不是以政党为轴心而是围绕着强大的地方首领，他们多为重要的在外地主(absentee landlords)或控制着这个国家某个地区的显赫的大家族的族长。属民跟随这些地方首领主要是依照传统而不是意识形态原则，每个首领和代表其他地方派别的首领组成的联盟，形成了像坦曼尼协会[38]那种"爱尔兰人一票，犹太人一票、意大利人一票"类型的均衡分配选票的竞选运动。

这个过程还由于这样一个设计而得到推动：任何一个地区的全体选民都可以投所有地方候选人的票而不必考虑教派。因而，一个在另外有逊尼派、希腊东正教派、德鲁兹派席位的地区投票的马龙派选民，既可以在逊尼派、希腊东正教派及德鲁兹派候选人中做出选择，也可以在他自己的派别即马龙派候选人中做出选择，反过来也一样。这导致形成组合式的名单，每个教派的候选人都要试图将他们自己与其他派别得人心的候选人联系在一起，以便吸引必要的外区的选民。这些名单很少分化，因为一个候选人形成有效联盟的可能性依赖他吸引忠于他的选民的能力(而且因为普通选民几乎对其他教派的候选人一无所知，不能以此为据对他们的资格做出合理判断)，这就意味着，对于任何一个席位，都是马龙派与马龙派竞争，或是逊尼派与逊尼派竞争，等等，实际上入选的是在选举名单上的人。选举进程的作用在于将不同教派的某些领导人联合起来，反对某些其他类似的领导人，政治纽带以这样一种方式跨越了教派纽带。不同派别

---

[38] 美国历史上操纵纽约市政的民主党执行委员会的俗称。此名源自独立战争前一个以特拉华州一乐善博施的印第安酋长坦曼尼德命名的协会。——编注

的成员被拉进一个教派交叉的联盟之中；同一教派的成员被拉开，分离教派内部的不同宗派。

如此精心形成的政要之间的分分合合不仅仅是竞选的技巧，而且扩展到整个政治生活中。在最强有力的领导人中，同样的原则也被应用于国家高级官员的任命；例如，一个认为自己有可能成为总统的马龙派领导人在公开场合会试图将自己与一个有可能争取总理位置的逊尼派领导人联系在一起，等等，既为了 295
获得逊尼派的支持，又要防止他的直接的马龙派总统竞争对手也形成同样有效的联盟。类似模式贯穿整个体系，涉及政府的每一个层次和每一个方面。

由于这样一个联盟是机会主义的而不是意识形态的，它们经常在一夜之间瓦解，在背叛、腐败、无能与忘恩负义的指责与反指责风暴中，不共戴天的敌人联合起来。这个模式因此在根本上是一个个人主义的，甚至是利己主义的模式，尽管它植根于传统宗教、经济群体与血缘群体，每一个有望成为政治权势人物的人都应充满技巧地操纵这个体制来促进自己的政治生涯。实力强大的人物的候选人职位及选票都可以收买(在一九六〇年的选举中，流通的钱数高达三百万黎巴嫩币)；对竞争对手造谣诽谤，有时甚至人身进攻；任人惟亲、裙带作风等已习以为常；权钱交易，也被认可。阿尤布笔下的黎巴嫩山地德鲁兹人说：“在黎巴嫩没有正义，只有银子和‘贿赂’。”[39]

从这些低级狡诈中走出来的，不仅仅是阿拉伯世界最民主的国家，而且是最繁荣的国家。此外，这个国家能够——除了一个明显的例外——在来自两个现存的最极端的的原生渴望的强烈的离心力之下维持稳定：基督教，主要是马龙派，渴望成为欧

---

[39] 阿尤布：《政治结构》，第 82 页。

洲的一部分；穆斯林，主要是逊尼派，渴望成为泛阿拉伯的一部分。这些动机中的第一个，是以孤立主义观点体现的，它把黎巴嫩看做不同于阿拉伯国家的独一无二的现象，是“一块漂亮的马赛克”，它的显著特色必须小心翼翼地加以保留；第二个采取了呼吁重新与叙利亚合并的形式。只要黎巴嫩的政治逃避纯粹个人与传统的问题，而关涉普遍的思想和问题，在这些方面它就会处于两极分化之中。

明显的例外是一九五八年的内战及美国的干涉，这个例外在很大程度上恰恰是由这种非典型的意识形态两极对立所促成的。一方面总统夏蒙（Sham'un）违反宪法，想要使自己继续连
296 任，而且据推测是要让黎巴嫩更向西方靠拢，要以此来提高基督教派的力量，以反对正在不断高涨的纳赛尔主义的潮流，因而激化了一直存在的穆斯林对基督教统治的恐惧；另一方面，在伊拉克革命和叙利亚倒向开罗的刺激下，泛阿拉伯热忱突然间爆发出来，导致了甚至同样存在的基督教派对淹没在穆斯林海洋中的恐惧。但是，这个危机以及美国人的干涉都过去了。夏蒙，至少是暂时地因为“分裂国家”而丧失了信誉。而泛阿拉伯狂热也至少是暂时被重新树立的信念所制止，这个信念是：黎巴嫩国家的统一必须不惜一切代价地维护，甚至在逊尼派的圈子里也这样认为。文官政府很快恢复起来，到一九六〇年，一次新的选举可以足够和平地举行，这次选举将大多数熟悉的老面孔带回到熟悉的老立场上。

因而，似乎黎巴嫩的政治就其目前的组成而言，假如要完全发挥作用，就要保持人格主义、宗派主义、机会主义及非程序性。由于存在着这种教派上的极端不一致而且这种教派不一致渗透到这个国家的整个组织之中，任何意识形态化政党政治的增长，都容易迅速导致一个基督教和穆斯林在泛阿拉伯问题上的不稳

定的两极对立,引发出跨教派联系的断裂,这种联系在政党的政治行为过程中,分化了教派,使政府(即便脆弱地)团结起来。马基雅弗利式的算计与宗教宽容,在黎巴嫩是同一枚硬币的两面;不管怎么说,对“银子与贿赂”的替代,极有可能是国家的解体。

虽然受持续的阿拉伯—以色列冲突的痛苦考验,特别是作为这一地区的重要政治力量而出现的巴勒斯坦突击队的考验,黎巴嫩“这块漂亮的马赛克”仍然保持着完整。的确,在此处回顾的所有国家中,在控制其深刻的原生分裂方面,黎巴嫩一直是最有效的,虽然被经济困难,被左翼及右翼的激进小团体(还没有形成占多数的多教派政党),而且被经常爆发的群众性暴力所困扰,但是黎巴嫩的政治体制继续像它自第二次世界大战结束以来那样发挥着功能。在对待巴勒斯坦突击队(及对待以色列入侵这个国家)的态度上的分歧,已经导致了内阁倒台,加深了政府危机,并使主要教派重新组合。在一九七〇年,基督教派支
持的总统只比他的穆斯林背景的对手多得了一票,尽管按未成 297
文的规定,这个位置应留给一个马龙派成员。但是因为内阁仍由一个穆斯林领导,已确立的安排得以保持着,而且政府对(vis-à-vis)巴勒斯坦突击队及他们的黎巴嫩支持者的权威都增加了,特别是在一九七〇年突击队被约旦军队打败之后。没有任何事情是永远持续的,特别是在东地中海,但是黎巴嫩继续是一个证据,证明:虽然极端原生差异可能会使政治稳定永远是脆弱的,但是它并不必然自发、自主地使之成为不可能的。

摩洛哥

贯穿整个中东——除了尼罗河环绕的埃及——有一个古老的社会对比,正如同库恩所指出的,“在随和与蛮横之间,在驯服

与桀骜不驯之间"的对比——这是两种人之间的对比，一种人是生活在富于活力的大城市的政治、经济与文化圈内的人们，另一种人即使不是完全生活在圈外，也是贴着它的边缘，并且提供着"自青铜器时代一开始就始终保持着城市文明的活力和更新的反叛者"。[40]在沙(shah)和苏丹(sultan)的中央权力与外围部落顽固的自由主义之间存在着(而且在很大程度上仍然存在着)一个脆弱的平衡。当国家强大时，部落就顺从地给予至少是勉强的承认，并压制它们的无政府主义冲动；当国家虚弱时，它们就漠视它，劫掠它，或者——由它们中的一个或是另一个——甚至推翻它，改由自己成为这个城市伟大传统的体现者与保卫者。但是在多数时间内，既不是有效的专制盛行，也不是由着纯粹的部落暴行为所欲为，而是维持着在中央与边缘地区之间的不稳定的休战，在"一个松散的给予与获取体制"中把它们拴在一起，在这个体制下"山地部落与游牧部落可以自由地出入城市，他们的要塞保持原样，他们让旅行者、商人、朝拜者的大篷车穿过(他们的边界)不会受阻或是遇到不方便，避免了旅行通常有的艰难。"[41]

在摩洛哥，这种对比永远特别强烈，部分是因为许多领土是
298 山区，部分是因为七世纪后东移的阿拉伯文化逐渐强烈影响数量相当多的本地柏柏尔人，部分是因为这个国家与埃及和美索不达米亚的中东文明中心相距遥远。

撇开这个国家复杂的早期历史不谈，十七世纪末建立的阿拉伯化的伊斯兰教改良主义的谢里费安(Sherifian)王朝，及随后王室所做的一些努力——减少柏柏习惯法管辖领域，支持古兰经法，镇压圣徒崇拜及迷信活动，净化伊斯兰教信仰的地方异

---

[40] C.库恩:《大篷车》(伦敦，1950)，第295页。

[41] 同上，第264—265页。

端成分,这些努力重新强化了 bled al makhzen——“政府的土地”与 bled as siba——“侮慢者的土地”之间的区别。一直统治至今的这个王朝宣布自己是先知(“sherif”这个词的意思)的直接后裔,企图宣布自己不仅对大西洋平原更阿拉伯化的人口,而且对环绕着里夫与阿特拉斯山区更柏柏化的人口拥有着宗教与世俗权力;尽管宗教上的权力——伊玛目制——得到普遍接受,而世俗权力却只是偶尔被接受,特别是在周围高地地区。由此出现了摩洛哥政治体制中也许是最引人注目及最显著的特征:平原地区城市与农民人口附属于苏丹,他是一个发达的,由大臣、贵族、军人、地方行政官、职员、警察及税务官组成的家长式官僚体系(the Makhzen[玛克赫森])的独裁统治者;部落人口将他个人作为“信仰者之主”来依附,但是却不服从他的世俗政府或代表。

到一九一二年建立法国与西班牙保护制时,苏丹的统治已经严重地被内部腐败与外部颠覆所削弱,以至于它不仅不能对山区而且也不能对平原地区实施有效的控制。虽然在十年多的时间里,利奥泰元帅的封建领主总督制坚持遏制部落,并且以有些家长制的方式对玛克赫森官僚体制重新注入活力;在他之后的继承人开始推行所谓的柏柏政策,以这种政策在阿拉伯人与柏柏尔人之间划出鲜明的区别,使后者完全不受玛克赫森的影响。建立了专门培养“柏柏精英”的特殊学校;传教活动也增加了;而且——最重要的——由于将山区部落置于法国刑法之下, 299
以及官方承认习惯法的部落会议解决民事纠纷的司法权限,古兰经法象征性的最高权威的地位被削弱了。伴随着埃及和阿富汗—巴黎式改革者阿布杜拉及阿尔—阿富汗尼的强烈的伊斯兰清教主义在阿拉伯化城镇的名流显贵,特别是聚集在菲斯城古老的卡拉维因大学周围那些人中间的高涨,柏柏政策及其所隐含的对伊斯兰教的威胁，刺激了民族主义在反对欧洲支持的世俗化与基督教化、保卫伊斯兰信仰的旗帜下发展起来。因而——现在条件已经发生很大变化——摩洛哥的民族主义运动也采取了传统形式：企图强化普遍的中东城市文明对部落排他主义离心倾向整合的力量。

法国在一九五三年对苏丹·罕默德五世的流放，以及他在一九五五年以民族英雄身份返回的疯狂胜利，遏制了玛克赫森的政治与文化复兴，创始了获得独立后的新国家政权，也许最适合被描述为“现代化专制”。[42] 随着法国与西班牙的离去，拉巴特苏丹再次成为这个体制的双重轴心。主要的民族主义政党，伊斯提克拉尔(Istiqlal)，由于远远缺少一个真正的议会的全国性选举而削弱了它的独立性，已经成为一个有些现代化的但仍然是家长制的玛克赫森的承担者。在低地城镇(同样特别是菲斯——“伊斯兰教的圣城……阿拉伯主义的都城……[及]摩洛哥真正的首都”(la ville sainte de l'Islame... la métropole de l'arabisme... [et] la vraie capitale du Maroc)保守的阿拉伯化贵族领导下，[43] 它成了王室的行政助手，一群高官大臣主宰着王室任命的政府议会，政党—理性化的国内官僚机构，重新恢复的(也是经过改革的)伊斯兰教的司法体制。但是部落人对伊斯提克拉尔的态度，就像他们对过去宫廷官吏的态度一样，好一些说是冷淡，坏一些说就是刻意仇视，苏丹与至少还没有被触动的边
300 缘部落之间的关系还基本上是个人关系。对国王忠诚而对其政

[42] 这个概念与它的分析性含义，参见 D. 阿普特：《乌干达的政治王国》(普林斯顿，新泽西，1961)，第 20—28 页。

[43] 法夫雷：《摩洛哥》。(自从在摩洛哥工作以来，我现在形成了某些有点不同的看法：参见 C. 格尔茨：《观察到的伊斯兰教：摩洛哥与印度尼西亚的宗教发展》(纽黑文，1968，特别是第三章)。

府反对，部落自政权移交以来，像它们过去一样，是对民族整合的原生威胁的主要根源。

自一九五六年以来，中心地区—边远地区的危机已经变得密集而经常。苏丹流亡期间将部落的非正规武装力量吸收进王室军队——所谓的解放军——已经证明是最难对付的一个导致公开冲突的任务；只有在国王坚定地将王室军队从伊斯提克拉尔的影响下移开，直接附属于由他的儿子莫雷·哈桑王子担任参谋长的宫廷军队之下，紧张才部分得以减轻。在一九五六年秋季，一位来自阿特拉斯中部的柏柏尔人首领，他是国王的亲信但却是伊斯提克拉尔的激烈反对者，辞去了他在王室内阁中的内务部长职务，返回山区向部落鼓吹原生主义（"是部落创造了摩洛哥的光荣"），号召解散所有的政党（"将权力授予完全漠视部落的人是与国家利益背道而驰的"），并且号召全国团结在穆罕默德五世周围，（"我们在这个国家中，无论是弱小还是强大，在同样的山上和同样的天空下团结在一起，在国王面前都是平等的"）[44]。明显是由于国王的建议，他的活动很快就停止。但是几个月之后，一个更传统的柏柏尔人，东南部的塔菲拉勒特省的总督开始半叛乱状态，同时拒绝服从"一个阻挠我们过我们希望的生活的政党"，而且宣布自己永远忠实于苏丹。国王很快就得到了他和平的屈服，并强制性地让他居住在皇宫附近。但一九五八年末及一九五九年初，零星的暴动又在北部及东北部发生，它们也被遏制在某些限度内，大部分是通过国王个人名望、外交才干、军事力量及宗教上的个人魅力的作用。

但是，新摩洛哥国家的现代化一面与它专制的一面同样真

[44] 这句话引自拉赫森·阿勒—优素，随后的那句话引自的阿迪·乌·比希，出自拉库蒂尔：《摩洛哥》，第 90 页。

实,而且可能更持久。部落的不安宁所代表的不仅仅是"过去与地方反对未来与国家",而且还代表着传统的"孤傲土地"上的群体对在未来与国家中找到一个安全而又可以接受的位置的关
301 心。[45] 一个新的代表农民意愿的全国性政党,平民运动党(the Popular Movement),先是秘密活动,然后随着部落不满的各种原生性表达崩溃后转为公开,这是诸多更为明显的迹象之一,表明偏远民族中对城市文化的单纯仇视及对中央政权的顽强反抗,已经被害怕在一个现代公民秩序中降为二等公民的恐惧所替代。在一位解放军前首脑阿哈达尼的领导下,再加上一个含糊的纲领——"穆斯林社会主义"及一个围绕着作为伊玛目的国王的新的联盟,这个新联盟不仅为摩洛哥也为整个马格里布地区——这个新的政党最多是刚刚在这个秩序中站稳。但由于一系列迅速发生的重大的政治变化——举行地方选举;左翼脱离伊斯提克拉尔,另外组成无产阶级政党;穆罕默德五世突然出乎意料的去世及他的不太得人心的儿子继位——的后果,过去几年中在君主制政府的头上形成了不安定的阴云,这个新兴国家可能会发现自己受到越来越大的压力,满足与遏制传统的侮慢(siba)情感与现代政治野心的微妙混合,这种混合物完整地集中在阿哈达尼固执的口号中:"我们获得独立不是为了失去自由。"[46]

虽然也许这是真实的:就长远角度看,新兴的摩洛哥国家的现代化要比专制更持久,但是在过去的十年中,占上风的是专制。国王哈桑二世在卡萨布兰卡动乱之后,于一九五六年停

[45] 拉库蒂尔:《摩洛哥》,第 93 页。

[46] 引自阿什福德:《政治变化》,第 322 页。

止了宪法并解散了议会，这场动乱造成了三十（政府的统计）至数千人的死亡，大部分是死在政府军队的手中。国王直接控制政府，依靠行政法令统治并有系统地减少两个主要政党——伊斯兰的伊斯提克拉尔党及社会主义的民族人民力量联盟（Union Nationale des Forces Populaires）——及城市阿拉伯群众的影响，这些群众中大多数是这两个党的主要选民。这个时期是新传统主义增长的时期，因为哈桑企图从各种地方贵族（其中许多是柏柏尔人）和军官（其中大多数是柏柏尔人）中获得直接的、个人的对王室的忠诚。一九七〇年所谓的非常状态至少在名义上结束了，此时国王颁布了新宪法并宣布普选。各政党（柏柏尔人占主导地位的平民运动党［Mouvement Populaire］除外）发现宪法不够民主，选举不够自由，把整个 302
策略看成是国王将以王室为中心的新传统主义政府制度化及合法化，这个政府是在他统治的头十年中逐渐形成的。因而，虽然举行了选举并批准了宪法——在普遍认为不诚实的情况下——但是宫廷—贵族政治的模式还是保持下去。这个模式由于一九七〇年七月在国王四十二岁生日野餐上发生的未遂军事政变而突然瓦解，在这次政变中近五百名来宾（其中许多是外国人）中有大约一百人被杀。一名少校、五名上校、四名将军几乎是立即被执行死刑（其他人，包括政变首脑，死于政变之中），还有一些军官被监禁。在政变中原生忠诚所发挥作用的程度并不清楚（几乎所有的领导人都是柏柏尔人，他们中的多数来自里夫地区；而且大多数是以王室为中心的政策下国王宠信的受益者）。自从那次袭击以后（随后在一九七二年八月又发生了另一次政变，也失败了），国王转而压低柏柏尔人在军队中的作用，并在大城市说阿拉伯语的人口中寻求支持；已经联合成为“民族行动团”（National Action Bloc）的两个主要政党声称代表这些居民。因而，无论政府的土地—侮慢者的土地(bled al makhzen/bled as siba) 对比可能是，或可能不是什么(我现在倾向于认为它从来都不像欧洲学者所描述的那样清楚或简单)，但是“阿拉伯”与“柏柏尔”之间的显著区别——部分是文化的，部分是语言的，部分是社会的，部分是某种种族政治神话的（一个传统的，几乎是凭直觉感知群体差异的方式）——仍然是摩洛哥国民生活中的一个虽然难以捉摸但却很重要的因素。

尼日利亚

自第二次世界大战以来,尼日利亚政治生活中逐渐发展的显著特征,是科尔曼所说的“民族主义的地区化”[47]。虽然其他大多数新兴国家在争取独立的最后阶段都会看到各种不同因素团结为一个非常牢固的反对殖民主义统治的进步联盟,公开的异议只会出现在地方分权和革命同志关系的不可避免的淡化之
303 后,但在尼日利亚,不同的原生群体之间的紧张,在独立前的最后十年中却恶化了。一九四六年以后,尼日利亚争取自由的斗争,不是一个公开反抗外国统治的斗争,而更多的是一个划分国界、建设首都、分配权力的事务,以便能够抑止或遏制在外国统治消失前夕尖锐化的地区种族仇视。其标志并不主要是日益增多的迫使英国离开的反抗,而更多的是在拉各斯和伦敦进行的热烈协商,为的是在约鲁巴人、伊博人及豪萨—富拉尼人之间达成一个妥协,以便英国人能够离去。

最后设计出来的安排(一部二百四十页、印刷精美的宪法)是一个激进的联邦制,由三个强大的地区——北部、东(南)部、

[47] 科尔曼:《尼日利亚》,第 319—331 页。

西(南)部——组成,每一部分有它自己的首都、自己的议会、内阁、高等法院及自己的预算。每一个地区占主导地位的是一个特殊的族群——分别是:豪萨人、伊博人及约鲁巴人;各有一个特殊的政党——北方人民党(NPC)、尼日利亚及喀麦隆国民会议(NCNC)及行动集团(AG);各有一个特殊的政治人物——索科托的萨达纳("苏丹")阿哈迈杜·贝洛大人哈吉、纳姆迪·阿齐基韦博士及奥巴费米·阿沃洛沃酋长。不太稳定地高居于这三个地区堡垒之上的,是位于拉各斯有点类似于竞技场的联邦政府,人们很自然地期望这个三方游戏会产生那种二比一的政治分合,并且估计会从其多变的进程中产生出有权威的领导来填补这个体制中央的真空。

但是,这种领导权将采取什么类型的形式,谁提供这种形式,以及在这个政府机构的精确运转中,它实际上如何产生,所有这些问题还完全不清楚。与此同时,随着尼日利亚传统的部落社会逐步将自己重组为现代尼日利亚的地区—语言(在北部穆斯林地区是宗教)民族社会,原生性认同的三角模式在这个国家形成。但是,虽然作为这个国家的种族框架正在变得日益重要,但是这个模式并没有耗尽所有根深蒂固的"同类意识",因为在每一个地区还存在着游离在豪萨、约鲁巴及伊博人之外的大量的小族群,它们至少还在反抗被一个规模大的亚民族实体所同化。而且正是在这些边缘地区——在北部地区的南半部、在
西部地区的东部边缘及东部地区的南部和东部边界——往往会 304
发生主要族群之间最关键的选举竞争,因为每一个政党都企图(有时成功地)从自己对手的据点中的少数民族的不满中获利。所出现的是:在中央是三方亚民族竞争,在地区首都是(越来越多的)单一政党族群统治,在乡村是复杂得多的部落联盟与对立

的多样化网络。[48] 这是一个层列式的体制：在其中，地方忠诚仍然多数是组织在传统方式中，省一级的忠诚组织在政党政治的方式中，而全国性的忠诚只能是完全无组织的。

因而，虽然民族主义地方化的进程导致建立了一个政党体制及立宪政体结构，在其中尼日利亚的几百个原生族群，从将近六百万人口的豪萨人到只有几百人的小部落，都能够在一段时间内，至少生活在一个有理性的和睦状态中，但它也在全国政治生活的最中心产生了一个真空，使这个国家群龙无首。

独立（一九六〇年十月）之后，政治注意力随即转向联邦首都拉各斯。政党及其领导人运用手段谋到有利的位置，由此出发去实施他们纠正这种状态的运动。最初的企图是在经济与政治上都更先进的东部与西部地区之间形成一个联合政府，以对抗较为传统的北部，但不久因多变的、咄咄逼人的伊博知识分子与古板的、富有的约鲁巴商业阶层之间很深的仇恨而垮掉，但在易变的阿齐基韦博士与傲慢的阿沃洛沃酋长之间即北部与东部却形成了一个孤立西部的联盟。阿齐基韦辞去了东部的总理，
305 成为总督，在理论上这只是一个象征性的职务，但是他希望能因此有更多的作为。索科托的萨达纳选择留在北部地区继续做地

---

⑱ 整个情形更进一步复杂化，不仅仅是因为在更广泛的种族语言忠诚面前三个主要群体的部落认同并没有完全让位这一事实，而且还因为这个大团体的所有成员并不都在它的家乡地区，有些人已经移居或是流落到其他地区，在那里，他们，主要是在城镇，形成了重要的反对派少数民族。这个有关生活在“家乡地区”之外的个人的忠诚问题是一个对所有新兴国家都极端棘手的问题，在其中，整合问题与产生具有原生色彩的准国家问题重合在一起，例如，尼赫鲁一直坚持认为生活在马德拉斯的孟加拉人是邦一级的公民，只能有马德拉斯的公民权而不能有孟加拉公民权，而且在印度生活在其他地区的种族群体的“民族故乡”的标志必须要取消其显示。进一步的事实是：有些这类的群体比其他群体更多地迁居（在尼日利亚是伊博人；在印度是玛瓦里人，等等），这个事实只能使问题更严重。

方总理，而派他的副手，阿布巴卡尔·塔法瓦·巴莱瓦先生哈吉代替他担任联邦总理。而阿沃洛沃，在一系列二比一的联盟中的第一轮中出局，辞去他的西部总理的职位而成为联邦议会中的反对派领袖。

各就其职后，行动开始了。联邦议会决定在西部的少数民族地区建立第四个邦，中西部邦。阿沃洛沃在意识形态立场上从明显右翼转向明显的左翼，企图要动摇有些保守的政府，打着反对新殖民主义旗号掌权，采取了分裂行动集团的进程；NCNC之中越来越融通的保守派与仍然激进的年轻土耳其派之间的紧张日益加深，等等。

但所有这一切使争执更混乱而不是更明朗；使事情变得更复杂而不是更简单。独立不到一年（在这篇文章写作的时候），尼日利亚，我们讨论的新兴国家中最新的一个，为作为评价它的特征与可能的未来的根据提供的是最不完整的材料。它拥有在独立前夕制宪的最后几个纷乱年头中仓促拼凑在一起的看来极难操作的政治制度，缺乏广泛的全国性政党，缺乏一个卓越的政治领袖，缺乏压倒其他的主要的宗教传统或共同的文化背景，而且——表面看来——对如何处理几乎是理所当然获得的自由莫衷一是，因此，尼日利亚虽然作为一个新兴国家却是犹豫不定、悬而未决的。

在我原先的文章中，尼日利亚是作为普遍难以界定的国家中最不容易把握的例子来考察的。当时，它的形势看上去既是最有希望的也是最不吉利的。有希望是因为它似乎已经逃脱了非殖民化常有的混乱；国家大，适合经济建设；并且自身已有一个稳健的、受过良好训练的及有经验的精英阶层。不吉利是因为它的原生性群体之间的紧张既极端严重又不可思议地复杂。

不吉利的感觉证明是有预见性的。一九六六年一月的一次军事政变造成一些北部政治领导人的死亡,其中包括阿布巴卡尔·塔法瓦·巴莱瓦先生,并建立起一个由伊博人领导的军事政权。第
306 二次政变是由一个来自非豪萨族的少数民族部落的北方人亚库布·戈温少校领导的,结果是屠杀了生活在北部豪萨人地区大约一万至三万伊博人,同时还有二十万到一百五十万伊博人从北部逃往他们在东部的故乡。一九六七年五月,戈温上校获得紧急权力,想要将东部地区分为三个邦,目的是要增加东部地区非伊博人的权力而减少伊博人的权力。伊博人成立自己的比夫拉共和国,发动叛乱,在近三年的、现代最严酷的战争(也许有二百万人被杀,死于饥馑的人不计其数)后,被现在是将军及政府首脑的戈温领导的联邦政府镇压下去。所有这一切之后,肯定是原生忠诚与相互仇视的力量的最强有力的例子之一(虽然,政变与战争的原因不"仅仅"是原生因素,因为显示出有大国卷入其中),这个国家的"犹豫不决"及"悬而未决的"性质仍然存在,就像它的复杂、强烈但是勉强平衡的群体不信任模式一样。

五

印度尼西亚的中央—弧型(center-and-arc)地方主义与双重领导权,马来亚的单一政党制的种族间联盟,缅甸的隐藏在宪法立法中的咄咄逼人的同化政策,印度用地方机器在多方面抗击各种人们所知的(少数是只有印度人所知的)狭隘地方主义的超族群的中央党,黎巴嫩的按教派分配候选人及登记选民的制度,摩洛哥的两面派专制统治,尼日利亚的非集中式的制衡的混战——这些体制是否像它们表现出来的那样仅仅是独一无二的呢？从这一系列追逐政治秩序的努力中,是否出现了任何明显

的证据证明:整合式革命是一个普遍的进程?

回顾在此提供的例子之后，至少可以看到一个普遍的发展
倾向：独立定义的、特殊勾画的传统原生群体聚集进一个更大
的、更具弥漫性的单元之中，其暗含的参照框架不是本地情
景，而是“民族”——在由新兴公民国家所包含的全社会的意 307
义上。这一集中进程所依据的主要原则是不同的——在印度尼
西亚是地区，在马来亚是种族，在印度是语言，在黎巴嫩是宗
教，在摩洛哥是习俗，而在尼日利亚是准血缘。它涉及的无论
是除要成为米南卡保人还要成为上外岛人，除了成为杜龙人还
要当卡奇纳人，既属马龙派教徒也属基督徒，或当约鲁巴人而
不仅仅是艾格巴人，这个进程在国际国内各不相同，但都是普
遍的。它是对原生相似与差异的逐步扩展，这种相似与差异产
生于文化上不同的群体的直接与持久的遭遇之中，这些不同的
群体存在于范围广泛的相似群体的地方脉胳之中，并在整个民
族社会的框架中互动，弗里德曼非常精确地描述了马来亚的扩
展：

马来亚过去是现在仍然是一个文化多元社会。让人感到荒谬的是，从纯粹结构的角度看，它的多元性在今天比过去更加明显了。民族主义与政治独立在其早期阶段上倾向于在泛马来亚基础上定义族群集团，而在过去的时代这些族群只是分类上的类别。因此可以说马来亚的社会地图是由一些根据地方条件自行重新安排的文化意义上的较小单元组成的万花筒。“马来亚人”并不与“华人”和“印度人”来往。有些马来亚人与有些华人和印度人来往。但是因为“马来亚人”、“华人”、“印度人”是在全国范围内的结构实体，因此它们可以开始互相之间

的全面关系了。[49]

形成“互相之间的全面关系”的全国范围的“民族集团”体系，为新兴国家中个人认同与政治整合之间的直接冲突提供了舞台。通过普及和推广部落、种族、语言或是其他原生性团结的原则，这种体系允许保留有着深刻根源的“族类意识”，而且将这种意识与正在发展的公民秩序联系在一起。它允许一个人继续公开要求根据其熟悉的群体独特性的象征符号承认他的存在和重要性，同时越来越多地被拖入一个政治社会中，这个社会是由一个与这些象征符号所定义的“自然”社会团体完全不同的模型来铸造的。但是另一方面，它也将群体对抗简单化与集中化，由
308 于将广泛的政治意义强加于这些对抗而引起了对分离主义的疑惧，特别是在形成中的民族集团超出了国界时，引起了国际冲突。整合式革命并不是消除族群中心主义感；它只是将其现代化。

但是现代化的族群中心主义并不使它更容易与现存发达的民族政治制度相容。此类政治制度的有效运行，并不要求简单地以公民纽带替代原生纽带与原生性认同。这种替代是绝对不可能的。它所要求的是二者之间的关系调整，政府程序可以自由进行而不会威胁个人认同的文化框架；无论“族类意识”是否继续存在于总体社会中都不会从根本上歪曲政治功能。至少根据我们在这里的认识，原生性的及公民的情感不会处于直接的、相互对立的隐喻性演进中，这种对立以一种传统社会学的许多理论两分法状态存在——Gemeinschaft（习俗社会）与 Gesellshaft（法理社会）、机械团结与有机团结、乡村社会与城市社会；

---

[49] 弗里德曼：《马来亚的多元社会》。

它们的发展史不是简单地靠损失一个而使另一个扩展。它们在新兴国家中显著的互相干预不是出自它们之间自然的和不可改变的不相容,而是出自由各自相异的变革模式引起的混乱,这些变革是它们对二十世纪中叶不安定力量的本能的回应。它们冲突的根源,是传统政治制度与传统的自我感知模式在沿它们各自不同的走向现代化的道路上所经历的变迁类型的对立。

在自我感知方面,现代化进程的本质最终没有得到讨论;甚至通常都没有意识到有这样一个进程存在。前面已经提到,狭义限定的部落、语言、宗教等群体,聚集成较大的、更普遍的以共同社会框架为背景的族群,这一聚集的过程确实是其中关键性的一个部分。一个简单的、内部一致的、广泛定义的民族结构,就像在大多数工业社会中发现的那样,并不是一个不能化解的传统主义的残余物,而是一个现代性的标志。但是,这一对原生性隶属体系的重组过程如何进行,它所要经过的阶段是什么,促进或是延缓它的力量是什么,它涉及的人格结构方面的转换是哪些,所有这些都基本上是未知的。有关族群变迁的比较社会 309
学(或是社会心理学)尚有待撰写。

至于政治方面,不能说这个问题没有被认识到,因为它建立所依据的公民社会、公民权的本质及弥漫性社会情感等观念,一直是自亚里士多德以来政治学所关切的中心问题。但是它仍然是含糊的;指明这个问题要比描述这个问题容易得多,感觉它要比分析它容易得多。市民意识比任何其他观念更多地涉及公众作为各自独立的、截然不同的群体的明确概念,也涉及一个伴随而来的真正的公众利益的概念,公众利益虽然不一定高于但却独立于私人利益或是其他类型的集体利益,有时甚至与之冲突。当我们谈论新兴国家或是其他地方的公民政治变化的形式时,我们所指的正是这种公众与公众利益观念的变迁,是这种观念的变化与消失,以及这种观念表达方式的变化。但是,我们虽然有关于公民化的本质及其在工业社会中的一系列实现形式的一般思想,但是对目前这些模式如何成为现在这个样子,几乎是一无所知。人们常常否认传统国家会有真正的公民意识——依我看这是不正确的。无论如何,现代的政治社会团体的意识从传统的政治社区意识中产生出来所要经过的阶段,至多有一个印象式的回溯,因而公民性的根源与特征都还是不明朗的。

因而,对新兴国家中保留社会认可的个人身份的需要与构建强大的全国性的社会团体的要求之间的持续紧张的令人满意的理解,需要对它们各自按照特殊路线发展时互相之间的关系所要经过的阶段做详尽的追溯。而且正是在这些新兴国家在我们眼前翻开的历史中,这样一个追溯是最便于完成的。此外,至少作为在此处描述的新兴国家的典型特征,各种宪法的、准宪法的或临时的政治经验,代表了建立一种政治模式的努力,在这种政治模式中,要避免原生性忠诚与公民忠诚之间的日益显现出来的本末倒置的冲突。无论族群差异采取的政治表达形式是地缘次级单元、政治党派、政府职位、行政领导,或是像在多数情况
310 下常见的某种组合,各处所做的努力是要找到一个方案,它将保持国家自我意识的现代化的进程不仅与政治现代化,而且与经济、分层、家庭等等的制度现代化步伐一致。只有通过观察整合式革命发生我们才会理解它。这也许就像一个仅仅是等待与观察的态度,与要做出预断的科学雄心不一致。但是这样一种态度至少更可取、更科学,这是针对至今在大部分情况下等待而并不观察的态度而言的。

无论如何,找到目前正在新兴国家中发生的变迁的平衡方案的努力,还没有在任何地方获得成功。由企图使有差异的原生性群体达成和解造成的严重的政府瘫痪,在任何地方都显而

易见。为了达到这种和谐一致而必须容忍的单纯的偏见,经常是令人讨厌的。但是作为构建原生性因素妥协形成的公民政治的那种类似尝试的替代,可能的选择似乎应该或是巴尔干化,民族主义狂热,或是由极权国家对坚持民族权利的主张实行强有力的镇压,在观察这些尝试时,特别是那些显然没有能力解决他们自己最麻烦的原生性问题的那些国家,能采取冷漠或是轻视的态度吗?

311 # 第十一章　意义的政治

一

有些事情大家都知道，但是却没有人想到如何去对之加以说明，一个国家的政治反映了它的文化设计，就是这种事情之一。在一个层面上，这个命题是不容怀疑的——法国的政治除了在法国还能在别的什么地方存在？但是仅仅讲这一点，就会引起人们的疑问。一九四五年以来印度尼西亚经历了革命、议会民主、内战、总统专制、大屠杀和军事统治。其中的文化设计体现在什么地方呢？

在形成政治生活的一系列事件与组成文化的一整套信仰之间，难以找到一个中间性的术语。一方面，所有的事情看上去都像是一些乱七八糟的计划与意外；另一方面，又像是有固定判断的巨大几何。是什么将这种偶发事件的混乱和情感的有序联接起来的，这是极不清楚的，而且更难以表述。首先，要想将政治与文化联系在一起，就要对前者有一种多些平静的观点，对后者有一种少些审美的观点。

在汇集成《印度尼西亚的文化与政治》一书的几篇文章中，某种必然要产生这类观点变化的理论重组正在进行，关于文化方面的理论主要由本尼迪克特·安德森与陶菲克·阿布杜拉承

担,政治方面的主要来自丹尼尔·莱夫与G.利德尔,或多或少二 312
者都兼顾的是萨尔托诺·卡尔托迪尔乔。[①] 无论主题是法律还是政党组织,是爪哇人的权力思想还是米南卡保人的变革思想,是民族冲突还是农村激进主义,其努力都是相同的:一是使读者即使在最飘忽不定的情况下,看到由一套出于远远超越政治范畴关切的概念——思想、假说、意念、判断——形成的政治,以此来使印度尼西亚的政治生活成为可以理解的,二是揭示这些概念的真实存在,使人们看到它不仅存在于某种心智形式的缥缈世界中,而且存在于直接具体的党派斗争中。文化在此处不是崇拜与习俗而是意义结构,人们通过它整理他们的经验;而且政治不是政变与宪法,而是使这类结构在其中公开揭示的主要场所。由于二者被这样重新定位,确定二者之间的关系成为一个可行的事业,虽然几乎不是一个稳妥的事业。

说这一事业不妥当,或者特别是有点冒险的原因,是几乎没有用来处理它的理论手段;整个领域——我们将称之为什么?主题分析?——都与一个含糊不清的伦理结合在一起。大多数努力是要发现一般的文化概念,这些文化概念体现在具体的社会范围内,这类努力满足于仅仅唤起人们的回忆,把一系列具体的观察罗列在一起,通过修辞性的暗示避开(或使人从字里行间悟出)普遍的因素。鲜有清晰的论证,这既可能是故意的也可能是无意的,因为几乎无处可做,只剩下一个由暗示联接起来的轶闻逸事的汇集,及一种虽然被触及但却很难把握的感情。[②]

---

① 参见C.霍尔特编:《印度尼西亚的文化与政治》(伊萨卡,1972),本文在其中以“后记”形式首次发表,第319—336页。

② 也许最早也是最不妥协的将政治与文化联接在一起的实施者是纳森·莱特斯。特别参见他的《布尔什维主义研究》(格伦科,伊利诺,1953)及《巴黎的游戏规则》(芝加哥,1969)。

希望避免这类完善化的印象主义的学者,必须在分析的同时构建他的理论框架。这就是为什么在(霍尔特的)书中作者们有着如此不同的视角——利德尔研究群体冲突,安德森是艺术与文学,列夫研究法律体制的政治化,萨尔托诺研究的是大众太平盛世理想的持久性,阿卜杜拉研究的是社会保守主义与意识形态活跃性的混合。把各位作者联系起来的既不是主题也不是
313 论据,而是分析风格——是目的与追求这些目的采用的方法论的统一。

方法问题是多重的,涉及定义、验证、因果、代表性、客观性、测量、交互性等。但是从根本上它们都浓缩为一个问题:如何形成一个意义分析——个人用于解释经验的概念结构。这种意义分析一方面详尽得足以承载信念,另一方面抽象得足以推进理论。它们同样是必要的;选择一个而牺牲另一个会造成没有思想意义的描述或是没有事实支撑的普遍性。但是它们,至少在表面上,也趋向于相反的方向,因为一个人越是考察细节,他就越倾向于了解到那件事情的特性;越是略过细节,他就更多地失去论证所依据的基础。寻求如何逃脱这一矛盾——或者更精确地说,使这一矛盾不至于过分突出,因为一个人不可能真正逃脱它——从方法论上说,这就是主题分析的全部意义。

事实上,(霍尔特的)书正是这样做的,它已经超出了关于某个特别主题的特殊研究。每一个研究都竭力要从特殊的例子中得出广泛的普遍性,要足够深入地渗透进细节以便从中得到比细节更多的东西。为完成这一目标而选择的战略是各种各样的,但是有一点却是一致的,即力图使有限的材料具有更多的意义。背景是印度尼西亚;但是目标是理解各国人民是如何处理他们所想像的政治的,虽然这样的目标远远不足以支持其雄心。

二

印度尼西亚是进行这类研究的绝好地方。由于继承了波利尼西亚、印度、伊斯兰、中国及欧洲等多种传统,它也许在每一平方英尺上拥有的宗教符号都比世界上任何其他大国更多,而且它还有一个苏加诺(认为他除了天赋之外在任何方面都不典型的看法是一个错误)这样的人物,他既极为忧虑又全力以赴地为新形成的共和国将这些符号组合进一个泛教义的 Staatsreligion (国家宗教)中去。“社会主义、共产主义和毗湿奴神(Vishnu Murti)的化身”,一九二一年报纸上的一则征兵布告写道,“去消 314
灭被帝国主义支撑着的资本主义!真主赋予伊斯兰获得胜利的力量。”[3] 苏加诺在几十年后宣布:“我是卡尔·马克思的信徒……我也是宗教信徒,我使自己适合所有潮流与意识形态。我将它们融合,融合,再融合,直到最后它们成为今天的苏加诺。”[4]

但是,另一方面,正是这种符号参照体系的密集性与多样性,使得印度尼西亚文化成了一个借喻与象征的漩涡,在其中已经不止一个不谨慎的观察者卷了进去。[5] 在其周围公开散落着如此之多的意义,以至于几乎不可能形成一个能将政治事件与

---

③ 引文(出自乌图森·辛迪亚)见 B. 达赫姆:《苏加诺与印度尼西亚的独立斗争》(伊萨卡,1969),第 39 页。

④ 引自费舍尔:《印度尼西亚的故事》(纽约,1959),第 154 页。有关苏加诺公开演讲中相同的声明,参见达赫姆:《苏加诺与印度尼西亚的独立斗争》,第 200 页。

⑤ 要找个例子的话,参见 H. 鲁依西:《正视印度尼西亚》,载《文汇》,第 25 期(1965),第 80—89 页;第 26 期(1966),第 75—83 页,连同我的评论《爪哇人是不是疯了?》及鲁依西的《回答》,出处同前,1966 年 8 月号,第 86—90 页。

参照体系中的一种或是另一种完全看不出道理的文化类型联系在一起的论点。在一种意义上,在印度尼西亚从政治行为中寻找文化反映极为容易;但是,这实际上只是使精确分解更加困难。因为在这个隐喻的花园中,任何从行为中看出某种思想的假说都会有某种逻辑性,因此,提出含有真理的假说,更多地是抵制诱惑而不是抓住机会。

要抵制的主要诱惑是仓促下结论:主要的防止办法是明确地找出文化主题与政治发展之间的社会学联系,而不是从一个推断出另一个。思想——宗教的、道德的、实践的、审美的——如同马克斯·韦伯及其他人永不厌倦地坚持的那样,必须由强大的社会集团来承担,才会发挥强大的社会作用。必须有人尊崇它们、赞美它们、维护它们、贯彻它们。为了在社会中找到一个不仅是知识上的存在,而且还是一个物质的存在,它们必须被体制化。在过去的二十五年中毁了印度尼西亚的意识形态战争,不应被视为像它们经常被认为的那样是对立思想的冲突——爪哇人的“神秘主义”对苏门答腊的“实用主义”,印度教的“宗教融合”对伊斯兰教的“教条主义”——而应视为本质上是为这个国
315 家创立一个制度结构的斗争,要使大多数的公民认可并允许它行使职能。

政治斗争已经造成的成千上万人的死亡,证明了这一事实:几乎到处都没有足够多的公民认同某种制度结构的作用,而且他们现在能在这方面做到什么程度还是一个问题。将文化大杂烩组织成有效的政体,比发明一个混杂的民间宗教来掩盖多样性更难。它要么建立一个能将对立的群体安全地包容在其中的政治制度,要么在政治舞台上消灭所有的组织,只剩下一个组织。二者中的任何一个都没有对印度尼西亚产生多大的影响;这个国家无法实行极权主义,也无法推行宪政。而是,所有的社

会中的所有机构——军队、官僚机构、法庭、大学、报纸、政党、宗教、农村——都被意识形态情感的巨大震颤所席卷，这种情感似乎既没有目的也没有方向。如果说印度尼西亚给予了别人任何总体印象的话，那就是一个心想事不成的国家，一个没能找到适合自己人民的秉性的政治形式的国家，充满忧虑地、步履蹒跚地从一个制度构想走向另一个制度构想。

当然，这个问题很大一部分在于这个国家不仅仅在地理上是多岛屿的。就其显示出一种弥漫性的气质而言，它已经被内部的对立与矛盾所撕裂。这里有地区差异(例如，米南卡保人口头上的好斗与爪哇人难以捉摸的沉思)；甚至是在关系非常密切的民族中，也存在信仰与习俗的“民族”差异，像在东苏门答腊的“沸锅”地区；有反映在本土化运动物质层面的阶级冲突，以及反映在为有效的法律体系而斗争的运动中的行业冲突。有种族上的少数(华侨与巴布亚人)；有宗教上的少数(基督教与印度教)；有地区上的少数(雅加达的巴塔克人和泗水的马杜莱斯人)。印尼所提出的民族主义口号“一个民族、一个国家、一种语言”，只是一个希望，而不是一个对现实的陈述。

但是这个口号所表达的希望，并不必然就是不合理的。大多数欧洲大国都是从异质性并不比印尼更不明显的文化中成长起来的。如果托斯卡纳人与西西里人可以生活在一个国家中，并认为自己是天然的同胞，那么爪哇人与米南卡保人就也能这样。主要不是因为国内有较大的差异性这个事实，而在于社会的所有层面上的人都拒绝就此妥协，延迟了印度尼西亚寻求有效的政治形式。差异性一直作为殖民主义的诋毁而被否认，作为封建残余而遭谴责，被人为的宗教调和论、有失偏颇的历史 316
研究及乌托邦狂热所遮蔽，与此同时的所有时间里，各群体视它们互相竞争的不仅是政治与经济权力的对手，而且是定义真理、公正、美和道德等现实的真正本质的权力方面的对手，正式的政治制度根本无法指导它们疯狂进行的激烈的斗争。印度尼西亚（或是按我的推测更精确地说是印度尼西亚的精英）一直努力把自己扮成就像日本或埃及那样文化同质性的国家，而不是像印度或是尼日利亚那样异质性的国家。这就在已建立的文官政府结构之外，形成一种无政府主义的意义政治。

说这种意义政治是无政府主义的，是就其“不受控制”的字面意义而言，并不是通行意义上的“无秩序”。正如（霍尔特的）书中每一篇文章以自己的方式显示的——我在别的地方所说的“为真实而斗争”——企图要强加给世界一个特殊的概念，即关于事物的本质及人们怎样行动的概念。虽然这些努力都不能将其带入可行的制度化表达之中，但它并不仅仅是一个疯狂与偏见的混杂。它有着自己的形态、轨迹和力量。

所有国家的政治进程，都比设计出来规范它们的正式制度更广泛和更深刻；涉及公众生活方向的一些最关键的决定，并不是在议会和主席团中做出的；它们是在被涂尔干所说的“集体良知”（the collective conscience）（或“意识”[consciusness]；conscience一词的有用的模糊性在英语中找不到）的非正式领域中做出的。但是在印度尼西亚，官方生活的模式及其在其中存在的大众情感的框架变得如此不联接，以至于政府活动虽然确实重要，但是似乎几乎没有意义，只是事务主义的，一次又一次地受到从屏风后面的（也可以说是压抑性的）政治进程突然干扰，而这个国家实际上正沿着这个进程前进。

较容易进入公众生活中的事件，亦即狭义上的政治事实，既可揭示政治进程又可模糊政治进程。就其反映角度看，反映是曲折的、非直接的，就像梦反映了欲望或意识形态反映利益一样。理解这个进程更像解释一些症状,不像是查找病因。因此(霍尔特)书中的研究是诊断与评价,而不是衡量与断定。政党体制中的分裂现象,反映出民族自我意识的增强;正式法律的衰落,显示出恢复了采用和解方式解决争端。在乡村现代化倡导
者的窘境背后,是对部落历史的传统叙述的复杂性;在乡村抗议 317
爆发的背后,是对急剧变化的变革景象的迷惑;在“有指导的民主制度”表演的后面,是关于权威来源的陈腐概念。综合这些政治解释,就微弱显露出印度尼西亚革命的意义:建构一个与公民良知联系在一起的现代国家,一个他们能够依靠这个词汇在“良知”和“意识”两层意义上达到谅解的国家。苏加诺说对了的话之一是:革命并没有完成,虽然在他的头脑中对此有着某些完全不同的想法。

三

合法性——有些人如何能被赋予统治其他人的权利——这个经典问题在这样一个国家中特别突出:长期的殖民统治在这个国家创立了一种政治体制,在范围上是全国性的,但其实质并不是这样。对一个不只是要行使特权和防范人民的国家而言,它必须假装是自己的公民的国家,其行为必须要看似符合它的公民的利益——夸张点儿说,其行为必须看上去像是**他们的**行为。这不仅仅是一个共识问题。一个人不必用自己的行为表明他实践了政府的行为,同样,他也不必为使自己体现在政府行为中而同意政府的行为。这是一个直接的问题,是经历这个国家自然地从一个熟悉的及可以理解的“我们”出发所“做”的问题。在最好的情况下,政府及公民总是要求某些心理学上的熟练手法。但是,当一个国家被外国人统治了两百年

左右之后，即使在外国统治已被取代之后，使用这些手法仍会比较困难。

在独立是争取的目标时显得如此令人感到艰难的政治任务——结束外部列强的统治、培养领导干部层、刺激经济增长、维护民族统一的观念——在独立已经获得时,的确转变为一个更为严峻的任务。但是这些任务还与另外一个当时被看得不太清楚,而现在不太被有意识地承认的任务联系在一起,这就是从
318 现代政府制度中排除不相容的氛围。在苏加诺统治下进行的大部分符号贩卖活动,由其继承者缓和但并未结束,是没有仔细掂量过的尝试,为的是消除如果不是殖民统治所创造的也是由于殖民统治而加深的国家与社会之间的文化鸿沟。在六十年代初期几乎达到歇斯底里的密集程度的大量的标语、运动、纪念物、游行,部分是设计出来以使民族—国家看上去是土生土长的。因为它不是土生土长的,怀疑与无序一起呈螺旋上升之势。苏加诺和他的政权,在随后的崩溃中被摧毁了。

但是,即使没有殖民统治这个复杂因素,对像印度尼西亚这样的国家,如果国家作为协调公共生活方面的特殊工具这个观念在地方传统中没有对应物,现代国家就会有别于这一传统。传统的统治者,不仅是在印度尼西亚,当他们能够控制国家并倾向于这样做时,可能是暴虐的、专断的、自私的、冷漠的、盘剥的或残忍的(虽然,在塞西尔·B.德米尔的历史观影响下,他们如此的程度普遍被夸张了);但是他们决不把自己想像成,他们的臣民也从不把他们想像成,一个全权国家的执政官。他们统治,大部分是显示他们的地位,保护(或者在有可能的地方扩大)他们的特权,并实践他们的生活方式。要是他们操控直接事务——这一般很少——之外的事务,他们仅仅是受到了诱导,这反映的是更多对分层的关心,而不是真正的政治上的关心。那

种认为国家是一个协调各种利益的机器的观点，对他们来说是某种奇怪的思想。

就公众反应而言，这种奇怪思想的结果通常是某种好奇，更多的是某种恐惧、高度的期望及大量的困惑。苏加诺的符号控制在人民中引起如此混乱的情感，其结果不可能成功；但是在（霍尔特的）书中讨论的不同的事务是另外一些，那些较少谋划也就不是那么短暂的事情。在其中，读者可以在具体的细节中看到，突然要与一个即将出现的激进主义的、广泛的中央政府——即德·茹弗内尔所说的“权力国家”（power-house state）——对于一个习惯于同主人而不是同管理者打交道的人民，意味着什么。[⑥]

这类冲突意味着公认的公正、权力、抗议、真实性、认同等概 319
念（当然还有大量这些文章没有明确探讨的其他概念）都被当今世界对国家有效存在的要求而损害了。这种概念上的混乱——对最熟悉的道德及精神的感知框架发生怀疑，以及由此引发的感情的广泛转移——形成了对新兴国家政治文化研究的恰当主题。“这个国家所需要的，”苏加诺曾经以其突然爆发的混合语言说，“是 ke-up-to-date-an（跟上时代）”。他并没有完全明确说出这一点，而只是一些姿态，但是这些姿态足够生动，让最地方化的印度尼西亚人相信，不仅是政府的形式而且政府的性质发生了变化，而且他们最终要做出某些心理上的调整。[⑦]

---

⑥ B.德·茹弗内尔：《关于权力》（波士顿，1962）。

⑦ 此语出自苏加诺一封攻击传统的伊斯兰教的信，写于他流放弗洛雷斯时，*Surat-surat Dari Endeh*，第十一封信，一九三六年八月十八日，载 K. 戈埃纳迪和 H. M. 纳苏蒂安编：*Debawah Bendera Revolusi*，第 1 卷（雅加达，1959），第 340 页。

四

对这种心智上的社会变化，感觉它要比证明它容易得多，不仅因为它的表现如此多样及间接，而且因为如此含混、充满着不确定与矛盾。在同一个民族中，对每一种被谴责为落后的信仰、实践、理想或制度，又会被其他人赞扬体现了当代性的本质：对每一个被攻击为外来的东西，也同样被欢呼为对民族精神的神圣表达。

在这样的情况下，没有简单的从“传统”向“现代”的进化过程，只有扭曲的、间歇性的、无条理的运动，这种运动有时趋向于过去的情感，有时又否认过去的情感。萨尔托诺笔下的农民中的有些人在中世纪神话中领悟了他们的未来，有些人在马克思主义的幻想中领悟到他们的未来，有些人兼而有之。莱夫笔下的律师在不带偏见的公正天平与榕树庇护的家长制之间摇摆。阿卜杜拉追溯了一位政论家的职业生涯，把它看成是对现代性
320 挑战的社会反应的实例，这位政论家，既主张恢复“真正的米南卡保 adat(阿达特)[习俗]”，同时又主张走上“Kemadjuan(卡马杜安[进步]之路”。在爪哇，安德森发现“古代魔幻的”与“发达理性的”权力理论同时并存；在苏门答腊，利德尔发现地方主义与民族主义 advancing pari passu(并驾齐驱)。

这一不能否认（但通常被否认）的事实——无论进步呈现的曲线是什么样的，它都不适合精美的公式——对现代化所做的任何分析很难成立。对现代化的分析是从这一假设开始的：它以引进的与跟上时代的来替代本土的与过时的。不仅在印度尼西亚，而且在整个第三世界——在全世界——人们越来越趋向双重目标：既要保留自己又要跟上时代步伐。在新兴国家民

族主义中枢神经中，文化保守主义与政治激进主义的紧密结合，没有一个地区像在印度尼西亚那样引人注目。阿卜杜拉说到米南卡保人——为了适应当代世界，要求“不断修正现代化的含义”，要有“对待传统自身的新态度并不断追求恰当的现代化的基础”——这样的思想在书中每一篇文章中都以这种或是那种方式被谈到。它们所揭示的不是从黑暗向光明的线性轨迹，而是不断重新界定“我们”（农民、律师、基督徒、爪哇人、印度尼西亚人）过去、现在在何处及将来要走向何处——要不断地解释群体的历史、特征、演进及命运这些必然要面对的问题。

在印度尼西亚，这种既瞻前又顾后的趋向，从民族主义运动一开始就很明显了，而且此后越来越突出。[⑧] 伊斯兰联盟，最早的有一定规模的组织（它的成员从一九一二年的大约四千人增加到一九一四年的大约四十万人），所诉诸的对象很多：空想的神秘主义者，伊斯兰清教主义者、激进马克思主义者、商业阶级改革者、仁慈的贵族、农民复国主义者。这种假装成政党的大杂烩，在二十年代走向分裂时，不是分裂成革命神话中的“反动”与 321
“进步”两派，而是分为一系列的派别、运动、意识形态、集团、秘密组织——印度尼西亚人称之为 aliran（阿利兰[流派]），这些流派寻求将一种或是另一种形式的现代化结合进这样或那样的一

---

⑧ 对印度尼西亚民族主义运动的评价，我在此处的评价已经过时，参见 J. M. Pluvier, *Overzicht van de Ontwikkeling der Nationalistische Beweging in Indonesie in de Jaren 1930—1942*（Hague, 1953）; A. K. Pringgodigdo, *Sedjarah Pergerakan Rakjat Indonesia*（Djakarta, 1950）; D. M. G. Koch, *Om de Vrijheid*（Djakarta, 1950）; 达赫姆：《苏加诺与斗争》; G. McT. 卡欣：《印度尼西亚的民族主义与革命》（伊萨卡，1952）；H. 本达：《新月与升起的太阳：日本占领时期的印度尼西亚伊斯兰教，一九四二—一九五四》（海牙，1958）；W. F. 沃特海姆：《转型期的印度尼西亚社会》（海牙，1956）。

股传统中。

"开明的"绅士们——医生、律师、教师、公务员等——试图要将"富于精神"的东方与"富于活力的"西方结合起来,通过将一种被崇拜的审美观与渐进的、noblesse oblige(提高群众素质的)计划结合起来来实现。农村的一些《古兰经》教师努力将反基督教情绪转换为反殖民主义情绪,并使自己转变为城市激进主义与乡村虔诚之间的联系。穆斯林现代派企图既净化日益异端化的大众信仰,又想制订出一个合乎伊斯兰教的社会经济改革计划。左翼革命者寻求的是将农村集体组织等同于政治组织,将农民的不满和阶级斗争相等同。半欧洲血统的阶层要将他们的荷兰与印度尼西亚身份调和起来,并为多民族的共同独立提供一个理论基础。受过西方教育的知识分子为实现民主社会主义而利用本土化、反封建(在某种程度上是反爪哇)的态度,以此来将自己与印度尼西亚的现实相结合。在民族主义觉醒的狂热日子里(大约从一九一二年至一九五〇年),各处都可以看到某人将先进的思想与熟悉的情绪结合在一起,以便使各种进展看上去不太引起破坏,使某种习俗模式看上去不大会被抛弃。

印度尼西亚文化的异质性和现代政治思想的异质性互相影响,产生出一种意识形态形势,在其中一个层面上,高度共性化的共识——即,这个国家必须集体冲向现代化的高地,同时也必须集体恪守传统的基本原则——在另一层面上,被在应从哪个方向上冲击、传统的本质是什么等问题上不断加大的分歧所抵销。独立之后,精英与大众富于活力的派别在这些路线问题上分裂了,重新组成了相互对立的 familles d'esprit(思想集团),有的大,有的小,有的处于两者之间,它们所关注的,不仅是如何治理印度尼西亚,而且还有如何界定它。

因此,没有效能的不和谐在两个意识形态框架之间发展起来，一个是未来权力国家的正式制度赖以建立的意识形态框架，另一个是未来民族的整个政治形态赖以成形的意识形态框架，这种不和谐也出现在有指导的民主、五项原则、纳萨卡姆等等的“混合、混合、再混合”的整合性及诸如此类的东西与大众情感的“沸锅”的分隔性之间。[⑨]这一对比并不是一个简单的中心与边 322
缘——雅加达的整体性与各省的分离性之间的对比，而是以较为相似的方式，表现在政治体系的所有层面上。从萨尔托诺笔下的农民制订他们的小计划的乡村咖啡馆，到安德森的部长们制订他们的大计划的独立广场的办公室，政治生活以一种奇特的双重方式展开。彼此的斗争——同样不单是为了权力而且为权力之上的权力，即指定条件，根据这些条件决定国家或政府的方向——被隐藏在共同的斗争、历史同一性和同胞之情等的慷慨的词汇之中。

一九六五年十月一日之前的政治生活就是以这样的方式发展的。令人恐怖的军事政变及随后的屠杀——在三到四个月里大约有二十五万人死亡——暴露了五十年来政治变革所形成、发展、使之戏剧化和养育的文化混乱。[⑩]大量的民族主义陈词滥

⑨ 关于直至六十年代中期这个共和国的国家意识形态，参见 H. 费特：《有指导的民主的动力》，载 R. T. 麦克维伊：《印度尼西亚》(纽黑文，1963)，第 309—409 页；关于大众分化，参见 R. R. 杰伊：《中部爪哇农村的宗教与政治》，载《东南亚研究文化报告系列》，第 12 辑(纽黑文，1963)；G. W. 斯金纳编：《乡村印度尼西亚的地方、种族与民族的忠诚》，载《东南亚研究文化报告系列》，第 8 辑(纽黑文，1959)；及 R. W. 利德尔：《民族、政党与全国一体化》(纽黑文，1970)。随之产生的非常分裂的政治气氛可以在一九五七——一九五八年的制宪会议的辩论中感觉到；参见 *Tentang Dasar Negara Republik Indonesia Dalam Konstituante*, 3 vols. [Djakarta(?), 1958(?)]

⑩ 死亡人数估计是约翰·休斯所做的，见《苏加诺的终结》(伦敦，1968)，第 189 页。估计数在五万到一百万之间；没有人真正知道准确数字，屠杀在如此广大的规模上进行以至于争论数字似乎不重要。休斯对政变、屠杀与苏哈托的崛起的叙述，虽然缺少分析，但却是可靠并且公正的。关于从不同的观点进行的其他讨论，可

323 调很快再次遮掩了画面,因为一个人不能比盯着太阳的时间更长地盯着地狱。不论遮掩得多么严实,现在的印度尼西亚人几乎都知道,地狱就在那里,现在正沿地狱的边缘攀登。这种意识上的变化,证明他们在现代心态方向上前进了一大步。

五

无论社会科学家渴望什么,还是有一些社会现象,它们的冲击是直接与深刻的,甚至是决定性的,但是它们的意义在它们发生以后才能够得到有效的评价;爆发严重的国内骚乱肯定是这些现象之一。在过去的二十五年中,已经经历了不少这类骚乱——印度分裂、刚果兵变、比夫拉事件和约旦事件。但是,没有一个像在印度尼西亚那样具有破坏性,那样难于评价。自一九六五年最后几个可怕的月份以来,所有的印度尼西亚学者,特别是那些试图要发现其民族性的学者,都处于不安的状态中。因为他们知道巨大的国内创伤动摇了他们的研究主题,但是却

参见R.沙普隆:《失控时代》(纽约,1969);D.S.莱夫:《印度尼西亚的一九六五年:政变的一年》,载《亚洲概览》,第6卷第2期(1966),第103—110页;W.F.沃特海姆:《巫统政变前后的印度尼西亚》,载《太平洋事务》,第39卷(1966),第115—127页;B.古纳瓦恩:《库德塔:雅加达的斯塔特格里普》(麦波尔,1968);J.M.冯·克洛依夫:《解释一九六五年印度尼西亚政变:文献述评》,载《太平洋事务》,第43卷第4期(1970—1971),第557—577页;E. Utrecht, *Indonesie's Nieuwe Orde*: *Ontbinding en Herkolonisatie*(Amsterdam, 1970);H.P.琼斯:《印度尼西亚:可能的梦想》(纽约,1971);L.莱依:《印度尼西亚档案》,载《新左派评论》(1966),第26—40页;A.C.布莱克曼:《印度尼西亚共产党的崩溃》(纽约,1969)。在我看来,关于政变的文章,无论是右派、左派、中间派的文章,都由于着迷于苏加诺与印度尼西亚共产党在阴谋的直接事件中的作用(不是不重要,而是对理解当时比理解这个国家更重要)而弄糟了,牺牲了对印度尼西亚政治觉醒的有意义的解释。

不清楚这种创伤的影响是什么。他们意识到某种事情发生了，但没有人对它有所准备，而且关于它没有人知道该说什么。这种感觉萦绕在(霍尔特书中)的各篇文章中，使这些文章读起来有时像是一出出留下悬念的戏。但是对此没有任何帮助：危机仍在发生。[11]

当然，某些外部影响是明显的。印度尼西亚共产党，它宣称是世界第三大共产党，至少是现在已经基本上被消灭了，军事统治建立起来了。苏加诺先是被剥夺权力，然后被人用有节制的、无情的文雅方式，即爪哇人所说的 halus(哈拉斯)，废黜了，之后就去世了。与马来亚的“对抗”结束了。经济形势已经明显改 324
进。国内安全，以大规模的政治监禁为代价，几乎是自独立以来第一次终于在全国范围内实现。对现在被称为“旧秩序”的强烈失望已被对被称为“新秩序”的无言的失望所代替。但是“发生了什么变化”这在涉及文化时仍然是一个使人困惑的问题。肯定，如此巨大的浩劫，特别是它主要发生在农村，发生在村民之间，几乎不可能使这个国家不发生变化。但是，不可能说清这个国家在什么程度上及多么持久地发生了变化。在印度尼西亚，情绪是慢慢地、强烈地浮现出来：“鳄鱼迅速沉没，”他们说，“但慢慢浮起。”无论是对印度尼西亚政治的著述，还是在其政治本身中，对“鳄鱼浮出水面”，普遍缺乏信心。

但是，在类似这种政治争夺的历史(只要看一下现代世界史，这些实例很容易找到)中，似乎有一些结果比其他结果更普

---

[11] 没有人预言过大屠杀这个事实有时可以作为证明社会科学无用的实例。许多研究的确强调了印度尼西亚社会中的大量紧张与潜在的暴力。再说，任何人在二十五万人三个月里在稻田屠杀中被杀害这个事实发生之前宣布它会发生，都会被认为，而且是正确地被认为，头脑非常不正常。关于面对非理性的理性此事所传达的是一个复杂的事情；而它所没有传达出的，是理性因为没有洞察力因而无能为力。

遍。也许最普遍的是精神的衰败，即对可能性感觉(the sense of possibility)的压抑。像美国或西班牙内战这样大规模的国内流血事件，经常使政治生活变成压抑的痛苦，对此我们一般是将其与心理创伤联系在一起。人们的精神被“它将会再次发生”的迹象(大多数是幻觉)所困扰；于是就采取警觉预防措施(大多数是象征性的)以防止事件的发生，但又坚信(大多出于直觉)它总会发生——所有都要依据也许是半意识到的想法，即任凭它这样发生，也要坚持把它做完。对于一个社会而言，就像对于一个人一样，内心创伤，特别是它发生在认真地想要变革的时候，可能既是一个敏感沉溺的力量，也可能是一个深刻僵化的力量。

当事件的真相被各种各样的说法模糊时，当激情留在黑暗中迸发时，情况尤为如此(而且，这里的这个类比——因为公共灾难是通过个人生活而折射的，不完全是一个类比——与个人反应之间的相似性仍然存在)。一九六五年事件被作为恐怖事件接受下来之后，就能让这个国家脱离了许多幻想，正是这些幻想使这个事件得以发生。最特别的幻想，是印度尼西亚人民作为一个整体，可以沿着直线向现代化进军，或者是这样的幻想：在古兰经、辩证法、安静中的声音或实用理性的指导下，这样的
325 进军是可能的。半压制的对事件的记忆被另一个虚构的意识形态综合体否定，将永久地并无限地扩大政府过程与为现实而斗争的过程之间的鸿沟。在一个外人看来，在印尼付出了巨大的不必付的代价后，印度尼西亚人已经令人信服地显示出他们的分歧、矛盾和困惑有多大。这种显示实际上对国内人是否有说服力(对印尼人来说，这种有关自己的表现必定是吓人的)，是另一个问题。对处于历史发展关键时刻的印度尼西亚，这是政治的中心问题。就所有风暴发生前他们的情况而言，(霍尔特)书中的研究，即使没有提供答案，至少是提供了对可能发生的事情

的意识。

无论大屠杀可能（或是不可能）产生的分裂性力量有多大，由于使印尼走到目前的观念已经深深地根植在印度尼西亚社会经济结构的现实之中，因而不会发生根本的改变。爪哇仍旧人口极其拥挤，出口初级产品仍然是外汇的主要来源，以前就有的众多岛屿、语言、宗教及种族群体，现在仍是那么多（甚至，现在西新几内亚加进来后，数量更多了），而且没有地位的知识分子仍然充斥着城市，城镇的商人仍然没有资本，农民仍然没有土地。⑫

莱夫笔下的律师、阿卜杜拉笔下的改革家、利德尔笔下的政治家、萨尔托诺笔下的农民及安德森笔下的政府官员，还有对这些人进行管制的军人，他们现在面对的问题，仍然是大屠杀前同样的问题，所面对的选择和所持有的偏见，和大屠杀之前差不多。他们的思想框架可能是不同的——在经历了如此的恐怖后难以想像他们的思想框架会跟原来一样——但是他们生活在其中的社会及形成这个社会的意义结构在很大程度上还是相同的。政治的文化解释是强有力的，是在它们比政治事件本身更有生命力的程度上；而且它们做出解释的能力取决于它们立足于社会学的程度，而不在于它们的内在连贯性，也不在于某种修辞技巧或审美 326
诉求。如果有一个合适的社会学基础，发生任何事情都会强化解释的力量；否则，发生任何事情都会毁灭解释的力量。

因此（霍尔特的书中）所写的内容，如果不是有预报价值的，

---

⑫ 也许应该注意到，外部的参数也没有太大的变化——中国、日本、美国、苏联或多或少还在原处，还是原来的状况，在商业方面也是这样。如果所谓的外部力量似乎已经减弱了，有利于所谓的内部力量（在霍尔特的书中）了，这不是因为它们被认为不重要，而是因为为了有地方上的影响，它们必须首先有一个地方性表达，任何超越这类对它们的来源的表达而去追溯它们的企图，在这个领域的研究中，都会很快地失控。

也还是可试验的。这些文章的价值——这些文章的作者可能同意也可能不同意我对他们研究结果的解释——从长远的观点看，将不是由这些文章是否适合它们从中得出结论的事实来决定的，虽然正是因为这一点才提醒我们首先注意它们，而是由它们是否对理解印度尼西亚政治的未来进程有所启发来决定的。因为过去十年的结果要在下一个十年中表现出来，我们开始注意：作者们在这里所说的关于印度尼西亚文化的内容，是卓见还是误导，它能否使我们推断所发生的事，还是努力去理解违反我们设想的内容。我们只能与所有的人一起等待鳄鱼浮上来。现在，无论是美国人还是印度尼西亚人都应避免做某种道德假设上蛮横的事。这里，我想起雅各布·布尔克哈特所说的话——它也许应当被称为主题分析的创始人。一八六〇年，他曾就评价各个民族这一难以把握的事情说过一段话：

> 指出在不同民族之间许多明显的和幽暗的差异或许是可能的，但是，在人类领悟力中，并没有整体平衡的心态。关于一个民族的性格、良心与罪孽的终极真相，始终是一个秘密。如此看来，一个民族的缺点就有其另一面，在那里它们表现为特性，甚至是优点。有些人以对别的整个民族进行指责为乐。就让他们这样做好了。欧洲人可能互相指责，而不会对彼此做出恰当判断。一个伟大的民族，以它的文明、它的成就、它的财富与现代世界生活交织在一起的民族，它可能做到既无视它的辩护者也无视它的批评者。无论能否得到理论家的认可，它将继续存在下去。[13]

---

⑬ J.布尔克哈特：《意大利文艺复兴时期的文明》（纽约，1954）；初版于一八六〇年，第318页。

第十二章　政治的过去，政治的现在：327
关于运用人类学研究新兴国家的札记

一

最近几年，以某种不确定的方式构成社会科学的不同学科分支，主要汇集在对所谓第三世界——亚洲、非洲及拉丁美洲的形成中的民族与摇摇欲坠的国家的研究上。在这个令人困惑的情景中，人类学、社会学、政治学、历史学、经济学、心理学，以及我们已知的那些最古老的学科，都处在一个不熟悉的位置上，各自与一批基本上是相同的材料打交道。

这种经历并不总是令人感到欣慰的。汇集地经常变成战 328
场，而且专业分界线被强化：英国人在海外比在伦敦更像英国人，经济学家在海外比在M. I. T.（麻省理工学院）更偏爱经济计量。同样，其中少数更热心的已经为了一种亚历山大式的折衷主义而几乎完全放弃了专业，制造出一些非常奇怪的混合怪物：弗洛伊德、马克思与玛格丽特·米德被拙劣地包装在一起。

但是总体的影响确实是有益的。思想上的自负感，主要是指概念与方法上的自负，来源于过于长久地专注于自己的小天地（美国的商业圈、法国的政党政治、瑞典的阶级流动及非洲内地部落的亲属制度），这种自负也许是普通社会科学最可怕的敌人，现在已经严重地（而且在我看来已经永久地）被动摇了。对于那些研究新兴国家的人中的多数人，就像生活在其中的多数人一样，一个闭塞的社会已经彻底地开放了。即使那些思想最封闭的学者也开始意识到，这类学者的研究不仅是一种特殊的学科，而且是这样一种学科，它离开了以前自己所鄙视的其他专门学科的大量帮助，甚至不能进行。此处不管怎么说，关于我们同属一个大家庭的观念，取得了某种程度的进展。

这些来自同一材料的若干方向的汇集的最显著的例子，是重新对传统国家的结构与功能的兴趣。在过去几年间，各种不同理论领域越来越强烈地感到，需要发展一种关于前工业社会的普遍性的政治学，以便能有像社会学家弗兰克·萨顿所说的，有“一个基点，由此去理解充满了现代景象的传统社会”[①]。领域不同，回答也不同。但是，马克斯·韦伯半个世纪前在《经济与社会》(Wirtschaft und Gesellschaft)中论述家长式专制统治的文章，不再是萨顿在其约十年前所写的文章中正确地称为的“孤立的纪念碑”。它现在不过是一整套关于——说得难听点——农民社会的政府本质的话语之一，其中有些比另外一些更不朽，而
329 且少数达到顶峰。这个社会有着太多的与我们自己的社会相似的地方，以至于我们不能将其贬为原始社会；而又有太少的与我们相似的地方，以至于我们不能将其赞美为现代社会。

简而言之，过去十年左右中关于传统政治的本质问题主要有四条研究方法发展：

第一，主要借助魏复光[②]之手，马克思关于亚细亚生产方式(现在被解释为水力农业)和作为它的因果反映的极端专制国

---

① F. X. 萨顿：《政治体制的代表与本质》，载《社会与历史的当代研究》，第 2 期(1959)，第 1—10 页。

② 魏复光(Karl A. Wittfogel, 1896—?)，德裔美籍东方学家，曾来华研究中国的社会与历史。——编注

家——魏复光夸张说是“极其恐怖、极其顺从、极其孤立”——的观念,得到了复兴。[3]

第二,有一些,主要是英国的,实际上都是研究非洲的社会人类学家研究了所谓的分裂(segmentary)的国家——在这些国家中,亲属集团和亲属忠诚起着核心作用——而且这些研究与出自魏复光方法的传统国家是铁板一块的观点相反,视这些国家为分散的半独立权力中心之间的微妙的平衡。这些权力中心有时在部落神话和平民仪式的保护下通向某个顶点,有时滑向氏族嫉妒、地方竞争及族内阴谋。[4]

第三,重新强调可能被称为相对封建主义的观点,强调分清封建主义是关于一个案例(本身有相当的不同)即欧洲的历史范畴,还是有关许多至少是大概相似例子的科学范畴。在此,推动性的人物无疑是马克·布洛克,他对社会科学所产生的深刻影响至今还没有被充分认识,甚至还没有被许多受其影响的人所认识。[5] 但是,这类兴趣当然也主要是韦伯传统的继续。在艾森施塔特这样对早期帝国官僚政治作用有兴趣的社会学家手中,或是在像卡尔·波拉尼这样的对在这类帝国中的商业活动的政治管理有兴趣的经济史学家的手中,它超出了封建主义本身,涉及到那些多种制度可能性社会的权威结构的范围,封建制度只是其中有限的一种制度。[6]

---

③ 魏复光:《东方专制主义》(纽黑文,1957)。

④ 这条理论战线上有代表性的例子,参见 A.索撒尔:《阿卢尔社会》(剑桥,英格兰,1954)。

⑤ R.库尔伯恩编《历史上的封建主义》(普林斯顿,1956)一书提出了对这类研究的有用的回顾。关于布洛克,参见他的《封建社会》(芝加哥,1961)。

⑥ S.M.艾森施塔特:《帝国的政治制度》(纽约,1963);K.波拉尼、C.阿兰斯伯格和 H.皮尔森编:《早期帝国中的贸易与市场》(格伦科,伊利诺,1957)。

330 第四,史前史学家——多数是考古学家,但是也有一些东方学家和民族学家——正在重新评价古代国家的规模与范围,以及古代国家可能经历的发展阶段。玛雅、特奥蒂瓦坎、印度、吴哥、玛德加帕西特(Madjapahit)、印加、美索不达米亚、埃及——所有神奇的名字——在当今较少象征在戈登·柴尔德所称的"城市革命"中成长起来的辉煌的青铜时代的野蛮状态,而更多地象征那些延续的渐进发展周期,其中有的相似,有的不同;或者,甚至可以说它们代表的是这类周期中的阶段,短暂的阶段。这些阶段可能既不像它们的传说所宣称的及它们建筑遗址初看上去所显示的那样宏大,而且也比马克思主义理论家,甚至修正主义的马克思主义理论家通常想像的更复杂地与作为其基础的物质条件相联系。[7]

人类学家已经深深地卷入了所有这四种思路的对农业社会中政府本质的研究。它们中的两条——对分裂国家的研究和对史前国家发展周期的研究——已经几乎完全是人类学的研究范围了。但是,魏复光的理论也有很大的影响。我们看到人类学家将这些理论应用于西藏、墨西哥峡谷、美国西南部的普埃布洛人及非洲的部分地区。制度比较方法并不经常被采用,部分是因为韦伯有可能令人类学家感到畏惧,但是他的美妙的德国手法,经常在最近的一些对黑非洲较发达的地区——巴干达、布索加、弗拉尼、埃塞俄比亚、阿散蒂的研究中清楚地看到。

在如此卷入后,人类学家已经,如我所提出的,被不情愿地拉入了比他们自己的学科范围广得多的事业中,发现自己作为

⑦ 对这类研究的概览与评价,参见R.布莱德伍德和G.威利:《通向城市生活的进程》(纽约,1962),也可参见R.M.亚当斯:《城市社会的演进》(纽约/芝加哥,1966)。

(qua)人类学家,而不是自封的社会学家、历史学家、政治学家,正面临着他们能给这宏大的事业提供什么的问题。仍然受到某些圈子偏爱的对此问题的简便的答案,是作为论据的材料,最好是会毁掉某些社会学家精心编造的理论的异常的材料。但是接受这一容易的答案,将会把人类学贬低为某种可怜的民族志,就像有些书刊检查官一样,能够否定思想建构,却不能创造,甚至不能理解这类思想结构。

关于萨顿教授的“前工业社会普通比较政治学”的宏大观 331
点,在我看来,它应该做出比这更大的贡献。为了显示(此处,在对我适当的范围内,当然不能确定)这“更大”可能是指什么,我想要做两件本质上属于人类学的事情:讨论来自遥远地方的奇特案例;从这个案例中得出某些比任何这类孤立实例所可能具有的意义更为深远的关于事实与方法的结论。

二

这个遥远的地方是巴厘;这个奇特的案例是十九世纪曾在那里存在的国家。虽然从形式上看,我估计你会说,大约从一七五〇年起,巴厘是荷属东印度的一部分,在任何真实的意义上,只有在一九〇六年这个小岛的东南被入侵后才成为荷兰帝国的一部分。不论出于什么意图和目的来看待这个问题,巴厘国家在十九世纪都是一个本土结构;而且,尽管像任何一个社会制度一样,它在过去几个世纪中经历了变化——绝不只是荷兰占领爪哇的结果,但变化是缓慢的、边边角角的。

为了简化我对实际上完全不能简化的内容的描述,我将首先讨论这个国家的文化基础——大多属于宗教的信仰与价值,它们使这个国家富于生气,给予其方向、意义与形式;其次,我将讨论社会结构上的布局，以及国家企图保持方向并完成这种形式(但只是偶尔成功)的政治手段。然而，这种观念与制度的分离最终将证明它不像看上去那样仅仅是实用主义的，但它却正是我的论点的核心。

与这个国家的文化基础有关，让我简要地，从民族志现状出发，描述巴厘人有关究竟什么是超地方政治的三个观点。其中的第一个，我将称之为示范中心说(the doctrine of the exemplary center)；第二个，地位下降观(the concept of sinking status)；第三个，政治的表达观念(the expressive conception of politics)——相信统治的主要工具作用，较少在于行政管理的技术，较多在于戏剧艺术。

332 示范中心原则基本上是一种关于君权的本质与基础的理论。这种理论主张宫廷与首都既是超自然秩序的微缩——如罗伯特·海涅—格尔德恩所说，是“宇宙在一个较小规模上的形象”——又是政治秩序的物质体现。[8] 它不仅是这个国家的核心、引擎或支柱：它**就是**国家。

这一把统治所在的地方等同于王权的奇特做法，不仅仅是一个暂时的隐喻，它是关于政治统治观念的一个陈述：即，仅靠提供一个文明生活的模式、典型、完美无缺的形象，宫廷将其周围的世界塑造成它自身的完美的一个至少大致相当的翻版。宫廷的仪式生活，而且实际上是宫廷的整个生活，成为示范典型，而不仅仅是对社会秩序的反映。就像祭司们所说的那样，它所反映的是超自然的秩序，“永恒的印度诸神世界”，在其中人应该严格按照自己的地位，寻求自己的生活模

---

⑧ R.海涅—格尔德恩：《东南亚的国家与君主政体概念》，载《远东季刊》，第2期(1942)，第15—30页。

式。[9]

在古代巴厘,至关重要的合法化任务,政治形而上学与实际权力的分布之间的谐调,是由神话手段来完成的;一个非常有特色的殖民化的神话。据说在一三四三年,伟大的东爪哇玛德加帕西特王国的军队在一个叫格尔格尔(Gelgel)的地方打败了"巴厘王"的军队,这位国王是一个有着猪头的超自然怪物——这个非凡事件被巴厘人视为自己整个文明,甚至是他们族群的来源(除了少数例外,他们将自己视为爪哇入侵者的后裔,而不是巴厘抵抗者的后裔)。就像美国的"制宪元勋"神话一样,"玛德加帕西特征服"成了一个起源故事,以此统治与服从的关系得到解释并合法化。

且不说这个传说究竟可能具有什么样的零散的历史真实性因素(对于这个确实非常复杂、有多种说法的故事,我只能提供最图式化的概括),它以假设的故事(just-so story)的具体形象表达了巴厘人对他们的政治发展的看法。在巴厘人的眼中,在格尔格尔建立一个爪哇宫廷(据说,宫廷被设计来精确模仿最具示范性的宫殿,即玛德加帕西特的宫廷)不仅创立了一个权力中心 333
——这个以前就存在着——而且创立了一个文明标准。玛德加帕西特入侵被认为是巴厘历史的伟大的分水岭,因为它将野性的古代巴厘与有着优美高雅与仪式般辉煌的新生巴厘截然分开。首都的迁移(以及派遣携带着神奇的物品的爪哇贵族居住于此)是文明的迁移,是一个通过反映神圣秩序产生了人类的宫廷的建立。

但是,这种反映与这种秩序化,在十九世纪之前,并没有人

⑨ 参见J.L.斯维伦格雷贝尔在J.L.斯维伦格雷贝尔等人的《巴厘:对生活、思想与仪式的研究》(海牙/巴东,1960)中的介绍。

认为它们保持住了纯洁与力量，而是随着时间的流逝越来越黯然，越来越虚弱。尽管有以下事实：在某种意义上，它们是在从海外水平更高的文化外来定居的“殖民”神话开始的，巴厘人对他们的政治历史的概念，都没有像美国人那样，展示为一个从原有的多样性中形成集权的图案，而是将原有集权变成了日益增长的多样性；不是一个迈向美好社会的勇毅的进步，而是古典的完美模式从观念中逐渐消退。

这种消退被认为是随着空间和时间的变换发生的。那种观点（当然是不正确的）认为，格尔格尔时期（大约从一三〇〇年至一七〇〇年）巴厘是由单一首都统治的，但是在一系列的叛乱与分裂时期之后，导致了在各个主要地区建立首府，由王室的低级成员前往这些首府建立驻节机构，他们自己作为示范统治者。随之，从这些分裂再分裂，导致在不同的二级首府地区内建立三级首府，依此类推，假如不是 ad infinitum（没有止境），也几乎是这样。

撇开细节不说，最后（这是指十九世纪）的结果，是由不同等级的实质性自治与有效权力组成的变幻无常的叠罗汉式的“王国”，主要领主们支撑着最高君主，这些领主们又依次站立在地位低于他们的领主肩上，并按此线继续。示范中心中的示范中心，还是格尔格尔，或是它的直接后继者，克隆孔，随着它通过逐渐粗略的媒介向外放射，其光环也就自然暗淡下来。

但是比之更甚的是，随着它一揽子从爪哇带来的最初的卡
334 里斯马的集中向这些影响小的中心逐渐减弱地传播，它自己的光彩也衰败了。总体的情形是社会地位与精神权力全面的衰落，不仅是当它们离开统治阶级的中心时边缘界线衰退了，而且随着边缘界线离开中心，中心本身也是这样。随着这个发展过程，一度集权的巴厘国家的示范力量当其在边缘地区衰弱时在

其核心也削弱了。或者巴厘人是这么认为的;正是这种历史衰灭观渗透进了巴厘社会的每一个角落,这就是我所指的地位下降观。

但是这并没有被感觉为是一个不可避免的退化,是一个命中注定的从黄金时代的衰落。对巴厘人而言,这种衰落是历史碰巧发生的,不是必然要发生的。因而,人的努力,特别是他们的精神与政治领导人的努力,相应地不应该是被引向扭转它(事件是不能改变的,因此扭转它是不可能的),也不是赞美它(它是从一种理想的一系列的倒退,所以赞美它是无意义的),而应该引向取消它,生动地、直接地再现,并且以最大可能的力量生动再现格尔格尔人与玛德加帕西特人在他们的时代指导过他们的生活的文化范式。正如格雷戈里·贝特森所指出的,巴厘人关于过去的观点,按这个术语的恰当意义,不真正是历史的。就其所有的用神话所做的解释而言,他们对过去的探求,主要不是为了找到现在的原因,而是找到标准来对现在做出判断,以此作为不变的模式来恰当地塑造现在,但是,由于意外、无知、放纵或是忽视,它经常没有遵循这个模式。

这几乎是以过去曾经的状态来对现在作审美的纠正,领主通过举行宏大的仪式 tableaux(*场面*)寻求这种结果。从最小的领主到最高的君主,他们持续不断地企图建立在他们自己层面上更为真实的示范中心,即使这个示范中心不能在辉煌方面与格尔格尔相提并论或是接近它(少数更具野心的领主希望能这样),至少可以从仪式上模仿它,并因此在某种程度上重建古代国家所体现的,又被后古代的历史模糊了的文明的辉煌形象。

巴厘国家及它所支持的政治生活的表达本质,在整个已知历史中是明显的,因为它并不总是指向暴政(它无望地无力形成系统的权力集中),甚至不是非常有条理地指向政府(对政府它 335

冷眼漠视并且犹犹豫豫),而是指向场面、指向仪式、指向对巴厘文化的普遍迷恋之公开的戏剧式表现:社会不平等与地位自豪感。它是一个戏剧国家,在其中国王与王子是主角,僧侣是导演,农民是配角、舞台职员及观众。大型火葬、锉平牙齿、庙宇供奉、朝拜及活祭(blood sacrifices),动用了成百甚至上千的人力及大量的财富,这不是实现政治目标的手段,而是目标本身,它们就是国家的目标。宫廷的礼仪是宫廷政治的推动力。群众仪式不是支持国家的手段;国家是实施群众仪式的手段。统治与其说是选择,不如说是表演。仪式不是形式而是实质。权力为盛大的典礼服务,而不是盛大的典礼为权力服务。

当转向社会框架时,这种社会框架被设计来支持这种努力,但是实际上是更多地削弱它,我不得不甚至更无情地将事实简化为它们的影子,因为古代巴厘的政治制度之复杂几乎达到了这类制度所能达到的极至程度,而且还在起作用。但是,把握巴厘国家作为一个权威的具体结构的要点是,远不是有助于形成权力集中,它强有力地导致权力的分散。几乎没有什么政治精英像巴厘人那样,用如此巧妙设计的背叛手段,去极力追求忠诚。

首先,精英自己,如我已经指出的,不是一个有组织的统治阶级,而是激烈竞争的君主或准君主。甚至那些贵族世系,那些组成不同朝廷的王室,也都不是稳固的单元,而是充满分裂的派别,亚世系和次亚世系的集合,每一个都想要削弱另一个而使自己得利。

第二,在恰当意义上,最有效的政府是地方政府。小村庄不仅仅有书面宪法、受欢迎的议事会和行政机器,它们还非常有效地抵制了宫廷涉足地方事务。灌溉由地方分立的法人团体负责,这类团体农村有几百个;这个体系并不是要发展一个集中的官僚机构管理水利网络，而是有效地排除了这种机构的形成。地方世系、庙宇僧众、志愿组织同样是自治的，同样珍视各自的权利，人与人之间互相提防，国家与国家之间互相提防。

第三，国家(即任何一个特别的宫廷)与地方机构(假如你愿 336
意可称之为“村庄”)综合体之间的结构性联系，自身是多样化和彼此不相协调的。乡绅赋予农民的三项主要义务——军事—仪式支持、地租、税收——不是混合的，而是分别属于三种不同的联系。一个人可能要向一个领主履行仪式与军事支持的义务，向第二个交地租，向第三个交税。甚至更糟的是，这类联系纽带大多数不是同心的边界，因此一个人和他的邻居(这个邻居可能是他的兄弟)可能经常在政治上效忠不同的领主。

但是为了我们能在迷失之前摆脱这种混乱，(需记住)关键的一点，那就是巴厘的跨地区政治组织并不在于一批互相有着明显的界线，而且穿过明显划分的国界发生“外交关系”、有序地按等级组织的主权国家(sovereign state)。它更不在于任何一个专制君主的“单一中心国家机器”的全面统治，无论是“水利的”，还是其他的。它存在于其中的是一个由非常不同的政治联系组成的广泛领域，这些政治联系由于在景观战略要点上形成不同规模与稳定性的节点，然后以极为迂回的方式分散开去，使它们在实际上彼此互相联系。

在这个有差异的与变化的领域中每一个战略要点上的斗争更多的是为了人，为了他们的服从，为了他们的支持及个人忠诚，而不是为了土地。政治权力主要不是体现在财富上，而体现在人身上，更多的是为了增加威望，而不是增加领土。不同的君主国(princedom)之间的分歧，其实从来不涉及领土问题，而涉及互相之间的地位这个敏感问题，以及最特别的是涉及为了国家的仪式及(其实是同样的事情的)战争而动员某些群体甚至某些具体的人的权力。

科恩讲述了一个关于南西里伯斯的传闻，当地的政治安排近似巴厘，这个传闻以传统智力的巨大讽刺证明了这一
337 点。[10] 荷兰人,出于通常的行政管理上的理由,想要在两个小君主国之间一劳永逸地划定边界,召来了有关的君主,问他们边界到底在何处。两人都同意A的领地的边界在能看到沼泽的最远点,而B的领地的边界在能够看到大海的最远点。然后,难道他们就不会为两者之间的既看不到沼泽也看不到大海的那块土地而争斗吗? 一个老年君主回答说:“我们根本不值得为这破山头互相斗争。”

总而言之,十九世纪的巴厘政治处于两个对立势力之间的重压之下:国家仪式的向心力和国家结构的离心力。一方面,有对在这个或是那个君主统治下的大众仪式的统一效果;另一方面政体有内在的分散性、分裂性,这个政体被认为是一个具体的社会制度,一套权力体系,由几十个独立或半独立或部分独立的统治者组成。

第一种,即文化因素,自上而下,自中心而向外;第二种,权力因素,自下至上,从边缘至内部。作为一个结果,示范统治者所希望达到的范围越广泛,支持它的政治结构就越脆弱,因为它将被迫更多地依靠联盟、阴谋、诱骗和恫吓。这些君主,被完美无缺的表现国家的文化理想所驱使,持续地努力扩大他们动员人与物质的能力,以便能主持更大的与更辉煌的仪式,建造更大的与更辉煌的庙宇及宫殿,在其中举行这些仪式。

他们以此正在直接反对一种政治组织形式,其自然倾向,特别是在强烈的统一压力下,是逐渐的分裂。但是,不管是否愿

---

[10] V.E.科恩:*Het Adtrecht van Bali*(海牙,1932),第440页。

意，他们与文化自大狂和组织多元化的自相矛盾斗争到底，并且并非总是没有暂时的成功。如果不是现代世界，经过荷兰人的军队最终控制了他们，他们毫无疑问还会在与之进行斗争。

三

为了兑现在材料之上做出概括的诺言，让我就人类学对农民社会的普通比较政治学的贡献，做出两点说明。

第一点，一方面是传统国家的文化野心，另一方面是文化野 338
心凭借它得以实现的，通常是很不完全的社会制度，区别二者就成为我们所谓的社会学的现实主义。萨顿教授理解最近发展的“基础点”，与其说是变成了一种回顾性的理想类型，一种在设计者看来为了解释现在更有趣的特点而构建的模型，不如说是基于它自己的时间与地点的历史真实；出现在现实世界上而不仅仅是在书本上产生的东西。

第二点，社会学的现实主义的增强，使之可能处理这个领域的中心问题——“新兴国家”运行方式与传统国家运行方式之间的关系**是**什么——而不必屈服于两个同样误导命题（而且此时也是同样流行的）中的任何一个：即，当代国家只是它的过去的俘虏，穿着不够现代的服装重新表演古代戏剧；或者是这类国家完全逃脱了它的过去，是一个除了它自身而一无所有的时代的绝对产物。

在第一点上，巴厘的材料，如果是如同我所说的那样，显然有利于支持传统政体的分支国家的概念。这个概念认为，构成这些传统政体的，是被可望不可及的辉煌象征环绕起来的权力金字塔，而不利于支持魏复光的“专制权力——绝对而且不仁慈”的观点。但是问题不是魏复光（他一直太不够慎重地引用巴厘材料来支持他的论点)是否给了我们一个可行的理论。我自己认为没有;但是我不想尝试用巴厘的事实来反对关于中国的论断。我的论点仅仅是:就像任何对于真正传统政体的细致研究不可避免地所做的那样,在将统治者的野心、推动他们迈向完美目标的信念和理想与凭借其实现这些目标的社会手段区分开方面,人类学对确认这一点做出了贡献:无论是在传统国家还是在现代国家,一个政治家所达到的与他所把握的不完全是相同的东西。

这样说来,我的观点是一个人类学由此闻名的那种常见的否定性观点:“不在复活节岛上”。事实上,我认为对分支国家和发展人类学的研究,可望并且已经完全按照我提到过的学术思路,为提出一个更合理的传统政体形象做出了重要贡献。埃文
339 斯—普里查德对希卢克人宗教国王所做的研究(将他的仪式角色与他的政治角色分离,并因而至少使一个非洲专制制度露出虚弱之处)及一些学者对玛雅文明所做的研究(将辉煌的社会宗教大厦与那种支撑大厦的更为普通的社群区别开,并因此而解决了在混乱中的悖论),我可以肯定,会用到越来越多的传统国家上,结果将不仅不是否定的,而且还将改变我们关于这类国家中的权力来源、权威性质及管理术的整个观念。[11]

但仅就政治的过去、政治的现在来说,我的第二点结论就更有意义。在概念上区别任何一个政体内指导行动者的秩序概念与它们在其中活动的制度背景,使得有可能对过去是什么及现在是什么之间的关系问题进行研究时,不仅仅是借助一些可逆

---

⑪ 关于希卢克人,参见 E. E. 埃文斯—普里查德:《尼罗河苏丹的神圣王权》(剑桥,1948)。关于玛雅的讨论更加分散而且正在发展中,但是最有价值的概括,参见 G. 威利:《中美洲》,载布莱德伍德和威利:《通向城市生活的道路》,第 84—101 页。

转的公理——“现在一无所有，只有过去才有”；“过去即灰飞烟灭”。更具体些，它使得有可能区别现代国家所继承的文化传统对它的意识形态贡献，与先于一个国家的政府体系对它所做出的组织贡献。而且可以看到，前者(即意识形态贡献)除了一些例外，比后者更有意义。作为一个具体的政府结构，今天的加纳、今天的印度尼西亚甚至今天的摩洛哥，与阿散蒂联盟、爪哇一巴厘戏剧国家，或是保镖与包税农夫的混合，即 Magrebine Makhzen，有着最遥远的关系。但是，作为关于政府与政治是什么的观点的具体化，传统国家与过渡国家之间的关系，可能比用以表达第三世界意识形态的外来词汇更容易使人相信。

随着传统文化手段——详细的神话、刻意的仪式、精致的礼仪——的消失，它发生在大多数第三世界国家中而且毫无疑问将很快发生在剩下的第三世界国家中，它将最终被一组更为抽象、更具意愿、在正式意义上涉及政治性质和目的的更理性的观 340
点所代替。不管是否写进了正式的宪法，是否安排进了新的政府制度中或是被鼓吹为一个普遍的信条(或者，像并非不普遍的那样，所有的三方面都有)，这些观点，我根据词汇的恰当意义称之为意识形态，起到了它们继承的较少教化的前意识形态观念类似的作用。这就是说，它们为政治行为提供了指导；依靠它去把握政治行为的形象，去解释政治行为的理论，以及去判断政治行为的标准。这种把曾经是既定的态度和广为接受的惯例发展成为更有自我意识，或无论从什么角度都更清晰的维度的做法，是我们一直称之为半渴望、半担忧的“民族国家形成”的重要特征之一。

所有这些并不是说，第三世界国家在其中运行的意识形态框架，不过是过去的观念与理想的现代版本。这些国家的精英明显从其他一些非常不传统的方面来源中学到了许多东西。苏加诺对行动中的日本人的贴近观察,也许是他的政治生涯中最有启发性的经历;我们可以设想,恩克鲁玛至少阅读过他的继承者公开烧毁的那些小册子中的一部分;人们只要对印度或是阿尔及利亚的政治群体略加注意,就能明白无论是哈罗德·拉斯基还是让—保尔·萨特都完全没有徒劳地辛苦一场。

事实上,恰恰是这种现代的更可确认的声音与过去更陌生但同样固执的声音的混合,使要确定任何特定的第三世界国家的平民政治家或军人究竟在忙些什么,变得如此困难。有时他们似乎是无与伦比的极端激进分子;有时他们又被古老而又不可动摇的魔鬼所困扰。此一时他们似乎是如此之多的自学成才的麦迪逊与杰弗逊,进行陆地或是海洋上从来没有见过的巧妙的政治发明;彼一时他们似乎是如此之多的墨索里尼,拙劣地模仿欧洲法西斯主义的榜样。此一时他们似乎充满信心,充满希望与高尚的目标;彼一时他们似乎是疯狂的机会主义者,充满困惑、恐惧与无边的自我仇恨。

但是,它将不会倒向这些互相矛盾的任何一方,也不会自作聪明地宣布它们就是二律背反,说两者都确实存在,而且形势复杂。混淆在一起的声音必须区别,这样我们才能听到这些表现
341 的每一方面在说什么,并对其意识形态气候做出评价,假如没有十分的把握,也至少有些明确和细节。

在这一努力中,精确地确定过去的政治对现在的政治的意识形态贡献——就眼下的案例中,包括示范领导层、衰落的卡里斯马、戏剧化的权术,是基本要素。对于提供这一要素,人类学,我且为自己的专业做最后一次鼓吹,是理想的学科。如果它现在记得在太平洋的一个岛屿上曾经如此容易被忘却的东西,至少是:它在这个世界不是孤单的。

第　五　编

第十三章　智慧的野蛮人： 345
评克劳德·莱维—斯特劳斯的著作

> 如今，我有时感到疑惑我被人类学所吸引，无论多么无意，是否不是因为作为人类学研究主题的文明与我自己的思维过程之间的结构性契合。我的智力是新石器时代的。
>
> 克劳德·莱维—斯特劳斯：《悲伤的热带》

一

归根结底，对野蛮人应该做什么样的解释？即使现在，经过三个世纪的争论，我们对下述问题也仍然一无所知：他们是高尚的还是残忍的，或者甚至就如同你和我；他们是否和我们一样思考，陷入疯狂的神秘主义之中，或是掌握了由于我们的贪婪而失去的真理的更高形式；他们的习俗，从食人肉到母系制，不过是与我们自己的习俗不同的选择，无所谓好坏，或者是我们自己现在已经废弃了的粗陋习俗的前身，或者仅仅是从奇特的、难以理解而引人注目的外来东西中收集来的；他们是否受到约束而我们是自由的，或者我们是否受到约束而他们是自由的。对其专业就是研究其他文明的人类学家来说，这个谜一直伴随着他。
他与他的研究对象之间的关系，也许比其他任何科学家都更多 346
地更不可避免地是一个问题。了解了他怎么看待野蛮人，就找到了理解他的工作的关键。了解了他如何看待自己，你一般就能知道他将要怎样论说他碰巧研究的部落。所有的民族志只是部分哲学,其余的大部分是自白。

法兰西学院(Collège de France)社会人类学教授克劳德·莱维—斯特劳斯,目前在一定程度上受到一些终生研究遥远民族的学者并不总能得到的普遍注意,对这个中心人物来说,要将精神因素从描述因素中分离出来特别困难。另一方面,没有一个人类学家更坚持这一事实:他的专业实践是他个人的探求,受到个人想像力的驱使,并且引向个人的拯救:

> 我自己既受惠于知识,也同样受惠于人类。历史、政治、社会与经济体系、物质世界,甚至是天空,所有这些都以同心圆的形式环绕我,假如我向它们中的一个交出我存在的一部分,我只有在思想时才能从这些同心圆逃脱。就像卵石入水时在波浪的表面上留下圆圈一样,我要想测量水的深度就必须自己跳入水中。

另一方面,没有一个人类学家更坚决地断定民族学是一门实证科学:

> 人文科学的最终目标不是去构成人而是去分解人。民族学[①]的关键价值在于它代表了某个包括其他步骤在内的进程的第一步。民族志分析试图超越诸社会的经验性差异而达到常量……这一开创性事业为其后的步骤开辟了道路……这是各门自然科学的责任:将文化重新整合进自然,并将生命重新整合进它的物理—化学条件的整体……因而

① 原文 ethnology,亦有"人种学"、"文化人类学"之意。——编注

> 人们能够理解为什么我在民族学中发现了所有研究的原则。

在莱维—斯特劳斯的著作中，人类学的两面——作为在这个世界上运作的方式及作为揭示经验性事实之间的符合规则的关系的方法——与其说是彼此分离以避免对抗和由此而来的内部压力（民族学家中这种观点更普遍），还不如说是通过彼此接近强化直接对抗。这既说明了他的研究的影响力，也说明了他的研究的号召力。它充满了勇敢与一种不假思考的坦率。但是它也表达了专业内部的怀疑：以“高等科学”（High Science）命之 347
的可能真的是试图灵巧而且迂回地保卫形而上地位、推进意识形态争论，并为道德服务。

也许，再没有如此错误的事情，但是，正如马克思那样，最好在心中牢牢记住，不要将对生活的态度当成对生活的简单描述。每个人都有权利为他自己的目标而创造他自己的野蛮人。也许所有的人都这样做了。但是要论证造出的这类野蛮人与澳大利亚土著、非洲部落人或是巴西印第安人是一致的，却完全是另一回事。

莱维—斯特劳斯与他的研究对象相遇的精神层面，即与原始人打交道对他个人意味着什么，是很容易发现的，因为他已经在一本著作中以富于说服力的描述纪录下来了，虽然它远不是一本伟大的人类学书籍，或者甚至不是一本特别好的著作，但它肯定是人类学家撰写的最好的书之一：《悲伤的热带》[①]。它采取了标准的英雄探险（Heroic Quest）传奇的形式——突然间离开祖上生活过的熟悉的、荒谬的，在某种不确定的方面令人感到

① 《悲伤的热带》（巴黎，1955），由约翰·拉塞尔将少数几章译成英文。

危险的地方(在勒布朗执政时期法国的外省中学教哲学的位置);到另一个灰暗的世界旅行,一个充满了惊讶、考验及发现的神奇的王国(巴西丛林中的卡杜维奥、博罗罗、纳姆卡瓦拉及图皮—卡瓦希布等部落);返回正常人中间,灰心而又精疲力竭("告别了野蛮人,然后告别了旅行"),带着对现实更深刻的认识和将已经学习到的这些知识告诉那些不太爱冒险、落在后边的人的责任。这本书是自传、游记、哲学论文、民族志报告、殖民历史及先知神话的混合。

> 如果仅仅将一两次零星的课联缀起来就能重建[佛陀]树下的冥思苦想,那么我从我所听到的大师们那里,从我所读过的哲学家那里,从调查过的社会那里,并从西方引为自豪的科学那里学到了什么?

海洋旅行平凡无奇,是一个序曲。在二十年后对这次旅行的反思中,他将自己的境遇与古典航海家相比较:他们驶向一个未知的世界,一个几乎没有被人类触及的世界,一个"没有被一
348 两万年的'历史'带来的焦虑侵染"的伊甸园;但是,他却是驶向一个被掠夺过的世界,一个航海家(以及他们之后的殖民主义者)以他们的贪婪、他们的文化傲慢、他们对进步的狂热追求所破坏的世界。除了一些残迹,地球上的乐园荡然无存。它的本质已经变成了"历史的,那里曾经一度是不朽的,变成了社会的,那里曾经是超自然的"。从前,旅行家发现了在旅程的终点,等候他的是与他自己的文明极不相同的文明。现在,他发现了他自己那个世界的拙劣的仿制品,散布在此一处或是彼一处的被遗忘的过去的残迹中。他发现里约热内卢时令人沮丧,这不奇怪。比例都错了。舒格洛夫山(Sugar Loaf Mountain)太小了,

环绕它的海湾也不对,热带的月亮在贫民窟与平顶屋的衬托下显得过于黯淡。他像迟到的哥伦布一样来到这里,做出了一个取悦众人的发现:“热带不像过去那样富于异国情调了。”

上岸后,向纵深的前进开始了。圣保尔的郊外竟然没有印第安人。情节越来越复杂,场景变幻不定,最后达到一个完全出乎意料的结局。在巴黎时,所有的人,包括师范学院(Ecole Normale)的头头,都说过在圣保尔的郊外可能有印第安人,一九一八年那里三分之二的区域在地图上标明“领土未经开发,只居住着印第安人”,到一九三五年那里没有剩下一个印第安人。当时为了寻找“一个处在基本生存条件下的人类社会”,他在那里的新建大学中担任了社会学教授。最近处是几百英里之外的一个保留地;但是他们并不很令人满意:既不是真正的印第安人,也不是真正的野蛮人,“他们是一个完美的例子,证明社会形态在二十世纪后半期变得更为广泛:他们只是‘过去的野蛮人’,这就是说,一些人粗暴地把文明强加于他们;一旦他们不再是‘一个对社会的威胁’,文明就不再对他们有进一步的兴趣。”尽管如此,这种经历,像所有开创性的事件一样,仍然是富于启发性的,因为它纠正了他的“理想而天真的观点,这些观点是我们这些人类学的所有初学者普遍持有的”,而且因此使他准备去面对更多的客观事物,面对“未被污染的”印第安人,他后来要与他们打交道。

这里有四个印第安人群体,一个比一个处于更深的丛林中,一个比一个更不容易接触,一个比一个更有希望达到最后的光明。巴拉圭中部的卡杜维奥人因其精心设计的纹身而吸引了他,他认为他看到了当时大部分已衰落了的土著社会组织的情 349
形。更深森林中的博罗罗人更好地保持了原有的状态。他们的人数因疾病与掠夺而急剧减少,但是他们仍然生活在古老的群落模式中,并努力保持他们的氏族体系与宗教信仰。再深入一些,是孩子气的纳姆卡瓦拉人(Namkwara),他们如此质朴,以至于他能够在他们的政治组织——一种由临时的酋长率领的、简单的、成员经常变动的游牧人群——中找到卢梭的社会契约理论的证据。而最后,靠近玻利维亚边界,是"克鲁索式的国家"(Crusoe country),他的灵感最终在图皮—卡瓦希布人那里应验,他们不仅未被污染,而且,真是学者梦寐以求的,**未被研究过**:

> 对一个人类学家来说,没有比作为第一个揭开土著社会秘密的白人的前景更让人兴奋的了……在我的旅程中我重新体验了古代旅行家的经历;同时我会面对着对现代思想如此关键的时刻,此刻一个群落,它一直认为自己是完善的、完美的、自给自足的,我要让它认识到事实并非如此……简而言之证明相反的事实是:它在这个世界上不是孤单的,它只是广大的全人类的一部分,为了了解自身,它必须首先在镜中看到此前未曾意识到的形象,仅仅对我自己来说,在其中要揭示久已被人忘记的小事,即反映最初及最终的印象。

伴随着如此巨大的期望而来的是明显的失望,这些森林深处的野蛮人不仅没有提供原始人纯净的幻象,而且还被证明在智力上是不可沟通的,不是他力所能及的。他,完全不加夸张地说,不能与他们沟通。

> 我曾经想找到最高意义上的"原始人"。我的希望确实由于这些令人愉快的人而得到满足,在我之前没有白人见到过这些人,而且在我之后不会有人再看见他们了吧?我的旅

> 程是迷人的，而且在旅程的终点，我碰见了“我的”野蛮人。但是，哎——他们都太野蛮了……在他们的地方，所有的人都打算教给我他们的习俗与信仰，而我对他们的语言一无所知。他们离我近得就像是镜子里的形象，我可以触摸他们，但是不理解他们。我曾经同时得到奖励与惩罚，难道我的错误以及我的专业的错误在于相信人不总是人？某些人更值得引起我们的兴趣与注意，因为在他们的举止中有某种让我们感到惊讶的东西……一旦这些人群被了解与猜测，他们的陌生感就消失了，而且他们原本可以一直呆在自己的村庄中。或者假如，像在现在的情况中，他们的陌生感尚没有消失，它在我看来并不好，因为我甚至不能开始对它进行分析。在这两个极端之间，能够给予我们（人类学家）
> 依据其而生活的借口是什么？最终，谁是被我们在读者中 350
> 煽起的不安定欺骗得最厉害的人？既然它们使之感到惊讶的人与那些认为这些有争议的习俗存在是理所当然的人是非常类似的，那么假如我们要使这些评论可信易懂，我们的评论必须推向一定的距离之外，不然肯定要被中途打断。读者是否被他对我们的信任所欺骗？或者是我们自己，在没有权利在我们已经完全驱散给予我们自负的借口的残余之前感到满意的我们，被自己所欺骗了？

因而在探险的终点，等着的不是启示而是谜。这位人类学家似乎否定了在那些他能够清楚理解的人群中间旅行，因为他已经用他自己的文化污染了他们，用“污秽之物，扔向人类的**我们的**污秽之物”遮蔽了他们；或在其他人中，虽没有严重污染，但他基本上不能理解他们，因此他也否定了在他们中间的经历。他或是真正的野蛮人中的漫游者（无论如何，关于他们的珍贵东西几乎极少留下)，他们的显著“他性”(otherness)使他的生活与他们的生活被隔离开；他或许又是怀旧的旅行家，“急于寻找消失的真实……还是宇宙考古学家，徒劳地企图在借助于东一点微粒西一点碎片拼凑出奇思异想。”莱维—斯特劳斯将自己比做印第安人，到了世界尽头，面对镜子里的人他能够触摸但是不能把握，用这些“被西方文明发展彻底毁灭”的半残废的人，提出许多关于不同民族的人与事物的问题，又为他所听到的而失望。“我是双重弱点的牺牲品：我所看到的对我是一种折磨；我没有看到的对我是一种谴责。”

人类学家就得因此而绝望吗？我们从来都完全不能了解野蛮人吗？不，因为除了亲身卷入他们的世界，还有另外一条理解的途径，即，用尽可能收集的(或者是已经收集到的)微粒与碎片来构建理论上的社会模式，虽然这个模式不同于任何在现实中可能观察到的模式，但是可以帮助我们去理解人类存在的基础。这之所以可能，是因为除了原始人与他们的社会表面上的陌生性，在更深的层面上，在心理的层面上，他们与我们没有根本上的不同。人的心智，归根结底在各处都是相同的：因此凭借靠近、凭借亲身进入特殊的原始部落世界的努力而不可能完成的
351 目标，可由后退一段距离，凭借发展一个普遍的、封闭的、抽象的形式主义的思维科学，即一个普遍的理智法则来完成。撰写合理的人类学不是靠直接向原始人生活的堡垒进攻，不是靠从现象上了解他们的精神生活的实质(这纯粹是不可能的)。它要靠理性地从被污秽之物覆盖着的“考古学”废墟中重建其生活形态，重建其概念体系，才能穿过表面从深处复活它并给予形式。

走向黑暗的中心地带的旅行所不可能产生的，可能由深入研究结构语言学、信息论、控制论及数理逻辑而产生。从《悲伤的热带》失望的浪漫主义中产生的，是莱维—斯特劳斯的另一部

主要著作《野性的思维》(1962)中的自鸣得意的科学主义。②

二

《野性的思维》实际上源自首先在《悲伤的热带》中提出的关于卡杜维奥人和他们的社会性特征的思想:即一个民族的全部习俗形成了一个有序的整体,一个系统。这些系统的数量是有限的。人类社会,就像个体的人一样,决不是凭空杜撰的,而是从他们先前可用的众多观念中选择某种组合。常备的主题不断地被排列,再排列,组成不同的模式:如果确实足够灵活,基本的观念结构应该可能重新组合成多种表达方式。民族学家的工作是尽其可能准确地描述表面的模式,重新组合这些表面模式据此建立的深层结构,并且重组为分析性图式——很像门捷列夫的元素周期表。在此之后“所有留待我们去做的就是分清(特殊的)社会实际上采用的是什么(结构)”。表面上看,人类学只是 352
研究习俗、信仰或是风俗。但本质上,人类学是对思维的研究。

在《野性的思维》中占主导地位的观点——即,野蛮人可用的概念工具的领域是封闭的,他必须以此去建造他想要的任何文化形式——再次以莱维—斯特劳斯称之为“具体性科学”的伪装出现。野蛮人创建了现实的模式——自然界的模式、自我的

② 一种英语译本(也不是完整的)已经以《原始心智》为题出现(伦敦,1966)。但是,这个译本(万幸的是未标明译者姓名)不像拉塞尔的《悲伤的热带》的精确译本,而是糟透了,因此我的大部分内容用我自己的英语译文而不是从这个译本中引用。莱维—斯特劳斯的论文集,*Anthropologie Structurale*(结构人类学),其中有着许多他最近的第一次发表的文章,已经被以《结构人类学》为题译成英文(纽约,1963);他的《今日的图腾制度》(Le Totemisme Aujourd'hui)(巴黎,1962),是《野性的思维》的练习,被以《图腾制度》为题译成英文(波士顿,1963)。

模式、社会的模式。但是他们这样做并不是像现代科学所做的那样，将抽象的命题整合进规范理论的框架，为了普遍的概念体系的解释能力而牺牲了感知到的特殊事物的生动性，而是通过将被感知的具体事物迅速整理成可以理解的整体。具体性科学直接对感觉到的现实分类整理——袋鼠与驼鸟之间、洪水季节性涨落之间、太阳的升落与月亮的盈亏之间明显的区别。依此类推，这些变成了代表现实基本秩序结构性的模式。"野性的思维借助 imagines mundi(想像的世界)扩大自己的知识。它形成了各种与世界类似的精神结构，推进了对世界的理解。"

这种不规范的科学(我们宁愿称之为"初级的"而不是"原始的")使一门关于有限性的哲学付诸实践。概念世界的元素是给定的，预先被构想的思想就存在于对这些元素的研究中。野性的逻辑运用起来就像一个万花筒，它的碎片形成各种各样的图案，同时保持不变的数量、形式和色彩。如果碎片的数量与变化足够多，以此种方式可能产生的图案可能是大量的，但也不是无限的。图案在于碎片之间的不同排列(这是指，图案是碎片之间关系的函数，而不是它们分开来考虑时单个属性的函数)。而且它们可能变化的范围由万花筒的结构、控制其操作的内部规则所决定。野性的思维也是这样进行的。不论是事件还是几何图形，都是从"心理或历史的进程所遗留的残余"中形成了协调一致的结构。

这些残余，如万花筒的碎片，是一些取自神话、仪式、巫术和经验知识中的形象。(确切地说，原先它们是如何生成的，是莱维—斯特劳斯不太清楚的问题之一，他只是含糊地称之为"事件
353 的残余……个人或社会历史的化石遗迹。")此类形象不可避免地体现在更大的结构中——在神话、仪式、民间分类等等中——因为正像在万花筒中一样，人们总是看到碎片组合成某种模式，

无论它们多么奇形怪状或不规则。但是也正像在万花筒中一样，它们能够从这些结构中分离出来，并能够组成类似的不同模式。引用弗朗茨·博厄斯所说的“似乎建立神话世界，就是为了毁坏它们，而新世界将从碎片中建立”，莱维—斯特劳斯将这种思维的置换观推而广之，用到了普遍的野性思维上。所有这一切是一个清理离散的（也是具体的）形象——图腾动物、宗教色彩、风向、太阳神，或是别的什么东西——从而创造能够形成并交流对社会与物质世界的客观（不能说准确的）分析的符号结构的差事。

考虑一下图腾制度。图腾制度长期被认为是一个自发的、一元化的社会习俗，一种原始的自然崇拜，被以这一种或是那一种机械论——进化论、功能主义、精神分析法、功利主义——来加以解释。对莱维—斯特劳斯来说，这仅仅是从特殊的形象中建立起概念结构的倾向的一个特例。

图腾制度（完全是下意识地）假定，逻辑上的类似物存在于两个系列之间，一个是自然的，一个是文化的。类似物一边各项之间的差异秩序与另一边是同类型。举个最简单的例子，动物种类——熊、鹰、龟及诸如此类的动物——之间的明显的物理区别与社会群体——氏族 A、B、C 等等——的社会差异联系在一起。关键不在于熊、鹰及龟的物种特性——狐狸、兔子、牛也同样——而在于它们任何一对之间的可感觉的对比。野蛮人正是抓住了这一点向他自己与他人理性地展现其部落系统的结构的。当他说他的氏族成员是熊的后裔而他的邻近氏族是鹰的后裔时，他一点也不是出于对生物学的无知。他是以一种具体的借喻的方式说明他的氏族与邻近氏族之间的关系类似这两类动物之间的可见的关系。逐个考虑，图腾信仰是非常任意的。“历史”塑造它们，而且“历史”可能最终毁灭它们，改变其作用或是

354 以其他信仰替代它们。但是将其视之为成套的秩序，它们就成为连贯一致的，因为它们能够象征性代表另外一套按类似方法构成的秩序：结盟、异族通婚、父系氏族。而且意义是普遍的。符号结构与参照物之间的关系，即它的**意义**的基础，从根本上是“逻辑的”，是形式一致性——不是感情的、历史的或功能性的。野性的思维是冻结的理性，而人类学，就像音乐、数学一样，是“为数不多的真正的职业之一”。

或者像语言学。因为在语言中，其组成单元——音素、词素、词汇——从语义学的观点看，也都是任意的。语言学家们，至少结构语言学家们不会提出下面这些类问题：为什么法国人称某种动物为“chien”(狗)，而英国人称之为“dog”，或者为什么英国人用加词尾“s”来形成复数，而马来人用双重字根来表示复数。他们不再会认为这些是一个值得问的语言问题，除非从历史学的角度来考虑。只有在语言根据语法与句法排列有序而成为表达——成串表达命题的言语——时，意义才会显现并且才有可能交流。而且在语言中对离散的单元不断组合，将语音转化为话语的这一指导原则，即原始形式系统，也是下意识的。它是语言学家由其表面形式转化而成的深层结构。人们可以通过阅读语言学专著而意识到他的语法范畴，就像人们可以通过阅读民族学论文意识到他的文化范畴一样。但是，语言和行动都是有着隐秘根源的自发行为。最后也是最重要的一点，语言学研究(而且，与之同时，还有信息论与分类逻辑)在定义其基础单元、其构成因素时，依据的也不是它们的共性而是它们的差异，即将它们成对地加以比较。正如创造了语言基础一样，二元对立——计算机技术已经使这种加与减之间的辩证差异成为现代科学的 lingua franca(通用语言；混合语)——也创造出了野性思维的基础。实际上正是二元对立创造出了同样事物本质上不同的形式:交流体系。

随着这扇门的打开,所有的事情都是可能的。不仅是图腾的分类逻辑而且是任何分类方案——植物分类、人名、宗教地理、宇宙论、奥马哈印第安人中的发型,或是澳大利亚牛吼者的设计主题——都可能在 en principe(原则上)得到揭示,因为它们总是追溯到以具体的形象、浅显易懂的概念来表达的成对词项的基本对立:高与低、左与右、和平与战争,诸如此类。“超出这些概念,由于内在的理由,是既无用又不可能的。”进而,一旦 355
某种这类方案或是结构被确定,它们就可能互相联系在一起——即,减缩成为一个能够包容它们二者的更普遍与更“深层”的结构。通过逻辑作用——倒置、转换、替代等各种系统置换,就像改变所有的符号将英语句子转换成莫尔电报的点与划或将数学表达式转换为余数——它们可以相互派生。通过揭示这些不同的风俗在被视为交流体系时是同形的,人们甚至可能在不同层面的社会现实之间转换——在婚姻中交换女人,在贸易中交换礼物,在仪式中交换符号。

有些“社会逻辑学”的文章,就像对图腾的分析一样,就其本身来说,是有说服力而且富于启发性的。(因为这些信仰可能具有的形而上内容或感情倾向被坚决排除在关注之外,它不会真的如此遥远。)其他文章至少会令人迷惑,例如企图揭示图腾制度及氏族制度能够(“用非常简单的转换手段”)被转变为对相同的一般性的基本结构的不同表达。还有其他一些文章是成功的自嘲,例如企图揭示马、狗、鸟及牛被命名的不同方式形成了仿照旋转对称关系横切的互相补充的三维体系。这些文章运用了“深层解析”,牵强得足以让精神分析学家脸红。这一切都极为精巧。如果一个“不朽又具有普遍意义的”社会模式——一个既不反映时间也不反映地点,也不反映环境,而是(来自**图腾制度**)

“对心智(而且在心智的后面,可能是大脑)的直接表达”的模式——可以在死亡及垂死的社会的废墟上建造起来,那么这非常可能是建立这种模式的方法。

三

莱维—斯特劳斯为自己制造的是一台恶魔般的文化机器。这台机器取消了历史,将情感贬低为智力的影子,并且用我们所有人内在的野性的心智替代在特定的丛林中特定的野蛮人的特
356 定心智。这台机器使他有可能绕过他的巴西探险所导致的绝境——肉体上的接近与智力上的距离——所依靠的也许正是他始终真正希望的方式——智力上的接近与肉体上的距离。“我坚定地抗拒当时(一九三四年)开始形成的新的形而上学思考倾向。”他在《悲伤的热带》中写道,这表明了他对学院哲学的不满与向人类学的转变。

> 因为现象学假定了经验与现实之间的连续性,我发现它是不可接受的。二者中的一个包含并解释另一个,我对此非常愿意同意,但是我知道……二者之间的过渡没有连续性,而且为达到真实我必须首先放弃经验,即使我们以后还可能将其重新组合成一个多愁善感在其中没有作用的、客观的综合体。
>
> 至于那种在存在主义中找到答案的思潮,在我看来它似乎是与真正的思想背道而驰的,因为它对主观幻想放任自流。将个人偏见推进到哲学的高度是危险的……如果只是教学程序中的一个因素还是可以原谅的,但是它如果造成哲学家背弃他的使命,就是极端有害的。这个使命(只有

> 当科学强大得可以超越哲学时,他才持守它)是依照存在本身,而不是哲学家本人去理解存在。

《野性的思维》的高等科学与《悲伤的热带》的英雄探险,基本上不过是互相之间的"非常简单的转换"。它们是对同样的深层基本结构的不同表达方式:法国启蒙主义的普遍理性主义。对所有的结构语言学、信息论、分类逻辑、控制论、博奕论及其他先进的学说而言,不是德·索绪尔、香农、布尔、魏纳或冯·纽曼(也不是马克思或佛陀,尽管从他们中得到的仪式性咒语有着极大的影响)——而是卢梭,才是莱维—斯特劳斯真正的 guru(精神导师)。

> 卢梭是我们的导师和兄弟……因为只有一条道路能使我们逃脱作为人类学家的我们观念中的内在矛盾,而且正是根据我们自己的力量,重新阐述思想的进程,它曾使卢梭从《人类不平等的起源》所留下的片段中转向了构思宏大的《社会契约论》,《爱弥尔》揭示了它的秘密。正是他向我们揭示:在我们摧毁了所有现存的秩序后,我们仍然可以发现一些原则,允许我们建立起替代旧有秩序的新秩序。

如同卢梭,莱维—斯特劳斯的研究并不针对具体的人——
对此,他并不特别在乎——而是针对吸引他的整个人类。在《野 357
性的思维》中与在《悲伤的热带》中一样,他所追求的是荷花中的珍宝(jewel in the lotus)。"不可动摇的人类社会的基础"根本不是社会意义上的,因而是心理上的——一个理性的、普遍的、不朽的,因而也是(在伟大的法国人道主义传统中)有美德的心智。

("在所有的哲学家中最接近人类学家的")卢梭证明了一种

方法，人类学旅行者——他要么由于时代过晚而不能发现野蛮性，要么由于时代过早而没能意识到它的存在——可以借此最终解决遇到的两难困境。我们必须像他所做的那样，通过使用（向莱维—斯特劳斯提供也许是他最少需要的另一种表达方式）也许可以称之为认识论上的移情的方法，提高我们透析野性思维本质的能力。联系我们的世界与我们的（灭绝的、难以理解的，或者仅仅是残破零乱的）对象之间的桥梁并不存在于个人冲突之中——这种冲突只要发生，就会同时污损它们和我们。它建立在一种对经验思维的阅读之上。而且，在"（自己）试验取自别处或者仅仅是想像的思维模式"（以便证明："所有的人类思维都反映实际经验的轨迹，人的心智中想些什么，无论其可能有多么模糊，都是可以研究的"）方面，卢梭是第一个实施这种试验的人。要理解野性的思维既不能仅仅靠纯粹的内省，也不能靠单纯的观察，而是要努力地像他们那样思考，而且依据他们的素材。除了深入细致的民族志之外，人们还需要一种新石器时代的智慧。

莱维—斯特劳斯从这一假定——即只有根据他们的文化残存重建他们的思维过程，才能理解野蛮人——得出来的哲学结论，意味着在技术上改善了卢梭的道德观。

野性的（"野蛮的"、"未开化的"）思维方式，原来就存在于人类的心性中。这些思维方式是我们所有人共有的。现代科学与学术中的文明的（"驯服的"、"驯化的"）思维模式是我们自己社会的特殊产物。这种思维模式是从属的、派生的，虽然不是无用的，却是人为做作的。虽然这些原始的思维方式（并因而是人类社会生活的基础）就像"wild pansy"③（野生的圆三色堇）——这

③　此词有"同性恋男子"之义。——编注

个无法翻译的独特的双关语，成了《野性的思维》书名的由来——一样，是“未驯化的”，但是它们在本质上是智慧的、理性的、有逻辑的，并非感情用事的、本能的和直觉的。对人类来说，最好的——不是完美无缺的——的时期是新石器时代（即后农业、前城市时代）：卢梭（与通常对他的刻板印象相反，他刚好不是一个尚古主义者）所谓的 société naissante（初态社会）。因为正是从此时开始精神丰富起来，从“具体性科学（science of the concrete）”中产生了为我们提供生存基础的、那些文明的艺 358
术——农业、畜牧业、制陶术、编织术、食物保存及烹制，等等。

人如果保持在“原始状态的庸懒与受 armour propre（自尊心）激励而进行的探索活动之间的中间状态”——而不是由于不恰切的偶然性，受由机械文明而来的无休止的野心、倨傲和利己主义的影响放弃它，也许会更好些。但是人**已经**离开了这个状态。社会改革的任务是要再次将我们重新返回这种中间状态，不是将我们拉回到新石器时代，而是通过展示人类的成就、社会的优雅中存下来的东西，将我们向前拉入理性的未来，在那里甚至可以更完整地实现新石器时代的理想——注重自我与普遍同情之间的平衡。正是有着丰富的科学内容的人类学（“将野性思维的原则合法化并恢复它们的正当地位”）是这种改革的恰当代理。向人性发展的进程——更高思想能力的逐步展现过程，卢梭称之为 perfectibilité（可完善性）——被由半生不熟的科学所武装的文化区域主义所破坏。由成熟科学所武装的文化普遍论将再次使之运转。

> 假如（人类）种族迄今为止集中于一个任务，而且是仅有的一个任务——建立一个人可能在其中生存的社会——那么我们远古祖先汲取力量的源泉也会给予我们自己以力量。

> 所有的悬赏仍然在桌面上，而且我们可以在我们高兴的任何时候拿走它们。无论做了什么，无论做得多么糟，都能再次开始：(卢梭写道)“我们**正处在**前前后后都充斥着盲目的迷信的黄金时代。”如果我们发现了在最落后的部落中存在我们人类兄弟情谊，而且当这个部落与其他成千上万个部落一起为我们提供的经验使我大有教益时，人类的兄弟情份获得了明显的重要意义。

四

但是比一个对(使用胡克的用语)“众人连续不断的、普遍的声音”的经典信仰的现代化的表白更有趣的，是借助有理智的野蛮人的形象恢复理性之王(King Reason)王位这一努力在今天
359 的世界上命运将会如何。无论它周围的符号逻辑、矩阵代数或是结构语言学的存在多么牢固，我们还能够——在一七六二年以来所有这一切都发生了之后——相信思维能力至高无上的权威吗？

在一个半世纪的对人类意识的调查研究之后——这个调查揭示了既得利益、幼稚的情感或者是混乱的动物欲望——我们现在发现天赋智慧在所有类似的人中间，闪耀纯净的光辉。它无疑会在某些范围内受到一定程度的欢迎，更不要说慰藉。但是这类调查应该以人类学为基础来进行这一点似乎非常让人吃惊。因为，人类学家永远会受到诱惑——像莱维—斯特劳斯曾经经历的那样——离开图书馆与讲堂——在那里几乎不能让人回忆起人类的心智不是干涸的光，走进“田野”——在那里不可能忘记这一点。即使那里再也没有多少“真正的野蛮人”，周围还是有着足够多的特色鲜明的人类个体，他们使任何关于人类

的、将人视为理性——人的"心智结构"中产生的"原创逻辑"——的永恒真理的载体的学说，显得不过是奇特而有趣，是一种学术好奇而矣。

莱维—斯特劳斯竟然能将《悲伤的热带》的浪漫主义的激情转变为《野性的思维》的超现代唯智论，肯定是一个令人吃惊的成就。但是，还是存在着不能不让人提出的问题：这种转换是科学还是炼金术？从个人的失望之中产生了普遍的理论的"非常简单的转换"是真的，还是一个魔术？它是通过揭示隔断了心智与心智的墙只是表面的结构之后对墙的真正拆毁，还是直接面对这些墙时由于不能打断它们而被迫刻意装扮的逃避？莱维—斯特劳斯是否像他在《野性的思维》的充满信心的篇章中所宣布的那样，在为所有的未来人类学撰写序言？或者他是否像某个背井离乡的、被抛弃在保留地上的新石器时代的先哲那样，徘徊在古老传统的废墟上，徒劳地企图使原始信仰再生，尽管这些原始信仰的道德美仍然显而易见，但是它的恰当性与可信性已经消失很久了？

360 第十四章 巴厘的人、时间和行为

思想的社会性质

人类思想完全是社会性的:起源是社会的,功能是社会的,形式是社会的,应用是社会的。从根本上,思维是一种公众活动——它的自然栖息地是院子、市场和市镇广场。我在此所关心的,是这一事实对文化的人类学分析的意义,这种意义庞大、微妙并且没有得到足够的评价。

我想以某种在第一眼看来似乎过于专门化的,甚至有些神秘的研究来阐述这些意义:对文化手段的检验,巴厘人据此对个体的人进行定位、感知及做出反应——即,思考。事实上,这类考察只在描述意义上才是特殊的和神秘的。这些事实,只要超出民族志的范围就几乎没有任何直接意义,我将尽可能简单地对之做一概括。但是如果考虑到总体理论目标的背景——根据人类思维本质上是一项社会活动这个命题确定文化分析能从中得到什么结论,巴厘人的资料是特别重要的。

不仅是巴厘人的观念在这个领域发展得异乎寻常之好,而且,依据西方观念,他们的思想也奇怪得足以揭示不同文化概念
361 化的规则之间的某种普遍关系,当我们只是观察我们自己用来进行认同、分类,对待人类或是准人类个体的极常见的框架时,

这种关系对我们是隐蔽的。特别是它突出了人们看待自己和他人的方式与他们体验时间的方式及他们的集体生活情调的方式之间的一些不明显的联系——这种联系不仅对理解巴厘社会具有重要意义,而且对理解整个人类社会都有重要意义。

文化研究

最近大量出现的社会科学理论研究,是企图区分和辨明两种主要的分析概念:文化的结构与社会的结构。[①] 这种努力的动力源于要考虑社会进程中的观念因素,而不受黑格尔式或是马克思式还原论形式的束缚。为了避免将思想、观念、价值和表达形式或者视为社会组织在历史的外壳上的投影,或者视为历史精神,而历史精神的发展进程不过是它们内部的辩证过程的结果,事实已经证明有必要将其看做独立的但却不能自足的力量——它们的作用和影响仅仅在它们所适应的特殊的社会背景内,它们受到这些社会情景的激励,但它们在或多或少程度上对这种社会情景产生决定性的影响。“你真的期望,”马克·布洛克在他的一本小册子《历史学家的技巧》中写道,“通过了解他们的商品就能了解文艺复兴时期欧洲的大商人们,那些布匹商或是

① 最系统与最广泛的讨论可以参见 T. 帕森斯和 E. 希尔斯编:《关于行为的总体理论》(剑桥,马萨诸塞,1959),及 T. 帕森斯:《社会体系》(格伦科,伊利诺,1951)。在人类学的范围内,有些更引人注目的论述,但不都是观点一致的,包括:S. F. 纳德尔:《社会结构的理论》(格伦科,伊利诺,1957);E. 利奇:《高原缅甸人的政治体制》(剑桥,马萨诸塞,1954);E. E. 埃文斯—普里查德:《社会人类学》(格伦科,伊利诺,1951);R. 雷德菲尔德:《原始世界及其转换》(伊萨卡,1953);C. 莱维—斯特劳斯:《社会结构》,载他的《结构人类学》(纽约,1963),第 277—323 页;R. 弗思:《社会组织的基本因素》(纽约,1951),及 M. 辛格:《文化》,载《社会科学国际百科全书》,第 3 卷(纽约,1968),第 527 页。

362 香料商，铜、汞和明矾的专卖者，国王与皇帝的银行家吗？要牢记在心的是：他们让霍尔拜因为自己画像，他们读过伊拉斯谟(Erasmus)与路德(Luther)的作品。要理解中世纪藩属对其领主的态度，你必须同时了解他们对上帝的态度。"必须了解社会活动的组织、它的制度形式，以及赋予它活动的观念体系，就像必须了解它们之间关系的性质。我们正是由此出发，竭力澄清社会结构的概念与文化的概念。

但是几乎没有疑问，在这种双边发展中，已经证明文化的一边更难以驾驭，其发展更为停滞。就这个本质看，观念要比这些观念所体现的个体与群体之间的经济、政治与社会关系更难科学地把握。而且当观念涉及的不是路德或伊拉斯谟的明确的信条或霍尔拜因的明晰的画象，而是半成形的、被认为是理所当然的、被随意系统化并且用以指导普通人的日常生活的观念时，这一点就更加真实。假如对文化的科学研究已经落后，更经常地是陷入纯粹的描述之中的话，多半是因为其主题本身是难以理解的。任何科学的最初问题——为易于分析而确定其研究对象——已经在此被证明非常难以解决。

正是在这一点上，基本上作为社会行为和其他社会行为一样出现在同一个公共领域的思维概念，能够发挥其最富建设性的作用。有一种观点认为：思想并非由神秘过程组成，这一过程存在于吉尔伯特·赖尔所谓的头脑中的秘密洞穴里，而是由有意义的符号的交流构成，即由人们赋予其意义的经验中的对象(仪式与工具；偶象与水洞；姿态、标记、图像与声音)的交流构成，这种观点使文化研究成为与其他任何科学一样的实证科学。②符

---

② G. 赖尔：《心的概念》(纽约，1949)。我涉及过某些哲学争论，在此我以沉默略过它们，这些争论是由"思想的外在理论"引起的，参见前面第三章第55—61页

号，即思想的物质载体，所包含的意义经常是难以捉摸的、含糊
的、摇摆不定的、迂回的，但是在原则上，能够通过有系统的经验
考察来发现——特别是如果那些感知它们的人愿意做一点合作 363
的话——就像氢原子的重量和肾上腺的功能能够被发现一样。
正是通过文化模式，即有序排列的有意义的符号串，人们理解他
所经历的事件。对文化——此类模式积累起来的总体——的研
究，因此是对个体及个体形成的群体在一个否则即晦暗不明的
世界中用来指导自己行动的机制(the machinery)的研究。

在任何一个特殊的社会中，普遍接受并经常应用的文化模式的数量是极为庞大的，因此，甚至将最重要的模式分离出来并追溯其互相之间可能有的任何关系，都是一个棘手的分析任务。但是，由于某些种类的模式及模式之间的某些种类的关系，从一个到另一个社会中重复出现，就因为它们所满足的定向要求是属于人类的这样一个事实，这一任务因此可能会有某种减轻。这些与存在有关的问题是普遍的；而问题的解决，由于与人有关而各不相同。但是，只有通过因事制宜地理解这些独一无二的解答，而且依我之见，也只有通过这种方式，这些根本问题的性质才能真正被理解，而这些文化模式是这些问题的相应答案。在此，就像知识有着如此众多的分支一样，达到高度抽象的科学的道路，蜿蜒穿过个案事实的丛林。

这些具有普遍性的定向要求之一，肯定是个体人类的典型特征。各地的族群已经发展出符号结构，依据这个结构，不是糟糕地就人论人，将人看做是仅仅人类种族的朴素的成员，而是把

(原书页码)，这里仅仅需要重新强调这一理论既没有以其方法论形式，也没有以其认识论形式涉及行为主义；也没有再次涉及对思维者是个体，而不是集体这一严酷事实的争论。

人看成有着明确类别的人的代表和个体。在任何给定的情况下，都不可避免地会有多种这类结构。某些是自我中心的，例如亲属的称谓：即它们定义个人的社会地位是根据其与一个具体社会角色的关系。其他的是以一种或是另一种子体系或是社会方面为中心，不因个人角色的状态而有所变化：贵族阶层、年龄状况、职业分类。某些——人名及浑名——是非正式的并且是个别化的；其他的——官方头衔及社会地位标志——是正式的并且是标准化的。任何社群的成员活动于其中的日常世界，他们的被视为理所当然的社会活动领域，不是由没有质的规定性的无法分辨的任何人（anybodies），而是由属于具体阶级、有明确特征和恰当标签的某些人（somebodies）居住的。而且定义这些
364 阶级的符号系统不是根据事物的性质来决定的——它们在历史中构建，在社会中维持，个别地加以应用。

即使将文化分析的任务加以简化，仅仅关心那些与描述个别人群典型特征有关的模式，也只能使之稍微不那么可怕一点。这是因为还没有一个可供操作的完美的理论框架。社会学与社会人类学中所谓的结构分析，能够找出一个属于人类的类别体系中的社会的功能含义，而且甚至时不时地预见这一体系在某种社会进程的影响下可能发生什么变化；但是，这只能在假设这个体系——所属的种类、它们的意义及它们的逻辑关系——被认为是已知的情况下。社会心理学中的人格理论能够揭示这些体系形成和作用的动机性动力，并能够评价这类体系对在实际中采用了它们的个人性格结构影响的效果；但是这也只能在假设它们已经是确定的，已经在某种程度上确知个体研究对象如何看待自己和他人的情况下。所需要的是某种系统的方法，而不仅仅是文学的或是印象主义的方法，来发现什么是确定的，什么是体现在符号形式中的、在其中被真实感知的观念结构。我

们所希望而还没有得到的是一种对经验(此处指的是人的经验)的有意义的结构进行描述并分析的成熟的方法,而此时这种经验正被特殊的社会中的代表成员在特殊的时刻加以理解——一句话,需要科学的文化现象学。

前人、同代人、同伴、后人

但是在文化分析中还有一些被如此设想到的分散的并且是相当抽象的冒险,从其中可能得到某些非常有用的线索将我们引向更集中的探讨。在这类尝试中更有趣的是那些由已故的哲学家兼社会学家阿尔弗雷德·舒茨所进行的,他的工作代表了有点英雄主义的然而并非不成功的企图——将从一边来自舍勒、
韦伯及胡塞尔的影响与从另一边来自詹姆斯、米德及杜威的影 365
响融合在一起。[③] 舒茨涉及大量的题目——几乎没有一个着眼于对具体社会进程广泛或是系统的考虑——这些题目永远是寻求揭示他视之为人类经验中的"最高现实"的意义结构:作为人所面对的、在其中行为的、在其中生活的日常生活的世界。为了我们自己的目标,他的思辨的社会现象学的手段之一——将"同胞"(fellowmen)这个笼统的概念分解成"先人"(predecessors)、"同代人"(contemporaries)、"同伴"(consociates)及"后人"(successors)——提供了一个特别有价值的出发点。如我们将要见到的,用这种分解方式观察巴厘人用于刻画个人的大量的文化模式,以最富于启发性的方式,揭示出其中隐含的个人身份概念、时间秩序概念与行为方式概念之间的关系。

---

③ 对舒茨在这个领域中的著作的介绍,参见他的《社会现实的问题》,论文集,第1卷,M.纳坦森编(海牙,1962)。

差别本身并不深奥难懂，但是它们所定义的阶级互相重叠并互相渗透，这一事实使之在阐述时难以保持分析分类所要求的确定和明晰。“同伴”是那些他们在实际上相遇的个人，是他们在日常生活中的某处互相遭遇的人。因而，他们共有的，无论多么短暂和表面化，不仅是一个时间上的，而且也是空间上的社群。他们至少最低限度地“涉足对方的个人生活史”；他们至少短暂地“一块儿成长”，作为自我(ego)、主体(subjects)和自身(selves)亲自参与直接互动。情人，只要爱情持续，就是同伴，同样，夫妻在离异前、朋友在闹翻前都是同伴。交响乐团中的成员，比赛中的选手，火车上闲聊的陌生人，市场里的小贩，或者一个村庄里的居民：任何一组有着直接的、面对面的关系的人也都是同伴。但是，正是这类有着或多或少的持续性的关系的、为了某个长期目标走到一起的人，而不仅仅是零星偶然关系的人，形成了这个类别的核心。另外一些关系要更淡一点的人，是第二类“同胞”：“同代人”。

“同代人”是指那些共有一个时间上的但不是空间上的社群的人：他们生活在历史的(或多或少)相同时期并且有着常常是非常微弱的社会关系，但是他们并不——至少在正常的情况下——相遇。他们之间的联系并不是靠直接的社会互动而是通过一套普遍的符号表述的(即文化的)关于互相的典型行为模式
366 的假设相联系。进而，涉及的概括层次，只是一个程度问题，因此个人从情人到偶然相识的同伴关系序列——当然受文化制约——将继续下去，直到社会纽带渐变为彻底的无名、标准化及可相互转换状态：

> 在想我的不在眼前的朋友A的时候，我根据过去A作为我的同伴的经验形成了他的性格与行为的理想型。将一封信

> 放进邮箱，我预期一个叫做邮递员的不认识的人，将以在我看来并不非常简单易懂的典型的方式行动，结果是将信在特定合理的时间内送达收信人。即使没有见过法国人或是德国人，我也理解“为什么法国人害怕德国人重新武装起来”。符合英语语法规则，我(在自己的写作中)遵循了当代英语同胞的得到社会认可的行为模式，并按照它来自我调整，让别人理解。而且最后，任何指涉无名同胞并由他们制定的人工物品与器具，都将被别的无名同胞用于依据特定的手段获得特定的目标。这些不过是少数的几个例子，但它们是按照不断增加的相关无名的程度，因而也是把握他者及其行为所需的结构的程度来排列的。④

最后，“前人”与“后人”是指连时间社群也不共享的个人，因此根据定义，他们不能互动；而且，正是如此，他们形成了某种与同伴和同代人对应的单独的阶级。但是从任何特殊的角色看，他们没有完全相同的意义。前人因为已经生活过了，可能被认识，或者更精确地说，是可以为人所知道，而且他们的行为能够对那些他们是其先辈的人(即后人)的生活产生影响，然而从事情的本质看，相反的影响却是不可能的。另一方面，后人是不可能被认识的，甚至不能为人所知，因为他们是未出生的未来居民；虽然他们的生活可能受到那些他们是其后代(即，前人)的人的行为的影响，相反的情况同样是不可能的。⑤

但是，为了经验性的目标，更为有用的是，不太严格地阐述 367

---

④ 舒茨:《社会现实的问题》，第17—18页。括号是后加的，段落有所改变。

⑤ 在一方面是“祖先崇拜”，或另一方面是“鬼神信仰”的地方，后代才可能(在仪式上)被视为能够与他们的先辈互动，或是先辈(神密地)与他们的后代互动。但是在这类的案例中，当觉察到互动发生时，被涉及的“人”在现象上并不是前人与后

这些差别，而且就像区分同伴和同代人一样，强调它们是相对的，并且在日常生活经验中远不是那么划分清楚的。除了某些例外，我们年长的同伴与同代人不会突然过世，但是却会随着他们年龄的增长或死亡的到来而或快或慢地成为我们的先辈。在这一段祖先的见习期，我们还可能会对他们有所影响，就像子女经常决定他们的父母最后阶段的生活一样。而且，比我们年轻的同伴及同代人会逐渐成长为我们的后人，因此，我们中那些活得足够长的人经常还会有一种不确定的特权，知道谁将替代我们，甚至偶然还能对他们的成长方向产生一点影响。“同伴”、“同代人”、“前人”及“后人”，最好不要被视为是鸽子笼一样的分类架，个人因分类目的被依次放入其中，而是要视为显示出某种个人认为在自己和别人之间存在的、普遍的但并不都是完全明晰的现实关系。

但是，这些关系也并不能被纯粹如此地看待；只有通过它们的文化形式的代理才能加以把握。而且，因为是在文化上表现的，他们的精确特征因为社会的不同而不同，而且现有的文化模式的清单各不相同；在一个社会中因形势不同而不同，因为在可行的多种文化模式中，根据形势恰当应用的是不同的模式；在相同的形势中，随不同的角色而不同，因为特有的习惯、偏好及解释起着作用。至少过了婴幼期，人类生活中就没有任何重要的纯一的社会经验。所有的事物都有着附加的意义，以及像社会群体一类的同胞、道德义务、政治制度或是生态环境只能通过有

人，而是同代人，或者甚至是同伴。一定要清楚地记住，在此处及随后的讨论中，鲜明的特征是从角色的视角，而不是从一个外在的、第三者的观察者的视角形成的。关于角色取向的(有时被误称为“主观的”)观念在社会科学中的地位，参见 T. 帕森斯：《社会行为的结构》(格伦科，伊利诺，1937)，特别是其中关于马克斯·韦伯的方法论著作的那几章。

意义的符号的过滤而被理解，这些符号是它们客观化的载体，所以，这种过滤远不是在“真实性”上保持中立。同伴、同代人、前人及后人几乎是与生俱来的。[6]

巴厘人定义人的规则 368

在巴厘[7]，有六种一个人可以用在别人身上的标签以便将其识别为一个独特的人，对此我将在这一普遍的概念背景上进行考察：(1)个人名字；(2)排行名字；(3)亲属称谓；(4)从子名字；(5)地位头衔(在有关巴厘文献中通常被称为“等级名称”)；(6)公众称号，对此我所指的是酋长、统治者、祭司及神等所拥有的类似职业的称呼。这些不同的标签在多数情况下并不同时使用，而是相反，要看情景，有时要看个人。它们也不是用过的所有的标签；它们只是普遍承认并有规律地应用的标签。每一类

---

⑥　正是在这点上，同伴—同代人—前人—后人这种公式与它从中派生的umweot-mitwelt-vorwelt-vogelwelt公式的至少是某些版本极为不同，因为此处不可能存在一个胡塞尔的“先验性的主观主义”的无可置疑的解脱，而是韦伯的社会—心理地发展的、历史地转换的“理解形式”。关于一个广泛的，有些不确定的对这种对立的讨论，参见M.莫利奥—庞蒂：《现象学与人的科学》，载他的《知觉的首要性》(埃文斯顿，1964)，第43—55页。

⑦　在随后的讨论中，我将被迫将巴厘的实际大加概括并将它们重新表述得比它们实际上的情形更加均一与始终如一。特别是在明确肯定或是明确否定的绝对的表述中(“所有的巴厘人……”；“没有一个巴厘人……”)，必须读为已经赋予它们不言而喻的“……就我所知道的”限定，而且甚至有时会不严谨地对待被认为是“不正常”的例外。关于在此加以概括的某些资料在人类学上更全面的表述，可以参见H.和C.格尔茨：《巴厘的从子名字：父母身份、同龄人及家系健忘症》，载《皇家人类学会杂志》，第94期(第2部分)(1964)，第94—108页；C.格尔茨：《提辛甘：一个巴厘人的村庄》，载*Bjfdragen tot de taal-, land-en volkenkunde*，第120期(1964)，第1—33页；及C.格尔茨：《巴厘乡村社会结构的形式与变化》，载《美国人类学家》，第61卷(1955)，第991—1012页。

所包含的不仅仅是一堆有用的标签，而是一套明确的、有界限的术语体系，我将它们命名为“定义人的符号规则”，而且首先依次考察它们，然后或多或少地将它们作为连贯的系列来考察。

个人名字

由个人名字定义的符号规则描述起来最简单,因为它在形式意义上最不复杂,而且在社会意义上最不重要。所有的巴厘
369 人都有个人的名字,但是他们很少使用这些名字,无论是用来指涉他们自己或别人,还是用来称呼什么人。(涉及自己的祖先包括双亲时,用个人名字事实上就是亵渎。)个人名字更经常地被用来指涉儿童,甚至偶尔被用来称呼他们。这类名字常常被称之为“孩子的”或“小”名,虽然他们一旦在出生一百〇五天后的仪式上得到这个名字,将一生保有这个名字不变。总的来说,个人名字很少听到,并且几乎没有公众影响。

但是尽管个人名字体系处于社会边缘地位,但是它还有着某些特征,以相当反常的方式,对理解巴厘人的人的观念极有意义。第一,个人的名字,至少在平民(约占人口的百分之九十)中是任意取的无意义的音节。这些名字不是取自任何固定的名字库,这可能使这些名字有像“普通”或是“特殊”这样的次生含义,一如反映出一个人是“根据”某个人——祖先、父母的朋友、名人——给取了名,或者体现为某个群体或地区吉祥、恰当与特征性的称呼,或指示一种亲属关系,诸如此类。⑧第二,在一个单一

---

⑧ 平民的个人名字仅仅是一个杜撰,在他们自己是无意义的,而贵族的个人名字经常取自梵文经典并且“意味着”什么,通常是某种夸张的名字,例如“高尚的武

社区(即政治上统一的聚居地)中,个人名字的重名是要刻意避免的。这类的社群(被称为 bandjar,或曰“村庄”[hamlet])是纯粹家庭范围之外的初级的面对面的群体,而且在某些方面甚至更为亲密。通常是大量的内部通婚并且总是高度群团性的,这种村庄是典型的巴厘的同伴世界;而且,在其中,每一个人,无论其多么不强调社会等级,都拥有至少是非常独特的最基本的文化特征。第三,个人的名字是单一词,并不涉及家族联系,或是实际上也不涉及任何一种群体的成员身份。最后,没有(也有极少数、无论如何都是部分的例外)绰号,在贵族中没有“狮心王理查”或是“恐怖伊万”这类的特殊称号,甚至没有孩子的昵称或是 370
情人、夫妻的爱称。

因而,无论个人命名系统所标明的个人符号定义规则在将巴厘人互相区别开或规范巴厘人的社会关系中起了什么作用,它在本质上都是多余的。一个人的名字是在所有的其他社会性意义更为突出的文化标签都除去时留下来的东西。如同宗教要避免直接使用个人名字一样,个人名字是一个极为私人的东西。在一个人走向生命的终点,当他离死后被火化而成为神仙只有一步之遥时,的确只有他(或者他和少数几个同年龄的朋友)可能还会真的知道他的名字是什么;当他消失时,名字也随着他消失了。在充满光明的日常生活世界里,这个个人文化定义的纯粹个人部分,在直接的同伴社群情景中最完全、最彻底属于他自己,而且只是他的东西,高度湮没无闻。随着个人名字而成为无

士”、“勇敢的学者”。但是这种意义只是装饰性的而不是真有意义的,而且在多数情况下,名字的意义是什么(与它有一个意义这个简单的事实正好相反)实际上是不知道的。这种农民名字的随便音节与贵族名字的空洞的夸张之间的对比并非是没有文化意义的,但是它的意义主要存在于表现的领域与感受社会不平等中,而不是个人的身份特征。

声的，是他作为人类而存在的更具特质的、仅仅是生物学上的，而且最终是短暂的方面(在我们自己更自我的框架中，即我们所谓的“个性”)，随着个人名字的沉寂，更具个性的、仅属个人的，因而也是作为人存在的瞬间(在我们更加个人主义的框架中称之为“人格”)也受到抑制，让位于某些更典型的、高度传统化的从而是持久的方面。

排行名字

在这类更标准化的标签中最基本的，是根据婴儿——甚至死婴——出生时在兄弟姐妹中的排行老一、老二、老三、老四等自动授予的，虽然在用法上因地区或是社会等级群体不同而有所变化，但是最普通的系统是，第一个孩子使用瓦雅恩(Wayan)做名字，第二个使用恩约曼(Njoman)，第三个是麦德(Made)(或是南嘎赫(Nengah)，第四个克图特(Ktut)，然后再按这个顺序重复开始，瓦雅恩是第五个孩子的名字，恩约曼是第六个孩子的名字，依此类推。

这些排行名字在村庄中作为称呼和指涉，最常用于儿童和年轻人及没有生育过的女人。在呼唤某人时，几乎总是只使用最简单的名字，即不加个人名字：“瓦雅恩，递给我锄头，”等等。在提到某人时，可能加上个人名字，特别是在没有一个方便的办
371 法避开一个村庄中的十几个瓦雅恩和恩约曼时：“不，不是瓦雅恩·鲁格鲁格，是瓦雅恩·克比格，”等等。父母称呼自己的孩子，或是没有子女的兄弟姐妹互相称呼时都是只使用这个名字，而不使用个人名字或是亲属称谓。但是称呼那些已经有了孩子的人时，这个名字在家庭的内外都从不使用，这时就会代之以我们以后会看到的从子名，因此，**在文化意义上**，长大成人而又没有

孩子的巴厘人(只是一小部分)自己仍然是孩子——即,象征性地表现为这样——这个事实通常被认为对他们是极大的耻辱,并使其同伴难受,因此他们的同伴尽量避免称呼他们。⑨

因而,个人定义的排行系统所代表的是一种对个人命名的plus ça change(附加替换)法。这种系统区别个人是根据四个完全没有什么内容的名称,这些名称既不定义真正的阶级(因为没有任何概念的或是社会的真实涉及一个社群中所有的瓦雅恩与所有的库图特),也不表达个人所有的任何具体的特点(因为这里没有观念表明在一个社群中所有的瓦雅恩与所有的恩约曼或是库图特具有共同的心理或精神特征)。这些名字自身没有字面含义(它们不是数词,也不是数词的派生物),甚至也不显示任何实际的或是可靠的兄弟姐妹的地位或阶层。⑩一个瓦雅恩有可能是第五个(或是第九个!)孩子,也可能是老大;考虑到农民的人口结构——高出生率加上高流产率与高婴幼儿死亡率——一个麦德或是库图特有可能是一个长长的兄弟链条中最年长的,而一个瓦雅恩是最年轻的。它们所显示的是,对所有的将要生育的夫妻来说,生育构成了一个从瓦雅恩、恩约曼、麦德、库图特的循环链,然后再从瓦雅恩开始,重复应用一个无止境的四阶段的
不灭的形式。在肉体上,人们来去匆匆,但是在社会上,当新的瓦 372
雅恩或库图特从永恒的神的世界中(因为一个婴儿离神也是一步

⑨ 当然,这不是说,这些人就被以社会性术语(不是心理的术语)贬低为扮演一个孩子的人物,因为他们还是作为一个成年人,也许不够完整,而被他们的同伴接受的,但是没有子女对任何一个想要获得地方权力或是声望的人都是明显的缺陷,而且就我所知,没有一个无子女的人在村庄委员会中有任何影响,或者因为这个问题在总体上不是处于社会边缘地位上的。

⑩ 仅从词源学角度看,它们确实有某种含义,因为它们取自己经废弃不用的词根,表示的是"领先的"、"中间的"及"随后的";但是总之,这些粗略的含义并不真正在日常生活中流行,而只是非常边缘地被感受到。

之遥)替代逝者再次溶入神的世界时,剧中人物永远是不朽的。

亲属称谓

从形式上说,巴厘人的亲属称谓在类型上是相当简单的,属于技术上称为"夏威夷的"(Hawaiian)或"辈份的"(Generational)种类。在这种体系中,一个人根据他自己的辈份关系而将其亲属分类。这就是说,兄弟姐妹、继兄弟姐妹、堂表兄弟姐妹(及他们的配偶的兄弟姐妹等)都被归为一类,使用同样称呼;任何一方的所有叔舅姑姨在称谓上都类同父母;同样所有兄弟、姐妹、堂表兄弟姐妹的子女(这一个或是另一个的侄甥)也与自己的孩子身份一致;同样,由此下溯,孙子女、曾孙子女等辈份,上溯到祖辈、曾祖辈等。对任何一个特定人物来说,总体画面是一个由亲戚组成的分层蛋糕,每一层包括不同的一代亲人——该人物的父母辈或子女辈,或祖辈,或孙辈,等等,他自己那一层作为计算的起点,刚好处于蛋糕的中间。⑪

既然存在着这样一种体系,关于它在巴厘社会运作方式的最有意义(并且是最不寻常的)的事实,是它所拥有的称谓从来不在呼叫中使用,而只是提及,而且也并不经常被提及。除了极少数的例外,一个人实际上不会呼叫他的父亲(或叔伯)为"父亲",不叫他的孩子(或是侄甥/侄甥女)为"孩子",不叫他的兄弟(或是堂表兄弟)为"兄弟",等等。在辈份上小于自己的亲戚的称谓形式甚至并不存在;虽然辈份长于自己的亲戚的称谓是存

⑪ 从实际角度看,巴厘体系(或者,在所有的可能性中,任何一个其他的体系)都不是纯粹辈份的;但是此处的目的仅仅是对这一体系做一个总体的概览,而不是它的精确的结构。作为完整的称谓体系,参见H.和C.格尔茨:《巴厘的从子名字》。

在的，但是，就像个人名字一样，使用它们会有不尊重自己长辈的感觉。事实上，即使是指涉形式，也只是在特别需要交流关于亲属关系的信息时，才使用几乎从来不作为区分人的一般手段。

在公众话语中出现亲属称谓，只是在对某种问题的回答中， 373
或是对已经发生的或是估计要发生的某种事件的描述中，现存的亲属关系是与之相关的一条信息。（“你要去参加‘瑞格瑞格父亲’的锉牙仪式吗？”“是的，他是我的‘兄弟’。”）所以，在家里称呼和指涉的模式，在本质上不比在村庄中更亲密或是更能表现了亲属关系。只要一个人长大到足够的岁数（比如六岁，这自然不是都一样的），他就能够使用同样的称谓——从子名、社会地位头衔或公众称号——称呼他的父母，其他任何一个认识他的父母的人也用这个称谓称呼他们，并依次称他们为瓦雅恩、克图特或是其他的名字。而且甚至更确定的是，他在提到他的父母时，无论他们是否听到或是在外边，他也要使用这个户外流行的称谓。

简而言之，巴厘人的亲属称谓体系主要用分类而不是面对面的习惯用语来确定个人，把他们作为社会场中的地域居民，而不是社会互动中的同伴。它的功能几乎完全是一个文化地图，依据它，某些人能够被定位，而另一些人，由于不属于这个地图上的景观而不能被定位。当然，一旦个人在这一结构中的位置被确定，某些恰当的人际行为的概念也会随之产生。但是关键在于，在具体的实践中，亲属称谓实质上完全被应用于确定身份，而不是应用于行为，因为在形成定位中，其他符号功能起了主导作用。[12] 与亲

---

⑫ 作为一种鲜明的、与在这里提到的类似的、介于“顺序”与“人物设计”之间的亲属称谓，参见 D. 施奈德和 G. 霍门斯：《亲属称谓与美国的亲属体系》，载《美国人类学家》，第 57 卷（1955），第 1195—1208 页。

属相关的社会规范,虽然足够真实,但是即使是在亲属群体自身(家庭、家族、世系)中,也是习惯性地被更具文化优势与宗教、政治或所有最基础的社会分层所瞧不起。

虽然在形成时时刻刻都在进行的社会交往方面它只是扮演了一个从属的角色,但是亲属称谓体系,就和个人命名体系一样,对巴厘的人的观念,做出了尽管是间接的但却是重要的贡献。因为,作为一个有意义的符号体系,它同样体现了一种概念结构,个人(包括自己及其他人)由此得到理解;一种概念结构,与另一些所体现的概念结构明显一致,它有着不同的建构及不
374 同的取向。在此,同样,其主旨是通过形式的重复形式达到时间的永恒。

这一重复通过我还必须提到的巴厘亲属称谓的特征来实现:在特定人物的上三代及下三代中,称谓成为可以互相通用的。这就是说,"曾祖父"与"曾孙"是同一个称谓:库姆皮(kumpi)。这两代人和构成他们的个人,在文化上是互为等同的。一个人象征性地,向上等同于最远的祖先,向下等同于最远的后代,他有可能把他们当做活人而与他们互动。

实际上,这种可以互相通用的称谓可以向前推四代,甚至还要多。但是因为极少出现一个人和他的高祖父(或是玄孙)同时在世,这一连续只有理论意义,而且大多数人甚至不知道还有这类称谓。这正是四世同堂(即,特定人物自己加上三代或下三代),被认为是一个可以获取的理想的、圆满的人生形象,就像我们的人生七十古来稀一样,库姆皮—库姆皮称谓,对它们做出了突出的文化注解。

围绕着死亡进行的仪式进一步强调了这个注解。在一个人的葬礼上,所有他的在辈份上低于他的亲属,先在他的棺材前,然后在他的墓前,都要以印度教的以手掌放在额上的方式对他

逗留不走的灵魂表示敬仰。但是这个绝对的义务，几乎是葬礼上神圣的核心，在第三代也就是他的“孙辈”突然停止了。他的“重孙辈”是他的库姆皮，就像他也是他们的库姆皮一样，所以巴厘人说，他们并不比他辈份低，而是“同龄”。正因为如此，他们不仅不被要求对他的灵魂表示敬仰，而且他们还被公开地禁止这样做。一个人只对神祈祷，同样还只对他的长辈而不是对他的同辈和晚辈祈祷。[13]

巴厘的亲属称谓，因而不仅依据某个社会角色把人划分为不同的辈份层，它使这些不同层次弯曲成为连续的表面，它使最低与最高联接起来，因此，与其说它是一个分层蛋糕的形象，不如说是分为“自己”、“父母”、“祖父母”、“库姆皮”、“孙子女”和“子女”等六个平行圈的圆柱体，这样可能更精确一些。[14]在第一 375
印象中，似乎是历时形式（diachronic）的、强调无止境的代的推进，但实际上是要断言这样一种推进在根本上属于虚构——至少是不重要的。序列的感觉，在时间流失中代代相传的感觉是一种幻觉，产生于对这种亲属称谓体系的观察，它仿佛被用于系统表现一个人在老化及死亡过程中与他亲属之间面对面的互动的性质变化——如果不是大多数，的确有许多这样的体系被使

⑬ 同辈的老人也像晚辈一样，由于同样的理由，当然不必向他祈祷。

⑭ 超出库姆皮层次的称谓的继续似乎可能提出对这种观点的驳斥。但是事实上，它正是支持了这种观点。因为只有在极少的例子中，一个人有（“真正的”或是“分类上的”）玄孙（凯拉布[kelab]）长大到了可以在他死亡时对他祈祷，而且，这个孩子被禁止这样做。但是这不是因为他与死者是“同样年龄”，而是因为他是一个（辈份上的）长者——即相当于死者的“父亲”。同样，一个长寿得有一个玄孙——这个玄孙度过了婴儿期后夭折了——的老人，将要——独自——在孩子的墓前祈祷，因为这个孩子比他年长（一辈）。原则上同样的模式在更遥远的辈份中使用，当巴厘人不使用亲属称谓提及死者或是未出生的人时，问题变成完全是理论上的：“假如我们有的话，我们就会那么称呼他们、对待他们，我们从没这么做过。”

用。当一个人把它看成是有关人类可能有的亲密关系类型的常识分类时,看成是亲人自然群体的分类时,就像巴厘人所做的那样,很明显,圆柱体的不同层面所代表的不过是活着的人们中间的辈份顺序,仅此而已。它们描绘了共存的世代之间的精神(与此相同的还有结构上的)关系,而不是一些互相继承的辈份在一个不重复的历史进程中的位置。

从子名字

如果说个人名字仿佛被作为军事秘密对待,排行名字主要用于儿童与青少年,而亲属称谓至多也只是偶尔使用,而且仅仅是为了进一步的区分,那么,巴厘人如何互相称呼和提及?对于农民大众来说,答案是:用从子名字。[15]

一对夫妻的第一个孩子一旦命名,人们就开始以瑞格瑞格、普拉或给这个孩子取的任何名字"的父亲"和谁谁"的母亲"来称呼及提到他们。他们一直被这样称呼(而且他们自己也这样称
376 呼他们自己),直到他们的第一个孙子女诞生,在此时他们将要开始被称呼及提及为:苏达、利利尔或是其他任何一个名字的"祖父"和"祖母";而且如果他们活到见到他们的第一个曾孙,同样的称呼改变还会发生。[16]因而,在"自然"的从库姆皮到库姆皮

[15] 人称代词是另一种可能性,而且的确可能被考虑为个人定义的单独的象征规则。但是事实上,无论何时只要可能,也往往避免使用它们,常常是以某种表达上的不方便为代价。

[16] 这种使用个人名字作为从子名字的组成部分的做法,与我前面所说的这类名字不作公众使用的观点并不矛盾。这个"名字"在这里只是个人使用从子名字的一部分,而不是,即使在延伸意义上也不是,给一个孩子取的名字的一部分,这个孩子的这个名字纯粹是用来作为一个参考,而且没有——就我所能说的而言——任何独立的象征性价值。如果这个孩子死了,甚至是在婴儿期,从子名字通常也保留不

的四代的生命阶段中，一个人为人所知的称谓将要改变三次，先是他自己，次是至少是他的子女之一，最后至少是他的孙子女之一养育了后代。

当然，许多人，如果不是大多数人的话，既没能活这么久，也没有多子女的福气。何况，广泛不同的其他因素也参与进来，使这幅简单的画面变得复杂化。撇开细微之处不谈，关键在于我们在此有了一个在文化上极其成熟、在社会方面格外有影响的从子名字系统。它对个体的巴厘人关于自己与他熟悉的人的感觉有什么样的影响呢？

它的第一个作用是使夫妻之间相互等同，非常类似我们的社会中新娘要姓丈夫的姓；但这里带来等同的不是婚姻，而是生育。象征性地，夫妻之间的联系是通过他们对子女、孙子女、曾孙子女的共同关系来表现的，而不是通过妻子进入丈夫的“家庭”（在婚姻多数是内部通婚的情况下，她通常是属于这个家族的）来表达。

这种丈夫—妻子——或者，更精确地说是父亲—母亲——成对的关系有着非常突出的经济、政治和精神的重要性。它事实上是基本的社会基石。单个的人不能参与村委会，在那里席位是按已婚夫妻授予的；而且，很少有例外，只有当了父亲的男 377
人才能在这里发挥影响。（实际上，有些男人甚至只有在有了孩子之后才被授予席位。）后嗣群、志愿组织、灌溉会社、寺庙信徒群体，等等，也不例外。实质上，当地所有的活动，从宗教到农业，都是以配偶为单元参加的，男性承担某些任务，女性作为补

变；取了名字的孩子在称呼及提及他的父亲和母亲时用的是从子名字，他完全没有意识到其中包含着他自己的名字；这里没有这样的意思，即，这个名字被包含在他父母或祖父母的从子名字中的孩子，因为这一原因就与他的没有将名字包含在他们的从子名字中的兄弟有任何不同，或是有任何特权；不能将从子名字中包含的名字改成更疼爱或是更能干的孩子名字，等等。

充。从子名字通过将夫妇的直系后代的名字包括进他们自己的名字之中的做法，既强调了婚姻在地方社会中的重要性，也强调了生育的巨大价值。[17]

这种价值，以一种更清晰的方式，在广泛地使用从子名字的第二个文化结果中表现出来：将个人归类进所谓的（由于缺少更好的词汇）生育阶层。从任何人物的角度看，他的同村人被分类为无子女的人，被称为瓦雅恩、麦德，等等；或是有子女的人，称为“某某的父亲（母亲）”；有孙子女的人，被称为“某某的祖父母”；有曾孙子女的人，被称为“某某的曾祖父母”，等等。还在这种等级划分上附加了具有社会等级性质的普遍形象：无子女的人是靠人赡养的小人物；某某的父亲是指导社群生活的积极公民；某某的祖父是藏于幕后的出谋划策的受人尊敬的长者；某某的曾祖父是享受奉送的长者，已经半归于神的世界。在任何可能的情况下，必须应用不同的机制调整这种过于图式化的形式，使之符合现实，以便它规划一个可行的社会阶梯。但是，有了这些调整，它的确规划出了这样的社会阶梯，而且作为结果，一个人的“生殖地位”在自己和其他人看来是他的社会身份的一个主要因素。在巴厘，人的生命阶段并不被看成是生物老化的进程，它几乎没有受到什么文化上的注意，而是社会再生的过程。

因而，它不止是纯粹的生育能力，即一个人自己能生多少子女，这一点至关重要。有十个子女的一对夫妻并不比有五个子女的一对夫妻更受尊敬；只有一个子女，而且这个子女仍然只有
378 一个子女的一对夫妻要比上述两者的地位都高。关键是再生产

---

[17] 它同样强调了另一个主题，这个主题与在此讨论的所有个人定义的规则有关：缩小性别之间的差别，这种差别在涉及大多数社会人物时被描绘为是可以互相交换的。有关这一主题的引人入胜的讨论，可参见 J. 贝娄：《浪达与巴龙》（洛克斯特谷，纽约，1949 年）。

的持续和社区,保持使其自身永恒的能力,这个事实是从子名字的第三个结果——生育链的指称——所明显揭示的。

从模式图(图一)可以看到巴厘人从子名字制度是如何概述这种链条的。为了简便起见,我只是显示男性从子名字,并且所指世代用英文名称表示。我是为了强调从子名字的使用反映的是绝对年龄,而不是起名的后代的辈份顺序(或是性别)这一事实这样来安排这个模型的。

如图一所示,从子名字制勾勒出的不仅是生殖地位,还有这 379
种地位的序列,追溯到两代、三代或四代(非常偶然地也会到五

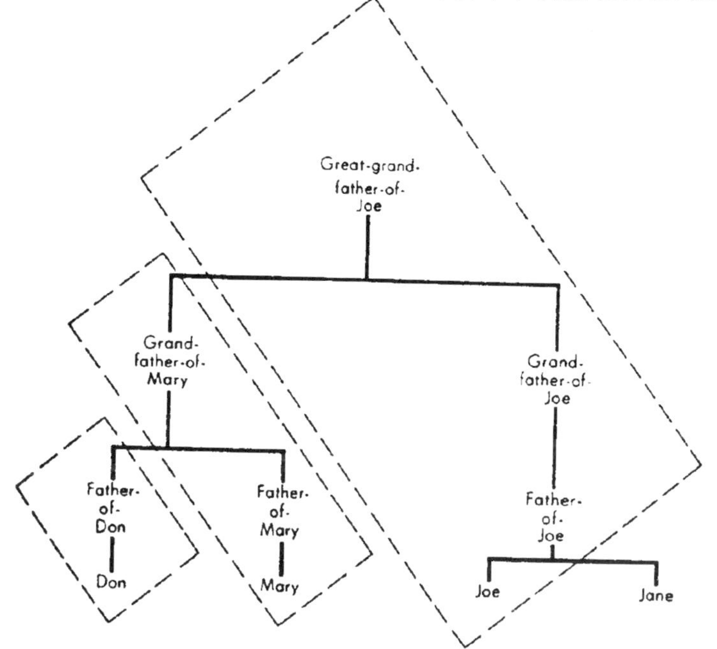

(**图注:**玛丽(Mary)比唐(Don)年纪大;乔(Joe)比玛丽、简(Jane)和唐年纪大。就从子名字制来说,所有人的相对年龄,除非他们作为先辈及后辈,都是无关紧要的。)

代)。哪个特定的序列被标识出来大部分是偶然的:如果玛丽在乔之前出生,或是唐在玛丽之前出生,整个排列就会改变。虽然作为参照物的特殊的个人以及得到符号承认的特定的父子间承继关系是任意的,并不一定是因果事件,但是这种序列被标识出来的事实却强调了有关巴厘人的个人身份的重要事实:看一个人并不因其祖先是谁(由于死者身上覆盖着的文化面纱,那甚至不知道是谁)而看他是谁的祖先。一个人被定义,不是像在这个世界上的许多社会中那样,依据是谁生育了这个人,不是根据这个人的世系的或远或近的先辈,而是依据这个人生育了谁,在多数情况下是一个还活着的、半形成的个人,是自己的子女、孙子女或是曾孙子女;这个人可以通过一套特殊的生育联系而找到与他们的联系。⑱ 将“乔的曾祖父”、“乔的祖父”和“乔的父亲”联系在一起的是这一事实:在某种意义上他们合作生育了乔——即,合作维持了整个巴厘人尤其是他们的村庄这个社会的新陈代谢。而且看似一个暂时过程的仪式,实际上是“稳态”,这个词是格雷戈里·贝特森从物理学借来的,被恰当地用来称呼这一状态。⑲在这种从子名字制中,全体人口的分类,依据的是其与一小类掌握着迫切的社会再生的人的关系,以及这些人口对他们的代表——这些人是一群即将做父母的人。在这一方

⑱ 在这一意义上,排行称谓在更为精细的分析上,可以定义为“零从子名字”并包括进这种象征规则中:一个名叫瓦雅恩、恩约曼等等的人是一个没有生育过的人,他无论如何没有后代。

⑲ G.贝特森:《巴厘:一个稳定状态的价值体系》,载福蒂斯编:《社会结构:提交给拉德克利夫—布朗的研究》(纽约,1963),第35—53页。贝特森第一个指出了,如果有些不够直截了当,巴厘人思维的特殊性质,而且我更集中的分析主要是受到他的一般性观点的激励。同时参见他的《旧的寺庙与新的神话》,载《德加瓦》(日惹)第17期(1937),第219—307页。[现已在J.贝娄编:《传统的巴厘文化》(纽约,1970)中重印,第384—402页;第111—136页。]

面,即使是在人类状态下生存时间最长的曾祖辈,也不过是永恒现在的一个组成阶段。

地位头衔 380

理论上,巴厘的每一个人(或者是几乎每一个人)都有着这个或那个头衔——Ida Bagus、Gusti、Pasek、Dauh,等等——每一个头衔都将他们放在囊括巴厘的地位阶梯的一个特殊的档次上;每一个头衔对每一个人及所有的人来说都代表着文化上或高或低的一个特殊的等级,因此全体人口都被归类进一套一致的社会等级中。实际上,正如那些试图要分析这种称谓体系的人所发现的那样,情形要更为复杂。

事情并不简单地就是少数低地位的村民宣称的那样,他们(或是他们的父母)不知怎么地"忘记了"他们的头衔是什么;也并不在于头衔的等级在一个地区与在另一个地区不一致,甚至经常因为本地合作者不同而不一致;也不在于——尽管他们有世袭基础——仍然有办法改变这些头衔。这些不过是(并非没有意义的)与这一体系的日常功能有关的细节。关键在于地位头衔并不与群体相连而是只与个人相关。[20]

巴厘的社会地位,或者至少是由头衔确定的某种地位,是一项个人特征;它独立于任何社会结构因素。当然它有着现实重要性,而这些是通过从亲属群体到政府机构的广泛多样的社

[20] 既不知道在巴厘发现了多少不同的头衔,也不知道有多少人拥有同一个头衔,因为没有对这种称谓的统计。在我进行深入细致研究的东南巴厘的四个村庄中总共有三十二个头衔,其中用得最多的一个由二百五十个村民使用,用得最少的一个由一个人使用,典型的数字是一个头衔大约有五十或六十人使用。参见 C. 格尔茨:《提希干:一个巴厘村庄》。

会安排来形成并表达的。但是 Dewa、Pulosari，Pring，或者 Maspadan 这些头衔基本上只根据世袭的权利来使用，并要求与之相关的不同的公众标志。它并不发挥任何特殊作用，不属于任何特殊的群体或是占据任何特殊的经济、政治或是宗教权利。

地位头衔体系纯粹是一个名誉体系。根据自己的头衔,你可以根据一个人的头衔精确地知道在社会公共生活的每一个实
381 际方面,你要以什么样的态度去对待他及他以什么态度对待你,不论你们所拥有的任何其他社会联系及你对他的具体看法。巴厘的礼俗高度发达,并且严格控制着社会行为的外在形式,这些社会行为几乎覆盖着日常生活的整个范围。语言风格、姿态、服饰、饮食、婚姻甚至房屋修建、墓地及火葬方式,都依据精确的行为方式准则;这些主要不是产生于对社会风雅的热情,而是产生于某种相当深远的超自然考虑。

这种形成于地位头衔体系中的人的不平等及其所表现的礼仪体系,它既不是道德上的,也不是经济上的,也不是政治上的——它是宗教上的。它所反映的是日常互动中的神的秩序,这种互动从这个观点看是一种礼仪形式被认为是依据神的秩序模式化了的。一个人的头衔并不标志着他的财富、他的权力或是他的道德声望,标志的是他的精神气质;与他的世俗地位之间的不谐调可能是巨大的。巴厘的有些最伟大的权贵人士受到的是最粗暴的待遇,受到最体贴待遇的反而是一些最不受尊重的人。从巴厘人的精神中很难发现比马基雅弗利的评论更多的东西,他认为:头衔所反映的不是人所有的名誉,而是人赋予头衔的声誉。

在理论——巴厘人的理论——上,所有的头衔都来自神。每一个头衔都是父子传递。并不是从来没有过变化,就像某种

神圣的传家宝,不同头衔的荣誉价值的不同源于拥有头衔者遵守着在这个等级中形成的精神规定的程度。拥有一个头衔是同意,至少是默认,要达到神圣的行为标准,至少是接近这些标准,而且不是所有的人都能做到同样的程度。结果就出现了头衔和拥有头衔者的不协调。相对于社会地位的文化地位,在此再一次反映了与神的距离。

与几乎每一个头衔相联系的是一个或一系列在本质上非常具体的传奇事件,涉及的是拥有这个头衔的这个人或另一个人某些在神圣事件上的失策。这些失策——我们很难称之为罪过——被认为表明了这个头衔贬值的程度,从一个完全是超自然的地位失落的距离,从而(至少是以最一般的方式)规定了它在声望的整体范围内的位置。特殊的(如果是神话上的)地理迁
移,不同头衔的通婚,军事上的失败,违犯服丧礼仪,仪式上的失 382
误,等等,都被视为将头衔在或多或少的程度上降等:对低等级的头衔来说降低的程度比较大,对高等级的头衔来说降低的程度比较小。

尽管表面如此,但是这种不平衡的败落,在本质上既不是道德的现象也不是历史的现象。它不是道德现象,是因为被认为引发这种败落的事件,尤其是在巴厘,大体上不是那一类被判断为非道德的事件,而与此同时真正的道德问题(残忍、背信弃义、不诚实、荒淫)所损害的仅仅是随其所有者消失的名声,而不是保留下来的头衔。它不是历史现象,是因为很久以前断续地发生的这些事件,并不是造成现实的原因,而是对其性质的表述。关于头衔降级事件的重要事实,不在于它们发生在过去,甚至不在于它们发生过,而是它们带来降级。它们既不是现存状态形成过程的公式化表述,也不是对之做出的道德判断(巴厘人对这两种智力演练的哪一种都没有表现出很大的热情):它们是对人

类社会形态与神的模式之间的基本关系的意象,从本质上看,这个人类社会形态是对这个模式的不完美表达——在某些方面比另一些方面更不完美。

但是,在谈完关于头衔体系的自主性之后,如果设想宇宙模式与社会形式之间存在这种关系,如何才能精确地理解它?如果完全以宗教概念和关于个体人中间在精神价值上有着内在差异的理论为基础,那么头衔体系,与我们从外部观察这个社会而称之为权力、影响、财富、声望等等暗含在社会分工里的“现实”如何联系起来?简而言之,真正的社会控制制度如何适应一个完全独立于它的声望等级体系,以便考虑并确实支持它们之间在事实上获得的松散的和普遍的互相关联的关系?答案是:通过相当灵巧地玩弄一种把戏,即以某种熟练的手法,改变从印度引进的、并已经适应当地口味的著名的文化制度——种姓制度。巴厘人把种姓制度运用到一堆极其杂乱的地位网格里,使它有着简单的形式,似乎是自然地从其中生长出来的,但实际上是强加其上的。

就如同在印度一样,种姓制度大体上包含着四个类别——
383 婆罗门、刹帝利、吠舍、首陀罗——按声望降级次序排列,而且前三个等级(在巴厘称之为 Triwangsa——“三种人”)确定为处于平民阶级的第四等级之上的精神上的贵族。但是,种姓制度在巴厘自身不是划分地位的文化手段,而是将头衔制度已经划分出来的地位互相联接起来的文化手段。通过简便地(从某种意义上说是都过于简便了)区分绵羊和山羊,第二等羊和第一等羊,第三等羊和第二等羊[21],它真实地概括了这个制度的暗示精

---

[21] 种姓分类经常还有次一级分类,特别是高地位的人,分成三个等级——最高 utma、中等 madia、低等 nista——种姓头衔在整体分类中被适当地进行次一级的分类。对巴厘社会等级制度的全面分析——在形式上就像印度的制度那样波利尼西亚化——不能在此进行。

巧的比较。人们并不互相把对方看做刹帝利或者首陀罗，但是看做，比方说，Dewa 或者 Kebun Tubuls，仅仅用刹帝利—首陀罗的区别，并且为了社会组织的目的，来总体表达比较等级，这种等级是由将 Dewa 归入刹帝利的头衔，将 Kebun Tubuls 归为首陀罗的头衔产生的。种姓制度不是应用于人的标签，而是应用于人所拥有的头衔——它们表述了声望体系的结构；另一方面，头衔是应用于个体人的标签——它们将人置于这个结构之中。头衔的种姓分类的程度与权力、财富及道德声望的社会分布——即社会等级制度——是一致的，该社会被认为组织有序。各类人有各类人的位置：精神价值与社会地位是符合的。

从有关符号形式的具体用法上,可以看出头衔与种姓在功能上的区别是显而易见的。在 Triwangsa 贵族中,除了某些例外,并不使用从子名字,而是用个人头衔来作为他或她的主要称呼和指代称谓。人们称一个人为 Ida Bagus、Njakan 或是 Gusi (不是婆罗门、刹帝利或吠舍),提到他时也用同样的称谓,有时加上排行名,以便更精确地区分(Ida Bagus Made, Njakan Njoman,等等)。在首陀罗阶层,头衔只用来提到某人而不用于称呼,而且主要是用来提及外村庄而非本村庄的人,外村人的从子名字可能无人知道,或者即便知道,也被认为用来称呼非本村人显得过于亲近。在本村内,提及某人时使用首陀罗的头衔仅仅是发生在声望地位信息被考虑为更恰当时("乔伊的父亲是 Kedisan,而且他比我们潘达 Pande'低'",等等),而在称呼时,当然用从子名字。超出村庄界线,除了亲密朋友,从子名字被放在 384
一边,最通用的呼叫名字是 Djero。字面上,这个词的意思是"内部"或是"内部人",因而与一个被认为是"内部"的 Triwangsa 的成员相对的是属于"外部"(Djaba)的首陀罗;但是在这个情景中,还要受到这种说法的影响,“为了有礼貌,我在称呼你时假设你是一个三种 Triswangsa,而你不是(假如你是,我就会用恰当的头衔称呼你),而且我期望你也这样假设。”至于种姓称谓,它们只在泛称有关声望等级的总体概念时才会用到,这是一个通常出现在与超越村庄的政治、宗教或等级的事务有关时的需要:“Klungkung 的国王是刹帝利,但是 Tabanan 的国王只是吠舍”,或者“Sanur 有许多富裕的婆罗门,这就是为什么首陀罗在村庄事务中很少发言的原因”,等等。

种姓制度因此做两件事。它将一系列表现为特定并且武断的声望特征,即头衔,与印度教或巴厘版的印度教联接起来,因而将其植根于普遍的世界观之中。而且它解释了这种世界观的含义,从而也为社会组织解释了头衔的含义:头衔体系中暗含的声望成分应该反映在社会财富、权力及道德声望的实际分布中,而且实际上应完全与之一致。实际上获得的这种一致当然至多是适中的。但是,无论这条原则有多少例外——首陀罗有着巨大的权力,刹帝利作为佃农干活,婆罗门既不受尊重又不高贵——但是巴厘人认为是原则而不是它的例外阐明了人的社会地位。种姓制度对于头衔制度有序化的方式,使之有可能在一套普遍的宇宙观之中观察社会生活:在这套观点中,人的才智的差别及历史进程的作用,在与人在一个标准的地位分类体系中的位置相比时,被视为表面现象,被看成是与个体角色无关的东西,因为他们是永恒的。

385 公众称号

个人定义的最后一种符号规则,在表面上是最让人联想到我们自己比较明显的区分个人并描述其特征的方式之一。[22] 我们也经常(也许都太经常了)通过一个职业类型来观察人——不仅认为他们是在从事这个或那个职业,而且认为他们几乎全身充满了作为一个邮递员、卡车司机、政客或售货员的职业本性。社会功能提供了一个符号载体,通过它可以看到个人的身份;人就是他们所从事的职业。

但是,相似仅仅是表面上的。置身于一组关于个性是由什么组成的不同的观念之中,处于世界是由什么组成的不同的宗教—哲学概念之中,并且是依据一套不同的文化手段——公众称号——来表达,巴厘人对社会角色与个人身份之间的关系的看法,与我们称之为职业而巴厘人称之为 linggih——“席位”、“地位”、“职位”——的表意意义是不同的。

这一“席位”观念存在于巴厘人对社会的公民的与家庭的极为明显的差别的理论与实践之中。生活的公众与私人领域之间的界限,在观念上和在社会习俗上都有清楚的划分。在每一个层面上,从村庄到宫廷,普遍关注的事务是显然不同于而且被小心地与个人或是家庭所关心的事务隔离开,而不是像在许多其他的社会中所做的那样,允许互相渗透。巴厘人把公众领域作为一个群体的意识,这个群体有着其自身的利益与目的,这种观点是高度发达的。在任何层面上,被赋予与那些利益与目的有关的特别的责任,就是被与他的没有被赋予责任的同胞分开,公众头衔所表达的正是在这个特殊的地位。

同时,虽然巴厘人认为社会的公众领域是有界限并独立存

---

[22] 至少应该提及另一种秩序的存在,涉及性别标签(Ni 是女性,I 是男性)。在日常生活中,这种头衔仅被附加于个人名字上(大多数个人名字本身在性别上是中性的),或是附加于带排行名的个人名字,而且只是偶尔为之。结果,从个人定义的角度,它们只具有偶然的重要性,而且我感觉不对它们做详尽的探讨是合理的。

386 在的，但是他们并不期望它成为一个没有缝隙的整体，甚至不将其视为一个整体，而是，他们将其视为由一些独立的、不连续的而且有时甚至是竞争的领域(realm)构成，每一个都是自给自足的、小心地保护着自己的权利，并且以自己的组织原则为基础。这些领域中最显著的有：作为政治共同体的小村；作为宗教群团——会众——的地方寺庙；作为农业群团的灌溉联合体；而且在这些之上的是以贵族和大祭司为中心的地域——即，超村庄——的管理及崇拜。

对这些不同的公众领域或部门的描述，要涉及在目前的情景中是不恰当的对巴厘社会结构的广泛分析。[23] 在此要注意的是，与这些领域各自相关的责任官员——也许管理人员(Stewards)是更好的称呼——他们因此都拥有一个特殊的称号：Klain、Perbekel、Pekaseh、Pemangku、Anak Agung、Tjakorda、Dewa Agung、Pedanda 等等，也许能有五十个，甚至更多。这些人(在总人口中只占很小的比例)被用这些官方称号称呼和提及——有时也与排行名字、社会头衔联在一起，或者，对首陀罗来说，从子名字用做附加说明。[24] 各种首陀罗层面上的“村庄首领”和“民间祭司”，以及大量 Triwangsa 阶层的“国王”、“王子”、“地主”、“大祭司”并不只是充当一个角色。在他们自己及他们周围人的眼中，他们已经融入角色之中。他们是真正的公众人物，对这种人来说作为人的其他特征——个性、排行、亲属关系、

[23] 关于这方面的一篇文章，参见 C. 格尔茨：《巴厘乡村社会结构的形式与变化》。

[24] 与这种头衔所表达的职能联在一起的地名，作为附加性的说明也许甚至更普遍：“Klian Pau”，“Pau”是这个人作为 Klian(首领，长者)的村庄的名字；“Anak Agung Kaleran”，“Kaleran”——字面意义是“北方”或是“北方的”——是这个领主的宫殿(及位置)的名字。

生育状况及声望等级，至少是象征性地处于从属地位。我们集中关注作为个人特征的心理特性，因此说他们为了自己的角色而牺牲了真正的自我；而他们集中关注于社会地位，因此说他们的角色是他们真正的自我的精华。

这些拥有公众称号的角色的获得，与地位头衔制及其种姓
分类的组织结构密切相联，这种联系受到也许应该称之为“精 387
神合格原则”的影响。这个原则断定：具有超地方——地区性的或是全巴厘范围的——重要性的政治与宗教“席位”只能由Triwangsas占据，具有地方重要性的其他席位应该恰当地掌握在首陀罗的手中。在高层面上，这一原则是严格的：只有刹帝利——即，拥有被认为相当于刹帝利等级的头衔的人——才可能成为国王或是至高无上的王子，只有吠舍或是刹帝利才能成为贵族或是小王子，只有婆罗门才能成为大祭司，等等。在较低层面上，这个原则就不太严格；但是村庄首领做灌溉联合体的领导人，首陀罗做民间祭司，Triwangsas应该保持他们的地位，这类概念还是很强烈的。但是，在其中任何一种情况下，绝大多数虽然有着种姓分类或是理论上有资格担任有公众称号的管理人员类别称号的人，并不拥有这种角色，也不太可能成为这种角色。在Triwangsas层面上，这些资格大部分是世袭的，甚至是长子继承，而且在一小部分“拥有权力”的人与其他多数没有权力的人之间有着鲜明的区别。在首陀罗层面上，得到公众官职经常是通过选举，但是有机会供职的人的数量还是相当有限的。声望地位决定了一个人能够担任的公众地角色的种类；一个人能不能担任这样一个角色，则完全是另外一个问题。

但是，由于精神合格原则所带来的声望地位与公众职位之间的普遍关系，社会中的政治与宗教的权力秩序与这样一种普

遍概念挂钩:社会秩序含糊地——本应明确地——反映了超自然的秩序;而且除此之外,个人身份定义不是根据这种仅仅是属于人表面的东西,诸如年龄、性别、天资、秉性或是成就——即,生物方面的因素,而是要根据在一个普遍的精神等级中的位置——即分类学上的因素。来自公众头衔的人的定义符号规则和所有其他的个人定义符号规则一样,包含着一个公式化的表述;相对于不同的社会情景,也包含一个基本假设:关键不在于人作为人(正像我们会用这个说法),而是他在一套文化分类中的恰当位置,这个分类是超人类的,所以它们不仅不变,而且也不可能变化。

而且,这里也一样,这些分类向上升到神性(或者同样精确的是,从神降下来),它们覆盖性格与泯灭时间的力量随之增强。
388 不仅仅是一些由人担任的高层面的公众头衔,逐渐与由神担任的融合,并在顶点上与神一致,而且在神的层面上,几乎没有留下身份定义,只有头衔自身。所有的男神和女神在称呼或是被提及时都称为 Dewa(女神是 Dewi),或者对更高一级的神称为 Betara(女神是 Betari)。在少数情况下,这些普遍的称呼后面还有特殊的称呼:Betara Guru, Dewi Sri,诸如此类。但是即使是这些特殊命名的神也不被认为拥有明显的人格:他们仅仅是被认为在行政上负责即协调某些重大事务:生育、权力、知识、死亡,等等。在大多数情况下,巴厘人并不知道,也不想知道,在他们不同的寺庙中受到崇拜的是那些男神与女神(总是成对的,一个男神,一个女神),而只称他们为"某某 Dewa (Dewi) Pura"——某某寺庙的男神(女神)。与古代的希腊人和罗马人不同,一般的巴厘人对具体的神做了什么没有表示出兴趣,对他们的动机、他们的个性或是他们个人的历史也没有表示出兴趣。他们对这类事务,与一般涉及长者与尊者的同类事务时一样,保持着审慎和周致。[25]

简而言之,神的世界是另一个公众领域,超越所有的其他领域,并且充盈着其他领域尽其所能要加以体现的精神气质。对这个领域的关注存在于宇宙层面上而不是政治的、经济的或仪式的层面上(即人的层面上),而且它的管理人员是没有特征的人,通常与人类死亡有关的特征对他们都没有意义。几乎没有面目、彻底地程式化和几乎不会改变的神象,形成了巴厘人对人的概念的最纯粹的表述。这些没有名字的神灵仅靠他们的公众头衔,年复一年,在遍布整个巴厘岛的数以千计的寺庙活动中得到表现。在向这些神灵(或者更准确地说,他们心中的神灵)跪拜时, 389
巴厘人表现的不只是承认了神的权力。他们也面对着他们自认为的真正的自我的形象;这是一个活着的生物的、心理的、社会的因素——历史时间纯粹的实体——往往要隐匿的形象。

文化的三边力量

可以有许多方式使人意识到,或使他们自觉意识到时间的流逝——通过标明季节的变化、月亮的盈亏或是植物生长的进程;通过仪式或农活或家务活动的规定的周期循环;通过准备并

[25] 确实存在传统的叙述神的某些活动的文本,其中有些相当全面,而且这些故事的片断广为人知。这些神话不仅反映了典型的人类观、静止的时间观,及我正在试图加以概括的仪式化的互动风格,而且对讨论及思考这些神灵保持普遍的沉默意味着与这些神灵有关的故事很少进入巴厘人理解与接受"这个世界"的努力之中。希腊人与巴厘人的区别并不怎么在于他们的神灵所采取的生活方式,两者都是丑恶的,而是在于他们对这些生活的态度。对希腊人来说,宙斯和他的伙伴的私人行为被认为反映了人的同样的行为,因此关于他们的流言蜚语具有哲学意义。对巴厘人来说,Betara Guru 和他的伙伴的私人生活仅仅是私人的,有关他们的流言蜚语是不礼貌的——甚至,考虑到他们的声望等级,是不恰当的。

将计划好的活动排出日程、回忆和评价完成的活动;保存家谱、讲述传说或构想预言。但是其中最重要的,无疑是通过对自己和同胞身上的生物年龄增长过程,即具体个人的出现、成熟、衰老及消失的意识。一个人如何看待这一过程的影响,从根本上影响了一个人如何体验时间。在人们关于做一个人意味着什么的概念和他们的历史结构概念之间,有着不可分割的内在联系。

现在,如我一直强调的,巴厘人关于人的特征在其中形成的文化模式中的最显著的事情,是他们实际上将所有的人——朋友、亲戚、邻居和陌生人,老人与年轻人,长辈与小辈,男人与女人,酋长、国王、祭司及神,甚至死者与未出生的人——都描述为老一套的同代人,抽象而匿名的同胞。人的定义的符号规则中的每一个,从隐藏的名字到招摇的头衔,都是要强调并加强个人之间关系(他们之间的重要联系在于碰巧生活在同一个时间范围里)中隐含的标准化、理想化及普遍化;回避并掩盖同伴——
390 密切地卷入相互的经历的人——之间,前辈与后代——彼此是盲目的遗嘱人与不知情的继承人——之间关系中隐含的标准化、理想化和普遍化。当然,巴厘人**的确是**直接地并且有时是深刻地卷入彼此的生活的;他们**确实**感觉到他们的世界是由在他们之前的人的行为形成的;他们的行为以决定形成那些在他们之后的人的世界为方向。但是,在文化上加以突出、通过象征符号加以强调的,不是他们作为人而存在的那些方面的因素——他们的直观性与个别性,或是他们的特殊的、决不会被重复的对历史事件走向的影响——而是他们的社会地位,即他们在一个持续的(确切说是永恒的)超现实的秩序中的具体位置。[26]巴厘

㉖ 被认为是固定不变的,是这种全面秩序而不是个人在其中的位置,后者是可以移动的,虽然更多的是沿着某些轴线而非其他。(沿着某些轴线,例如排行顺序,

人的人的公式化表述中揭示的自相矛盾之处是:它们——按我们的观点——被非人化了。

以这种方式,巴厘人减弱,尽管他们当然不可能无视,时间感(sense of temporality)的三个最重要的来源:理解自己的同类(从而自己与他们一起)在不断地走向消亡(perishing);意识到死者完结的生命对生者尚未完结的生命的重压;而且理解现在采取的行动对未出生者的潜在的影响。

同伴,在他们相遇时,在一个直接的现时(present),即一个概括的"现在"("now")中,互相面对和把握;在这样做之时,他们体验了在这样的一个行进的面对面互动之流中消失的现在的不可捉摸性与短暂性。"对(同伴关系中的)每一方而言,另一方的身体、姿态、步态、面部表情,是直接可观察的,不仅仅是作为外部世界的事情与事件,而且有着它们的相貌重要性,即表达了另一方的思想……每一方参与了另一方正在进行的生活,能够在生动的现在理解另一方一步一步形成的思想。他们因而分享以计划或是希望或是担忧而做出的对未来的预见 391
……(他们)互相参与了对方的生活史;他们一起成长……"[27]对于前辈与后代而言,由于被物质的鸿沟所隔开,他们是根据出身与结局而互相感知的。在这之中,体验了事件的内在时间顺序,标准的、超越个人的时间的线性流逝进程——

它是不可能移动的。)但是问题在于这些移动不被认为,或者基本上不被认为是在我们视之为暂时的因素之列:当某人的父亲被转变为某人的祖父时,被感觉到的变化主要不是一个人年龄的增长,而是一个人的社会的(在此相同的是宇宙的)位置改变了,即在一个不可改变的特征与空间中的直接的运动。在某些人的特征的象征性次序中,地位也不被认为具有绝对的性质,因为位置不是最根本的属性:在巴厘就像在其他地方一样,一个人的兄弟是另外一个的叔伯。

[27] 舒茨:《社会现实的问题》,第16—17页。括号是引者加的。

那种时间的进程可以用钟表与历书来测量。[28]

通过**在文化上**极度限制这三种经验——由正在消失的现在的同伴亲密关系所引起的体验；由对过去先辈的决定性沉思所引起的体验；由对未来后代的可塑性预测所引起的体验——通过更多地考虑由纯粹的同代人在无名的相遇中所产生的纯粹共时性，巴厘人制造了第二个自相矛盾。与他们的非人化的人的概念相连的，是去时间化的（同样在我们看来）时间概念。

分类历书与即时时间

巴厘人的历法概念——他们界定时间单元的文化手段——清楚地反映了这一点；因为他们大多不习惯去计算时间的流逝，也不去强调流逝了的时间的惟一性与不可逆性，而是惯于对时间借以在人类经验中展现自身的性质特征进行标识并分类。巴厘人的历法（或者不止一个历法，我们将要看到有两种历法）将时间分成有界限的单元，不是为了计算和累计它们，而是描述它们的特征，以便表述它们不同的社会、思想及宗教意义。[29]

---

[28] 舒茨：《社会现实的问题》，第221—222页。

[29] 作为下面的讨论的序言及前面的讨论的附录，必须要说明的是，正因为巴厘人确实有着互相之间的伙伴关系而且确实有着某种先辈与后代的物质联系的概念，因此他们也就确实有着某种如我们所说的“真正”的历法概念——在所谓的凯卡（Caka）体系中的绝对日期、印度教的连续纪元的概念，以及，甚至对格列高利历的接触。但是，这些在（约一九五八年）日常生活的一般过程中是一些非重点的明显是从属性的重要性；不同的模式被某种人因偶然的机会为了特殊的目的应用于受到限制的过程中。对巴厘文化的完整的分析——只要这件事是可能的——确实必须考虑它们；而且从某些观点来看，它们不是没有理论意义的。但是在此处及别处，这个相当不完整的分析中的关键，不是巴厘人像匈牙利人一样被认为是从另外一个星球上来的与我们自己不同的移民，而仅仅是他们有关社会批评性重点在一个，至少是现在，与我们显著不同的方向上。

巴厘人使用的两种历法，一种是阴阳合历，一种是围绕日期名称独立的循环互动而建立的，我称之为“轮换的”(permutational)历法。这种轮换历法是到目前为止最为重要的。它由十个不同的日期名称的周期组成。这些周期的长度不同。最长的一个周期有十个日期名称，根据固定的顺序依次相随，顺序轮完之后第一个日期名称再次出现，这个周期又开始。同样的，有九天、八天、七天、六天、五天、四天、三天、两天，甚至——“同代化”(contemporized)时间观的极限——一个日期名称的周期。每一个周期中的名称也是不同的，而且周期的运行是并存的。这就是说，任何一个特定的日子，至少在理论上同时有着十个不同的名称可以适合它，从十个周期中的每一个中得到一个。虽然三个名称的周期被用于确定集市周，并且在确定某些较小的仪式中发挥作用，例如前面提到的个人命名仪式，但是，在十个周期中，只有那些有着五个、六个及七个日期名称的周期有着主要的文化意义。 392

现在，这三个主要的周期——五日期、六日期及七日期——的互动意味着有一个特定的三名日(即，有一个组合了三个周期中的名称的特别的日子)将每二百一十天出现一次，这是五、六和七的乘积。同样五天及七天的周期的互动产生的双名日子每三十五天出现一次，六天及七天周期互动产生的双名日子每四十二天出现一次，五天及六天周期的双名日子每三十天出现一次。由这四种超循环的同期性之一决定的组合(**但不是周期性本身**)，被认为不仅有重要的社会意义，而且以这种形式或那种形式反映了现实的结构本身。

这种轮套轮计算的结果，是把时间看成由一套有序的三十、三十五、四十二、二百零一的定量单元(“日子”)，这些单元中的每一个都有由三重或双重名称标明了的、质上的特殊意义：就像

393 我们认为十三号的星期五不吉利的观念一样。要确定在四十二天这一集合中的一个日子——而且要估计它的实际及/或宗教意义——就需要确定它在六天名称周期(如 Ariang)中的位置,即名称,以及它在七天名称周期(如 Boda)中的位置,即名称:这一天是 Boda-Ariang,而且据此调节人的行为。要确定在三十五天集合中的一个日子,就需要知道它在五天名称周期(例如,Klion)及其在七天周期中的位置和名称:例如是 Boda-Klion——这一天是 Rainan,在这一天,人必须在不同的地点供奉小祭品去"喂"神。就二百一十天集合而言,独特的确定方法要求从所有的三个周期中得到的名称:例如 Boda-Ariang-Klion,这一天是巴厘最重要的节日,庆祝 Galungan(嘎龙甘)。[30]

撇开细节不谈,这种历法所使用的时间计算方法的性质,不是时间的持续而是时间的精确。即,它不是用于(而且只能在使用一些别扭的附加手段时才能应用)计算时间流逝的速度,即在某个事件发生以后时间流逝的量,或者完成某个计划还剩余的时间的量:它被用来确定并分类那些各自分离的、自我维持的时

---

[30] 因为组成二百一十天超级周期的三十一七名称的周期(uku)也是有名称的,所以它们能够也通常被用于与五天及七天的名称的并联中,因此不需要从六天名称周期中找出一个名称。但是这仅仅是记数方面的问题:结果是完全相同的,虽然三十天及四十二天的超级周期因此被隐匿了。巴厘人确定历法及评价历法意义的手段——图表、目录、计数、记忆法——既复杂又多样,而且不同的个人、不同的村庄及岛上的不同地区在技术上及对其解释上都各不相同。在巴厘印行的日历(一个尚未广泛传播的发明)设法要同时显示出 uku,在十个轮换的周期(包括那个决不变化的周期!)中的每一个周期都有的那个日子,在阴阳合历体系中的日子及月份,在格列高利历中的日子、月份及年份,以及在中国历中的日子、月份、年份及年份的名称——与这些不同的历法体系所规定的从圣诞节到嘎龙甘的所有重要的节日全部都有。对巴厘历法思想及其社会宗教意义的更全面的讨论,参见 R. 戈里斯:《假日与宗教节日》,载 J. L. 斯维伦格雷贝尔编:《巴厘》(海牙,1960),第 115—129 页,及其所引的参考资料。

间颗粒——“天”。循环与超级循环是无止境的、不停顿的、不可计算的，而且它们的内部顺序没有意义且缺乏高潮。它们不积累，它们不建构，而且它们也不消耗。它们不告诉你现在是什么时间；它们告诉你现在是哪一种时间。[31]

对可轮换历法的使用最终可以扩展到巴厘人生活的所有方 394
面。首先，它确定了所有的（只有一个例外）节假日——即，其社区的庆祝活动——戈里斯列出了其中的三十二个，或者说平均每七天一个。[32] 但是这些节假日并不按照任何可见的成套的规律出现。假如我们随意地从 Radité-Tungleh-Paing 作为开始，节假日出现的日期数目为：1、2、3、4、14、15、24、49、51、68、69、71、72、73、74、78、79、81、83、84、85、109、119、125、154、183、189、193、196、205、210。[33]这种无论大小的节假日间歇性出现的结

㉛ 更精确地说：它们所确定的**日子**告诉你现在是哪一种时间。虽然因为这些周期与超级周期是周期性的，所以是可以反复出现的，但是并非是关于它们的这一事实受到了关注，或是被视为重要。三十天、三十五天、四十二天、二百一十天的时间段及因它而界定的间隔并没有，或者只在边缘上，被这样看待；这些间隔也不暗示隐含于创造它们的基本的时间周期和循环本身——这是一个由于称前者为“月”、“年”及后者为“星期”而被隐匿的事实。只有——怎么强调也不为过——“日子”才是真正重要的，而且巴厘人的时间概念并非强调周期性甚于持续性：它是粒状的。在个别的日子中，有某些短期的、未经仔细校准的、持续的计量，方法是在持续周期的不同时间（早晨、中午、傍晚，等等）敲一个破锣，而对某些需要粗略平衡每个人的劳动量的集体劳作任务，用的是水钟。但是即使是这样也没有什么重要意义：与其历法设计相比，巴厘人的钟表概念与手段非常不发达。

㉜ 戈里斯：《假日与宗教节日》，第 121 页。当然并非所有这些节假日都是主要的。其中的许多仅仅是在家庭中非常一般地庆祝一下。使它们成为节假日的，是它们对所有的巴厘人都是一样的，与其他类型的庆典不怎么相同的某种东西 。

㉝ 前引书。当然从周期的运转中产生了次节律：每三十五天是一个节假日，因为它是由五名和七名周期的互动确定的，但是就纯粹的日子的连续来说，没有这样的规律，虽然此时或彼时会出现有规律的成组的日子。戈里斯认为 Radité-Tungleh-Paing 是“……巴厘（轮换）年的第一天”（而且其中的几个日子也就成了各自周

果,是时间——即,日子——被大致分为两类极普遍的变体,“盈”与“亏”:有些重要的事情要发生的日子及其他没有什么事情发生,至少没有什么重要事情发生的日子,前者经常被称为“时代”(times)或“关键时刻”(junctures),而后者被称为“窘境”(holes)。历法的其他应用仅仅是加强和精化这一普遍的感觉。

395 在其他应用中,最重要的是确定庙会。无人知道在巴厘有多少寺庙,虽然斯维伦格雷贝尔统计过有两千个以上。[34]所有这些寺庙——家庭寺庙、家族(descent-group)寺庙、农业寺庙、死亡寺庙、村庄寺庙、社团寺庙、“种姓”寺庙、国家寺庙,等等——中的每一个都有着它自己的庆典日,称为 odalan。这个词虽然很普通,但却被错误地译为“生日”,或更糟,译为“周年”,字面上的意义是“出来”、“显露”、“出现”——即,不是寺庙建立的日子,而是在寺庙(并且是自它存在以来一直是)“启动”、神从天上来这里居住的日子。在 odalans 之间它没有活动、无神居住、空闲;除了少数几天由寺庙的祭司在特定的日子准备的供奉外,那里什么也不发生。

对大多数寺庙来说,odalan 是根据轮换历法来确定的(其他寺庙则根据阴阳合历来确定,就像我们将会看到的,就感觉时间

期的第一天);虽然对此可能有(也可能没有,戈里斯没有说)文本上的根据,但是我没有发现证据证明巴厘人实际上意识到了它。如果实际上有任何一个被认为是我们视之为某种暂时的里程碑的日子,那就应该是嘎龙甘(在上述计算中的第七十四天)。但是即使是从最好的方面说,这一思想也是发展得很糟;如同其他节假日那样,嘎龙甘只是出现了。对现在的巴厘历法,即使只是部分,在我看来,还是被根据今天西方时间流逝的观点从现象上误解了。

[34] 斯维伦格雷贝尔编:《巴厘》,第12页。这些寺庙的大小不一,重要性程度也不同。斯维伦格雷贝尔记下了巴厘的宗教事务局给的一个数字(令人可疑地精确):一九五三年这个岛上的“大而重要的”寺庙是四千六百六十一个,要记住的是这个岛的面积是二千一百七十平方英里,大致相当于特拉华州的面积。

的模式而言，这将达到大致相同的目的），这里同样是依据五、六及七名周期的互动。这所意味的是，寺庙仪式——从难以置信的精心准备的到几乎不可见的简单的——婉转地说，在巴厘是经常发生的，尽管也有某些特定日子举行许多这类庆典，而在另一些日子，为了基本上是超自然的理由，什么庆典也不举行。[㉟]

因而,巴厘人的生活不仅被每个人都要庆祝的节假日不规则地打断,而且被仅仅涉及通常根据出身规定属于寺庙的成员的、更为频繁的寺庙仪式打断。由于大多数巴厘人都属于六个或是更多的寺庙,因此而形成了相当忙碌的,但并不是说就疯狂的仪式生活,虽然这种仪式生活同样不规律地在极度活跃与安静之间转换。

除了这些更具宗教性质的假日与寺庙节日,轮换历法也侵
入并包括日常生活中更世俗的日子。[㊱] 还有一些日子,对建造 396
房屋、开张企业、搬家、出门旅行、收获粮食、打磨斗鸡的矩铁、进行木偶表演,或(在过去的日子里)宣战或媾和来说,是吉利的或不吉利的。一个人诞生的日子,同样地不是我们的观念上的生日(当你问一个巴厘人他是什么时候出生的时,他的回答是含糊的"星期四,九号",这种回答对确定他的年龄没有太多的帮助),而是他的 odalan,它被认为是控制,或更精确地说,显示出他的

㉟ 关于全面展开的 odalan(多数要持续三天而不只是一天)的描述,可参见 J. 贝娄:《巴厘的寺庙节日》(洛克斯特谷,纽约,1953)。而且,odalan 最普遍是用 uku 而不是六名周期与五和七名周期计算出来的。参见注㉚。

㊱ 也有与拥有不同名称——一些神灵、魔鬼、自然物(树、鸟、熊),美德与邪恶(爱、恨……),等等——的日子联系在一起的各式各样的形而上的概念,但是毋需在此研究。在这个范围内,就像在本文中所描述的相关的"算卦"操作一样,理论与解释不那么标准,而且计算并不局限在五、六、七名周期内,而是扩展到不同的其他周期的不同的转换上,这个事实使得可能性几乎成为无限的。

大部分命运。[37] 在这个日子出生的人有可能自杀,在那个日子出生的人有可能成为盗贼;在这一天出生的将会致富,在那一天出生的会贫穷;在这一天出生的会健康,或是长寿,或是幸福,在那一天出生的会有病,或是短命,或是不幸。性格也用同样的方式估计,还有才智。疾病的诊断与治疗是与历法所确定的因素复杂地整合在一起,它有可能要同时涉及患者的和诊治者的odalan,他生病的那个日子,还有与症状及药物有形而上联系的日子。在婚约签订之前,要比较两个人的 odalan,以便看看他们的结合是否相配,而且如果不配就会——至少如果双方,就像在几乎所有的情形下那样,是谨慎的话——取消婚姻。有下葬的时间、火化的时间,有结婚的时间、离婚的时间,有——从希伯来习俗转化为巴厘习俗的——登山时间,有去市场的时间,有退出社会活动与参与社会活动的时间。村委会、灌溉联合体、志愿协会的会议,都根据轮换历法(或更不常见的阴阳合历)而决定;安静地坐在家里以及试图避免麻烦的时段,也不例外。

阴阳合历虽然是根据不同的基础来构造的,实际上和轮换历法一样形成了同样的关于时间的精确概念。对某些目的来说,它的主要特点和优势在于:它或多或少是固定的;它在季节上是不变的。

397 这种历法包括十二个用数字编号的月份,从新月到新月。[38]这些月份再被分为两类(也是编号的)日期:阴(tithi)和阳(diwasa)。一个月永远是三十个阴日,但是鉴于阴历年与阳历年之间的差异,有时一个月就会有三十个阳日,有时有二十九个。在后一种情

---

[37] 在涉及个人时更多使用的词是 otonan 而不是 odalan,但是字根的含义是相同的:“再现”“表现”、“出来”。

[38] 最后两个月份的名称——从梵语中借来的——并非像另外十个那样是严格意义上的数;但是根据巴厘人的观念,它们的“意思”是十一和十二。

况下，两个阴日被认为相合于一个阳日——即一个阴日被跳过去了。这种情况每六十三天发生一次；虽然这种计算在天文学上相当精确，但是在实际的确定中并不是以天文观察及理论为基础的，对此巴厘人没有必要的文化知识（就是说没有任何兴趣）；它是运用轮换历法来确定的。这一计算根本上当然是根据天文学来完成的；但是它是由印度人完成的，而巴厘人在遥远的过去引进了这种历法。对巴厘人来说，这个双阴日——这是两天合一天的日——不过是一个更为特殊的日子，被轮换历法的循环及超级循环的运转产生出来——先验的而不是后验的知识。

无论如何，这种校正还是比真正的太阳历差九至十一天，这要靠每三十个月加入一个闰月来补足，虽然，这种做法仍然是印度天文学观测和计算的结果，但在这里只是一个习惯。尽管有这个事实，即阴阳合历**看似**天文学的，因此**似乎**是依据了某些自然的时间方法——天体钟——的观察，但这是一个关注其起源而不是其使用所产生的幻觉。它的应用与它用来校正时间的轮换历法一样，是与天文观测——或者与任何时间流失的经验——的脱离。因为它和轮换历法相同，它是独立自主的、微粒状的、基本上不是度量的而是分类的体系，它告诉你今天是什么日子（或者是哪一类的日子），而非月亮的出现，月亮正如它偶然被看到的那样，不是这种历法的决定因素，而是这种历法的反映。“真正地真实的”是日子的名称——或者在这个历法中，是（两位）数字——即它在日期的超验分类中的位置，而不是它所反映的天空中的附带现象。[39]

---

[39] 实际上，年作为另一个来自印度的转借物，也是数字化的，但是——在僧侣的圈子之外，通晓它更主要是学术声望问题，是一个文化修饰品，而不是其他东西——年的数列最终在历法的应用中没有什么作用，而且阴历的日期除了极罕见的例

398 在实践中,阴阳合历被以和轮换历法同样的方式用于同类事情。它被(大致地)固定的这一事实,使之在农耕情景中更方便,因此播种、锄草、收获及类似的事情,通常根据它来调节,而且有些与农业或是丰收有着象征性联系的寺庙根据它来举行迎神活动。这就意味着这类迎神活动每三百五十五天(在闰年是三百八十五天)而不是每二百一十天才出现一次。但是除此以外,模式不变。

另外,有一个主要的假日,Njepi(“安静下来”),它是根据阴阳合历来庆祝的。它经常被西方学者称为“巴厘人的新年”,虽然它经常不是在一月而是在十月(即新月)开始,而且它所相关的不是万象更始或是重新贡奉,而是对恶魔的高度恐惧并且努力要使人的情感平静。过 Njepi 这一天是充满恐惧的安静的一天,没有人上街,不工作,不点灯或生火,同时甚至在自家的院子里也不交谈。阴阳合历体系很少用于“占卦”目的,虽然新月与满月的日子被认为具有某种特殊性:新月被认为是凶兆,满月被认为是吉兆。一般说来,阴阳合历主要是对轮换历法的补充而不是代用。它至少在承认自然状况周期变化的最低限度的情景下,使应用盈—亏分类的、“去时间化”的时间概念成为可能。

仪式、怯场与缺乏高潮

人的匿名化与时间的静止化因此只是同一文化进程的两个

外几乎总是没有年,既不为人所知也无人在意。古代的文本与手稿有时标明年,但是在日常的生活过程中,巴厘人从不对任何事情按照我们的观念“标明日期”,除了也许说这些事件——一次火山爆发,一场战争,等等——在“我小时候”,“在荷兰人还在这里时”发生了,或者是按照巴厘人的 illo tempore(最后记忆),发生在“Madjapahit 时代”,等等。

方面:在巴厘人的日常生活中,象征性地贬抑有关同胞作为同伴、后人或是先人的概念,更倾向于把他们看成同代人的观念。各种人的定义的符号规则,掩盖了我们称为人格的天资与倾向 399
的变化模式的生物、心理及历史基础,藏在现成的身份、图像自我(iconic selves)的厚重屏幕之后,因此这种历法,或者应该说是这种历法的实施,弱化了正在消融的日子与正在消失的年份的概念,而那些基础与那种模式不可避免地将流逝的时间分割为不相连的、无向度的、静止的微粒。一个纯粹的当代人需要一个绝对现在(absolute present)以便在其中生存;一个绝对现在只能由一个当代化的人居留。但是,这同一个进程还有第三方面,它把一对先入为主的观念转化为一个互相强化的文化力量三边形:将社会交际礼仪化。

为了保持日常接触的个人的(相对)匿名化,为了减少面对面关系中包含的亲密感——一句话,让同伴成为同代——有必要将与他们的关系高度公式化,需要与他们保持一个社会学意义上的中等距离,近到足以识别他们,但又不能近到让他们控制:半陌生,半朋友。巴厘人的日常生活如此高度的礼仪化,人际关系被发达的习惯与观念体系控制到如此的程度(与强度),与彻底掩盖人的状态中更具生物性的方面——个体性、自主性、腐朽性、情感性、脆弱性——的企图,有逻辑上的关联。这种努力,就像它的同类一样,只能部分地获得成功,而且巴厘社会互动行为的礼仪化,并不比个人的匿名化或是时间的静止化更完善。但是它被希望获得成功的程度,它作为一种令人着魔的理想所达到的程度,说明了礼仪化保持的程度,说明了这个事实,在巴厘礼仪中不仅仅是一种实用的便利或是偶然的装饰的问题,而是深刻的精神关怀的问题。刻意的礼貌、单纯而又简朴的外在形式,有着一种规范的价值,对此,我们不是认为它是虚伪,就是认为它是矫糅造作或是滑稽可笑,我们对此不可能有任何欣赏——既然简·奥斯汀和巴厘离我们差不多一样遥远。

这种欣赏被出现在对社会生活的表面进行的勤奋的修饰中的独特格调,一种风格上的秘妙——我想,这是我们没料到会出
400 现在那里的——弄得益发困难。因为风格独特,因为是一种秘妙(虽然完全是普遍性的),这种格调要想与某一个自己完全没有体验过的人沟通是非常困难的。“嬉戏的戏剧性”(“Playful theatricality”)也许更接近它,如果不是把“嬉戏性”(playfulness)理解为轻松随便而几乎是严肃认真,不把戏剧性理解为自发而几乎是强制的话。巴厘人的社会关系既是严肃的游戏,又是认真排练的戏剧。

这一点最明显地在他们的仪式生活及(同样内容的)艺术生活中看到,其中的大多数实际上不过是他们的社会生活的写照及模型。日常互动是如此的仪式化,宗教活动又是如此的平民化(civic),以至于难以分清一个何时结束,另一个何时开始;二者都不过是恰当表达着巴厘最著名的文化特征:她的艺术天才。精心排练的寺庙庆典、壮观的戏剧、平衡的芭蕾、夸张做作的皮影戏、绕舌的演讲及表达歉意的姿态——所有这些都是同一性质的。礼节是一种舞蹈,一种仪式,而祈祷是礼节的一种形式。艺术、宗教及礼仪,所有这些都烘托了事物外在的、人为设计的、精心制作的表面现象。他们庆祝这些形式;正是无休止地操纵这些形式——他们称之为“戏剧表演”——为巴厘人的生活带来了朦胧的仪式色彩。

巴厘人人际关系的礼仪化形象,即将仪式、职业与礼仪融为一体,是我们认识到其特殊标记社会的最基本及最具特色的性质:它的激进唯美观。社会行为,所有的社会行为,首先和最终都是为了取悦——取悦神灵、取悦观众、取悦他人、取悦自己,但

是取悦只是美的取悦并不是道德的取悦。就像寺庙贡奉或木琴演奏,礼貌活动是艺术品,而且正如它们所展示的那样,它们想要展示的不是行为忠实(或者是我们所说的行为忠实)而是感觉力。

现在,从所有这一切——日常生活被明显地仪式化;这种仪
式化采取的是认真的,甚至是乐此不疲的那种“游戏”公众形式
的方式;宗教、艺术及礼节不过是从不同的角度表现的、在事物
的人工弄起来的外观上体现的总体的文化迷恋;而且在此处的
道德观因此本质上是审美的,由此有可能更精确地理解巴厘人
生活中的两个最鲜明的(也是最显著的)情感情调上的特征:人
际关系中一直被(错误地)称为“羞耻”的情感的重要性,以及集 401
体行动——宗教的、艺术的、政治的、经济的——不能达到可界
定的终结,一直被(尖锐地)称为“缺乏高潮”的特性。[40] 这些论
点中的第一个,直接回溯到人的概念,另一个也一样直接地回到
时间概念,这样就确定了我们将巴厘人的行为方式与其在之中
运行的观念环境联接在一起的隐喻三边形的顶点。

“羞耻”的概念,与它的道德及情感上的同类“内疚”一起在文献中已经得到很多讨论,有时整个文化被称为“羞耻文化”,因为据说在其中,以牺牲对据说含在“内疚”文化中的“罪恶”、“内在价值”等的关注为代价,使对“荣誉”、“声望”之类的密切关注点地位突出。[41] 暂且不谈这种全面分类的有用之处,有关比较心理动力的复杂性,已经证明在这类研究中最终难以摆脱“羞

[40] 关于巴厘文化中的“羞耻”这个题目,参见 M. 卡瓦拉比亚斯:《巴厘岛》(纽约,1956);关于“缺乏高潮”,参见 G. 贝特森和 M. 米德:《巴厘人的性格》(纽约,1942)。

[41] 要了解综合性的批评观点,参见 G. 皮尔斯和 M. 辛格:《羞耻与内疚》(斯普林菲尔德,伊利诺,1953)。

耻"这个词在英语中的最普通的含义——"意识到罪恶"——从而把它与内疚本身完全隔开,诸如——"做了应受谴责的事情,或是有了应受谴责的感情"。通常,这一区别建立在这一事实上:"羞耻"被用于(虽然实际上远不是惟一的)做错了的事被公开暴露的情况下,而"内疚"(虽然同样也不是惟一的)被用于做错了的事没有被暴露的情况下。羞耻是错误被发现后的不光彩与屈辱的感情;内疚是坏事没有被发现,或是还没有被发现时心里难受的感觉。因而,虽然在我们的伦理学与心理学词汇中羞耻与内疚并不完全相同,但是它们是同一类的;一个是另一个的表面含义,另一个是它的隐形。

但是巴厘人的"羞耻",或者被翻译成这个词的 lek,与越规完全无关,不管是暴露还是没有暴露,已承认的还是掩盖的,仅仅是想像的还是已经在实际上实施了的。这不是说巴厘人不会感觉到内疚或是羞耻,没有良知与自豪,就像不是说他们意识不到时间的流逝或人是独一无二的个体,而是说内疚与羞耻在从
402 情感上规范他们的人际行为时并不重要,而且远不是这种最重要的调节因素。在文化上被最多地强调的 lek,不应该被翻译为"羞耻",而是应该根据我们的戏剧形象,翻译为"怯场"。它不是人对所犯错误的意识,也不是私下犯错的羞辱感,它们在巴厘只是相当轻地被感觉到并迅速消失了,这是巴厘人面对面打交道时对感情的控制。相反,它是一种在社会互动的预期(或事实)前出现的弥漫性的、通常是温和的——虽然在某些情况下最终是令人气馁的神经质,这是一种慢性的、多数是怕自己不能按要求优雅完成的低等级的忧虑。[42]

---

[42] 再一次,我在此关心的是文化现象,而不是心理动力。当然巴厘人的"怯场"完全可能是与某一种或是另一种无意识的内疚感联系在一起的,虽然我认为没

无论它的深层原因是什么，怯场是由一种恐惧组成的，它害怕因为缺乏技巧或是自我控制，或者也许仅仅是偶然，审美幻想将不能维持，演员露出马脚，角色就在演员身上消失了。审美距离消失了，观众(与演员)看不到哈姆莱特，而让所有相关的人都感到不舒服的是，看到了一个笨拙的约翰·史密斯令人痛快地扮演着不适合他的丹麦王子。在巴厘，情况是相同的，即使他们的戏剧更低下一些。人们所担心的是——在多数情况下是温和的，少数情况下是严重的——作为公开表演的礼仪将被破坏，礼仪所维持的社会距离将最终崩溃，而且个人人格被打破并消解了他的公众身份。当这些发生时，正像它有时发生的那样，我们的三边力量就分裂了：仪式消失了，这个时刻被人令人痛苦地强烈感觉到，而且人们变成了彼此尴尬的、不情愿的伙伴，仿佛他们粗心地闯入了彼此的隐私之中。Lek 立即成了对这种人际关系灾难持继不断的可能性的意识，而且，就像怯场一样，成了避免这种可能性的有力动机。正是对 faux pas(失礼)的恐惧——刻意的礼节反而加大了这种可能性——将社会交往保持在刻意追求的更加狭窄的轨道上。正是 lek，而不是其他任何东西，更
多地保护了巴厘人的人的概念不受面对面的相遇的个性化力量 403
的冲击。

“缺乏高潮”作为巴厘人的另一个突出的社会行为的特性，是如此的特别，如此奇怪，以至于只有广泛地描述具体事件才可能恰当地再现它。它等于这一事实：社会活动不发展到，或者是不允许发展到最后的终结。争吵出现又消失，有时甚至还持续，

有恰当的证据证明或是否认这一点。我的惟一想法是，将 lek 翻译为“内疚”或是“羞耻”，根据英语中这两个词的通常意义，是误译了它，而我们的“怯场”这个词——“在观众面前感觉到的神经质”，再次求助于韦氏字典——也许仍然不完美，但是更好地表达了巴厘人在说到他们几乎是不断地在说的 lek 时实际上要表达的意思。

但是它们几乎从不会达到顶点。争论不会激烈到要裁决的地步，它们被淡化、弱化，希望形势的演进就会解决争论，或者还要更好，争论会简单地自行消失。构成日常生活的，是独立的、个体的相遇，在其中有些事情发生了或者是没有发生——一个愿望实现了或者没有实现，一个任务完成了或者没有完成。当事情没有发生——愿望破灭了，任务没有完成——可能会在另一个时间重新开始努力；或者干脆放弃。艺术表演开始，继续（经常持续很长一段时间，在这段时间里，一个人不会始终专心，而是断断续续走神，聊一会儿天，睡一会儿觉，全神贯注一会儿），停止；它们像游行一样没有中心，像露天表演一样没有朝向。仪式经常就像寺庙庆典一样，主要包括做准备与完成。仪式的核心，向即将来到他们的圣坛的神灵鞠躬，这时被刻意地变成无声的，要达到这种效果：使之有时看似几乎是一种事后想法，一种浏览，在面对身体距离上很近的匿名的人时犹豫不定，要与其保持社会距离。这就是与出现的神灵本身的所有的欢迎与道别，预演与回味，这种相遇被从礼节上缓和了，从仪式上隔离了。即使是在像浪达—巴龙这样更富于戏剧性高潮的仪式中，可怕的女巫与愚蠢的龙的战斗，也是结束在一种毫无结果的状态中，一种神秘的、超自然的道德僵局中，所有的事情依然如故，而且观察者——或者是外来观察者——感觉到某种决定性的事情处于将要发生的边缘，然而却完全没有发生。㊸

简而言之，事件的发生就像是节假日。它们出现，消失，再出现——它们都是独立的，自我维持的，是一种对事情的固定秩

㊸ 对浪达—巴龙的战斗的描述，参 J. 贝娄：《浪达与巴龙》；对其气氛的生动描述，参见 G. 贝特森和 M. 米德：《巴厘人的性格》。也可以参见前面的第 114—118 页（原书页码）。

序的特殊表现。社会活动是分开的表演;它们并不走向某一目 404
的,也不发展到某一结局。正如时间是点状的,生活也是这样。不是无序,而是在质上是有序的,就像日子自身一样,分为数量有限的、确定的几种类型。巴厘人的社会生活缺乏高潮,因为它发生在静止的现在、没有动力的当下。或者同样真实的是,巴厘人的时间缺乏流动,因为巴厘人的社会生活缺乏高潮。两者互相暗含着对方的意义,而且都暗示着巴厘人的当代化。对同胞的认识、对历史的体验及集体生活的倾向——有时被称为气质——被确定的逻辑联系在一起。但是这个逻辑不是三段论的;它是社会的。

文化整合,文化冲突,文化变迁

考虑到"逻辑"这个词既指推理的形式原则,又指事实与事件之间合理的联系,因而它是一个不牢靠的词;尤其是在文化分析中更是如此。当一个人处理意义形式时,将它们之间的关系视为内在的、包含某种互相具有的内在的亲和性(或是非亲和性)组成的诱惑,实际上是难以抵挡的。因此我们听到将文化的整合说成是意义的和谐,将文化的变化说成是意义的不稳定性,将文化的冲突说成是意义的不一致性,暗示着和谐、不稳定性或是不一致性是意义自身的性质,就像说甜味是糖的性质或易碎是玻璃的性质。

但是当我们试图像对待甜味或是易碎那样来对待这些性质时,它们却不能以预期的方式"符合逻辑"地行为。当我们寻找和谐、不稳定性或不一致性的组成部分时,我们发现它们不存在于被假设的性质中。不能通过某种文化分析来运用符号形式来
发现和谐的成分、稳定的比例或不一致性的指数;只能观察并了 405

解所涉及的形式实际上是否以某种或是另一种方式共存、变化或是互相影响，就像是尝一下糖看它是否甜，或是扔一块玻璃看它是否易碎，而不是检验糖的化学成分或是玻璃的物理结构。这样做的理由，当然是意义不是拥有意义的物体、行为、进程等等的内在性质，而是——如涂尔干、韦伯及许多其他学者已经强调的那样——附加在它们之上的，所以对其性质的解释必须从强加者——即生活在社会中的人——那里去寻找。借用约瑟夫·莱文森的一个说法，思想研究是研究人的思维；[44] 因为当他们不是在他们自己某种特殊的场所思维，而是在他们也做其他任何事情的地方——社会世界——思维，文化的整合、文化的变化或文化的冲突的性质要在那里去探索：当借助符号的指导进行感知、感受、推理、判断及行动的个人及个人群体的经验中探索。

但是，这样说并不是向心理主义投降，它和逻辑主义一样是另一个对文化分析的大破坏者；因为人的经验——实际上通过事件的真实经历——不是单纯的感知力，而是从最直接的感知到最间接判断的重要感知力——是得到解释的感知，得到理解的感知。除了没满月的婴儿有可能例外，他们除了肉体结构之外，怎么说都只是 in posse（可能的）人类，对人类来说，所有的经验都是解释性的经验，而且用来解释经验的符号形式——与从视网膜的网状结构到心理成熟的内在阶段的广泛多样的其他因素结合在一起——决定了它的内在构成。放弃在毕达哥拉斯的

---

[44] J. 莱文森：《现代中国与历史上的儒学》（花园城，1964），第 212 页。我在此处及其他地方使用"思维"这个词不是指刻意的冥思苦想，而是指任何种类的智力行为，而"意义"不是指抽象的"概念"而是指任何一种意义。这也许有些武断，而且有一点宽泛，但是必须有一般的词汇用来谈论一般的题目，即使进入这类题目的内容远不是均一的。

某种"意义王国"中找到文化组织的"逻辑"的希望,并不是要完全放弃找到它的希望。它是要将我们的注意力转向是什么赋予符号生命:是它们的应用。[45]

将巴厘人定义人的符号结构(名字、亲属称谓、从子名字、头 406
衔,等等)与他们用来刻画时间特性的符号结构(轮换历法等等)结合在一起,并将二者与规范人际行为的符号结构(艺术、仪式、礼节等等)结合在一起的,是这些结构中的每一个加于那些使用它们的人的认知上的影响之间的互动,即它们的经验互相利用、互相强化的方式。将同胞"同代化"的倾向,弱化了生物年龄增长的意识;淡化了的生物年龄增长意识,去除了时间流意识的一个主要来源;减弱了的时间流意识,赋予人际交往事件以片断性质。互动行为的仪式化支持了对他人的标准化的感知;这种感知又支持了一个社会的"稳定状态"的观念;这个观念支持了对时间的分类感知。如此等等:可以从时间概念开始,从不同方向围绕着相同的圈转。这个圈虽然是连续的,却在严格意义上并不封闭,因为这些经验模式都不过是一个占压倒优势的倾向,是文化强调,而它们屈服了的对立面,同样植根于人类存在的一般条件中,也不是没有自己的某种文化表达。经验模式和它们的对立面共存,并且的确是与它们相对抗。但是它们**是**占优势的;它们**是**互相强化的;而且它们**是**持续存在的。"文化整合"的概念——韦伯所说的"Sinnzusammenhang"(意义联接)——可能被合理地使用,正是这样一种既非永恒也不完善的情形。

根据这种观点,文化整合不再被认为是在一个它自己的逻

---

[45] "每一个符号似乎**自动地**死亡了。**什么**给了它生命?——在使用时它是**活的**。是生命被吸入了其中吗?——或者它的**使用**就是它的生命?"L. 维特根斯坦:《哲学研究》(纽约,1953),第128页。黑体是原有的。

辑世界中的、与普通生活隔离的一种 sui generis(独特的)现象。也许更重要的是,它不被认为是无所不包的、渗透一切的、没有限制的。首先,如已经谈到的,与主要模式相对抗的模式虽然处于劣势,但就我们所知,仍是任何文化的重要内容。在一种平常的、相当非黑格尔主义的方式中,一种文化的否定因素或强或弱地包含其中。以巴厘人为例,对可以称之为他们的作为个人信仰的对立面的巫术信仰(或者从现象上说,是巫术经验)的研究,或者是作为他们的礼节的对立面的迷离行为的研究,在这方面可能是最富于启发性的,而且将在深度及复杂性两个方面对现在的分析有所增益。某些对普遍接受的文化特征表述的著名抨击——揭露"热爱和谐的"普埃布兰人(Pueblans)中存在的多疑
407 和宗派性,或者是好斗的夸扣特尔人"友善的一面"——根本上在于指出这类主题的存在与重要性。[46]

但是在这类自然对立面之外,在某些重要主题本身之间也还有着简单的、不联接的间断。不是所有的事情都与所有其他的事情有同样直接的联系;不是所有的事情都直接利用或对抗所有的不同的事情。在最低限度上说,这种普遍的互相联接,必须通过经验来说明,而不是像一直做的那样,仅仅是理所当然地假设出来的。

文化的断裂和即使是在高度稳定的社会中也会发生的社会混乱,就像文化整合一样真实。在人类学中相当广泛传播的一种观点是:认为文化整合是一个无缝的网,这种观点三十年代早

---

[46] 李安志:《祖尼:某些观察与探询》,载《美国人类学家》,第 39(1937),第 62—76 页;H.科德勒:《夸扣特尔人生活中的友善的一面》,载《美国人类学家》,第 58 卷(1956),第 334—351 页。两个对偶的模式,或者是一组模式,其中有一个,如果有,实际上是主要的,它肯定是一个先验问题,但是并非不能解决的,特别是如果将某种理论在这种联接中赋予具有"主要的"意义的那个。

期马林诺夫斯基式革命之后所取代的、稍显狂热的老观点一样——认为文化只是一种支离破碎的事情——只是一个 petitio principii(未经证明的逻辑推理)。体系不必竭尽全力地互相联接成为体系。它们可能紧密地或是松散地联接,但是它们属于哪类——它们如何被正确地整合——还是一种经验性的事务。像在任何可变的事务中一样,为了在经验的模式中去确定联系,有必要发现它们(并发现找到它们的途径)而不是简单地假设它们。因为在理论上有一些相当令人信服的理由让人相信:任何一种像文化一样既复杂又完全联接在一起的体系不能发挥功能;文化分析问题既是一个确定独立的问题,也是一个确定互相关联的问题,既是一个确定鸿沟的问题,也是一个确定沟通的问题。[47] 如果必须有一个形象,文化组织的恰当形象,既不是蜘蛛
网也不是沙堆。它更像是章鱼,它的触须大部分是在一体中分 408
开的,彼此之间的神经联结及其与在章鱼内部传往大脑和神经联络相当不好,但作为一个可变的但有点笨拙的实体,仍然能够设法向周围伸展又可以保持自己,虽然只是在短时间内。

在本文中提出的人、时间、行为概念之间密切及直接的互相依存关系,如我所论证的,是一种普遍的现象,即使是特殊的巴

---

47 "这因而一直表明,为了积累适应性,必须**没有**……从某些可变物到其他可变物的渠道……这种思想如此经常地在生理学论文中暗示,以至于如果只有有效的交叉联系是可行的,所有的结果……都是完全错误的。"W. R. 阿什比:《大脑设计》,第2版(纽约,1960),第155页。黑体是原有的。当然在这里所指的直接联系——是阿什比所说的"主要的联系"。很简单,在体系中与其他可变物从来没有任何关系的任何可变物不是它的一部分。关于对在此涉及的一组理论问题的讨论,参见阿什比,第171—183页。对认为文化的非连续性可能不仅与它们所控制的社会体系的有效功能一致,而且甚至支持这类功能,参见 J. W. 费尔南德斯:《芳族改革教派中的象征符号的一致性》,载《美国人类学家》,第67卷(1965),第902—929页。

厘形式在一定程度上也是独特的,因为这种互相依存关系对于人类经验的组织方式来说,是内在的,是一种人类生活的状况的必然结果。但是它只是大量的未知的这类普遍的互相依存关系中的一种,它与其中一些有或多或少的直接联接,与其他一些只是非常间接地联接,与另外一些则实际上毫无关系。

因此文化分析成为不是对"文化的基本格局",一种支配一切的"秩序中的秩序"——其中可以将更为有限的格局视为仅仅是秩序的推论——的英勇的"整体论"袭击,而是从有意义的符号中寻求一批有意义的符号集,有意义的符号集之集——感知、感情和理解的物质载体——而且是对暗含在他们的形式中的人类经验的基本规律的表述。如果要获得一种可行的文化理论,它从直接可观察的思想模式中逐步发展出先确定它们的类属,然后确定它们的更可变的、协调不太紧密的,但仍然有序的"章鱼"体系,即部分整合、部分不谐调、部分独立的混合物。

文化的移动也像章鱼——并不是一种各个部分之间协同一致的增加效能、一个整体的大规模共同动作,而是这一部分那一部分的无联系的运动,最终积累起来做方向性的变化。暂不提头足动物,根据我们现阶段的理解,在任何特定文化中,哪里出现前进的初次冲动,冲动如何并在何种程度上在体系内传播,假如不是完全不可预测的,也是在很大程度上如此。但是,如果这类冲动出现在体系的某种相当紧密地互相联接并具有重要社会意义的部分,它们的驱动力将极有可能是大的,这一点看起来不会是一个完全没有道理的假设。

409 任何将对巴厘的人的概念、巴厘的时间经验、巴厘的礼节观念产生有效冲击的发展,似乎都将充溢着改造大部分巴厘文化的潜在可能性。这种革命性发展不仅仅会出现在这些方面(任何对巴厘人的声望观念及其基础的攻击,似乎都至少同样具有这种潜在性),而且它们肯定是最重要的。如果巴厘没有发展出有关彼此的匿名观,或是更富于动态的时间概念,或不那么正式的社会互动方式,巴厘人的生活——不是所有的内容,而是很大部分内容——都必然要变化,假如这些变化中任何一个直接或间接地暗示出,其他两个和所有三个都将以不同的方式及在不同的情景中,对塑造这种生活发挥决定性的作用。

这种文化变迁在理论上可能来自巴厘社会之内或是之外;但是考虑到巴厘现在是发展中的民族国家的一部分,其中心在别的地方这一事实——在爪哇与苏门答腊的大城市中——它似乎最可能是来自外部。

在印度尼西亚历史上几乎是头一次出现了政治领导人,他是人性的,而且太人性了;不仅仅是在事实上而且是在外表上,他的出现是对巴厘传统的人的概念的挑战。苏加诺在巴厘人的眼中,不仅是独一无二的、活生生的,他还是极为亲切的人,而且,可以这么说,还在公众中变老。尽管事实上他们没有面对面地与他有互动行为,他在现象学意义上更多地是他们的同伴而非同代,而且他获得这种关系的无与伦比的成功——不仅是在巴厘,而且是在整个印度尼西亚——的秘密,是他控制民众,以及他对民众的巨大的魅力。与所有具有真正的卡里斯马的人物一样,他的主要力量来自这一事实:他并不去适应传统文化类型,而是通过公开展示自己的特色来打破传统文化类型。对新印度尼西亚那些较低一级的领导人,直到那些现在在巴厘本地出现的小官僚(民众与他们的确有面对面的联系)来说,在较低程度上,情况同样是这样的。[48]布尔克哈特认为的由文艺复兴王

[48] 一个也许具有启发性的事例是,共和国早期在印度尼西亚中央政府中仅有的一个具有重要性的巴厘人——他曾经做过短时间的外交部长——是巴厘传统王

410 子通过纯粹性格的力量带给意大利的个人主义，以及随之而来的现代西方意识，也许正以相当不同的方式，由印度尼西亚新的民粹主义王子们带给巴厘。

同样，这个民族国家陷入持续危机的政治，一种将事件推向高潮而不是脱离它们的激情，似乎对巴厘的传统时间概念形成了同一种挑战。当这种政治被放在——它们正在越来越多地被放置着——几乎到处都有的如此典型的新兴国家的民族主义的历史框架——原创的伟大、外国压迫、广泛的斗争、牺牲及自我解放、即将来临的现代化——中，现在正在发生的事、过去曾经发生的事及将要发生的事之间的关系的整个概念就要变化。

最后，城市生活新的随意性及主导它的泛印度尼西亚文化——年轻人与年轻文化中的重要性正在增加，最终缩小有时甚至消灭世代之间的社会距离，革命同志情感，政治意识形态的民粹平均主义，马克思主义与非马克思主义——都同样威胁到巴厘文化三边力量中的第三边：社会精神气质或行为方式。

所有这一切无可否认地是猜测（考虑到独立十五年来的事件，这个猜测并非完全是无根据的），而关于巴厘对人、时间与行为的感知将在何时、如何、以何种速度以及以何种方式变化，即便在整体上不是完全不可预言的，在细节上大部分却是如此。但是因为它们的确变化——在我看来这似乎是确定的，而且在

国之一的 Gianjar 的刹帝利至上的王子，他有着巴厘人最神奇的名字：Anak Agung Gde Agung。"Anak Agung"是 Gianjar 统治家族成员拥有的公众头衔，Gde 是排行名（相当于 Triwangsa 的 Wayan），而 Agung 虽然是一个个人名，但实际上是公众头衔的反映。因为"Gde"与"Agung"的意思都是"大"，"Anak"的意思是"男人"，整个名字就成了"大的、大的、大的男人"的意思——他的确是这样，直到他失宠于苏加诺为止。更近的巴厘的政治领导人已经使用他们的苏加诺式的更具个性化的个人名字而放弃了头衔、排行名、从子名及诸如此类的名字，因为它们是"封建的"或是"旧式的"。

事实上它们已经开始[49] ——此处发展起来的将文化概念看成
是积极的力量，将思想看成是与其他公众现象具有相同作用的 411
公众现象的这类分析，将对我们发现它的轮廓、它的动力，以
及——甚至是更重要的——它的社会含义有所帮助。即使这类
分析以其他方式出现并产生其他结论，它在其他地方的作用也
不会有所减少。

[49] 本文写于一九六五年初；在此后的几年里巨大的变化实际上已经发生，参见第 282—283 页(原书页码)及第十一章。

412 第十五章　深层游戏:关于巴厘岛斗鸡的记述*

突然袭击

一九五八年四月上旬,我和妻子在身患疟疾、缺少自信的状态下到达一个巴厘人的村庄,我们试图作为人类学家在那里从事研究。那是一个很小的地方,有大约五百人,地处相对偏远,自成一个世界。我们是闯入者,是专职的入侵者,村民们视我们如他们一贯对待不属于他们的生活部分而又把自己强加于他们的人一样:仿佛我们并不在那儿。对他们来说,在一定程度上也对我们自身而言,我们是不存在的人,是幽灵,是看不见的人。

我们住进了一个大家庭(是通过省政府事先安排的),它是由属于村落生活四个主要宗系之一的人构成的。但是除了我们的房东和作为他的表兄和姐夫的村落首领以外,所有人都按照巴厘人只能有的做法,对我们视而不见。当我们怀着不确定而又渴望与人沟通的心情在四周散步时,人们的目光似乎穿透我们而聚集在我们身后几码远的某一更实在的石头或树木上。几乎没有人与我们打招呼;但也没有人对我们怒目而视或对我们

---

* 本章正文系郭于华译。

说任何不友好的话，这已经够令人满意的了。如果我们冒险接 413
近某个人（在此氛围下人们被竭力禁止做的事），他就会离开，不经意但却是肯定地。如果某人正坐着或靠着墙而被我们堵住，他就什么也不说，要不就在嘴里咕哝着对巴厘人来说没任何意义的词——“是的”（yes）。当然这种冷漠是值得研究的；实际上村民们关注着我们的一举一动，而且他们掌握着大量相当准确的关于我们的信息，如我们是谁，来做什么。但他们举手投足的样子，就仿佛我们根本不存在，事实上这些行为是要告知我们，我们不存在或无论如何我们尚不存在。

上述情形只在巴厘岛是普遍的。在我去过的印度尼西亚的其他地方和后来去过的摩洛哥，每当我进入一个新的村庄时，人们会从四面八方倾巢出动来仔细地看我，而且带有极大的探查心理。而在巴厘人的村庄，至少在那些远离旅游区的地方，却什么也没有发生。当有人偶然来访并感到不知所措时，人们却照样继续着舂捣，闲聊，出售物品，凝视空间，搬筐运篓等事情。就个体层面而言情况也是如此，当你初次遇到一个巴厘人时，他似乎与你全然无关；按照格雷戈里·贝特森和玛格丽特·米德著名的话说，他是“远离”（away）你的。[①] 然后，一天，一个星期，或一个月（对某些人来说，有魔力的时刻永远不会来临）之后，他决定（为着我永远无法弄明白的原因），你是确实存在的了，此后他就变成一个热情的、快乐的、敏感的、富于同情的人，尽管仍是一个严谨自制的巴厘人。你莫明其妙地越过了某种道德的或超自然的阴影。尽管你并未真正被接纳为巴厘人（一个人必须在那里出生才是巴厘人），你至少被视做一个人了，而不再是一片云或一阵风。和你有关联的全部事物在多数情况下都戏剧性地变得

① G.贝特森和 M.米德：《巴厘人的性格：照片分析》（纽约，1942），第 68 页。

温和,有人情味,即一种有节制的、幽默的、相当有礼貌和令人茫然的亲切。

我妻子和我仍然处于一阵风的阶段,最令人灰心气馁的阶段,甚至开始怀疑你最终能否成为真正实在的东西。就在这时,即我们到达大约十天以后,为了给一所新学校筹集资金,一次大规模的斗鸡将在公共广场举行。

414 目前,除了少数特殊场合外,在共和体制下的巴厘岛,斗鸡是非法的(如同在荷兰人统治时也是非法的一样,但其原因并非完全不相干),这在很大程度上是激进的民族主义所导致的清教主义主张的结果。自身并非清教主义者的精英们担心贫穷的、无知的农民赌光他所有的钱,担心外国人会如何看待此事,还担心那些本应用于国家建设的时间被浪费掉。斗鸡被视做"原始的"、"倒退的"、"不进步的",而且通常是与一个有雄心的民族不相称的。如同对待其他那些令人尴尬的事物,诸如抽鸦片、乞讨、裸胸等一样,他们相当无系统地试图制止这一现象。

当然,就像禁酒时期的喝酒,或今日的吸大麻,斗鸡作为"巴厘人生活方式"的一部分,仍然非常频繁地继续发生着。如同对待禁酒和大麻,警察(至少在一九五八年警察几乎没有巴厘人而都是爪哇人)时不时感到有责任进行突然袭击,没收公鸡、距铁,对一些人处以罚款,甚至不时地罚他们中的一些人在热带的阳光下晒一天作为儆诫,但从未听说发生过人员的死亡,即使在非常非常偶然的情况下。

禁止的结果是,斗鸡经常在村子的一个隐蔽角落以半秘密的方式举行,这事实上会导致该活动进行得稍慢一点,但巴厘人并不在意它较慢地进行。然而在这一次活动中,或许因为他们是为学校筹集政府不可能提供的资金,或许因为近来已很少有突然袭击,或许如我从事件之后的讨论中所得出的结论那样,人们觉得已经付出了必要的贿赂，所以他们认为可以有一个机会在中心广场召集一次较大的热闹的聚会而不致引起法律的关注。

但是他们错了。在第三轮比赛进行得正酣之际，有几百人，当然包括我本人和我妻子，围着斗鸡的场地形成了一个带有超机体意味的人团，就在这时，一辆满载用机枪武装的警察的卡车咆哮而入。在人们发出的“pulisi！ pulisi！”的尖叫声中，警察们跳下车冲进赛场中间，并开始来回挥舞他们的枪，就像电影中的匪徒那样，尽管并不真的开火。那个超机体的人团立刻像它组合时那样向四面八方散去。人们沿着道路跑开，消失在墙壁后面，从平台下面爬过，蜷伏在柳条篱笆后面，或者急忙爬上椰子 415
树。带着锋利得足以割断手指或在脚上戳个洞的钢质距铁的公鸡则发疯似的四处乱跑，一切都陷于混乱恐慌之中。

根据人类学“入乡随俗”的既定原则，只比其他人略迟片刻，我和妻子就决定，我们所能做的事也是跑。我们向北跑上一条主要的村道，离开了我们住的地方，因为我们当时正在斗鸡场的北边。跑到半路，同行的另一个逃难者突然闪进一个院子，原来那就是他自己家的院子，而我们眼前除了水稻田、开阔的乡野、一座高高的火山以外什么也没有了。我们只能跟在他的后面，一行三人跌跌撞撞地进了院子。他的妻子，显然以前经历过这类事件，迅速地拿出一张桌子、一块桌布、三把椅子、三杯茶，我们没有任何明显的相互交流，就都坐下来，开始喝茶，并努力使自己镇定下来。

几分钟后，一个警察一本正经地进了院子，寻找村首领。(首领不仅在斗鸡现场，他还组织了斗鸡。当卡车开过来时，他跑向河边，脱下他的莎笼跳入水中，这样当警察终于发现他正坐在那里往头上浇水时，他就可以说，整个事件发生时他正在洗澡，因而他完全不知道那件事。警察并不相信他，对他课以三百卢比的罚款，这正是村子集资的钱。）当他看到我和我妻子——“白人”正在院子里时，他表现出一副典型的先是怔住而后恍然大悟的样子。在他又能开口说话时就盘问我们究竟如何解释我们在那里做什么。我们五分钟的主人立刻为我们辩护，对我们是谁做出充满热情的描述，详细而准确，以至这次轮到我表示惊讶了，因为一个多星期以来除了我们的房东和村首领外我们几乎没和一个活人有过交流。他看着那个自命不凡的爪哇人的眼睛说，我们有充分的理由呆在那；我们是美国的教授；是得到政府批准的；在那里研究文化，我们要写一本书告诉美国人关于巴厘岛的事。而且我们整个下午都在那里喝茶和谈论有关文化的事情，对斗鸡的事我们一无所知。此外，我们一整天都没有见到村首领，他一定是到镇上去了。那个警察在完全被弄糊涂了的情况下放弃了追问。经过这样一个不长不短的间隔，人们被困扰而后又因得以幸免并且还呆在监狱外面而感到宽慰，我们也是同样。

416 第二天早上，对我们来说这个村庄变成了一个完全不同的世界。我们不仅不再被视而不见，甚至突然间成了所有人注意的中心，成了热情、兴趣特别是快乐大量倾注的对象。村里的每一个人都知道我们也像其他人一样逃跑。他们一遍又一遍地问我们事情的经过（我不得不一个细节一个细节地讲述那个故事，那一天重复了五十遍），有礼貌地，充满感情地，但却总是不断地询问我们：“你们为什么不就站在那儿告诉那些警察你们是谁？”“为什么不直接对他们说你们只是观看而不是赌博？”“你们真的害怕那些小枪吗？”像以前一样，对我们一举一动的关注即使在他们逃命时（如八年后他们被迫放弃时所发生的那样）也没有停止，这些世界上最矜持的人，兴奋地、同样是一遍又一遍地模仿我们逃跑时不优雅的样子和他们所认为的我们惊惶失措的面部表情。然而最重要的在于，每一个人感到非常高兴甚至吃惊的是，我们并没有简单地“掏出证件”（他们对此也很了解）表明我们与众不同的访问者身份，而是证明了我们与现在已成为同村人的村民们的团结一致。（我们实际上证明的只是我们的胆怯，但其中也产生了伙伴的关系。）甚至那个婆罗门僧侣——一个老迈、严肃、接近天堂的象征，因为与另一个世界的联系，他从不哪怕稍微卷入斗鸡这类事情，而且即便是巴厘人也很难接近他——也把我们召进他的院子询问发生的事情，并且为那些非常特别的情节愉快地轻声笑着。

在巴厘岛，被取笑就意味着被接受。那是我们与该社区的关系的一个转折点，我们确实已经“身在其中了”（in）。整个村子都对我们开放了，也许它从未如此对其他人开放过（也许我并没有真正接触到那个僧侣，但我们偶然的主人成为我最好的资料提供人），而且开放得如此之快。在一次对陋习的突然袭击中被抓住或几乎被抓住，也许并不是一个能够推广的窍门，用以达到在人类学田野作业中被神秘化了的必要的亲密关系，但对我来说它确实起了很好的作用。它带来一个突然的而且不常有的被一个社会的完全接纳，而这个社会对外来者而言是非常难以深入的。它给予我一种直接地理解“农民心智”（peasant mentality）的内在视角，这是那些没有幸运地和他的研究对象一起从全副武装的当局手中逃跑的人类学家们通常无法得到的。此外由于其他事可能以其他方式发生，而最重要的或许在于，它使我很快地注意到一种情感爆发、地位之争和对社会具有核心意义 417
的哲理性戏剧的综合体，其内在本质正是我渴望理解的。而当我离开的时候，我已经花了与观察斗鸡同样多的时间在观察巫术、水利、种姓制度和婚姻等事物上。

雄鸡与男人

巴厘岛，正因其是巴厘岛，因而是一个很好的研究地点。它的神话、艺术、仪式、社会组织、育儿方式、法律形式，甚至阴魂附体的现象都可以被微观地考察，用以追溯其难以把握的性质，即简·贝娄所称的“巴厘人的气质”。[②]但是，斗鸡，除了被偶然提及外，却很少受到关注，而它作为一种流行的消耗力量的使人着迷的游戏，至少与那些更著名的现象同样重要，它可以展示出一个巴厘人实际是什么样的。[③]如同在棒球场、高尔夫球场、跑道上或围绕一个牌桌所表现出的美国外观一样，巴厘岛的外观就在斗鸡场中。因为表面上在那里搏斗的只是公鸡，而实际上却是男人。

对任何或长或短在巴厘岛住过的人来说，巴厘男人与他们的雄鸡的深刻的心理认同是明白无误的。在此一语双关(double entendre)是有意为之的。它在巴厘语中的作用与在英语中的完全相同，甚至创造出同样的令人厌倦的笑话、牵强附会的双关语和缺少创造性的淫诲语言。贝特森和米德甚至提出，与巴厘人把身体视为各自有生命部分的组合的概念相符合，雄鸡被
418 作为独立的可自行操作的男性器官，即有其自身生命的可走动的生殖器官。[④]当我还未能获得某种无意识的材料去确定或否

---

② J.贝娄：《巴厘人的气质》，载J.贝娄编：《巴厘的传统文化》(纽约，1970)(1935年初版)，第85—110页。

③ 对斗鸡的最好的讨论还是参见G.贝特森和M.米德：《巴厘人的性格：照片分析》，但这一讨论也还是一般性的、简略的。

④ 同上，第25—26页。斗鸡在巴厘文化中作为单一性别的公共活动是不寻常的，另一性别的人被完全地、明确地排除在外。在巴厘，性别差异在文化方面极不

定这一饶有趣味的观点时，公鸡作为极好的男性象征这一事实就差不多成为不容置疑的了，而且对于巴厘人来说，这就像水往低处流这一事实一样显而易见。

日常道德说教的语言有很多用雄鸡的意象指涉男性。Sabung，这个用来指雄鸡的词(早在公元九二二年的铭文中就已出现的词)被隐喻地用于表示“英雄”、“勇士”、“冠军”、“有才干的人”、“政治候选人”、“单身汉”、“花花公子”、“专门勾引女性的人”，或者“硬汉”。一个行为放肆与其身份不符的自负的人被比做一只没有尾巴的公鸡，它神气活现，仿佛有一个很大的引人注目的尾巴。一个做了最后的无理性的挣扎想使自己摆脱无法摆脱的困境的绝望者，被比做一只在折磨他的人把他拖向共同毁灭时做了最后冲刺的垂死的公鸡。一个许诺得多付出却很少而又很勉强的吝啬的人，被比喻为一只扑向另一只鸡却不真的与之交战的被抓住尾巴的公鸡。一个已达到结婚年龄却仍对异性感到羞怯的年轻人或某个在新的职业中急于给人好印象的人，被叫做“第一次进场的斗鸡”。[5]法庭审判、战争、政治争夺、继承

重要，在绝大多数活动中，无论是正式的还是非正式的，男女都在平等的基础上参与，一般是作为具有纽带联系的一对来参与的。从宗教到政治，到经济，到亲属，到服饰，巴厘是一个非常“不分男女”的社会，这一事实在习俗与象征性方面都明确地表达出来。甚至在那些女性没有发挥重要作用的情境——音乐、美术、某些农业活动——中，她们的缺席在任何情况下只是相对的，仅仅是一个事实问题，而不是社会强制的。相对这一普遍模式，由男人参加及为男人设置的斗鸡(女人——至少是**巴厘的**女人——甚至都不去观看)是极其例外的。

⑤ C.胡亚卡斯：《加亚·普拉纳的抒情短诗》(伦敦，1959)，第39页。这首抒情短诗有一节(第17节)其中使用了那个不太情愿侍从。加亚·普拉纳，那个巴厘乌利亚神话中的臣民回答向他提供了六百个最可爱的女仆的主：“圣明之王，我的主/我乞求你让我离开/这不是我的愿望；/就像斗鸡一样/我确实鼓起了勇气/我是孤独的/就像是火焰还没有燃起。”

权的纠纷,以及街上的争吵都被比喻成斗鸡。[6] 甚至就是这个岛本身也因其形状而被视为一个骄傲的小公鸡,十分自信地伸着脖子、绷紧后背、翘起尾巴,以不断挑战的姿态对着那个大而不中用,样子不美的爪哇岛。[7]

然而男人与他们的公鸡的亲密还不仅仅是隐喻的。巴厘岛的男人,或者说大多数巴厘男人在他们的宠物身上花大量的时间,修饰它们,喂养它们,谈论它们,让它们相互试斗,或者就是
419 以一种着迷般的赞美和梦幻似的自我专注的眼光凝视它们。只要你看到一群巴厘男人无所事事地蹲在社区某一机构的房檐下或道路边,摩肩接踵,他们中的一半或者更多人手里都会有一只公鸡,他们把它放在两腿中间,使其轻柔地上下弹跳以增加其腿部力量,让它好像发情似的竖起羽毛,把它推向邻人的鸡以激起它的斗志,然后又拉回到主人两腿之间使其安静下来。为了获得对另外一只鸡的感觉,一个人也会不时地把别人的公鸡如此摆弄一阵,但通常是绕行过去蹲在它后面,而不是径直走到它面前,好像它仅仅就是一个动物。

在高高的围墙把人们的生活围在里面的庭院中,斗鸡被养在柳条笼子里,它们经常被来回挪动以保持最适当的阳光与阴凉的平衡。它们被饲以特殊的饮食,虽然根据每个人的理论略有些不同,但都是以玉米为主,这些玉米经过筛选去除杂质,比给人吃的做得还要仔细,然后一粒一粒地喂给那些动物。它们

---

⑥ 此类内容可参见 V.E.科恩:*Het Adatrecht van Bali*,第 2 版(海牙,1932)。索引见 toh 条。

⑦ 确实有这样的传说,讲的是爪哇与巴厘分裂是由于一位有势力的爪哇宗教人物的行为,他希望能保护自己不受巴厘文化英雄的伤害(这位英雄是两个 Ksatria 种姓的祖先),这位英雄是一个狂热的斗鸡人。参见 C.胡亚卡斯:*Agama Tirtha*(阿姆斯特丹,1964),第 184 页。

的嘴和肛门里被塞进红辣椒以激发起它们的勇气。给它们洗澡也同样经过仪式性的准备，和给婴儿洗澡一样，用温热的水加入草药、花朵、葱头，对获奖的公鸡会经常这样给它洗澡。它们的鸡冠被精心地修剪，全身的羽毛经过仔细梳理，它们的距铁经过仔细安装调整，它们的腿也经过按摩，人们眯着眼睛以钻石商人一般的专注检查它们是否有弱点。一个对公鸡有着强烈爱好的人，即一个热衷者，毫不夸张地说，可以把他生命的大部分时间，甚至绝大部分时间花在它们身上，他们的这种热情尽管还没有强烈到让他们自己完全失去控制，但能够而且确实花了不仅对外人而且对他们自身来说也是极其大量的时间。“我是雄鸡迷”，我的房东，一个按照巴厘人的标准只是很普通的 afficionado(爱好者)，经常在他又一次挪动笼子，又一次给鸡洗澡，又一次饲喂它们时这样念叨着，“我们全都是雄鸡迷。”

然而，这种狂热还有较为不显见的一面，尽管雄鸡是他们的自身的象征性表达或放大，是用伊索寓言方式写出的自恋的男性自我，这是一个事实，但它们同时也是另外一种，甚至是更直接的一种表达，即巴厘人审美地、道德地和超自然地将其视做人性的直接翻版：动物性的表达。

巴厘人对任何类似于动物的行为是极端嫌恶的。为此原因 420
人们甚至不允许婴儿爬行。乱伦，尽管很难被容忍，但较之兽行仍是可怕性轻得多的犯罪。(对后者的恰当惩罚是淹死，而前者则被强迫像动物一样活着。)⑧ 表现在雕塑、舞蹈、仪式、神话中的多数恶魔形象都是以某种现实的或想像的动物形式出现的。

⑧ 一对乱伦者被强迫拴上捆猪绳爬向猪槽，用嘴在猪槽里吃食。可参见 J. 贝娄：《巴厘有关孪生子的习俗》，载 J. 贝娄编：《巴厘的传统文化》，第 49 页；对兽性的一般憎恶，参见贝特森和米德：《巴厘人的性格》，第 22 页。

成年仪式的主要内容就是锉平孩子的牙齿,使它们看上去不要像动物的尖牙。此外排泻和进食都被视为令人作呕的、近乎污秽的活动而要快速地和私密地进行,因为这些活动与动物性相联系。由于这些原因,甚至跌倒或任何笨拙的举动都被认为是不好的。除了鸡和少数几种家养动物,如牛、鸭等几种不具情感意义的动物外,巴厘人厌恶动物,并且十分冷淡地甚至以一种近乎病态的残忍对待他们的数量很大的狗。巴厘人与他的雄鸡认同时,不仅把雄鸡与他理想化的自身联系在一起,甚而与其男性器官联系在一起,同时也与他最恐惧、最憎恶、既爱又恨的事物,即使之神魂颠倒的“黑暗的力量”联系在一起。

与雄鸡和斗鸡相联系的这种力量,这种动物性的恶,不断威胁着那个小小的、被清理出来的、在其中巴厘人谨慎地建立起他们的生活的空间,并且不断地威胁着它的居民,这种联系是十分清楚的。一次斗鸡,或任何斗鸡,首先是一次以适当的赞美诗和祭品供奉给恶的力量的血的献祭,为的是安抚它们贪婪食肉的欲望。每当寺庙节日之前都要举行斗鸡。(如果它被忽略,就会有人不可避免地陷入昏迷并且以一种发怒的幽灵的声音命令那一疏忽被立即纠正。)对于疾病、欠收,火山喷发等自然灾难的集体反应几乎总是举行斗鸡。此外,那个巴厘岛的著名节日“静默日”(“The Day of Silence”[Njepi])——即在这一天所有的人都须整天安坐不动以防止与暂时跑出地狱的恶魔突然相遇——的前一天,几乎岛上所有村庄都要举行大规模的斗鸡(在此情形下斗鸡是合法的)。

在斗鸡中,人与兽、善与恶、自我与本我(id)、激昂的男性创造力和放纵的兽性毁灭力融合成一幕憎恶、残酷、暴力和死亡的
421 血的戏剧。不必感到惊奇,作为不变的规则,当胜鸡的主人把通常已被其愤怒的主人撕得支离破碎的败鸡拿回家吃的时候,他

是怀着一种混合的情感这样做的：社会性的窘迫、道德的满足、审美的憎恶和吃人肉的快乐。而输掉了一次重要比赛的人有时会采取破坏他家庭的神龛，并且诅咒神明一类的宗教性（和社会性）的自杀行为。在寻找天堂和地狱的尘世对应物时，巴厘人把前者比做一个刚刚赢了斗鸡比赛的人的精神状态，而把后者比做一个刚输掉斗鸡比赛的人的心态。

搏斗

斗鸡（*tetadien*；*sabungan*）在一个大约五十平方英尺的赛圈内举行。通常在午后开始，持续三或四个小时直到日落西山。一次活动由分开的九场或十场比赛（*sehet*）组成。每一场比赛都严格按照通常的模式进行：没有主要比赛，各场比赛之间没有关联，比赛程式没有变化，每场赛事的安排都有特定的基础。当一次搏斗完结、情感的废墟被清理干净——赌资被支付，有的人诅咒，有的人拥有了鸡的残躯——之后，就有七八个或者十多个人不经意地带着公鸡溜进赛圈内，试图为它找到符合逻辑的对手。这一过程一般不少于十分钟而且通常会长得多，它是以一种十分柔和的、转弯抹角的，甚至是佯作不知的态度来实施的。那些没有立即卷入的人采取掩饰的，至多是一种间接关注的态度；而那些困恼于其中的人则试图以某种方式装作整个事件并没有真正发生的样子。

一场比赛安排妥当之后，其他仍有希望入选的人们以同样故意的满不在乎的样子退出赛场，入选的公鸡被安装上距铁（*tadji*），即刃口锋利的尖的钢刀，大约有四五英寸长。安装距铁是一项精细的工作，只有很少数量的人（多数村庄中只有五六个人)懂得如何正确地去做。负责捆扎距铁的人也提供这种刀,如果他所帮助的鸡赢了,鸡的主人就会把败鸡带着距铁的腿给他作为奖赏。距铁是用一条长绳子把距铁的根部和鸡的腿缠绕
422 在一起而固定的。由于我将要提到的原因,这件事每次做得都有些不同,它是要以极其专注之心仔细去做的事。关于距铁的知识十分广泛——如它们只能在日食和没有月色的时候被磨利,而且不能被女人看见,等等。无论在使用中还是用完后它们都被十分小心地拿放,以巴厘人通常对待仪式对象的那种过分烦琐和沉溺于其中的方式进行。

距铁被装好后,两只公鸡被它们的 训练者(他们也许是,也许不是公鸡的主人)面对面地放在赛圈中间。[⑨] 一个上面钻了小洞的椰子被放在一桶水中,它沉下去大约要用二十一秒钟,这是被作为一个装距铁的时段(*tjeng*),通过敲击一个破裂的锣标志其开始和结束。在这二十一秒时间内,不允许训练者(*pengangkeb*)碰他们的公鸡。如果像时有发生的那样,在这段时间中那些动物没有打斗起来,它们就被重新拿起来,抖开羽毛,拉来推去,要不然就是被辱骂一通,而后被放回赛圈中间,比赛再次开始。有时它们完全拒绝打斗,或其中一只总是跑开,在这种情况下它们就被关在同一个柳条笼子里,这通常会使它们投入交战。

---

⑨ 除了一些不重要的斗鸡外,小赌金的斗鸡(关于斗鸡的"重要程度"问题,参见下面内容)中的斗鸡用的距铁一般不是由鸡的主人而是由别人做的。是否由鸡的主人来操纵鸡或多或少要依据他的斗鸡技巧,这一考虑其重要性再次与斗鸡的重要性有关。当距铁和鸡的操纵者不是鸡的主人而是别的人时,他们总是一位非常近的亲属——兄弟或是侄子——或是主人非常亲密的朋友。他们都是他的个性的扩展,因为事实是所有三个人都称鸡为"我的",说"我"斗鸡,而且在实际显示中也是这样。同样,主人—操纵者—距铁制造者的三者组合是相对固定的,虽然不同的个人可能有几个角色并在特定的环境中变换角色。

无论如何，在多数情况下，两只鸡会立即相互攻击，它们拍打翅膀，用头顶，用腿踢，把动物性的暴怒表现得那样纯粹，那样绝对，就其自身方式而言又是那样优美，几乎可以说是柏拉图的仇恨概念的抽象。在这一片刻时间里一只鸡或另一只会用其距铁给对方致命的一击，而它的训练者会马上把它拿起来以防止受到对方反击，而他如果不这样做，比赛就可能在两败俱死中结束，那两只鸡会疯狂地把对方劈成碎片。这是一个事实，如同经常发生的那样，如果距铁还绑在受伤者身上，那么进攻者仍会受到它的受伤对手的攻击。

鸡的训练者把它们再次拿到手里这段时间，椰子下沉了三次，此后那只给对手致命一击的公鸡必须被放下以显示它仍很稳健，这是通过在椰子下沉一次的时间中，让它轻松地绕场遛一 423
圈而证明的。然后在椰子沉下去两次之后，战斗必须重新开始。

在这个略微超过两分钟的间歇中，受伤公鸡的训练者一直发疯似的为那只鸡忙着，就像两个回合之间忙于治疗受伤拳击手的教练员一样，以使其坚持到最后，拼死去争取胜利。他向鸡的嘴里吹气，把整个鸡头放在自己嘴里吸气和哈气，为它抖松羽毛，给它的伤处敷各种药物，他会做所能想到的任何事情，以激发起或许藏在鸡体内什么地方的最后一点斗志。在他不得不把鸡放回赛场的时候，他时常弄得到处是鸡血，但是就像一场职业拳击赛一样，一个好的训练者会把他的重量级选手用在关键时刻。它们中的一些能够做最后一搏，至少能坚持到第二轮和最后一轮比赛。

在战斗的高潮中（如果有一次高潮的话；有时受伤的公鸡就在训练者手中断了气或者一放下就死去），发出第一次进攻的鸡通常继续攻击直到干掉已经变得衰弱的对手。但首次攻击离最后的定局尚远，因为如果一只鸡还能走，它就能斗，如果它还能斗,它就能杀死对手,被判失败的是先断气的鸡。如果受伤的那一只能够刺伤对手并且摇晃地站住直到另一只倒下,它就是正式的胜利者,即使它稍迟片刻也跌倒断气。

拥挤在赛圈周围的人群近乎沉默地注视着事件的发展,他们随着那些动物的动作移动身体,用无言的手势为优胜者喝彩,轮换伸出肩膀,转动脑袋,当受了致命刺伤的鸡向赛圈一边倾倒时,他们一起后退(据说这些观众因过于聚精会神有时会失去眼睛和手指头),当他们注视另一只鸡时又蜂拥向前。围绕着整个这一戏剧性事件的,是一大堆异常复杂和极为烦琐的规则。

这些规则和十分发达的有关鸡和斗鸡的知识一起,用手写体书写在棕榈叶手稿上(*lontar*; *rontal*),并且作为村庄的整体法律和文化传统的一部分代代相传。在比赛中,裁判(*saja komong*; *djuru kembar*),也就是那个放置椰子的人,负责这些规则的实施,他有着绝对的权威。我从未见过裁判的评断受到任何方面的质
424 疑,即使是沮丧异常的失败者,我也不曾即使是在私下里听说过对裁判不公正的指责,或就斗鸡事件一般的对裁判的抱怨。只有非常值得信任的、可靠的和掌握规则复杂性的、有见识的居民才能承担这一职责,事实上人们带着他们的公鸡就是为了这些人主持的斗鸡而来的。还应提到的是,偶尔也出现指责裁判作弊的事,尽管极为少见;那是在两只鸡实际上同时死去的情况下,要由裁判决定哪一只(如果是这样,就会出现平局,尽管巴厘人并不喜欢这样的结果)在先。裁判可比做法官、国王、祭司和警察,他是所有这一切,在他令人放心的指挥下,动物性的战斗激情就可在公民的法律确定性的制约下进行。就我在巴厘岛看过的十多场斗鸡中,从未看到过一次关于规则的争吵。确实,我从来没见过一次公开的争斗,除了那些发生在两只公鸡之间的。

将此事件作为自然的事实,它是不受抑制的狂怒,而将其作

为文化的事实，它则是完美的形式，事件的这种交叉重叠性质限定了斗鸡的社会学本质。一次斗鸡就是（如果为某一既非结构严密到可称为团体也非无结构到可称为人群的事物寻求一个名目）如欧文·戈夫曼所称的一次“有焦点的聚集”（focused gathering）——一群人全神贯注于一个共同的活动流并且按照那个活动流相互关联起来。[10] 这一聚会集合起来而后又散去；其参与者流动不定；使他们聚集起来的活动是不连续的——一个重复发生的过程而非不间断的连续性过程。如戈夫曼所言，这些聚会从唤起它们的情境中，即它们所发生的场景中获得它们的形式；但只是一个形式，一个清楚表达的形式。因为情境或场景，例如在陪审团的审议、外科手术、街区会议、静坐示威及斗鸡中，是通过文化成见（the cultural preoccupations）由其自身造就的——如我们将看到的，在此地位争夺的仪式中——文化成见不仅确定焦点，而且集合演员和安排布景，将其实际地付诸实施。

在古典时代（就是说在一九〇八年荷兰人入侵以前），并没有致力于改善民众道德的官僚体系存在，斗鸡的举行显然是一个社会事件。带一只公鸡参加一次重要的比赛对一个成年男人来说，是作为公民应尽的义务；经常在聚集日举行的斗鸡带来的税收是公共岁入的主要来源；对艺术的赞助是被规定的君王的
责任；斗鸡场，或称 wantilan，位于村庄的中心，与其他的巴厘人 425
礼仪的古址——议会厅、最初的庙宇、市场、信号塔和榕树相邻。而今日，除了少数特殊的场合，新的正统观念使得公开声称集体生活的兴奋与流血游戏的兴奋之间的关联成为不可能，但是通过不太直接的表达，这一关联本身仍然是密切的和完整的。然

[10] E.戈夫曼：《遭遇：互动社会学中的两种研究》（印第安纳波利斯，1961），第9—10页。

而要揭示它则必须转向斗鸡的另一个重要方面，即决定了其他方面并使之得以运作的中枢，这是我此前有意忽视的一个方面，当然，这就是赌博。

差额和数额相等的钱

巴厘人从来不用简单的方式做任何他们能设法用复杂方式去做的事情，根据这一通则，斗鸡的赌博也不例外。

首先，有两种类型的赌博，或称为 toh[11]。一种是赛圈中心进行的参与者之间双的轴心赌博（*toh ketengah*），另一种是散布在赛圈周围的观众个人之间的赌博（*toh kesasi*）。第一种是大型的；第二种则是小型的。第一种是集体性的，包括了公鸡主人周围的赌博者的团体；第二种是个体性的，一人对一人的。第一种是经过精心策划的事件，是由团体的成员和裁判聚集在赛圈中间非常安静地、近乎诡秘地共谋安排的；第二种则是近乎冲动地喊叫，是由赛圈周边兴奋不已的观众公开地开价和公开地接受的事件。最令人惊奇的是，如我们非常清楚地看到的，**在第一种**
426 **赌博中，毫无例外地赌注的数额是对等的，而在第二种赌博中，同样毫无例外地赌注数额从不对等**。在赛场中心公平的赌博在

---

⑪ 这个词，其字面意思是一个抹不掉的污点或标记，就像是胎记或是石头上的纹理，也用来指法庭案件的押金、抵押品、借贷的担保、某人参加法律或是仪式过程的替身、商业交易中的预付金、所有权发生争议的土地中的标记、一个不忠的妻子的特有身份（她的丈夫或者从她的情人那儿得到赔偿或是把她让给她的情人）。参见 V. E. Korn, *Het Adatrecht van Bali*; Th. Pigeaud, *Javaans-Nederland Hand-woordenboek*（Groningen, 1938）；H. H. 朱因博尔：*Oudjavaansche-Nederlandsche Woordenlijst*（Leiden, 1923）。

赛场边上就是不公平的。

中间的赌博是正式的,在两个公鸡所有者之间进行,受到一整套规则的制约,并有作为监督者和公共证人的裁判。[12] 这一赌博的规模总是比较大,有时相当大,而且它从来不是仅仅以所有者的名义下注,而是所有者与他的四五个有时是七八个同盟者一起进行的,这些同盟者是他的亲属、同村人、邻居和密友。如果他不是特别地富有,他甚至可以不是主要的出资者,尽管他必须是一个代表者,只要他表明不卷入任何诡计。

根据我所掌握的五十七场比赛的准确可靠的关于中心赌博的资料,赌金数额为十五个到五百个林吉特,平均数为八十五个,三种不同规模比赛的分布如下:小规模的斗鸡(35 ± 15 林吉特)约占总数的百分之四十五,中等规模的(70 ± 20 林吉特)约占百分之二十五,大规模的(175 ± 75 林吉特)约占百分之二十,此外还有少量非常小和非常大的作为特例。一个体力劳动者——如制砖工、普通农业工人或市场搬运工的正常日工资大约是三个林吉特,此外考虑到在我所研究的地区斗鸡平均大约每两天半举行一次这一事实,在这样一个社会中,赌博显然是重大的事件,尽管下注并不仅是个人的事。

而周边的赌博则完全是另一回事。它不像中心赌博那样严肃和信守约定,而是以一种类似股票交易所场外交易的方式进行。有一种固定的众所周知的赔率范式构成赌金比例的连续系列,从赔率最小的十比九到最大的二比一,即:十比九,九比八,八比七,七比六,六比五,五比四,四比三,三比二,二比一。一个

---

[12] 中心赌博必须由双方在斗鸡开始前预付现金。预付金由裁判掌握直到决出结果后再交给胜方,以防止在由失败者在失败后再付款可能给胜败双方造成的不痛快。胜者收入的百分之十要拿出来作为给裁判和斗鸡举办者的份额。

想在**劣势鸡**(underdog cock)(暂且不论优势[*kebut*]和劣势[*ngai*]是如何形成的)上下注的人叫较大的那个数，表明他**要求的**赌注赔率。这意味着如果他叫 *gasal*，也就是“五”，他就按五比四的赔率赌劣势鸡(对他来说，是以四对五);如果他叫
427 “四”，就是要按四比三的赔率赌(同样他下的赌注是“三”);如果他叫“九”，下注赔率就是九比八，依此类推。赌优势鸡的人考虑要争取到尽可能小的让步，他喊出叫鸡的花色如“棕色”、“花点”或其他颜色来表明这一事实。[13]

在获得让步的一方（赌劣势鸡的人）和给予让步的一方（赌优势鸡的人）以其喊声吸引众人的时候，他们就开始作为潜在的对手相互注视，而且是经常从远在赛圈对面的地方。获得者想尽量争取到较大的赔率，而给予者则努力争取较小的赔

---

⑬ 实际上,雄鸡的分类是极为详尽的(我已经收集了二十多种,当然还不完全),并不只依据颜色,而是有着一系列独立的但是互相关联的因素,其中包括——除了颜色——大小、骨头的粗细、羽毛、禀性。(但是**并不**包括血统。巴厘人并不在某种有意义的范围内养育鸡,就我所发现的,他们也没有这样做过。几乎在所有斗鸡场都能发现的斗鸡用的阿西尔鸡(asil),或日丛林鸡,是一种南亚土产鸡,一个人可以在任何一个巴厘市场的卖鸡处花四五个到五十个或更多林吉特买到一只很好的样品。)颜色因素只是一个通常用来分类的名称,除非两只不同类型的鸡——原则上它们必须是——有着相同的颜色,在这种情况下,来自另一个范围内的第二个标志(“大斑点”相对“小斑点”,等等)要被增加进来。鸡的类型与不同的宇宙观是一致的,宇宙观可以帮助形成比赛,因此,比方说,你拿一只小个、大头、有着褐色斑点的白鸡和一只来自东部边缘地区的、有着平展羽毛的细腿鸡在巴厘复杂历法中的某一天比赛,以及你拿一只大个、谨觉、全黑的鸡与一只来自北方、有着一簇簇羽毛的、短粗腿鸡在另一天比赛,等等。所有这一切都再次被纪录在棕榈叶的书内被巴厘人不断地讨论(不是所有的巴厘人都有完全相同的体系),而且对决定鸡的分类的各种因素的象征意义的全面讨论,无论作为对斗鸡的描述还是其自身都极有价值。但是我所有的关于这一题目的材料虽然广泛又多样,似乎还没有完全及系统到可以尝试这一类讨论。关于巴厘人的宇宙观可以参见 J. 贝娄编:《巴厘的传统文化》及 J. L. 斯维伦格雷贝尔编:《巴厘:对生活、思想与仪式的研究》(海牙,1960)。

率。[14] 获得者在此情境中是恳求的一方,他要示意出他希望得到多大的赔率,他在面前伸出手指并用力摇动来表明这一点。如果给予方即被恳求者以同样手势答复,赔率就被确定了;反之,他们则停止相互注视,继续寻找对手。

周边的赌博在中心赌博确定并宣布赌注数额之后进行,赌劣势鸡的人向任何可能接受的人提出他们要求的赔率,他们的喊声逐渐增大,同时那些赌优势鸡的人若不同意对方提出的价 428
码,也同样激动地喊叫鸡的花色以表示他们渴望下注但却要求较小的赔率。

投注最终会达到双方的一致即在某一个时间所有投注的人喊出同样的数,投注几乎总是开始时指向赔率大的一端,如五比四或四比三,而后在双方的让步下或快或慢或多或少地向赔率小的一端移动。喊“五”的人发现自己得到的答复只是“棕色”,就开始喊“六”,或者很快转向其他的投注者,要不就因过于慷慨的出价被迫不及待地接受而退出这一过程。如果赔率已经改变而对手仍然稀少,投注过程就从“七”开始重新进行,依此类推,只在极少的最大型的斗鸡中,达到过“九”或“十”的极端程度。偶尔,如果互斗的公鸡明显地实力不配,也可能没有向上的变动,甚或向下调整到四比三,三比二的比例,但二比一的情况极为少见。比例数向下变动伴随着赌注赔率下降,而向上变动则伴随着赌注赔率的提升。由于就周边赌博来说,赌注赔率只是在一定范围内或多或少地向钱数相等的端点接近,通常的模式

---

⑭ 为了民族志的完整,应该注意到赌优势鸡的人——给予让步者——可能提出一个赌法,就是如果他的鸡赢了,他就赢了,否则就是平局(tie),一种稍稍减小赔率的赌法(我没有足够的案例去估计数量,但是似乎是每十五次到二十次中有一次)。他通过喊 sapih(“平局”)而不是鸡的分类来表达这种愿望 ,但是实际上这种赌法并不经常出现。

即绝大多数的赌博是在四比三到八比七这一范围内进行的。[15]

当训鸡者放出公鸡的时刻到来时，至少在大规模中心赌博的比赛中，叫喊声达到近乎疯狂的程度，尚未达到满意的赌博者极力试图在最后一分钟找到能够接受其开价的对手。(在中心赌
429 博规模不大时，则出现相反的情形：打赌被一一放弃，投注声减弱直到沉静，赌注赔率拉大而人们逐渐失去兴趣。)大型的赌博，即被巴厘人称为"真正的斗鸡"那种势均力敌的比赛，带有群众场面的性质，似乎十足的混乱迸发出来，所有摇晃着、呐喊着、推挤着的男人都相当激动，这种情形只会因瞬间突然出现的由紧张带来的沉静而更甚，如同有人使水流戛然而止，当一声破锣响起时，参赛的公鸡被放进场，搏斗由此开始。

当斗鸡结束时，在十五秒钟到五分钟之内，**所有的赌资被立即支付**。决无向赌博对手拖欠的事情。当然一个人可以在提出或接受赌注赔率之前从朋友那里借钱，但只要你提出或接受了，就必须已经有钱在手，如果你输了，必须在下一场比赛开始之前当即付清。这是一条铁的规则，同样，如我从未听说过裁判的决定受到过质疑(尽管这种情况有时可能发生)，我也从未听说过赖账的赌博，或许这是由于在群情激昂的斗鸡场中，如人们所说

[15] 推动投注活动的精确动力是斗鸡活动中最诡秘、最复杂而且鉴于它于其中进行的混乱的条件，也是最难研究的一个方面。电影纪录加上多重观察者也许是对其进行有效研究所必需的。即使只是从印象上看——对一个陷入其中的孤独的民族志学者来说的惟一的方法——很清楚某些人同时在引导确定优势鸡(即开喊鸡的分类，这总是作为斗鸡程序的开始)及指导赔率的运作方向，这些作为更有造诣的斗鸡者兼有根基的公民(cockfighters-cum-solid-citizens)的"主意领导人"将在下面讨论。如果这些人开始改变他们的喊法，其他人也跟着改变；如果他们开始下赌，其他人也这样做，而且——虽然总是有很多非常沮丧的下注者喊着要求以小赔率的或是大赔率的赌法直到最后——这个活动多少会停止下来。但是对整个过程的详细理解要等到，哎，不太可能得到的：一位由个体行为的精确观察武装起来的决策理论家。

的,骗子会立即尝到严惩的苦果。

无论如何,对于一种将斗鸡赌博与巴厘文化的广阔世界联系起来的理论来说,赌注相等的中心赌博和赌注不等的周边赌博这种形式上的不对称提出了关键性的分析的问题。它同时也暗示出解答这一问题和证明上述联系的方式。

在此联系中首先要确定的一点是,中心赌博的赌注越高,斗鸡比赛在实际上越势均力敌。简单的理性思考即可说明这一点,如果你在一只公鸡身上下十五个林吉特的赌注,你会同意对方赌同等的钱,即使你感到你赌的鸡赢的希望较小。但如果你下的赌注是五百,你就不会愿意那样做。因而,一场大赌资的斗鸡当然会是较好的鸡参赛,人们也极为关注参赛鸡在身材、一般条件、好斗性等方面在人力所及范围内尽可能的相配。为确保这一点,人们采用各种方式调整鸡脚上的距铁。如果一只公鸡看上去更强壮一些,双方会同意将其距铁固定成一个略少优势的角度,即造成某种不利,这就是说捆扎距铁的人有极其巧妙的技术。人们也更为关注雇请熟练的训鸡者并从能力上使他们搭配得势均力敌。

简而言之,在一场大额赌资的斗鸡中,使比赛成为名副其实 430
的对等竞争的压力是巨大的,也是被明确感知的。对中等比赛来说这种压力略小,在小型比赛中就更小,尽管使赛事至少接近大致对等的努力始终存在。因为即使只赌十五个林吉特(相当于五天的工作),也没有人愿意在明显劣势的情况下做一次钱数相等的赌博。此外我所做的统计也有助于证实上述这一点。在我调查的五十七场比赛中,优势的鸡获胜共三十三次,劣势鸡获胜二十四次,比例为1.4∶1。但如果以六十个林吉特的中心赌注为界划一条线,那么对赌资在这条线以上的比赛来说,比例就变为1.1∶1(优势鸡十二次,劣势鸡十一次),而赌资在该线以下的比赛,比例则为1.6∶1(二十一对十三)。或者,就极端情况而言,对非常大型的斗鸡即那些中心赌注超过一百个林吉特的比赛,上述比例为1:1(七对七);对非常小型的斗鸡,即低于四十个林吉特的比赛来说,比例为1.9:1(十九对十)。[16]

由这一命题出发——即中心的赌注越高,斗鸡比赛越接近于实力对等——或多或少可说明以下两点:1.中心赌注越高,越会促使周边赌博向赌注差额小的一端靠近,反之亦然;2.中心赌注越高,周边赌博的赌资也越大,反之亦然。

在两种情况下这一逻辑是相同的。赌博在实际上越接近于赌注相等,大赔率的赌资就越明显地缺少吸引力,因而赔率较小的赌注越容易被接受。这种情况从简单的观察,从巴厘人自己对事件的分析,以及从我所能够搜集的更系统的调查中都是显而易见的。由于对周边赌博做出准确完整的记录有一定的困难,因而对其很难给以数字形式的证明,但在我所有的案例中,赌注赔率的提出者和接受者的契合点,形成一个相当明显的从最小到最大的马鞍形,在实际进行的大多数赌博(估计占三分之
431 二到四分之三)中,大额中心赌注的赌博比小额中心赌注的赌博要向赔率小的一端移动三或四个点,而中等赌注的斗鸡则位于中间。具体而言,这一概括当然不精确,但大体模式是相当一致的:中心赌博促使周边赌博趋向于其自身赌注相等的模式,这一推促力量与其规模成正比例,因为规模与参斗公鸡实力相当的程度成正比例。至于赌资数量的问题,在大额中心赌注的斗鸡

---

⑯ 假设只有二项变量,在六十林吉特及其以下的情况下,偏离五十一五十预期值的标准差是一点三八,或者(在单项试验中)单凭偶然性来说是百分之八的可能性;在低于四十的情况下标准差是一点六五,或者百分之五的可能性。这些偏离虽然是真实的但却并不极端,这个事实仅仅是再次显示出,即使是在较小型的斗鸡中还是保持着相斗的鸡至少是比较合理地相般配的。这是使压力相对减轻至均等,而不是消除。要求高额赌注比赛中采取抛硬币方式的倾向当然就更加突出,这也表明巴厘人完全知道他们要干什么。

中，整个的赌资数额也较大，这是由于这样的斗鸡被认为是更能引起“兴趣”的，因为它们不仅是很难预测的，而且更关键的是在金钱的方面，在公鸡的特性方面和由之而来的，我们将会看到的关于社会声望的方面，它们都是利害攸关的。⑰

赌注对等的中间赌博和赌注不对等的外围赌博的对立是显而易见的。这两种赌博系统尽管具有形式上不一致，实际上却并不相互矛盾，而是一个独立的更大体系的组成部分，其中中间赌博可以说是“重要性的中心”，它将外围赌博拉向赌注差额小的一端，比赛的规模越大，越是如此。由此中心赌博“造就了游戏”，或许可以给它一个更好的定义，按照杰里米·边沁(Jeremy Bentham)的概念，它显示了游戏的“深度”。

巴厘人试图通过使中心赌博尽可能地大而创造一种有趣味的，也可以说是“深刻”的竞赛，由此参赛的公鸡要尽可能地实力相近和搭配适当，而且也尽可能地使结果难以预料。他们并非总能如愿。有近半数的赛事是比较小的和不能令人感兴趣的——以我借用的术语来说就是“浅显的”——事件。但上述事实并不能否定我的解释，正如以下事实所表明的，多数的画家、

⑰　在小型斗鸡中赌注的减少(小型斗鸡当然是自己维持的；人们认为小型斗鸡不够有趣的原因之一是其中赌注较少，而在大型斗鸡中情况正好相反)有三种互相强化的方式。第一种，当人们走开去喝一杯咖啡或是与朋友聊天，自然就出现了兴趣冷淡；第二种，巴厘人不精确地换算赔率，而是直接按照所报的赔率下注。因此在一个九对八的赌博中，一个人赌九个林吉特，另一个人赌八个；在一个五对四的赌博中，一个人赌五个林吉特，另一个人赌四个。因此，对于任何一个像林吉特这样的特定货币单位，在十对九的赌注中投入的钱是在，比如说，二对一中的六点三倍，而且正像人们注意到的那样，在小型斗鸡中赌注的确定趋向于大赔率一头；最后，下赌往往是用一根手指而不是二根、三根，或者像在某些大型斗鸡中那样用四根或五根手指完成的。(手指所表示的是赌注赔率的**乘积**，而不是绝对的数字。在六对五的情况下，两根手指表示一个人希望在劣势时以十个林吉特对十二个林吉特，在八对七的情况下，三根手指表示二十一个林吉特对二十四个林吉特，依此类推。)

432 诗人和剧作家是平庸的，但这并不能否定艺术的努力总是指向深刻的，在相当多的情况下是接近深刻的。艺术技巧的想像的确是必要的：中心赌博是创造“有趣的”、“深刻的”竞赛的一种方式，一种设计，但对解释游戏之所以有趣、它们令人着迷的根源及其深刻的本质来说，这并不是原因，至少不是主要的原因。这些竞赛为何有趣——确实，对巴厘人来说它们是极其吸引人的——的问题使我们超越对其形式的关注而进入更为广阔的社会学与社会心理学的关注领域，并且用不那么纯粹的经济学概念思考有关游戏达到何种“深度”的问题。⑱

玩火

边沁的“深层的游戏”(deep play)的概念出现在他的《立法

⑱ 除了赌博之外，斗鸡还有其他经济的内容，特别是它与当地的市场体系的密切相连，虽然它们对市场的动力及其功能方面的作用都处于次要地位，但是并非不重要。斗鸡是公开的活动，任何愿意去的人都可以去参加，有时有些人来自非常远的地方，但斗鸡百分之九十以上，可能是百分之九十五以上还是地方性事务，而且相关的地方性不是由村庄，甚至不是由行政区，而是由乡村市场体系来确定的。巴厘有根据熟知的“太阳”历法轮换的三天市场周。虽然巴厘的市场还不是高度发达的，只是在村庄范围内的一种小型早市，一般是由上述轮换历标出的微型区域——十至二十平方英里，七至八个邻近的村庄(在当代的巴厘这通常是意味着有五千到一万或一万二千人)，斗鸡的观众的主体，确切地说是所有的人，都是来自这个范围。大多数斗鸡者都是由乡村小商人在共同的目标下联合起来组织和资助的，而且是由他们，确切地说是由全体巴厘人支持的，斗鸡对贸易有益处是因为“它们从家里弄出钱来并使钱流通”。出售各种东西的摊位，还有纯粹是靠撞运气的赌博(见下面)都安排在斗鸡场的周边，它因此而具有小型集市的性质。斗鸡与市场及市场摊位之间的这种联系是非常古老的，正如，其他事情不说，在商业登记[R. Goris, *Prasasti Bali*, 2 vols. (Bandung, 1954)]中所显示的。在巴厘乡村，贸易伴随着斗鸡已经有几个世纪，而且这种活动一直是岛上货币流通的主要媒介。

理论》[19] 一书中。通过这一概念他意指赌注过高的赌博游戏,从其功利主义立场出发,那些参与这样游戏的人是完全无理性的。假设一个人拥有一千英镑(或林吉特),在一场数额对等的
赌博中投入其中的五百磅,那么他赌赢时这些钱的边际效用明 433
显地少于他赌输时所失去的钱的边际效用。在真正深层的游戏中,对参与的双方而言都是如此。这也是双方都难以理解的。他们为寻找快乐走到一起来,达成一种关系,这一关系总体而言带给参与者的是全然的痛苦而不是快乐。因而边沁的结论是,这种深层的游戏首先是不道德的,在他看来正确的做法就是从法律上禁止它。

但就我们的关注而言,比这一道德问题更有趣味的在于,尽管边沁的分析很有逻辑力量,人们还是热情地、经常地甚至不顾法律的惩罚而投身于这种游戏。边沁和那些有像他一样想法的人(主要是当今的律师、经济学家和少数精神病学家)对此的解释是,这些人是非理性的沉溺者,盲目的崇拜者,是儿童、白痴、野蛮人,他们所需要的只是避免受到他们自己的伤害。但是对巴厘人来说,尽管他们不用很多语言系统地表述,他们的解释却根据这样的事实,即在这种游戏中,钱与其说是一种实际的或期望的效用尺度,不如说是一种被理解的或被赋予的道德意义的象征。

事实上,在浅层的游戏中,只有较少数量的钱卷入其中,现金的增值和减值就效用和负效用而言近乎相同,在一般而非广义的意义上,快乐与痛苦、幸运与不幸也相去不远。而在有深度的游戏中,投入钱的数量很大,而更为重要的还不是物质性的获

---

[19] 这一短语出现在希尔德雷斯的译本中,《国际心理学文库》(1931),第 106 页注释;参见 L. L. 福勒:《法律的道德性》(纽黑文,1964),第 6 页(p. 6ff)。

取，而是名望、荣誉，尊严、敬重——总之，在巴厘岛是一个意味深长的词，也就是“地位”。[20] 它在象征意义上是至关重要的，因为（少数赌博成瘾者除外）实际上没有一个人的地位会因斗鸡的结果而改变；它仅仅并且只是暂时地被肯定或被冒犯。但是对巴厘人来说，没有什么比间接地当众羞辱别人更让人高兴了，也没有什么比间接地受到这种羞辱更让人痛苦——尤其是在彼此认识的人们未被表面现象迷惑的注视下——这样一出可供评价的戏剧确实是深刻的。

此处我必须强调，这**并不是**说金钱是无关紧要的，或者巴厘
434 人失去五百个林吉特就像丢了十五个林吉特那样不在意。如此结论是荒谬的。因为在这个相当功利性的社会中，金钱是重要的事物，而且一个人在金钱方面所冒的风险越大，关联到的其他事物就越多，诸如他的自尊、自信、冷静和男子气概，他的冒险是暂时的但却也是非常公开的。在深层的斗鸡中，如我们将看到的，一个雄鸡所有者与他的合作者，以及圈外的支持者们（虽然较少但却在相当程度上）通过金钱来赌他们的地位。

在很大程度上，由于失败时输掉的钱的边际效用在赌博的较高档次上是很大的，因而投身于这种赌博也就是以其公鸡为媒介间接地、隐喻性地投入了一个人公开的自我。尽管对一个边沁主义者来说，这似乎只是增加了这一事件的非理性程度，但对巴厘人而言增加的却是它所具有的全部意义。而且由于（遵循韦伯而不是边沁的理论）给生命以意义是人类存在的主要目

[20] 当然，甚至在边沁那里，效用一般也不局限于作为钱的损失与获得的概念，而我在这里的论述可能是要更小心地提出一个否定：对巴厘人来说，就像对任何民族一样，效用（愉快、幸福……）仅仅是与财富相等同。但是这种述语学的问题在任何情况下对这一基本问题——斗鸡不是轮盘赌——而言，都是次要的。

的和首要条件,因而对意义的获得比补偿经济代价更为重要。[21]实际上,在那些赌注相等的较大型比赛中,经常参与其中的人们在物质财富上似乎并没有什么真正的重要改变,因为在一个较长时间段内赛事的输赢比例是很接近的。而另一方面,在那些小型的、浅层的斗鸡中,即少数更纯粹的、上了瘾的赌徒参与——以金钱为主要目的——的赛事中,人们能够发现社会地位的"实际"变化的确发生了,而且大多是降低的。这类赌徒常被"真正的斗鸡者"指责为完全不理解这项运动的傻瓜和完全不得要领的暴发户。这些上瘾的赌徒被真正的热衷者视为公平游戏的戏弄对象,后者才真正理解这一游戏,他们从中获取的物质利益是很少的,但那些赌徒,由于他们的贪婪,一点小钱就足以引诱他们投入那些参斗公鸡明显不相配的非理性的赌博。他们中的多数 435
的确在一个相当短的时间内就使自己输光,但似乎总是有一两个人在任何特定的时间为了赌博而抵押土地和变卖衣物。[22]

---

[21] M. 韦伯:《宗教社会学》(波士顿,1963)。当然,在钱的深层意义上巴厘没有特殊性,正如威特在对波士顿工人阶级区的街头男孩所做的描述中所揭示的:"赌博在康纳维尔(Cornerville)的生活中扮演了重要的角色。无论街头男孩玩的是什么样的赌博,他们几乎都是在为收入而赌。当没有设赌注时,游戏就不被认为是真正的比赛。这不并意味着经济因素是全部重要内容。我经常听人们说赢钱的荣誉比作为赌注的钱更重要。街头男孩认为为钱而赌是真正的技能竞赛,而且在赌钱时,一个人除非表现得出色,否则他是不会被认为是一个好的赛手的。"W. F. 威特:《街头社会》,第2版(芝加哥,1955),第140页。

[22] 能够设想到的这种疯狂有时会走到的极端——以及这被认为是疯狂的这个事实——被巴厘民间故事 *I Thuhung Kuning* 所体现。一个赌徒被他的情绪弄得失去理智,以至于在出门旅行时,他命令自己怀孕的妻子,如果将要出生的孩子是一个男孩,就养起来,如果是一个女孩,就拿她当肉喂给他的参加斗鸡的鸡。这位母亲生了一个女孩,但是她没有把孩子给鸡而是给了鸡一只大老鼠并把女孩藏在她母亲那里。当丈夫回来时,鸡高声啼叫告诉他这个骗局,丈夫非常愤怒就去杀了孩子。一位女神从天上下来把女孩带到天上和她在一起。那些鸡后来吃了喂的食物死了,鸡的主人恢复了神志,女神把孩子交回给他,孩子和他还有他的妻子又团圆了。这

这种“地位赌博”与深层的斗鸡和对应的“金钱赌博”与浅层的斗鸡的分别相关联，实际上是相当普遍的。就此而言，赌博者自身构成了社会道德的等级。如前面提及的，在大多数斗鸡中，赛场周边以外有着大量的、由特许经营者操纵的愚昧的、完全碰运气的赌博游戏（轮盘赌，掷骰子，抛硬币，猜子）。只有妇女、儿童、青少年和各类不参加（或尚未参加）斗鸡的人——极度困贫的，受到社会性歧视的或人格怪癖的人——才玩这类游戏，当然玩的赌注很小。斗鸡的男人们耻于接近这些人。比这些人地位稍高一点的是那些自己虽然没有鸡参斗但却加入了赛圈周边小型赌博的人们。接下来是那些参加小型斗鸡、间或也参加中型比赛，但身份却不足以参加大型斗鸡的人们，尽管他们时常也可在大型比赛中参加周边赌博。最后，就是那些真正重要的社区成员，即当地生活围绕他们展开的有实力的公民，他们参与大型的斗鸡而且也从旁下注。这些有焦点的聚会的关键性要素在于，通常支配着和规定了这项活动的男人们正是支配和规定着当地社会生活的人们。当一个巴厘男人以那种近乎崇敬的方式谈及“真正的斗鸡者”，即 bebatoh（“赌博者”）或 djuru kurung（“鸡笼所有者”）时，所说的就是这一类人，而不是那些把猜子游戏的心智带进非常不同的、不相宜的斗鸡场景中的人们，也不是那些被驱使的赌徒（potét，这一词的次要意义是贼或放荡者）和
436 心怀欲念的奉承者。对这样一个人来说，一次比赛中真正发生的事更类似于一次 affaire d'honneur（决斗）（尽管按照巴厘人的实际想像才能，溅出的血只有要比喻意义上才是人的），而不是愚蠢的、一部赌博机器的机械运作。

个故事在 J. 胡亚卡斯·布姆卡姆帕的 *Sprookjes en Verhalen van Bali*（海牙，1956）中是以“Geel Komkommertje”为题讲述的，见第 19—25 页。

因此，使得巴厘人的斗鸡变得深刻的并不是钱本身，而是金钱所导致的结果，投入的钱越多越是如此：巴厘社会的地位等级移入到斗鸡这种形式中。从心理学角度而言它是一种理想的或超凡的相当自恋的男性自身的伊索寓言式的表征，从社会学角度而言，它同样是伊索寓言式的表现，所表现的是日常生活场景中由被控制的、缄默的、仪式性的但却是所有人深切感知的那些自身的互动所构成的复杂的张力场域。公鸡可以是它们主人的人格的代理者，是其心理形态的动物性反映，而斗鸡则是——或更确切地说是有意使它是——社会基体(social matrix)的模拟，即相互穿叉、重迭、高度共同化的群体——村落、亲属群体、水利团体、寺庙机构、“种姓”——等复杂系统的模拟，而那些热衷者就生活于其中。[23] 正如声望，有必要对此加以确认、维护、赞颂和使其正当化，或仅仅从中取乐(由于巴厘人的社会分层被赋予很强的归属性特征，因而声望是不能追求的)，可能是该社会中的核心驱动力，它也是——撇开行走的阳具、血的献祭和钱的交换不谈——斗鸡的核心驱动力。这一表面意义上的娱乐和看似一项运动的斗鸡，若用欧文·戈夫曼的另一句话来说，就是一次“地位的血的洗礼。”[24]

使这一点变得清晰或至少在一定程度上证实它的最容易的方式，就是援引我最近距离观察过其斗鸡活动的那个村庄的实例——即发生突然袭击和我获取统计资料的那个村庄。

---

[23] 对巴厘乡村社会结构的更为详尽的描述，参见 C. 格尔茨：《巴厘乡村社会结构的形式与变化》，载《美国人类学家》，第 61 卷(1955)，第 94—108 页；《提希干：一个巴厘村庄》，载 R. M. 克恩加拉尼格拉特：《印度尼西亚的乡村》(伊萨卡，1967)，第 210—243 页；及 V. E. Korn, *De Dorpsrepubliek tnganan Pagringsingan* (Santpoort, Netherlands, 1933)，虽然此书就巴厘乡村这个题目而言有点偏离常规。

[24] 戈夫曼：《遭遇》，第 78 页。

如同所有的巴厘村庄,位于巴厘岛东南部克隆孔地区的这个村庄(提辛干)也是由错综复杂的联姻群体及其对立的群体组成的。但与许多村庄不同的是,该村中存在着特别引人注目的两类法人团体,它们同时也是地位群体,我们将在不使其过分失真的前提下用以部分代替全体的方式对它们予以关注。

437 首先,这个村庄是由四大父系的、部分内婚的世系群体所主宰的,他们之间不断地相互竞争并形成村庄内的主要派系。有时他们两两组织起来,或两个较大的群体与两个较小群体加上那些不属于任何群体的人们相互对抗;有时他们又各自独立地运作。在其内部又存在次级的派系和再次级派系,以致可以达到相当细微的区分层次。其次,就村庄本身而言它几乎是完全内婚的,并与其周边所有在其斗鸡范围内(这一范围也被解释为市场区域)的其他村庄相对立,而它同时也在不同的超越村庄范围的政治和社会场景中与某些邻居形成联盟以对抗另一些邻居。如在巴厘岛各处所见,每地具体的情形是各不相同的;但高度整合而基础各异的集团之间(以及其成员之间)对社会地位展开竞争的多层次等级结构的一般模式,却是普遍的。

作为对这一普遍性命题的支持,我们认为斗鸡尤其是深层的斗鸡根本上是一种地位关系的戏剧化过程。为了避免过长的民族志描述,我将简要列举以下事实——尽管具体的证据、事例、陈述和数字更有助于支持它们;这些事实既是广泛的也是明白无误的:

(1)人们事实上从不会把赌注押在他自己宗族成员的公鸡的对立面上。通常他感到有义务为属于自己宗族的鸡而赌,亲属连带越是紧密,斗鸡越是深刻,情形就越是如此。如果他在心目中判定那只鸡不会赢,尤其如果鸡的主人只是他的从表兄弟或只是一次浅层的斗鸡，那么他可以根本不赌。但作为一项常规他知道必须给自己宗族的鸡以支持，而且在深层的游戏中几乎总是如此。因而大多数的人公开地叫喊“五”或“花点”时，是在表达对自己的亲属的忠诚，而不是对他的鸡做出评价或表达对输赢概率的理解甚至对赢钱的期望。

(2)这一原则是按照逻辑扩展的。如果你的宗族没有公鸡参赛，你就要按同样方式支持联盟的亲属群对抗未联盟的群体，如我所言就像在其他村庄一样，非常复杂的联盟网络构成了这个巴厘人的村落。

(3)依此类推，村庄也是作为一个整体存在的。如果外村人
的公鸡与任何一只你自己村庄的公鸡相斗，你应该支持本地的
那只。如果一只来自你的村庄所属的斗鸡范围以外的公鸡与来
自这一范围内的公鸡相斗，你要支持“家乡的鸡”，尽管这种情形 438
少见但还是时有发生。

(4)来自任何地方的参赛公鸡几乎总被认为是最有希望获胜的鸡，理由在于如果它不是一只好公鸡，人们是不敢带它来参赛的，参赛者越是远道而来越是如此。鸡的主人的追随者们当然要支持他，当举行一次大范围的正当的斗鸡(如在假日)时，人们要选出他们认为本村最好的公鸡并且在比赛中支持它们，而不在意它们具体是属于谁的，尽管他们肯定也会在赌这些鸡时有所让步并且下大赌注以显示他们不是一个赌不起的村庄。实际上，这类“对外进行的比赛”，尽管并不经常，却有助于弥合不断发生在“内部比赛”中的同村人之间的分裂，在后一类比赛中，村内各派系是相互对立、关系紧张的，而不是团结一致的。

(5)几乎所有的比赛都是社会性地相关的。以下情形很少出现：两只都来自外面的公鸡相斗，两只没有任何特殊群体支持的公鸡或其背后的群体未以某种清楚的方式相互关联的公鸡相

斗。如果你让这样的鸡互斗,那么比赛就会是非常浅层的,赌注数额会很低,而整个事件会变得非常乏味,除了直接发起人和一两个上瘾的赌棍以外没有人会对此感兴趣。

(6)出于同样的原因,也很少有两只互斗的公鸡来自同一个群体,更少有来自同一个次级支系的,而且事实上从来没有来自同一个再次级支系(在大多数情况下就是一个扩展的家庭)的两只公鸡互斗的情况。同样,在村外的斗鸡中,同一村庄的两个成员也很少相互争斗,即使作为势不两立的对手他们会在本村的斗鸡场上以极大的热情互搏。

(7)在个体层面上,卷入一种已经制度化的被称为 puik 敌对关系的人们——在这种状态下他们相互不说话或无所不做(这种正式的关系破裂有多方面的原因:占有对方的妻子,遗产争端,政治分歧等)——会以很大的、有时高得惊人的赌注相互打赌,而这一赌博就是明白、直接地向对手的男子气概即其地位的最终基础进攻。

(8)在所有的赌博中,除最浅层的以外,中心赌博联盟总是结构性地结合在一起的,即从不使用“外部的钱”。什么是“外部”取决于特定的场景,当然已被规定的除外,主要赌资从不会混入来自外部的钱;如果主要的参赛者不能凑齐赌资,那么就放弃赌博。尤其在较有深度的比赛中,中心赌博是社会性对立的
439 最直接和公开的表达,这也是赌博和比赛的安排总是笼罩着焦虑、诡秘和困惑气氛的原因之一。

(9)关于借贷赌资的规则——你只能**为**赌博借钱而不能**在**赌博**中**借钱——也是出于同样的考虑(巴厘人对此有明确的意识):即不能通过借钱依赖敌对方的**经济**恩惠。从结构角度而言,在短期内就能欠下数量很大的赌债,但是只能欠朋友的而决不能欠对手的。

(10)当两只公鸡并没有结构性的关联或者就你所知是完全中立的(尽管如前所述几乎没有这种情况),这时你甚至不能询问一个亲属或朋友他赌的是哪一只,因为如果你知道了他如何下注 而且他也了解你知道,并且你在另一只上下注,那么就会导致关系紧张。这一规则是明确而严格的;甚至煞费苦心地采取人为的事先警告以防止犯规。至少你必须装作不注意他在做什么,而他也同样假装不知你在做什么。

(11)有一个指违反规则的赌博的专门词,它也表示“原谅我”(*mpura*)的意思。人们认为那是做了不好的事情,尽管在中心赌注很小的情状下有时犯规也是允许的,只要你不是经常那样做。然而赌注的越大,你犯规越经常,“原谅我”的做法带来的社会破坏作用也就越大。

(12)事实上,制度化的敌视关系——puik——通常是由于这样一种在深层的比赛中“原谅我”的赌博而正式引起的(尽管其真正原因总是别的事情),这是把一块象征的肥肉放在火里。同样地,这样一种关系的结束和正常社会交往的恢复通常也是由敌对的一方或另一方支持对方的鸡来表示的(同样并不是真正由此造成的)。

(13)有时会出现令人困惑的、对不同群体的忠诚相互矛盾的情况,这在异常复杂的社会体系中当然是经常的,这时一个人或多或少会在两种不相上下的忠诚之间进退两难,出现这种情况他就会离开赛场去喝一杯咖啡或别的什么而回避参加赌博,这一行为模式使人联想起美国投票人在类似情形下的做法。[25]

(14)尤其在深层的比赛中参与中心赌博的人们总是其群

---

[25] B.R.贝勒尔森,P.F.拉泽斯费尔德和W.N.麦克费:《投票:对总统竞选中观点形成的研究》(芝加哥,1954)。

体——宗族、村庄等等——成员的真正领导者。进而,那些在一
440 方下注(包括那一方的人们)的人们,正如我已经提及的,是被公认的社区成员,即真正的公民。斗鸡的举行正是为了这些参与平时声望政治的人们,而不是为了青年人、妇女和其他从属地位的人们。

(15)就金钱方面的考虑而言,人们明确的态度是把它作为第二位的事情。这并不是说钱是不重要的;巴厘人与任何其他人一样,输掉了几个星期的收入是不会高兴的。但是他们把斗鸡的金钱方面主要视为自身平衡的、在明确限定的严肃的斗鸡者群体中循环流动的事物。而真正重要的输赢大多是从另一个方面考虑的,对待赌博的一般态度并不是希望大获全胜而赢一大笔钱(只有上瘾的赌徒除外),而是类似于赌马者的祈祷:"噢,上帝,请让我输赢相抵吧。"然而,就声望而言,是不能只求输赢相抵的,而是要求短暂的明确的彻底胜利。关于斗鸡的谈论(可以持续不断)是你的公鸡如何如何打败了某某人的鸡,而不是你赢了多少钱,实际上人们甚至对大型赌博输赢的钱数也不会记多长时间,但他们会在数年中记得他们参加过的 Pan Loh 的最棒的斗鸡的那一天。

(16)除了单为表示忠诚的考虑以外,你也必须把赌注押在自己所属群体的公鸡上面,因为如果你不这样做,人们通常会说:"什么!他在我们这类人面前太妄自尊大了,他既是如此重要的人物,怎么不去爪哇或登巴萨(首府市镇)赌博?"由此你会在赌博中感到一种普遍的压力,你不仅要显示出你在当地是重要的,还要表明你并没有重要到轻视其他人、把他们视为甚至不配做对手的地步。同理,属于自己家乡团体的人们必须为对抗外乡人的公鸡而赌,否则外乡人就会以严肃的指控谴责他们——只为收取入场费用而不是对斗鸡真正感兴趣,并且还是

傲慢无礼的。

(17)最后,对上述的一切,巴厘岛的农民们自身都有明确的意识,并且能够对一个民族志学者用和我大致相同的言词陈述其中的大部分内容。几乎所有我与之谈论这个问题的巴厘人都说到,斗鸡,如同玩火,只是不引火烧身。你激起了村庄或宗族之间的竞赛与敌意,不过是以一种"游戏"的形式,这危险地却是令人着迷地接近于表达个体或群体之间公开、直接的攻击行为(在平时生活的正常过程中几乎从不会发生的),但这并不是真正的危险,因为毕竟那"只是一场斗鸡"。

关于斗鸡还可做进一步的观察,若尚未得出一般要点,至少 441
还可做更充分的描述,但或许至此已可将总体论点以一种形式化的范式概括出来:

斗鸡比赛越是——

1. 在地位相近的对手(和/或相互敌对的人)之间
2. 在地位高的个体之间

进行,则比赛越深刻。

比赛越是深刻——

1. 男人与公鸡越有密切的认同(或者更准确地说,比赛越深刻,男人越是努力地与公鸡认同)。
2. 参斗的公鸡越是优异并且两只鸡越近于势均力敌。
3. 人们投入的激情越多,比赛也越有吸引力。
4. 中心和周边的个人赌注越高,周边赌注的差额越小,总体上赌博也越大。

5. 对游戏的“经济”角度的考虑越少,而“地位”角度的考虑越多,而且参加游戏的人们越有“实力”。[26]

对较浅层的斗鸡可以做相反的概括,而那些掷骰子、抛硬币的把戏则在相反的标记方向上达到顶点。对深层的斗鸡而言,不存在绝对的上限,当然实际的限制是有的,此外有许多关于古典时代领主和王子之间公开决斗竞争的传奇般的故事存在(斗鸡对于贵族也总是像对普通人那样至关重要),因此比任何人的任何游戏都深刻的斗鸡,甚至是贵族式的,在今日巴厘岛的任何地方都可能出现。

的确,巴厘岛最伟大的文化英雄之一就是一个王子,“斗鸡者”就是以他所热衷的运动命名的,他在与邻国王子的一场非常有深度的斗鸡中意外地离开,其时他的全家——父亲、兄弟们、
442 妻子们和姐妹们——都被平民篡位者杀害。后来他回到家乡杀死篡位者,夺回王位,恢复了巴厘的传统并且建立起最强大的、荣耀的和昌盛的国家。巴厘人从搏斗的公鸡身上不仅看到了他们自身,看到他们的社会秩序、抽象的憎恶、男子气概和恶魔般的力量,他们也看到地位力量的原型,即傲慢的、坚定的、执著于名誉的玩真火的人——刹帝利王子。[27]

---

[26] 由于这是一个形成上的范例,它所要显示的是斗鸡的逻辑结构而不是因果结构。至于这些考虑中究竟哪一种导致了哪一种,以什么次序,以及受什么机制制约,则是另一个问题——一个我一直试图在总体性讨论中给予解释的问题。

[27] 在胡亚卡斯—范·利乌温·布姆卡姆帕的另一个民间故事(“De Gast” *Sprookjes en Verhalen van Bali*,第172—188页)中,一个低种姓首陀罗,一个慷慨、虔诚、无忧无虑的人,他还是一个出色的斗鸡人,尽管他很出色,但还是输了,一场接着一场地斗,直到不仅输光了钱而且输掉了他最后一只鸡。然而,他并不沮丧——“我拿一个未知的世界赌。”

羽毛、血、人群和金钱 443

“诗歌不会导致任何事情发生，”奥登在他给叶芝的挽诗中说，“它存活在言语的山谷中……它发生的方式，是用嘴说出。”就此意义而言，斗鸡同样不会导致什么事情发生。男人们不断地比喻性地羞辱对方和比喻性地被人羞辱，日复一日，在他们的经

他的妻子，一个勤劳的好女人，知道他是多么喜欢斗鸡，把自己最后的备用钱给了他，让他去赌。但是由于运气太坏，他充满了忧虑，因此把自己的鸡留在家，只是去下赌。他很快又输得只剩几个硬币，来到一个食品摊想要吃点东西，在那里他遇到一个靠在摊前的、衰弱、臭烘烘、让人倒胃口的老乞丐。这位老乞丐乞讨食物，英雄用他的最后一个硬币为他买了一点食物。老人又请求与英雄一起过夜，英雄很高兴的邀请他和他一起过夜。因为家里已经没有食物，所以英雄让妻子杀掉最后一只鸡当晚饭。当老人得知这一事实后，他告诉英雄他有三只鸡在他山上的草屋里，他还说其中有一只可以用做斗鸡。他还要求英雄的儿子作为奴仆陪伴他，英雄的儿子同意后，就跟他一起走了。

老人原来是湿婆，住在天上一个大宫殿里，不过英雄对此并不知道。同时，英雄决定去看望儿子并拿回答应给他的鸡。当他被领到湿婆跟前时，要他在三只鸡中做出选择。第一只鸡说：“我曾经赢过对手十五次。”第二只鸡说：“我曾经赢过对手二十一次。”第三只说：“我曾经赢过国王。”英雄说：“我的选择是第三只。”他带着这只鸡回到地上。

当他来到斗鸡场时，他被要求付入场费，他回答说：“我没有钱；在我赢了以后我会付的。”他被认定是不会赢的，但是被允许进场，因为国王不喜欢他，希望等他输了又付不出钱时把他变成奴隶。为了确保达到这个目的，国王用他最好的鸡来和英雄的鸡斗。当鸡被放进场内时，英雄的鸡就逃跑了，全场观众在傲慢的国王的带领下哄堂大笑。这时英雄的鸡飞向国王，用距铁刺向国王的咽喉，把他杀死。英雄逃掉了。他的房子被国王的人团团包围。鸡变成一只嘎鲁达(Garuda)，印度教传说中巨大的神鸟，将英雄和他的妻子安全地带到了天上。

当人们看到这一切时，他们让英雄当了国王，他的妻子当了王后，他们又回到人间。后来他们的儿子也被湿婆放了回来，英雄国王宣布他想隐居。(“我将不再参加斗鸡。我已赌过未知的世界而且赢了。”)他隐居起来，他的儿子成了国王。

历中有获胜时的暗自得意,也有失败时稍微表露的沮丧。但是人们的地位实际上是不变的。赢得斗鸡并不能使你在地位阶梯上升高,作为个体,你事实上根本无法提升自己的地位。同样,你的地位也不会因斗鸡而下降。[28] 你所能做的只是享受和品味,或忍耐和经受那一激烈而短暂的活动带来的混合感觉,它伴随着地位等级的一种审美的外观,一种看起来变动了实际却没有变动的地位跃升的假象。

就此我们最后要谈论的是,如同任何艺术形式,斗鸡通过那些没有实际结果的、被降落到(如果愿意你也可以说提升到)完全明了的层面上的行为和对象而表现普通的日常生活经历,从而使之能够被理解,由此它们的意义更加强烈地被表达和更准确地被感知。斗鸡仅仅对公鸡来说是"真正的现实"——斗鸡并不杀死任何人或阉割任何人,也不会使任何人降低到动物的地位,它也不会改变人们之间的等级关系或再造等级体系;它甚至不会以任何有效的方式重新分配收益。对具有不同气质和习惯的其他人而言,斗鸡所做的正如《李尔王》和《罪与罚》所做的一样;它把握住了死亡、男性气概、激情、自尊、失败、善行、机遇等这样一些主题,并把它们排列成一个封闭的结构,通过突显它们
444 根本性质的特别之处这样一种方法来表现它们。斗鸡赋予这些主题一个意义结构,能够历史地意识到的结构,从而使它们成为有意义的——可见的、有形的、能够把握的——想像意义上的

---

[28] 嗜赌成瘾的赌徒实际上是不会降低社会地位的(因为他们的社会地位就像其他人一样是世袭的),只是落得既贫穷又丧失了个人尊严。我在斗鸡圈子里所知道的上了瘾的斗鸡人实际上是一些高种姓的刹帝利,他们卖掉了自己相当数量的土地来维持自己的嗜好。虽然所有的人私下都认为他们很愚蠢或是更糟(有些更宽厚的人认为他们是有病),但是在公开场合,人们还是根据他们的地位,充满尊重地、有礼貌地对待他们。关于在巴厘个人威望独立于社会地位的情况,可参见第十四章。

"现实"。作为一个形象，一种虚构，一个模型和隐喻，斗鸡是一个表达的工具；它的功能既不是减缓社会的激情，也不是增强它们（尽管通过玩火的方式对这两方面都稍有影响），而是以羽毛、血、人群和金钱为媒介来展现它们。

我们如何从绘画、书籍、旋律、戏剧等我们感到难以准确把握的事物中理解本质，近年来已成为美学理论的核心问题。㉙艺术家所具有的情感和受众所怀有的情感都不能说明一幅绘画所表现的激情或另一幅所表现的宁静。我们把崇高、理智、绝望、充溢等感觉都归之于声音之弦；而将光亮、活力、强烈、流动等归因于一块块石块。小说被说成是有力量的，建筑被说成是雄辩的，戏剧被认为是有气势的，而芭蕾舞则是沉静和谐的。在这样一个独异属性的王国中，把斗鸡说成是令人"焦虑不安"的事件，至少在其典型事例中如此，这似乎并不是全然不合常理的，如我刚刚否认过它的实际结果，它只是有些令人困惑的。

"焦虑不安"以"某种方式"来源于斗鸡的三种属性的结合：直接的戏剧形态；隐喻的内含；以及它的社会场景。一个文化形象有赖于一种社会背景，一次斗鸡既是兽性仇恨的一次剧烈波动，一次象征自我之间的模拟战斗，又是地位张力的形式化的模仿，及其来源于把这些不同的现实集中起来的能力的艺术力量。它令人焦虑不安的原因不是它的物质影响（有些影响，但是很小），而是它将自尊与人格联接起来，将人格与公鸡联接起来，又将公鸡与毁灭联接起来，它给想像的现实带来一个巴厘人能够经验的维度，而在平时这是被掩盖起来的。把一种庄重感转变

㉙ 关于四种多少有些不同的处理方式，可参见 S. 兰格：《情感与形式》（纽约，1953）；R. 沃尔海姆：《艺术及其目标》（纽约，1968）；N. 古德曼：《艺术的语言》（印第安纳波利斯，1968）；M. 莫利奥—庞蒂：《眼睛与心》，载他的《知觉的首要性》，（埃文斯顿，伊利诺，1964），第 159—190 页。

成就其自身而言相当单调和缺少变化的场面，即拍打的翅膀和震颤的腿构成的混乱局面，这是由于把斗鸡解释成表达了某种不确定的事物而发生的，而这种解释方式就是它的作者和观众生活的方式，或者更有预见性地说，就是他们的本质。

445 作为一种戏剧形式，斗鸡显示了极端原子化结构的特征，这似乎只有当一个人意识到它已不在眼前时才变得显著。[30] 每一场比赛都自成一个世界，一次单个的形式的突现。有搭配对手的过程，有赌博，有战斗，也有结果——宣布胜利者和失败者——还有匆促的、令人困窘的钱的流通。失败者并不受到安慰，人们不去注意他，而是看他的周围，让他去消化他暂时的下降，恢复他的面子，完好无损地回到战斗中去。同样人们对胜利者也不表示祝贺，而且不会重复已经过去的事件；一场比赛结束，人群的注意力全部转向下一场，不做任何回顾。当然主要参赛者会保留所经历事件的印象，或许部分深层比赛的目击者也会如此，正如我们看完一出表演精彩的戏剧之后离开剧院时保留的印象。但是这种印象很快就会淡漠，至多成为一种图式的记忆——一种弥散的光亮或抽象的震颤——而且通常连这些也没有。任何表现形式只存活于其自身的表现中，即它自身所创

[30] 英国式斗鸡（这项运动于一八四〇年在那里被禁止）似乎的确缺乏这一点，而且由此生成了完全不同类型的形式。大多数英国式斗鸡是“常规斗鸡赛”（mains），在斗鸡中，预先同意的数量的鸡被分成两队分别相斗。记分连续计算，既可以在个别的也可以在整体比赛中设赌。还有一种在英国和大陆都进行的“混战”，在这种斗鸡比赛中大量的鸡松散地同时与最后剩下的一个优胜者比赛。而在威尔士，所谓的威尔士斗鸡是根据一种淘汰方式进行的，按照当今网球比赛的排列方式，优胜者都可以进入下一轮。作为一种流行风格，斗鸡不像，比如说，拉丁喜剧那样在结构上具有灵活性，但它也不是完全没有喜剧因素。要了解更多的关于斗鸡的一般情况，参见 A. 鲁波特：《斗鸡的艺术》（纽约，1949）；G. R. 司各特：《斗鸡的历史》（伦敦，1957）；及 L. 菲兹—巴纳德：《斗鸡运动》（伦敦，1921）。

造的表现中。但在此处(斗鸡的)表现过程被分割成一连串的闪光,有些比其他的更明亮,但全都是互不连贯的艺术量子。无论斗鸡表明的是什么,它都是用突发来表现。

然而,正如我已经不厌其烦地论证过的,巴厘人就生活在突然爆发之中。[31] 他们所安排和理解的生活不像是一个流程,即来自过去、经历现在、朝向未来的有方向运动,而是意义与空虚交替出现,即发生了某些事件(有意义的事件)的时期和未发生什么事件(没有意义的事件)的时期有节奏地变换的过程,他们自己把这样两个时段分别称为"满的"和"空的",或用另一种习语称为"关键时刻"与"困境"。如果将此活动放到一个凸透镜的聚焦点上来看,斗鸡只是在与从日常生活的一个个单一性的遭遇,到 gamelan 音乐铿锵敲击的方式,到拜神庙的节日庆典的方 446
式所有这一切是巴厘人的一样这个意义上才是巴厘人的 。斗鸡并不是巴厘人社会生活时段的摹拟,也不是它的描绘,甚至也不是它的表达;而是精心准备的那种社会生活的一个例证。[32]

如果斗鸡结构的一个维度(它缺少时间指向)使它成为普通社会生活的一个典型片断,那么其他的维度,它的竭尽全力的头对头(或刀对刀)的攻击,就使它成为社会生活的矛盾、颠倒甚至颠覆的片断。在正常情况下,巴厘人羞于表明对公开冲突的执迷。他们的方式是间接的、谨慎的、缓和的、克制的,善于迂回和掩饰的——他们称为 alus,即"圆润的"、"光滑的"意思——他们很少去面对他们能够把脸转开的事情,很少抗拒他们能够逃避的事物。但在此处他们却扮演了野性的、凶恶的、残忍本能狂热

---

[31] 同前,第 391—398 页。

[32] 要了解作为象征参照物模型的"描述"、"表现"、"举例"及"表达"(以及对所有这些的"模仿"的不相关)之间的区别的必要性,参见古德曼:《艺术的语言》,第 61—100 页,第 45—91 页,第 225—241 页。

迸发的形象。对巴厘人平时最为抵制的生活给予强有力的表现（采用莱对于格洛斯特建筑的用语），是在生活的一个实例的场景中进行的，正如他们实际上所做的那样。[33] 由于那一场景暗示出，表现不是直接的描写，也不是凭空的想像，因而在此处焦虑不安——斗鸡中的焦虑不安的人并不是（或不必是）它的赞助者，事实上他们相当投入地享受它——就显现出来。斗鸡场中的杀戳并不是人间事物的准确描绘，而是更进一步，从一个特殊的角度，描绘事物在人们的想像中是怎样的。[34]

447 当然这一角度是有层次的。正如我们已经看到的，斗鸡最有力地说明的是地位关系，并且它说明这些地位关系是生死攸关之事。声誉作为至关重要的事情，在巴厘岛——在村落、家庭、经济生活和国家中——到处都显而易见。作为一种波利尼西亚的名衔层级和印度种姓制度融合的特殊产物，尊卑等级是整个社会的道德支柱。但只有在斗鸡中，这些等级制度建立于其上的道德情感才显露其本色。在其他场合它们被遮盖在礼仪的烟雾、委婉和客气的浓云以及手势和暗示下面，这些情感在斗

[33] N.弗莱：《受过教育的想像力》（布卢明顿，印第安纳，1964），第99页。

[34] 还有另外两种巴厘的价值标准和反面价值标准，一方面强调暂时性，另一方面与不加约束的进取相关，它们再次加强了这一观念，即斗鸡同时既延续了一般的社会生活又直接否定了它：巴厘人所说的 ramé，还有他们所说 paling。ramé 的意思是拥挤、嘈杂、活跃，这是一种极力追寻的社会状态：拥挤的市场、群众性节日、忙碌的街道都 ramé，当然它最极端的是斗鸡。ramé 是发生在"满"的时间里（它的反面，sepi，"安静的"，发生在"空"的时间里）。paling 是一种社会性的晕眩，当一个人的社会地位不明确时所感到的发晕、失去方向、不知所措、旋转的感觉，是一种极受冷落，产生大量忧虑的状态。巴厘人将精确的保持空间方向（"不知道北在哪里就是疯了"）、平衡、得体、地位关系视为有序的生活（krama）的基础，而将 paling，以胡乱争夺的鸡为例所表现这种位置混乱，视做其最基本的敌人和矛盾。关于 ramé，参见贝特森和米德《巴厘人的性格》，第3页，第64页；关于 paling，同上，第11页，及贝洛编：《巴厘的传统文化》，第99页。

鸡中仅仅是通过动物面具最薄弱的掩盖而得以表现的，而事实上这一面具对它们的表现远比对它们的遮掩更为有效。嫉妒和沉静、羡慕和优雅、残忍和妩媚同样都是巴厘人性格的一部分；然而若没有斗鸡，巴厘人对这些特性的确切理解就会欠缺得多，这或许就是他们如此重视斗鸡的原因。

任何表现形式都是在紊乱的语义背景下运作的（当它进行时），通过这样一种方式，那些原先被约定俗成地归因于某些事物的特征现在被异乎寻常地归之于另外的事物，由此那些事物被认为实际地具有了这些特征。如史蒂文斯所做的那样把风叫做跛足者（The wind moves like a cripple among the leaves），或如勋伯格的确定音调和调整音色，或更接近我们的例子，像贺加斯那样把一个艺术批评家描述成一个没有节制的家伙，这些都是跨越了概念界限的做法；对象及其性质之间业已建立的关联被改变了，各种现象——秋季的气候、旋律的形式或文化的记述——被平时意指其他对象的表意符号所覆盖。[35] 同样，把雄鸡的争斗与地位划分一层层不断地加以联接，就导致从前者向后者的感知转移，这一转移既是一种描述又是一种判断。（从逻
辑上讲，这个转移当然也可以另外的方式进行；但是就像我们大 448

---

[35] 提及的史蒂文斯的作品是《隐喻的动因》（“你喜欢秋天树下/因为一切都落下死去/风吹过像是跛子走过树叶/并重复着无意义的词”）（华莱斯·史蒂文斯一九四七年版权，得到阿尔弗雷德·A.诺普夫公司及费伯—费伯有限公司允许，转引自《华莱斯·史蒂文斯诗选》）；勋伯格的作品是《五首管弦乐曲》（作品16）的第三首，转引自H.H.德拉格：《音质的概念》，载S.兰格编：《对艺术的思考》（纽约，1961），第174页。关于贺加斯及这一整个问题——这里称为“多源竞赛”——参见E.H.高姆布利奇：《用艺术来研究象征》，载J.霍格恩编：《心理学与视觉艺术》（巴尔的摩，1969），第149—170页。对这类词语炼金术的更为通常的用词是“隐义转换，”一个更好的技术性讨论可以在M.布莱克《模式与隐喻》（伊萨卡，纽约，1962），第25页中找到；亦可参见古德曼《作为艺术的语言》，第44页；及W.波西：《作为错误的喻隐》，载《塞沃尼评论》，第66期（1958），第78—99页。

多数的人一样，巴厘人对理解人的兴趣比理解公鸡的兴趣大得多。）

使斗鸡与平常生活过程分离，将其从每日的实际事物范围中提出来，并用夸大其重要性的光环围绕它的做法，并非如功能主义社会学所认为的，旨在强化不同地位之间的区别（在一个所有活动都在声明这些区别的社会中，这种强化几乎是不必要的），而在于它对把人类区分为固定的等级序列并围绕这一区分组织起共同生活的主体提供了一个超越社会的解说。斗鸡的功能，如果一定要这样称它的话，在于它的解释作用：它是巴厘人对自己心理经验的解读，是一个他们讲给自己听的关于他们自己的故事。

就什么说点什么

以这种方式表述事物使人必须用类似隐喻的方式重新关注其自身，因为这种方式将文化模式的分析从一般说来类似于解剖生物体、诊断症状、译解符码或排列系统——当代人类学中占优势的类比方法——转换成一种一般说来类似于洞识一个文学文本的方法。如果一个人把斗鸡或任何其他达到共识的象征结构作为一个"就什么说点什么"（援引一个著名的亚里士多德的常用说法）的手段，那么他所面临的就不是社会结构学的问题而是社会语义学的问题。[36] 对于关注系统化的社会学原则而不是

---

[36] 这一警句取自《奥格依，论解释》的第二部。对此的讨论，以及关于将"文本的观念……""从经文或著作的观念中"解放出来，从而建立一个普遍的阐释学的全部论证，参见 P. 里克尔：《弗洛伊德与哲学》（纽黑文，1970），第 20 页。

促成和欣赏斗鸡的人类学家来说,问题在于,通过把文化作为一种文本的集合来检验,他就这些原则获知了什么?

这样一个超越了书写材料甚至言语表达的文本概念的扩 449
展,尽管是通过隐喻的方式,却与小说完全不同。中世纪 interpretatio naturae(解释本质)的传统在斯宾诺莎时达到其顶点,这一传统试图把本质作为经文一样来读解;尼采哲学致力于把价值体系作为权力意志的注解来对待(马克思主义则把它们作为财产关系的注解);而弗洛伊德学说却以毫无修饰的潜意识文本替代了对梦境的神秘莫测的解析;所有这一切都提供了文本研究的先例,虽然并非都是可采纳的。[37] 然而就人类学的关注而言,一种具有更深刻推论意义的思想尚未得到理论上的阐发,这就是文化模式也可作为文本来看待,它是由社会材料建构而成的想像的产物,这一思想仍有待于系统地进行开掘。[38]

以我们手边的例子来说,把斗鸡作为一个文本看待,将显示出它的一个特征(在我看来是核心特征),也是把它看做仪式或娱乐这两种最显而易见的替代物时会变得模糊不清的特征:这就是用感情去追求认知的目的。斗鸡对此特征的表达,是用情感的词汇说出的——冒险的激动,失败的绝望,胜利的欢欣。然而它所说的并不仅仅是冒险令人兴奋,失败叫人沮丧或胜利使人高兴这些情感表现的废话,而在于它本身就是这些使社会得

---

[37] 同前。

[38] 莱维—斯特劳斯的"结构主义"似乎是一个例外。但这只是一个明显的例子,因为莱维—斯特劳斯不是将神话、图腾、习俗、婚姻规则或任何东西作为文本来解释,而是将它们作为密码来解读,这是非常不同的两种东西。他没有寻求根据象征(符号)形式在具体情景中如何组织感知(意义、情感、概念、态度)去理解它们;他寻求的是根据它们的内在结构从整体上理解它们。*Independent de tout sujet, de tout objet, et de tout contexte*,参见前面第十三章。

以建构、个体得以汇聚的情感的例证。对巴厘人来说，出现在斗鸡现场和投身于斗鸡是一种感情教育。人们在那学到的是他的文化的气质和个体的感知力（或它们的某些方面）清楚地表现在一种集合的文本中的状态；这两者十分相似足以用单一文本的象征加以表达；而且在该文本中得以显露的“焦虑不安”的部分，是由一只鸡把另一只劈成碎片的过程构成的。

如格言所说，每一个民族都热爱各自特有的暴力形式。斗鸡是巴厘人对他们的暴力形式的反映：即它的面貌、它的使用、它的力量和它的魅力的反映。在巴厘人经验的各个层面上，可以整合出这样一些主题——动物的野性、男性的自恋、对抗性的赌博、地位的竞争、众人的兴奋、血的献祭——它们的主要关联
450 在于它们都牵涉到激情和对激情的恐惧，而且，如果将它们组合成一套规则使之有所约束却又能够运作，那便建构出一个象征的结构，在此结构中，人们的内在关系的现实一次又一次地被明白地感知。让我们再次引用诺思罗普·弗莱的话，如果我们看过《麦克白》可以领会到一个获取了王位却丧失了灵魂的男人的情感，那么参加斗鸡的巴厘人则能够发现平时镇静、冷漠、几乎是自我陶醉的、自成一个道德小世界的男人在受到攻击、烦扰、挑战、侮辱时，在被迫接受令人极端愤怒的结果时，在他大获全胜或一败涂地时的感觉。在此值得引述整段文字，它带我们回到亚里士多德（尽管只是《诗学》而非《解释篇》）：

> 然而诗人（相对于历史家），亚里士多德说，从不做出任何真实的陈述，当然也不是特殊的或具体的陈述。诗人的职责不是告诉你发生过什么，而是什么在发生：不是什么已经发生了，而是总在发生的那类事情。他告诉你典型的、重复出现的事件，或亚里士多德称之为普遍的事件。你不能通过

> 《麦克白》去获知苏格兰的历史——你只能通过它去理解一个男人在得到王位却失去了灵魂之后的感觉是怎样的。当你在狄更斯的作品中遇到米考伯这一人物时，你不会认为狄更斯一定认识一个那样的人：你只会感到几乎每一个你认识的人，包括你自己，都有一点米考伯的影子。我们关于人类生活的印象是一点一点地获得的，而且对我们中的大多数来说，这些印象还不断地丢失和散乱。然而我们不断地在文学作品中发现突然使大量这类印象协调聚集起来的事物，而这就是亚里士多德所指的典型的或普遍的人类事件的部分。[39]

斗鸡就是这样一种使各类日常生活经历得以聚集的事物，暂且抛开生活仅作为“一场游戏”和重新联接成“不仅仅是一场游戏”不谈，斗鸡实施并由此创造出比典型的或普遍的更好的，可以称为范式的人类事物——它告诉我们的与其说是正在发生的事，不如说是如果把生活作为艺术并且可以像塑造《麦克白》和《大卫·科波菲尔》那样根据感情类型去随意地形塑造它时，将会发生的事。

一次又一次上演的、迄今没有终止的斗鸡游戏使得巴厘人能够看到他自身的主体性的一个维度，正如我们在一遍又一遍阅读《麦克白》时所能看到的。当他以一个鸡的主人和赌博者
(作为单纯的旁观者，斗鸡并不比槌球或赛狗等活动更有趣)的 451
主动眼光观看一场又一场搏斗时，他逐渐地熟悉了这种游戏并了解它对自己所讲的内容，正像弦乐四重奏的专注的听众或全神贯注的静物观察者一样，他们以一种对自己开放自身主体性

[39] 弗莱：《受过教育的想像力》，第 63—64 页。

的方式慢慢地熟悉了它们。[40]

然而,在那些矛盾体的另一个方面,如同美学所关注的对色彩的感觉和无结果的表演,由于主体性严格地说来只有经过组织才可能存在,因而是艺术形式产生和再生了它们好像仅仅要去表现的真正的主体性。四重奏、静物和斗鸡都不仅仅是一种事先存在的可类比地加以表现的情感的反映;他们在此情感的创造和保持中是积极的力量。如果我们因过多地阅读狄更斯而把自己看做米考伯的同类(如果我们视自身为非幻想的现实主义者,是因为我们读得太少),那么对巴厘人而言,同样也因过多地参与斗鸡而使他们自己认同于雄鸡。艺术给所经历的事件着色,用的是它们投射进去的光,而不是任何它们可能具有的物质外表,艺术正是以这样一种方式,在社会生活中发挥作为艺术的作用的。[41]

---

[40] 对欧洲人来说,使用作为感知的"自然"的视觉短语——"看见"、"观察",等等——在此就不只是通常的造成误导,因为前面提到的事实——巴厘人随着斗鸡的进行,使用他们的身体和使用他们的眼睛一样多(也许是因斗鸡实际上很难看见,加之情绪混乱),他们晃动着四肢、头、躯体模仿鸡的动作——意味着多数个人所经历的战斗是动作上的而不是视觉上的。假如有过什么例子可以证实肯尼思·伯克关于象征行动是"态度的舞蹈"(《文学形式的哲学》修订版,纽约,1957,第9页)的定义,斗鸡就是一个。关于运动感觉在巴厘人生活中的巨大作用,参见贝特森和米德:《巴厘人的性格》,第84—88页;关于一般性的美感的积极特性,参见古德曼:《艺术的语言》,第241—244页。

[41] 所有这种将西方伟大与东方低下联系在一起的做法无疑将会使某类美学家心中不安,就像以前人类学家以同样的口气讲基督教与图腾崇拜时使一些神学家感到不安一样。但是本体论的问题被(或者应该被)包括在宗教社会学之中,鉴别问题被(或者应该被)包括在艺术社会学中。在任何情况下,将艺术概念非地方化的尝试不过是一般性人类学将所有重要的社会概念——婚姻、宗教、法律、理性——非地方化的阴谋的一部分,而且虽然这是对美学理论的威胁,这些理论视某些艺术作品在社会学分析的范围之外,它不会威胁这种信念,罗伯特·格雷夫斯宣布,在他的剑桥学位考试中已经因为认为有些诗比其他的要好些而受到了此类谴责。

在斗鸡中,巴厘人同时形成和发现了他的气质和他的社会的特征。或更准确地说,他形成和发现了这些气质和特征的一个特殊的方面。在巴厘岛,不仅存在着许多提供了对地位等级及 452
其自我认知进行解释的其他的文化文本,除了接受这些解释的分层和争斗以外,还存在许多巴厘人生活的其他重要方面。婆罗门僧侣就任圣职的仪式,调控气息的做法,心境平稳,以空灵之心集中于生存深度,这一切都展示了极为不同的,但对巴厘人来说却同样真实的社会等级的性质——它甚至延伸到神圣的超验世界。这种社会等级特性的基础并不是动物性的动态激情,而是神圣精神世界的冷静状态,它表达的是平稳安静而非焦虑不安。在村庄寺庙举行的群众性节日,通过精心安排的招待来访众神的方式——歌唱、舞蹈、赞颂、礼物等——动员了全部当地人员,这些节日表达的是同村人的精神团结及和睦与相互信任的气氛,与他们社会地位的不平等形成对照。[42] 斗鸡并不是主宰巴厘人生活的关键,正如斗牛对于西班牙人一样。它就生活所说的一切并不是没有受到其他同样雄辩的关于生活的文化陈述的限制和挑战。但是这种情形并不比拉辛和莫里哀出现在同一时代,或同一民族既喜爱菊花艺术又精通铸剑的事实更令人惊奇。[43]

---

[42] 关于献祭仪式,参见 V.E.科恩:《教士的献祭》,载斯维伦格雷贝尔编:《巴厘:对生活、思想与仪式的研究》,第 131—154 页;关于(有些夸张的)乡村团结契合,参见 R.戈利斯:《巴厘乡村的宗教特征》,载前引书,第 79—100 页。

[43] 斗鸡所体现的巴厘并不是完全没有让人感觉到的,它所表达的巴厘生活方式的不稳定性也不是完全没有道理的,这一点被一九六五年十二月在两个星期中发生的事实所证实,在这场雅加达不成功的政变后发生的动乱中(在巴厘的大约二百万人口中),有四至八万人被杀,大部分是互相残杀——这是这个国家最严重的一次暴乱。(J.休斯:《印度尼西亚动乱》,纽约,1967,第 173—183 页。休斯的数字当然是未经严格统计的,但是并不是最极端的数字。)当然这并不是说屠杀是由斗鸡

一个民族的文化是一种文本的集合,是其自身的集合,而人类学家则努力隔着那些它们本来所属的人们的肩头去解读它们。在这样一个事业中困难是极大的,方法论上隐藏的危险足
453 以使精神分析学的信徒们颤抖起来,而某些道德上的困惑也同样巨大。象征形式并不是作为仅有的方法为社会学所用。功能主义、心理主义仍然在起作用。但是把这些形式作为"就什么说点什么",并把它说给某人,这至少开辟了一种分析的可能性,这种分析专注于对象本体,而不是追求好像能说明它们的化约公式。

作为在近距离研读中的熟练操作,可以在一种文化形式的全部剧目的任何地方开始阅读,并在任何一个其他的地方结束阅读。可以像我这样停留在一个单一的、多少被限定的形式中,并且不断地在其中环绕。也可以在不同的形式之间移动,以寻求更广泛的联系或得到对比。甚至可以比较来自不同文化的形式,从而在相互对比中确定它们各自的特征。但无论在哪个层次上操作,也无论它多么错综复杂,指导原则是同样的:社会,如同生活,包含了其自身的解释。一个人只能学习如何得以接近它们。

引起的,应该能在斗鸡的基础上被预见到的,或是说它是在斗鸡现场的那些人的活动的扩大版——这些说法都是没有道理的。而是说,假如了解巴厘不是只通过它的舞蹈、它皮影戏、它的雕塑、它的姑娘,而是——像巴厘人自己那样——也通过它的斗鸡,那么所发生的大屠杀,可能即使不是不那么令人震惊,也会不那么与自然的法则相矛盾了。正像不只是格罗塞斯特一个人所发现的那样,有时人们真实经历的恰恰是他们内心深处最不愿意的生活。

致 谢

《文化概念对人的概念的影响》,原载J.普拉特编《人的本质的新观点》(芝加哥:芝加哥大学出版社,1966),第93—118页。重印得到芝加哥大学出版社及一九九六年版版权所有者芝加哥大学允许。

《文化的成长与心智的进化》。重印得到麦克米兰出版公司允许,印自J.舍尔编《心智的理论》,第713—740页。一九六二年版版权属麦克米兰公司分公司格伦科自由出版公司所有。

《作为文化体系的宗教》,载M.邦顿编《人类学对宗教的研究》,(伦敦:塔维斯托克出版公司,1966),第1—46页。重印得到允许。

《精神气质,世界观及对宗教象征的分析》。一九五七版版权属安提奥克评论公司所有。首次发表于《人类学评论》第17卷第4期;重印得到编者允许。

《仪式的变化与社会的变迁:一个爪哇的实例》,载《美国人类学家》第61卷(1959),第991—1012页。重印得到允许。

《现代巴厘人中的“内部转换”》,载J.巴斯丁与R.罗尔文克编《提交给理查德·温斯特德爵士的马来亚与印度尼西亚研究》,(牛津:牛津大学出版社,1964),第282—302页。重印得到英格兰牛津克拉兰登出版社允许。

《作为文化体系的意识形态》。重印得到麦克米兰出版公司允许，印自D.阿普特编《意识形态与不满》，第47—56页。一九六四年版版权属麦克米兰公司分公司格伦科自由出版公司所有。

《革命之后:新兴国家中民族主义的命运》。印自伯纳德·巴伯与阿列克斯·英克尔编《稳定与社会变迁》，第357—376页。一九七一年版版权属利特尔—布朗出版公司。重印得到允许。

《整合式革命:新兴国家中的原生情感与公民政治》。重印得到麦克米兰出版公司允许，印自克利福德·格尔茨编《古老社会与新兴国家》，第105—157页。一九六三年版版权属麦克米兰公司分公司格伦科自由出版公司所有。

《意义的政治》，重印自克莱尔·霍尔特在本尼迪克特·R.O'G.安德森及詹姆斯·西格尔协助下编的《印度尼西亚的文化与政治》。一九七二年版版权属康奈尔大学出版社。使用得到康奈尔大学出版社允许。

《政治的过去，政治的现在:关于运用人类学研究新兴国家的札记》。得到允许重印自《欧洲社会学杂志》，第8卷(1967)，第1—14页。

《智慧的野蛮人:评克劳德·莱维—斯特劳斯的著作》，载《文汇》，第28卷第4期(1967年4月)。

《巴厘的人、时间和行为》。耶鲁东南亚项目，系列文化报告，第14卷(1966)。重印得到允许。

《深层游戏:关于巴厘岛斗鸡的记述》，载《代达罗斯》第101期(1972)，第1—37页。重印得到允许。

诗重印自《回忆W.B.叶芝》，载W.H.奥登《一九二七—一九五七年短诗选》。一九四〇年版及一九六六年再版版权属W.H.奥登所有。得到兰登书屋及费伯—费伯公司允许。

引自莱维—斯特劳斯的引文，引自《悲伤的热带》，约翰·拉塞尔译，纽约，一九六四年版。引用得到乔治·波查德文学代理公司及哈钦森出版集团公司允许。

索　　引

说明:本索引中词条后的数字系原书页码,请按本书边码查检。

人文与社会译丛

第一批书目

1.《政治自由主义》(增订版),[美]J. 罗尔斯著,万俊人译 48.00 元
2.《文化的解释》,[美]C. 格尔茨著,韩莉译 89.00 元
3.《技术与时间:爱比米修斯的过失》,[法]B. 斯蒂格勒著,裴程译 35.00 元
4.《依附性积累与不发达》,[德]A. G. 弗兰克著,高铦等译 13.60 元
5.《身处欧美的波兰农民》,[美]F. 兹纳涅茨基、W. I. 托马斯著,张友云译 9.20 元
6.《现代性的后果》,[英]A. 吉登斯著,田禾译 45.00 元
7.《消费文化与后现代主义》,[美]M. 费瑟斯通著,刘精明译 14.20 元
8.《英国工人阶级的形成》(上、下册),[英]E. P. 汤普森著,钱乘旦等译 69.00 元
9.《知识人的社会角色》,[美]F. 兹纳涅茨基著,郏斌祥译 26.00 元

第二批书目

10.《文化生产:媒体与都市艺术》,[美]D. 克兰著,赵国新译 29.00 元
11.《现代社会中的法律》,[美]R. M. 昂格尔著,吴玉章等译 39.00 元
12.《后形而上学思想》,[德]J. 哈贝马斯著,曹卫东等译 35.00 元
13.《自由主义与正义的局限》,[美]M. 桑德尔著,万俊人等译 30.00 元

14.《临床医学的诞生》,[法]M. 福柯著,刘北成译 25.00 元
15.《农民的道义经济学》,[英]J. C. 斯科特著,程立显等译 42.00 元
16.《俄国思想家》,[英]I. 伯林著,彭淮栋译 35.00 元
17.《自我的根源:现代认同的形成》,[加]C. 泰勒著,韩震等译 88.00 元
18.《霍布斯的政治哲学》,[美]L. 施特劳斯著,申彤译 29.00 元
19.《现代性与大屠杀》,[英]Z. 鲍曼著,杨渝东等译 59.00 元

第三批书目

20.《新功能主义及其后》,[英]J. 亚历山大著,彭牧等译 15.80 元
21.《自由史论》,[英]J. 阿克顿著,胡传胜等译 58.00 元
22.《伯林谈话录》,[英]L. 贾汉贝格鲁等著,杨祯钦译 23.00 元
23.《阶级斗争》,[法]R. 阿隆著,周以光译 13.50 元
24.《正义诸领域:为多元主义与平等一辩》,[美]M. 沃尔泽著,褚松燕等译 24.80 元
25.《大萧条的孩子们》,[美]G. 埃尔德著,田禾等译 27.30 元
26.《黑格尔》,[加]C. 泰勒著,张国清等译 88.00 元
27.《反潮流》,[英]I. 伯林著,冯克利译 48.00 元
28.《统治阶级》,[意]G. 莫斯卡著,贾鹤鹏译 68.00 元
29.《现代性的哲学话语》,[德]J. 哈贝马斯著,曹卫东等译 78.00 元

第四批书目

30.《自由论》(修订版),[英]I. 伯林著,胡传胜译 38.00 元
31.《保守主义》,[德]K. 曼海姆著,李朝晖、牟建君译 16.00 元
32.《科学的反革命》(修订版),[英]F. 哈耶克著,冯克利译 58.00 元

33.《实践感》,[法]P. 布迪厄著,蒋梓骅译 52.00 元
34.《风险社会》,[德]U. 贝克著,何博闻译 17.70 元
35.《社会行动的结构》,[美]T. 帕森斯著,彭刚等译 80.00 元
36.《个体的社会》,[德]N. 埃利亚斯著,翟三江、陆兴华译 15.30 元
37.《传统的发明》,[英]E. 霍布斯鲍姆等著,顾杭、庞冠群译 21.20 元
38.《关于马基雅维里的思考》,[美]L. 施特劳斯著,申彤译 78.00 元
39.《追寻美德》,[美]A. 麦金太尔著,宋继杰译 35.00 元

第五批书目

40.《现实感》,[英]I. 伯林著,潘荣荣、林茂译 30.00 元
41.《启蒙的时代》,[英]I. 伯林编著,孙尚扬、杨深译 35.00 元
42.《元史学》,[美]H. 怀特著,陈新译 55.00 元
43.《意识形态与现代文化》,[英]J. B. 汤普森著,高铦等译 68.00 元
44.《美国大城市的死与生》,[加]J. 雅各布斯著,金衡山译 29.50 元
45.《社会理论和社会结构》,[美]R. K. 默顿著,唐少杰等译 128.00 元
46.《黑皮肤,白面具》,[法]F. 法农著,万冰译 14.00 元
47.《德国的历史观》,[美]G. 伊格尔斯著,彭刚、顾杭译 58.00 元
48.《全世界受苦的人》,[法]F. 法农著,万冰译 17.80 元
49.《知识分子的鸦片》,[法]R. 阿隆著,吕一民、顾杭译 45.00 元

第六批书目

50.《驯化君主》,[美]H. C. 曼斯菲尔德著,冯克利译 68.00 元
51.《黑格尔导读》,[法]A. 科耶夫著,姜志辉译 45.00 元
52.《象征交换与死亡》,[法]J. 波德里亚著,车槿山译 45.00 元
53.《自由及其背叛》,[英]I. 伯林著,赵国新译 48.00 元

54.《启蒙的三个批评者》,[英]I. 伯林著,马寅卯、郑想译 48.00元
55.《运动中的力量》,[美]S. 塔罗著,吴庆宏译 23.50元
56.《斗争的动力》,[美]D. 麦克亚当、S. 塔罗、C. 蒂利著,李义中等译 31.50元
57.《善的脆弱性》,[美]M. 纳斯鲍姆著,徐向东、陆萌译 55.00元
58.《弱者的武器》,[美]J. C. 斯科特著,郑广怀等译 42.00元
59.《图绘》,[美]S. 弗里德曼著,陈丽译 49.00元

第七批书目

60.《现代悲剧》,[英]R. 威廉斯著,丁尔苏译 45.00元
61.《论革命》,[美]H. 阿伦特著,陈周旺译 59.00元
62.《美国精神的封闭》,[美]A. 布卢姆著,战旭英译,冯克利校 68.00元
63.《浪漫主义的根源》,[英]I. 伯林著,吕梁等译 28.00元
64.《扭曲的人性之材》,[英]I. 伯林著,岳秀坤译 22.00元
65.《民族主义思想与殖民地世界》,[美]P. 查特吉著,范慕尤、杨曦译 18.00元
66.《现代性社会学》,[法]D. 马图切利著,姜志辉译 32.00元
67.《社会政治理论的重构》,[英]R. 伯恩斯坦著,黄瑞祺译 25.00元
68.《以色列与启示》,[美]E. 沃格林著,霍伟岸、叶颖译 48.00元
69.《城邦的世界》,[美]E. 沃格林著,陈周旺译 54.00元
70.《历史主义的兴起》,[德]F. 梅尼克著,陆月宏译 48.00元

第八批书目

71.《环境与历史》,[英]W. 贝纳特、P. 科茨著,包茂红译 25.00元
72.《人类与自然世界》,[英]K. 托马斯著,宋丽丽译 35.00元

73.《卢梭问题》,[德]E. 卡西勒著,王春华译　　15.00 元
74.《男性气概》,[美]H. C. 曼斯菲尔德著,刘玮译　　28.00 元
75.《战争与和平的权利》,[美]R. 塔克著,罗炯等译　　25.00 元
76.《谁统治美国》,[美]W. 多姆霍夫著,吕鹏、闻翔译　　35.00 元
77.《健康与社会》,[法]M. 德吕勒著,王鲲译　　35.00 元
78.《读柏拉图》,[德]T. A. 斯勒扎克著,程炜译　　28.00 元
79.《苏联的心灵》,[英]I. 伯林著,潘永强、刘北成译　　28.00 元
80.《个人印象》,[英]I. 伯林著,林振义、王洁译　　35.00 元

第九批书目

81.《技术与时间:2. 迷失方向》,[法]B. 斯蒂格勒著,
赵和平、印螺译　　25.00 元
82.《抗争政治》,[英]C. 蒂利著,李义中译　　28.00 元
83.《亚当・斯密的政治学》,[英]D. 温奇著,褚平译　　21.00 元
84.《怀旧的未来》,[美]S. 博伊姆著,杨德友译　　38.00 元
85.《妇女在经济发展中的角色》,[丹]E. 博斯拉普著,陈慧平译　30.00 元
86.《风景与认同》,[英]W. J. 达比著,张箭飞、赵红英译　　68.00 元
87.《过去与未来之间》,[美]H. 阿伦特著,王寅丽、张立立译　28.00 元
88.《大西洋的跨越》,[美]D. T. 罗杰斯著,吴万伟译　　58.00 元
89.《资本主义的新精神》,[法]L. 博尔坦斯基、E. 希亚佩洛著,
高铦译　　58.00 元
90.《比较的幽灵》,[美]B. 安德森著,甘会斌译　　48.00 元

第十批书目

91.《灾异手记》,[美]E. 科尔伯特著,何恬译　　25.00 元

92.《技术与时间:3. 电影的时间与存在之痛的问题》,
[法]B. 斯蒂格勒著,方尔平译 32.00 元
93.《马克思主义与历史学》,[英]S. H. 里格比著,吴英译 47.00 元
94.《学做工》,[英]P. 威利斯著,秘舒、凌旻华译 39.00 元
95.《哲学与治术:1572—1651》,[美]R. 塔克著,韩潮译 45.00 元
96.《认同伦理学》,[美]K. A. 阿皮亚著,张容南译 45.00 元
97.《风景与记忆》,[英]S. 沙玛著,胡淑陈、冯樨译 78.00 元
98.《马基雅维里时刻》,[英]J. G. A. 波考克著,冯克利、傅乾译 68.00 元
99.《未完的对话》,[英]I. 伯林、[波]B. P. -塞古尔斯卡著,
杨德友译 38.00 元
100.《后殖民理性批判》,[印]G. C. 斯皮瓦克著,严蓓雯译 58.00 元

第十一批书目

101.《现代社会想象》,[加]C. 泰勒著,林曼红译 25.00 元
102.《柏拉图与亚里士多德》,[美]E. 沃格林著,刘曙辉译 54.00 元
103.《论个体主义》,[法]L. 迪蒙著,桂裕芳译 30.00 元
104.《根本恶》,[美]R. J. 伯恩斯坦著,王钦、朱康译 55.00 元
105.《这受难的国度》,[美]D. G. 福斯特著,孙宏哲、张聚国译 39.00 元
106.《公民的激情》,[美]S. 克劳斯著,谭安奎译 49.00 元
107.《美国生活中的同化》,[美]M. M. 戈登著,马戎译 35.00 元
108.《风景与权力》,[美]W. J. T. 米切尔著,杨丽、万信琼译 45.00 元
109.《第二人称观点》,[美]S. 达沃尔著,章晟译 55.00 元
110.《性的起源》,[英] F. 达伯霍瓦拉著,杨朗译 58.00 元

第十二批书目

111.《希腊民主的问题》,[法]J. 罗米伊著,高煜译 30.00 元
112.《论人权》,[英]J. 格里芬著,徐向东、刘明译 62.00 元
113.《柏拉图的伦理学》,[英]T. 厄温著,陈玮、刘玮译(即出)
114.《自由主义与荣誉》,[美]S. 克劳斯著,林垚译 48.00 元
115.《法国大革命的文化起源》,[法]R. 夏蒂埃著,洪庆明译 38.00 元
116.《对知识的恐惧》,[美]P. 博格西昂著,刘鹏博译 28.00 元
117.《修辞术的诞生》,[英]R. 沃迪著,何博超译 48.00 元
118.《历史表现中的真理、意义和指称》,[荷]F. 安克斯密特著,周建漳译 45.00 元
119.《天下时代》,[美]E. 沃格林著,叶颖译 78.00 元
120.《寻求秩序》,[美]E. 沃格林著,徐志跃译 48.00 元

第十三批书目

121.《美德伦理学》,[新西兰]R. 赫斯特豪斯著,李义天译 55.00 元
122.《同情的启蒙》,[美]M. 弗雷泽著,胡靖译 48.00 元
123.《图绘暹罗》,[美]T. 威尼差恭著,袁剑译 58.00 元
124.《道德的演化》,[新西兰]R. 乔伊斯著,刘鹏博、黄素珍译 65.00 元
125.《大屠杀与集体记忆》,[美]P. 诺维克著,王志华译 78.00 元
126.《帝国之眼》,[美]M. L. 普拉特著,方杰、方宸译 68.00 元
127.《帝国之河》,[美]D. 沃斯特著,侯深译 76.00 元
128.《从道德到美德》,[美]M. 斯洛特著,周亮译 58.00 元
129.《源自动机的道德》,[美]M. 斯洛特著,韩辰锴译(即出)
130.《种族与文化少数群体》,[美]G. E. 辛普森、[美]J. M. 英格尔著,马戎、王凡妹译(即出)

第十四批书目

131.《城邦与灵魂:费拉里〈理想国〉论集》,[美]G. R. F. 费拉里著,刘玮编译 58.00 元
132.《人民主权与德国宪法危机》,[美]P. C. 考威尔著,曹晗蓉、虞维华译 58.00 元
133.《16 和 17 世纪英格兰大众信仰研究》,[英]K. 托马斯著,芮传明、梅剑华译(即出)
134.《民族认同》,[英]A. D. 史密斯著,王娟译 55.00 元
135.《世俗主义之乐》,[美]G. 莱文编,赵元译(即出)
136.《国王或人民》,[美]R. 本迪克斯著,褚平译(即出)
137.《哲学解释》,[美]R. 诺齐克著,林南、乐小军译(即出)
138.《自由与多元论:以赛亚·伯林思想研究》,[英]G. 克劳德著,应奇等译 58.00 元
139.《暴力:思无所限》,[美]R. J. 伯恩斯坦著,李元来译 59.00 元
140.《中心与边缘:宏观社会学论集》,[美]E. 希尔斯著,甘会斌、余昕译 88.00 元

有关“人文与社会译丛”及本社其他资讯,欢迎点击 www. yilin. com 浏览,对本丛书的意见和建议请反馈至新浪微博@译林人文社科。

第十二批书目

111.《希腊民主的问题》,[法]J. 罗米伊著,高煜译　30.00 元
112.《论人权》,[英]J. 格里芬著,徐向东、刘明译　62.00 元
113.《柏拉图的伦理学》,[英]T. 厄温著,陈玮、刘玮译(即出)
114.《自由主义与荣誉》,[美]S. 克劳斯著,林垚译　48.00 元
115.《法国大革命的文化起源》,[法]R. 夏蒂埃著,洪庆明译　38.00 元
116.《对知识的恐惧》,[美]P. 博格西昂著,刘鹏博译　28.00 元
117.《修辞术的诞生》,[英]R. 沃迪著,何博超译　48.00 元
118.《历史表现中的真理、意义和指称》,[荷]F. 安克斯密特著,周建漳译　45.00 元
119.《天下时代》,[美]E. 沃格林著,叶颖译　78.00 元
120.《寻求秩序》,[美]E. 沃格林著,徐志跃译　48.00 元

第十三批书目

121.《美德伦理学》,[新西兰]R. 赫斯特豪斯著,李义天译　55.00 元
122.《同情的启蒙》,[美]M. 弗雷泽著,胡靖译　48.00 元
123.《图绘暹罗》,[美]T. 威尼差恭著,袁剑译　58.00 元
124.《道德的演化》,[新西兰]R. 乔伊斯著,刘鹏博、黄素珍译　65.00 元
125.《大屠杀与集体记忆》,[美]P. 诺维克著,王志华译　78.00 元
126.《帝国之眼》,[美]M. L. 普拉特著,方杰、方宸译　68.00 元
127.《帝国之河》,[美]D. 沃斯特著,侯深译　76.00 元
128.《从道德到美德》,[美]M. 斯洛特著,周亮译　58.00 元
129.《源自动机的道德》,[美]M. 斯洛特著,韩辰锴译(即出)
130.《种族与文化少数群体》,[美]G. E. 辛普森、[美]J. M. 英格尔著,马戎、王凡妹译(即出)

第十四批书目

131.《城邦与灵魂:费拉里〈理想国〉论集》,[美]G. R. F. 费拉里著,刘玮编译 58.00 元
132.《人民主权与德国宪法危机》,[美]P. C. 考威尔著,曹晗蓉、虞维华译 58.00 元
133.《16 和 17 世纪英格兰大众信仰研究》,[英]K. 托马斯著,芮传明、梅剑华译(即出)
134.《民族认同》,[英]A. D. 史密斯著,王娟译 55.00 元
135.《世俗主义之乐》,[美]G. 莱文编,赵元译(即出)
136.《国王或人民》,[美]R. 本迪克斯著,褚平译(即出)
137.《哲学解释》,[美]R. 诺齐克著,林南、乐小军译(即出)
138.《自由与多元论:以赛亚·伯林思想研究》,[英]G. 克劳德著,应奇等译 58.00 元
139.《暴力:思无所限》,[美]R. J. 伯恩斯坦著,李元来译 59.00 元
140.《中心与边缘:宏观社会学论集》,[美]E. 希尔斯著,甘会斌、余昕译 88.00 元

有关“人文与社会译丛”及本社其他资讯,欢迎点击 www. yilin. com 浏览,对本丛书的意见和建议请反馈至新浪微博@译林人文社科。